上

Richard J. Evans

The Coming of the Third Reich

第三帝国の到来

第三帝国の歴史 全6巻

リチャード・J・エヴァンズ

監修◆大木毅
訳◆山本孝二

白水社

1.
1906年除幕の
中世もどきの
ビスマルク記念碑、
ハンブルク。
新国家指導者のもとで、
過去の栄光の復活を
約束するものだった。

2.
「フランクフルトで唯一
ユダヤ人のいないホテル」の
反ユダヤ主義ハガキ、
1887年。
こうした姿勢は
1880年代の
新しい現象だった。

3.勝利の約束：自信にあふれてベルギーを進軍するドイツ兵、1914年。

4.敗北の現実：アミアンの戦いで連合軍の捕虜になったドイツ兵、1918年8月。

5.支払われる対価：
1919年のヴェルサイユ条約履行によりスクラップにされたドイツ軍用機の残骸。

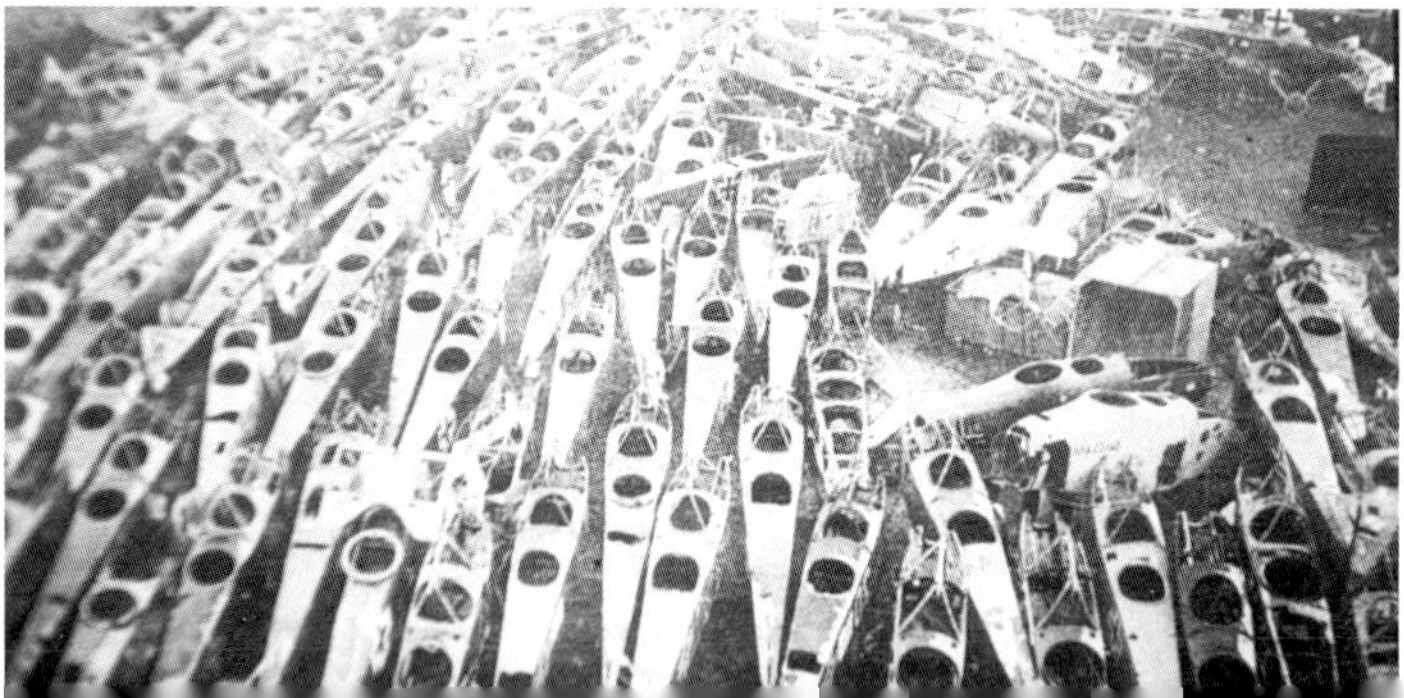

6.混沌への沈降:
1919年1月の「スパルタクス団蜂起」中の
ベルリン市街戦。

7.右翼の報復:
銃殺隊を指揮する義勇軍(フライコーア)中尉が、
1919年5月、
ミュンヘン・ソヴィエトの血なまぐさい鎮圧中に
「赤衛隊員」と彼を処刑しようとしている
部下の不正規兵を撮影したもの。

8. ドイツ風刺雑誌に掲載された人種差別漫画。
1923年のルール占領期間中に
フランス植民地部隊の将兵が犯したとされる
殺人、強盗、強姦を強調。

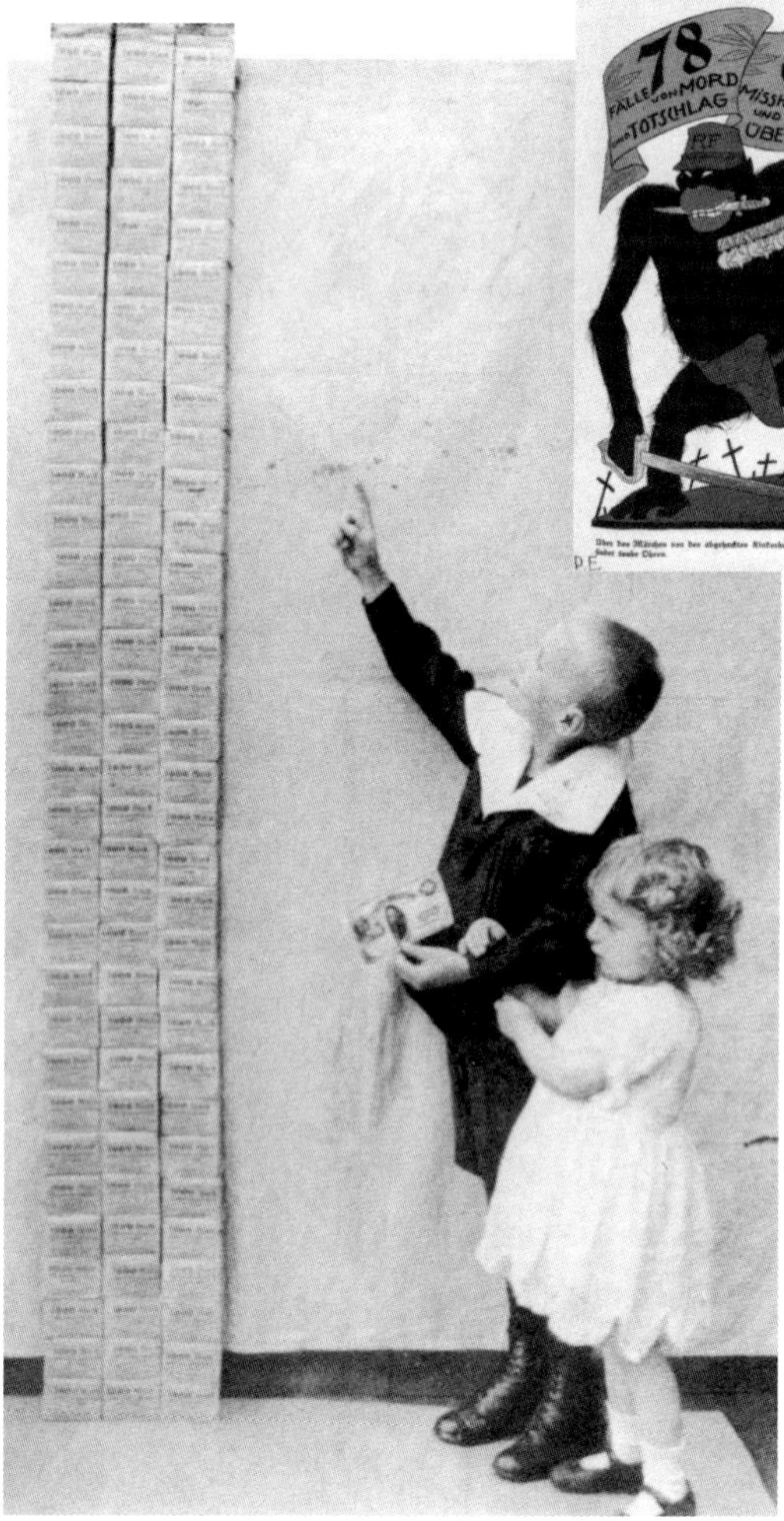

9.
1923年の
ハイパーインフレーション:
「山と積まれた
千マルク紙幣で、
たった一ドル!」

10.賠償のバランスシート、
1927年：ある風刺雑誌によれば、
ヴェルサイユ条約によって課された
財政負担による経済的困難の結果、
ドイツでは14,000人が自殺した。

11.ベルリンにおける狂騒の二〇年代：芸術家オットー・ディックスが切り取った
1927年から28年のドイツ社会の苦い光景；大戦に従軍した退役軍人は脇に追いやられ、
一方でふしだらな女性とその顧客はジャズ・パーティーで豪遊する。

12.ビヤホール一揆：ミュンヘン市庁舎の外で政権掌握のために待機する、武装したナチ突撃隊員。だが、それは実現しなかった。1923年11月。

13.1929年ミュンヘンのビヤセラーで友人とくつろぐヒトラー、しかしビールは飲んでいない。もっとも左にいるのがグレゴール・シュトラッサー。

14.1926年、ヴァイマールでの初期のナチ党大会で街頭行進を率いるヒトラー。
突撃隊員が道を開けている。帽子を被っていないルドルフ・ヘスがヒトラーの右側に、
そのすぐ後ろにハインリヒ・ヒムラーが見える。

15.狂信的表情:屋外集会で演説に聴き入る突撃隊員、1930年。

16.共産主義者の脅威：
中産階級有権者が警戒したごとく、
この1932年選挙中の
ハンブルクのスラム街で
そうであったように
犯罪行為、貧困、極左の関与が
しばしば一体となった。

17.ブリューニングの制服禁止令の虚しさ（1930年12月）：
突撃隊員は褐色の制服でなく白ワイシャツを着る。その効果は同じだった。

第三帝国の歴史全6巻

第三帝国の到来◆上

THE COMING OF THE THIRD REICH

Japanese edition published by arrangement through The Sakai Agency

Cover Photo/Hulton Archive/Getty Images

マシューとニコラスに

第三帝国の歴史全6巻
第三帝国の到来◆上

目次

凡例

一、固有名詞のカナ表記は、原音に近いものにするよう努めた。
従って、英語呼称で書かれている地名なども、ドイツ語にもとづくカナ表記にしてある。

ただし、「ベルリン」や「ミュンヘン」といった、日本語で定着していると思われる慣習的表記については、そちらを採用した（原音主義にもとづくなら、それぞれ「ベァリーン」、「ミュンヒェン」が適当ということになろう）。

また、原書で英語表記されている固有名詞（たとえばMunich）も、原則としてオリジナルの原語発音に従い、カナ表記を定めた。

ただし、「ヴァイマル」や「ワイマル」などさまざまな表記がなされてきたWeimarについては、原語発音に近い「ヴァイマール」をあてた。

二、本訳書上巻三一頁で示されているように、原書ではドイツ語から英語への翻訳にあたり、もとのニュアンスを生かし、ドイツ語のままで記している場合がある。
本訳書では、監修者の判断により、適切と思われる訳語をあてた。

一例を挙げれば、ドイツ語のReichは、統一されたドイツというニュアンスがあり、必ずしもストレートに「帝国」を意味するものではない。

たとえば、ヴァイマール共和国時代にも、「ドイツ国」をあらわす表記として、Deutsches Reichが使われているのである。

本訳書では、文脈に応じて、適宜「帝国」、「国家」、「全国」、「ライヒ」などに訳し分け、場合によっては「ライヒ」と振り仮名をつけた。

ただし、頻出するThird Reichについては、敢えて「第三帝国」の訳語をあてている。

本来ならば引用符を付すべき言葉であるが、煩雑さを避けるために略したのである。

三、「ナチズム」の原語であるNationalsozialismusは、「国民社会主義」、「民族社会主義」など、さまざまに訳し得る。本訳書では、体制期に展開された、いわゆるゲルマン系の他国民に対する政策などに鑑み、「民族社会主義」、もしくは「ナチズム」とした。

四、〔 〕内は監修者の註釈である。

五、強調は、原則として原著者によるものである。本訳書では、斜体、傍点などで表した。

六、極度に長い段落は、読みやすさを考慮して、適宜分割した。

七、引用文献のうち、邦訳があるものは、初出と参考文献にあげた。なお、著者名など固有名詞の表記が、本訳書と当該訳書で異なるものもある。が、邦訳の存在を示すにあたっては探書の便宜上、当該訳書のままにしてある。

八、監修者による「解説」と翻訳者による「訳者あとがき」は、全六巻シリーズ最終巻巻末に収録する。

序文

1

本書は、第三帝国の歴史に関する三部作の第一巻である。第三帝国は、十九世紀のビスマルク帝国、第一次世界大戦、大戦後に生まれたヴァイマール共和国の苦痛に満ちた時代に起源を有している。その物語だ。さらに、一九二九年から一九三三年までの経済大恐慌の数年間に、いかにナチが選挙の成功と集団的な政治暴力を組み合わせて、権力の座に昇りつめたかも語ることになる。ナチがどのようにして、きわめて限られた時間内に、しかも表面的には、言うに足るドイツ国民の抵抗を受けることなく、一党独裁を確立してのけたのか。それが中心テーマとなる。第二巻は、一九三三年から一九三九年の第三帝国の展開を扱う。中央の諸機構が分析され、その機能やそこでのなりわいがどのようなものであったかが叙述され、それらが国民を戦争準備に駆り立てたことが記される。この戦争によって、ドイツのヨーロッパにおける指導的大国としての地位が回復されるはずだったのである。戦争そのものは、最終巻となる第三巻の主題となる。この巻では、第三帝国が一九四五年に完全に潰滅し、崩壊するまでの、軍事力による征服政策の急速な過激化、社会と文化の動員、抑圧、人種根絶といったことどもが対象とされる。結論となる章では、第三帝国の十二年ほどの短い歴史が及ぼした影響、それが現在と未来に残したものを検証することになろう。

この三部作は、誰よりも、このテーマについてまったく知らないか、多少は知識があるものの、もっと多くを知りたいと思う人々に向けられている。専門家がいくばくかの関心を抱いてくれれば、と希望はするけれども、彼らを本三部作の主たる読者として想定しているわけではない。第三帝国の遺物については、近年メディアでも盛んに議論されており、広範な注目を集めている。名誉回復と賠償、罪と謝罪は、微妙な政治的・倫理的問題となってきた。第三帝国のイメージ、一九三三年より一九四五年までのナチ・ドイツの衝撃について注意を向けさせる博物館や記念碑は、われわれのまわりにいくらでもあろう。しかし、第三帝国の歴史自体からみて、それらがどのような背景を持っているかということは、往々にして欠落している。これこそ、この三部作が提供しようと意図するものなのだ。

かくのごとき企てをなさんとすれば、ナチ・ドイツについて、またしても本を書くことなど必要なのだろうかと、自問することからはじめなければならない。それは避けられないことなのだ。たしかに、もう充分なぐらいに在るではないか？　実際、こうも多数のことが書かれてしまっているのだから、付け加えることなど、まずないだろう？　さまざまな歴史の事象のうち、これほど集中的に研究の対象となったものはない。それは疑いないところである。営々孜々《えいえいしし》たる歩みを続けるミヒャエル・ルックが二〇〇〇年に上梓した、ナチズムに関する標準的な文献目録の最新版は、三万七千点を列挙している。ところが、一九九五年に出た第一版では、二万五千点を数えるにすぎなかったのだ。こうした研究点数の驚くほどの増加は、ナチ・ドイツに関する出版が継続されており、いつ尽きるともしれぬ数が刊行されていることを雄弁に物語っている。[1] かかる圧倒的な数の文献となれば、いかなる歴史家といえども、その主要な部分を押さえることすら望み得ない。事実、歴史家のなかには、入手できる正味の情報だけでも厖大な量で、それらを総合するのは不可能と思われたために、絶望して、その作業をやめてしまったものもいる。結果として、包括的な第三帝国の歴史を書こうとする試みは、ほとんど実行されなかった。なるほど、近年、とくにノルベルト・フライやルドルフ・ヘルプストによる著作[2]のような優れた簡潔な概史や、特記されるべきデートレフ・ポイカートの『ナチス・ドイツ――ある近代の社会史』[3]のごとき刺激的・分析的な研究、有益な史料集も刊行されてはいる。そうした史料集のなかでは、ジェレミー・ノークスが広範な註釈を付した、四巻本の英語選集がきわだっている。[4]

しかし、一般読書人向けに書かれた広範かつ総合的で、浩瀚《こうかん》なナチ・ドイツ史は、片手の指で数えられるほどしかない。一九六〇年に出版されたウィリアム・L・シャイラーの『第三帝国の興亡』は、そうした書物の嚆矢《こうし》であり、図抜けて大きな成功を収めた。刊行から四十年以上、シャイラーの本はおそらく数百万部は売れている。同書が絶版になったことはないし、ナチ・ドイツに関する包括的で読みやすい歴史を求める多くの人々にとって、最初の寄港地となっている。この本が成功したのも当然だ。シャイラーは、一九四一年十二月に合衆国が参戦するまでナチ・ドイツに在って、レポートを送り続けたジャーナリストだった。彼は、細部を語り、事件を浮かび上がらせるジャーナリストの眼を持っていたのである。その著作は人間への関心にみちみちており、ドラマを演じた俳優たちの魅力的な発言から多くを引用している。経験ゆたかな特派員による最前線報告にみられるような勘と文体を以て、記されているのだ。ただし、専門の歴史家からは、おおむね酷評された。シャイラーの本は「信じられないほど粗雑に」ドイツ史を説明し、すべてがナチの政権掌握に必然的につながるかのようにしていると評した亡命ドイツ人学者のクラウス・エプシュタインは、そうした多数の専門家の右代表といえる。扱っている範囲にも、「ひどく目立つ欠落」があった。シャイラーの書物は、あまりにもハイ・ポリティクス、外交や軍事的な事件に集中し、一九六〇年当時でさえ、「ナチ時代を扱う学問の現今の水準に達していなかった」のだ。半世紀もの時を経た今となっては、この評価は、エプシュタインの時代よりもずっと適切なものになっている。ゆえに、そのあらゆる長所を勘案したとし

ても、シャイラーの本は実際、二十一世紀の読者を満足させるナチ・ドイツ史たり得ないのである。(5)

一九六九年に刊行されたドイツの政治学者カール・ディートリヒ・ブラッハーの著作『ドイツの独裁』は、まったく異なる種類の研究を示した。それは、ブラッハーの先駆的で今なお価値があるヴァイマール共和国の崩壊とナチの権力掌握に関する諸研究を総合しており〔ブラッハーは、一九五五年に大著『ヴァイマール共和国の崩壊』を上梓している〕、ナチズムの起源と成長、そのドイツ史との関わりといった領域に、もっとも強みがあった。つまり、シャイラーの本のいちばん弱かったところだ。この書物の半分はそうした主題に費やされ、残りで、第三帝国の政治構造、外交政策、経済と社会、文化と芸術、政治体制、そしてナチ・システムの瓦解が描かれる。その扱いはより簡潔なものだ。かかる不均等にもかかわらず、同書のことの押さえ方は名人芸ともいうべきで、権威があり、今日までも古典であり続けている。ブラッハーの論究の真価は、分析の明解さ、それが扱うすべてのことを説明・記述・解釈しようとする決意にある。何度読み返しても、得るところのある名著なのだ。ただし、この本は、主題を平均して扱っていないばかりか、方法論が学術的であることもあきらかで、読者には難解に過ぎるということが往々にしてあった。また、不可避のことではあるが、過去三十五年間に、多くの領域で、後進の研究に追い抜かれてしまっている。(6)

ナチ・ドイツに関する著作のうち、シャイラーが大衆的な面を、そしてブラッハーが学問的な側面を代表しているとしよう。最近、ある著者が、この両者のあいだの溝に橋を架けることに成功した。イギリスの歴史家イアン・カーショーの二巻本『ヒトラー』が、ヒトラーの人生をドイツ近現代史の枠にはめこんでのけたのである。それはまた、ヒトラーの勃興と没落がいかにより広い歴史的なファクターと結びついていたかを明示した。とはいえ、カーショーの『ヒトラー』は、ナチ・ドイツそのものの歴史ではない。事実、戦争中にヒトラーがしだいに孤独に沈潜していくにつれ、同書の焦点もどんどん狭くなることは不可避だった。つまり、ヒトラーがもっとも関心を抱いていた領域、外交政策、戦争、人種といったことに集中していく。普通の人々の視点を取り入れることも、ヒトラーが直接関与しなかった多数の領域を扱うこともまったく不可能だ。[7] ゆえに、私のこの本と、あとに続く二巻の主たる目的の一つは、第三帝国史のおもだった面を広範にカバーすることとなる。政治、外交、軍事のみならず、社会、経済、人種政策、警察と司法、文学、文化と芸術をも対象とし、さまざまな理由から先行研究において欠落していた広がりを以て、これらを総合、その相互の関連性を示すことを目指すのである。

カーショーの伝記が成功したことは、ナチ・ドイツの研究が国際的な事業であることを示した。このテーマで出された最新の広範で総合的な研究はまたしても、イギリス人の歴史家によるものだった。マイケル・バーリーの『第三帝国 ある新しい歴史』である。それは、ナチ体制の中核には最初から暴力があったことを、ほかの書物にはできなかったぐらい広く、また深く読者を納得させてくれる。学界にいる著者たちは往々にして、ナチスに関する彼らの理論や議論のほうが民衆それ自体の姿よりも重要であるかのごとく、血の流れない、ほとんど抽象的なナチス像を描いてきた。そのようにバーリーが嘆いているのも、もっともなことだ。彼の本は、そうした不均衡を正した。第三帝国の倫理史を届けるのが、バーリーの主たる目的だったのである。『第三帝国 ある新しい歴史』は、大量虐殺、抵抗と対敵協力、政治暴力と脅迫、犯罪と残虐行為に集中している。それによって、近年あまりにも軽視されがちだった、ナチ・ドイツを全体主義独裁体制として捉える見方を再び力強く主張したのであった。ただ、バーリーの本は、外交政策、軍事戦略、経済、社会変化、文化と芸術、プロパガンダ、女性と家族といった、ナチ・ドイツに関する最近の研究が対象としていることへの詳細な考察を割愛している。さらに道徳的判断を優先したために、解釈と分析を軽視する傾向もみられた。たとえば、ナチのイデオロギーは「はったり」、「自惚れたナンセンス」等といった具合に一蹴されている。考えるという道徳的義務を放棄したドイツ人の非倫理性を浮かび上がらせるためだ。現代の読者にとって、それらナチのイデオロギーは、まさに嫌悪を引き起こすような、馬鹿馬鹿しいものであろう。しかし、ブラッハーの著作が試みたように、そうした観念を真剣に受け止め、ドイツであのように多くの人々がいかにして、また何故にそれを信じるようになったかを説明する、異なるアプローチにも、支持されるに足る面があるのだ[8]。

歴史書たる本書は、こういった先行研究の長所を結びつける試みだ。まず第一に、シャイラーの本のように、物語を叙述する流儀による解説である。その目的は、第三帝国の歴史を時系列に沿って語り、ある件がどのようにつぎのことを引き起こしたかを示すことにある。叙述的な歴史は、一九七〇年代から一九八〇年代にかけての数十年のあいだに、時代遅れになった。しかし、最近の、スケールの大きな、さまざまな物語的歴史は、分析の厳密さや説得力を犠牲にすることなしに、叙述をなすこともできるのだと明示している[9]。また、シャイラー同様、本書も、対象とする時代を生き抜いた人々の声をくみとろうとするものである。ナチス統治下のドイツ歴史学の党派的歪曲、個人崇拝、歴史作家による第三帝国の指導者讃仰の結果、戦後ドイツの歴史家は、個々人の存在を歴史からまとめて排除してしまった。一九七〇年代および一九八〇年代の現代的な社会史の影響を受けて、歴史家は何よりも幅広い構造とプロセスに関心を抱くようになったのである[10]。そうして生じた研究は、はかりしれないほどに、ナチ・ドイツに対するわれわれの理解を進めた。しかし、知的理解を求める視座からは、生身の人間がほとんど消え失せた。それゆえ、本書の目的の一つは、再び個人を視界のなかに入れることとなる。そのため、私は全巻を通じて、同時代人が書いたり、しゃべったりしたことを可能なかぎり引用するようにしたし、この本でも、広範な叙述と分析的概観に、現実の彼または彼女たちの物語を並列させようと試みた。そうした人々は、体制のトップから普通の一市民に及ぶ。彼らは、事件のドラマの渦中に巻き込まれたのである[11]。

個々人の経験を再確認していくことによって、他のいかなる方法でもなし得ないほどに、彼らが複雑きわまりない選択をしなければならなかったこと、彼らが直面していたのは、困難で、往々にして不透明な状況だったことを理解させてくれる。その時代に生きた人々は、後知恵を用いることができるわれわれのように、事態を明確に見通すことはできない。一九三〇年には、一九三三年に何が生じるかなど、知ることはできなかった。同様に一九三三年にあっては、一九三九年、一九四二年、あるいは一九四五年に何が起こるか、わからなかったのである。もし知っていたなら、彼らがなした選択は異なったものになっていただろう。歴史を書く上で最大の問題の一つに、自らを過去の世界に置いて想像できるかということがある。当該の人々は、未来を考えるにあたり、迷い、先は不確実であると思いながら対処する。ところが、歴史家にしてみれば、その未来はすでに過去となっているのだ。振り返ってみれば、必然的だったと思われるような展開も、それが起こった時点では、けっしてそうではない。この本を書く際に、私は、ものごとの経緯というものはたやすく別の流れになりかねないものなのだと、繰り返し読者に思い起こさせるように努めた。十九世紀後半から二十世紀前半までのドイツの歴史も、そうした多数のポイントで変化したのだが、それも、そういう性質のうちに起こったことだ。かつてカール・マルクスがいみじくも述べたように、人々は自ら歴史をつくるのだけれど、自分が選んだ条件のもとで行うわけではない。かかる条件には、彼らがそのなかで生きた歴史的文脈のみならず、彼らの思考様式、行動の土台となっていた状況の推定、彼らの振る舞いを定める原則や信念が含まれている[12]。本書の主眼となるのは、現代の読者のためにこれらのことすべてを再現することと、もう一つ歴史についてのよく知られた箴言を引用するならば、「過去は外国である。そこでは、人々はまったく異なる流儀でことを行う[13]」ことを、読者に思い出してもらうことなのだ。

こうしたすべての理由により、道徳的判断という贅沢にひたることは、歴史の仕事には不適切だと私には思われる。それは非歴史的だし、また傲慢で僭越なことだ。もしも私が第三帝国に生きていたら、どのように行動していたかなど、知ることはできない。そこで生きていたら、現在かくあるごとき私とはちがった人間になっていたであろう。その一点だけでも、上記のように唱える根拠になる。一九九〇年代初期から、ナチ・ドイツ史の研究は（他のテーマに関する研究もしだいにそうなっていったのだが）、倫理や宗教、法律に由来する概念やアプローチに浸食されてきた。ある個人なり、集団が、ナチスのもとで受けた苦痛に対し賠償されるべきか否か、逆に、他者に与えた苦痛を何らかのかたちで償わなければならないのかどうか。そんな問題を判断する際には、そうしたやりようは適切かもしれない。かかる文脈に置くならば、そのようなアプローチを採用するのは正当なことであるし、また重要なのだ。しかし、歴史の仕事に、そういったやり方はない[14]。イアン・カーショーが述べているごとく、「ドイツ人でもなければ、ナチズムを経験してもいない局外者が、非難を加え、当時の状況下では、まず実行できなかったような行動規範を望むのは、おそらく安易に過ぎることだろう[15]」。こうして時をへだててみれば、ドイツ人の大多数も同じ規範を守っているではないか。よって、私は、道徳、宗教、倫理に関わる含意がある言葉を使うのは極力避けるようにした。本書の目的は理解することである。判断は、読者にゆだねられているのだ。

ナチスがいかにして、そして何故に権力を得たのかを理解することは、これまで同様に、今日でも重要である。おそらく、人びとの記憶が薄れていくにつれ、いっそう重要になるだろう。われわれには、ナチス自身の心のなかに分け入っていく必要がある。なぜ、彼らの対手がナチスを止められなかったか、理由を見出す必要がある。また、ナチ独裁が確立されたのち、それがどのような性質を持ち、どう動かされたかを把握する必要がある。第三帝国がヨーロッパと世界を他に類を見ない残虐な戦争に追いやり、ついには自ら破滅、崩壊していった過程を理解する必要がある。二十世紀前半には、ほかにも、さまざまな災厄が起こった。なかでも、もっとも注目されるのは、一九三〇年代のロシアにおいてスターリンが解き放った恐怖による支配だろう。しかし、そうした災厄のいずれも、これほど後まで残る影響を残してはいない。人種差別と憎悪をイデオロギーの中心に据えたことから、無慈悲で破壊的な征服戦争の開始に至るまで、第三帝国はおのが姿を現代世界の意識に焼き付けてしまった。おそらく、他の体制がなそうとしても（幸いにも）できないことだった。安定した近代国家だったドイツが、一人の人間の生涯にもみたないほどの期間に、ヨーロッパを、道徳的、物質的、文化的な廃墟となし、絶望にみちびいたありさまを物語るのは、われわれすべての頭を冷やす教訓を含んだ話である。ただし、繰り返しになるが、教訓は読者が本書からくみとるべきで、著者が与えられるものではない。

2

かかる事態がいかにして生起したのかを説明することは、ごく初期から、さまざまな歴史家や評者の心を捉えてきた。かようなことがどういうふうにして起きたかの説明は、まさに最初からさまざまな歴史家と評論家の心を捉えたのだ。コンラート・ハイデン、エルンスト・フレンケル、フランツ・ノイマンなど、異論派や亡命知識人は、一九三〇年代から一九四〇年代にかけて、ナチ党と第三帝国を分析した著作を刊行した。これらの文献は、今日でも一読の価値があり、なお研究の指針を示している。[16] しかし、ことが終わったのちの、第三帝国を歴史的文脈に置こうとする本当の試みは、第二次世界大戦の終結直後に、当時のドイツにおける指導的な歴史家フリードリヒ・マイネッケによってなされた。マイネッケは、第三帝国勃興の責は、何よりもドイツが十九世紀後半以降に世界強国という強迫観念にとらわれたことにあるとした。そうした妄想は、ビスマルクにはじまり、カイザー・ヴィルヘルム二世の時代と第一次世界大戦において、よりいっそう激しくなった。軍国主義的精神がドイツ中に広がって、軍が政治状況に決定的な悪影響をおよぼしたとマイネッケは考えた。ドイツは眼を瞠《みは》るような工業力を得たけれども、それは、幅広い道徳的・文化的訓育を犠牲にし、狭い技術教育に過剰に集中することによって成し遂げられたものだったのである。彼は、自身が属していた、教養のある上層中産階級について、こう書いている。「われわれは、正直なことに、ヒトラーの仕事に何か『肯定的』なところはないかと探していた」と。さらにマイネッケは、彼らは、自分たちが時代の要求を満たすものだと考えた何かを見つけたのだ、と付け加えている。だが、そんなものはすべて幻想だったことが、はっきりした。マイネッケは、おのが人生を振り返り（一八七一年のビスマルクのもとでのドイツ統一、そして、そのときから第三帝国の滅亡のあいだに起こったことを何もかも思い出せるほど、長い生涯だった）、ドイツという国民国家は、一八七一年の創建、まさにその瞬間から、何かしらの欠陥があったのだと、ひとまず結論づけた。

一九四六年に出版されたマイネッケの回想録『ドイツの悲劇――考察と回想』は、ある人生が懸かった政治的信念と大望を再考する果敢な試みのみならず、その限界ゆえに重要である。この老歴史家は、第三帝国の時代もずっとドイツにとどまっていた。しかし、ほかの多くの人々とちがって、ナチ党に入らなかったし、その利益になるような著述をすることもなかった。が、マイネッケは、自らがそのなかで育ったところの自由主義的国家主義の視座になお制約されていたのである。彼にとって、当時の破局は、一九四六年における省察の書名が示すごとく、ドイツの破滅だったのであり、ユダヤ人の大惨事でもなければ、ヨーロッパや世界の大惨事でもなかったのだ。同様に、ドイツの歴史家たちの営為がずっとそうであったように、この破局をもたらしたものとして、社会的・文化的・経済的要因よりも、外交と国際関係を重視している。マイネッケにとって問題と思われたことの本質は、彼が、話のついでに触れた、ナチ支配下のドイツが捉えられていた「人種という狂気」ではなく、第三帝国のマキャヴェリ流権力政治、そして、ドイツが世界支配の企てを開始し、それが結局はおのれの崩壊につながったということに在ったのだ。[17]

だが、いかに不充分であろうと、マイネッケが理解しようと試みたことは、彼自身予言しているごとくに、以後、人々の心を占めることになる一連の枢要な問題を提起した。ドイツのように先進的で高度の文化を持つ国家が、かくも素早く、また、いとも簡単に、ナチズムの暴虐な力に屈服するなどということは、いかにして生起したのか？ ナチの権力奪取に対して、真剣な抵抗がほとんどなかったのは何故なのか？ 取るに足りない極右政党が、劇的なありさまで、突如として権力の座につくなどということがどうして可能になったのか？ なぜ、あれほど多くのドイツ人が、ナチ運動の暴力的で人種主義的かつ残忍な性質を無視することは破滅的な帰結につながりかねないのだと認識しそこねたのか？[18] こうした設問に対する回答は、時代につれ、またさまざまな国々の歴史家や評者のあいだで、さらには、さまざまな政治的立場によって、大きく分かれている。[19] ナチズムは、二十世紀前半にヨーロッパに立てられた、容赦なき暴力的独裁制の一つにすぎなかった。ある歴史家がこの時期のヨーロッパを「暗黒大陸」と呼んだほどで、それだけ広まっていた一潮流なのだ。[20] こう考えると、今度は、ナチズムがドイツの歴史にどれほど深く根ざしていたものかという疑問が生じる。また、その一方で、ナチズムはどの程度まで、より広範なヨーロッパの展開の産物だったのか、それが当時のヨーロッパ諸体制の起源と支配の中心的性格をどのぐらい共有しているのかという問いかけも出てくるのである。

かかる比較検討は、経済的に発展し、文化的に洗練された社会は、そうした点で劣った社会よりも、暴力と破壊の奈落に陥りにくいとする仮定が疑わしいものであることを示唆する。ドイツがベートーヴェン、ロシアがトルストイ、イタリアがヴェルディ、あるいはスペインがセルヴァンテスを産み出した事実は、これらすべての国々が二十世紀に残忍な独裁制を経験したという事実に対しては、まったく些細《ささい》なことにすぎない。何世紀にもわたる高度な文化的業績は、そういったものが欠如していた場合に比して、政治的野蛮への転落を押しとどめる働きがあるというようには説明できないのだ。要するに、文化と政治は、かくのごとき単純で直接的なありようで相互に影響を与え合うわけではないのである。第三帝国の歴史が、われわれに何かを教えるとすれば、偉大な音楽、偉大な芸術、偉大な文学への愛情があったとしても、暴力や残虐行為、あるいは独裁制への追随に対して、いかなる倫理的、あるいは政治的免疫も得られないということであろう。実際、多くの左翼の評者は一九三〇年代以降、ドイツの文化と社会の先進的性格それ自体がナチズムの勝利の主要な原因だったと論じてきた。ドイツ経済は欧州随一の強力さを誇っていたし、ドイツの社会はもっとも高度に進歩していた。資本主義的企業の組織化は、ドイツにおいて空前の規模と水準に達していたのである。マルクス主義者の主張によれば、これは、資本の所有者と彼らに搾取される人々のあいだの階級闘争が限界点に至るまで、一方向に進んでいったことを意味する。大企業主とその取り巻きたちは、おのが権力と利益を守ろうとする窮余の策として、手持ちの影響力と宣伝手段のすべてを駆使し、彼らに献身的に奉仕する大衆運動（ナチ党）を誕生せしめた。しかるのち、てこ入れに努めて権力を取らせ、ひとたびナチが政権の座につくや、そこから利益を得たというのだ[21]。

こうした見解は、一九二〇年代から一九八〇年代にかけて、マルクス主義にもとづきながら、さまざまな立場を取るすべての学者によって、相当精妙に練り上げられており、単なる宣伝にすぎぬと一蹴すべきものではない。それは、一九四五年から一九九〇年までの冷戦中、ヨーロッパを分断していた鉄のカーテンの両側で、相当数の多様な学問的営為を長年にわたり鼓舞してきたのだ。とはいえ、広範で一般的な説明であるから、多くの論点がぼやけている。そこでは、ナチズムの人種教義は多かれ少なかれ看過されているし、ナチが、レトリックどころか、現実にユダヤ人に対して悪意にみちた憎悪を向けたという事実をまったく説明できなかったのである。申し分のない中産階級、生産的で裕福、そして少なからぬ数の資本家を含む、数百万の人々の迫害と殺戮に、第三帝国が大量のリソースを投じたことを考えれば、ナチズムという現象を、プロレタリアートに対する階級闘争、あるいは、資本主義システムを護持する試み（ドイツのユダヤ人多数がその維持に貢献していた）に矮小化し得るとみなすのは難しい。さらに、ナチズムが帝国主義的独占資本主義の避けがたい帰結とするなら、それはドイツにのみ出現したのであって、イギリス、ベルギー、合衆国のような、他の同様に進んだ資本主義経済にはなかったという事実を、どのように説明できるだろうか[22]？

まさにこうした疑問こそ、第二次世界大戦中にドイツ人以外の多くの人々が抱いたそれであり、戦後すぐに何人かのドイツ人が自らに突きつけたものであった。とりわけ、一九一四年から一八年に対独戦争〔第一次世界大戦〕をすでに経験していた国々にあっては、多くの評者が、ナチズムの勃興と勝利は、数世紀にわたるドイツの歴史が必然的に生み出した究極の産物なのだと主張した。アメリカ人ジャーナリストのウィリアム・L・シャイラー、イギリス人歴史家A・J・P・テイラー、フランス人学者エドモン・ヴェルメイユなど、さまざまな著者が提唱した、こうした考えでは、ドイツ人はそれまで常に民主主義と人権を拒絶し、強力な指導者にへりくだり、行動する市民という観念を拒絶し、世界支配という、漠とした、しかし危険な夢にふけっていたことになる[23]。奇妙なことではあるが、これは、ナチ自身のドイツ史観を反映したものになっている。ナチの理解においては、ドイツ人は根源的な人種の本能により、これらの基本的特性を守ってきたのだが、フランス革命のごとき外国の影響によって、そこから遠ざけられたことにされていた[24]。しかしながら、多くの批判者が指摘したように、この過度に単純化された見解からは、ただちに、そうだとするならば、ドイツ人はなぜ一九三三年よりもずっと前にナチ式の独裁に屈服しなかったのかという疑問が生じる。ドイツ史における自由主義と民主主義の強固な伝統が無視されているのだ。かかる伝統は、一八四八年革命でドイツ全土にわたり権威主義体制が転覆されたときのような政治動乱の際に発揮されてきた。加えて、こうした見解は、ナチスがいかにして、そして何故に権力を握るに至ったのかという問題の説明を容易にするよりも、むしろ難しくしている。一九三三年にさえ、ドイツに広く存在していた反ナチ派の抵抗を無視し、なぜ反対派が打ち破られたのかとの重要な問いかけをなすことを妨げているからである。ドイツ国内自体にも、かようにナチズムに反対する者たちが存在していたことを認識しなければ、ナチズム支配への到達という劇的な物語も、まったくドラマでなくなってしまう。単に、不可避の事態が実現されたというだけの話になろう。

　ドイツ史の歴程を、一九三三年という眺望のきく有利な位置から振り返り、その過程で起きたほとんどすべての事象がナチズムの興隆と勝利に寄与したと解釈する。歴史家にとってみれば、実に楽なやり方である。これが、あらゆる種類の歪曲につながった。一部の歴史家は、十八世紀後半の国家主義の使徒たるヘルダーや、十六世紀のプロテスタンティズム創始者マルティン・ルターから恣意的な引用を行い、自分たちが主張しているようなことは、ドイツ人が持つ外国人侮蔑や自国領内における権威への盲目的な服従といった特性に埋め込まれていたのだと示そうとした[25]。しかし、右のごとき思想家たちの業績をもっと子細にみてみれば、ヘルダーは外国人への寛容と同情を説いているし、またルターはよく知られているように、個々の人間には宗教的・知的権威に叛する良心を持つ権利があると主張していることがわかるのである[26]。加えて理念は、なるほど、それ自体の力を有しているが、その力は、たとえ間接的であるとはいえ、社会的・政治的環境に条件づけられている。「ドイツ人の性格」ないし「ドイツ精神」などと一般化する歴史家が、往々にして忘れがちな事実だ[27]。

もう一つの流行した考え方、ときとして、それは右と同じ著者たちによって提唱されたのだけれども、そこにあっては、ドイツ史におけるイデオロギーと信念の重要性ではなく、そんなものは取るに足りないのだということが強調された。ともすれば、ドイツ人は政治に真の関心を抱いておらず、民主的な政治議論での意見の応酬に習熟することはついになかったのだというようなことがいわれている。しかし、一九三三年の第三帝国到来を説明するために動員されたドイツ史に関する神話すべてのなかでも、「非政治的ドイツ人」のそれほど納得できないものはない。この概念は、おおむね小説家トーマス・マンによって第一次世界大戦中につくりだされたのだが、その後、ドイツの教養中産階級にとってのアリバイとなった。それは、ナチズムに反対できなかったという、ずっと軽い罪への批判を受け入れることによって、ナチズムを支持した非を責められることからまぬがれられるようにしたのである。実にさまざまな歴史家たちが、一八四八年の大失敗〔一八四八年革命のこと。ドイツにおいては、ドイツ統一と憲法制定をめざす国民議会が開催され、パウロ教会憲法を採択したが、皇帝に推戴されたプロイセン国王の拒否に遭い、発効しなかった。以後、国民議会は解散させられ、各地で蜂起した市民も軍隊に鎮圧された〕ののち、ドイツの中産階級は政治活動から身を引き、その代わりに、金儲けや文学、文化、芸術に逃げ場を得たと主張している。教養あるドイツ人は、効率と成功を倫理とイデオロギーの上に置いたというのだ[28]。だが、本書であとからみていくように、そうした主張と対立するような証拠はたっぷりとある。一九二〇年代にドイツを襲った苦難がいかなるものであったにせよ、政治への関与や信念が欠けていたわけではない。むしろ、その逆だった。

ドイツの歴史家が、ドイツ人の性格について、かくのごとく大ざっぱで敵意にみちた一般化をされたことを、非常に不愉快に思ったのも当然である。彼らは、第二次世界大戦直後に、ナチ・イデオロギーの根源はヨーロッパに広く存在していたことを指摘し、批判を逃れようと全力をつくした。ヒトラーその人はドイツ人ではなく、オーストリア人であったことに注意を喚起し、ムッソリーニのイタリアからスターリンのロシアに至る、同時代の他のヨーロッパ独裁制との相似を例証として挙げた。なるほど、一九一七年から一九三三年までの歳月におけるヨーロッパ民主主義の全般的崩壊に照らして考えれば、ナチスの出現は、長く独自の発展をとげたドイツ史の趨勢《すうせい》が行き着いたところではなく、第一次世界大戦という大変動の衝撃のもと、他所でも起こったように、ドイツにあっても既存秩序が崩壊したことを示すものであろう。そう解釈すべきだと、ドイツの歴史家は論じた(29)。この見解によれば、工業社会の勃興に従い、大衆は初めて政治の舞台に立たされたことになる。第一次世界大戦は、ヨーロッパ全土にわたり、社会のヒエラルヒー、倫理観、経済の安定を破壊した。ハプスブルク、ドイツ、ロシア、オスマンといった諸帝国はみな滅び、その後にできた民主国家もすぐに、不徳義な扇動家たちによるデマゴギーのえじきになった。彼らは、大衆が自らの奴隷化に賛成する票を投じるように言いくるめたのだ。二十世紀は全体主義の時代となり、それは、ヒトラーとスターリンによる、新しいタイプの政治秩序を確立しようとする試みにおいて、頂点に達した。かかる政治秩序は、一方では、完全な警察統制、テロ、仮借ない抑圧、実際にそうであるか、想像の産物であるかにかかわらず、敵対者とされた者数百万を殺害することに基礎を置いていた。が、他方では、洗練されたプロパガンダの手法で煽られた、絶え間ない大衆動員と熱狂に支えられていたのである(30)。

かかる主張が、ほのめかしであるか、あるいは露骨なものであるかにかかわらず、スターリンのロシアとヒトラーのドイツを同一視したことにより、一九五〇年代および一九六〇年代の冷戦期における西側理論家たちの利益にいかに奉仕したか。それを理解するのは、まったく簡単なことだ。が、両者は単一の現象が異なる現れ方をしたものだとみる考えは、最近復活してきたようである(31)。たしかに、この二つの体制を比較するのは、けっして不適切なことではない(32)。一般的な政治現象としての全体主義という理念は、一九二〇年代の初めごろまでさかのぼる。それは、ムッソリーニによって肯定的な意味で用いられた。彼は、ヒトラーとスターリンとともに、社会を完全に管理すると主張した。そうした統制には「新しい」タイプの人間というかたちで、人間性の効率的な再創成が含まれていたのである。しかしながら、こうした、さまざまな体制のあいだにどんな類似性があったとしても、ナチズムとスターリニズムの起源、興隆、そして最終的勝利の背後にあった力は、はなはだしく異なっていたのだから、全体主義概念は、この分野に多くの理解をもたらすものではない。とどのつまり、この議論は、説明よりも叙述として有用なので、二十世紀の独裁がいかにしてそこにたどり着いたかを説明するというよりも、それがひとたび権力を握ると、どのように振る舞うかを理解するのに、より役立つのである。

第一次世界大戦前のロシアとドイツに、一定の類似点があったのは間違いない。両国ともに、強固な官僚制と有力な軍エリートに支援された、権威主義的な君主制に支配されており、工業化がもたらした急速な社会変革に直面していた。いずれの政治システムも、第一次世界大戦の敗戦による深刻な危機のうちに破壊された。また、両国とも、対立にみちみちた短い民主制の時期を経たのち、独裁の出現によってそうした対立を解消せしめたのであった。だが、決定的な違いも多々ある。なかでも著しく異なる点は、ボリシェヴィキは、ナチスが権力の座に就くために必要不可欠な基礎となった自由選挙における大衆の多くの支持を、それと同程度には得られなかったことだ。ロシアは後進国であり、圧倒的に小作農が多く、市民社会が基本的に機能せず、代議政治の伝統もなかった。ドイツは、代議制、法による支配、そして、政治に積極的な行動的市民層という、長くつちかわれた伝統を持つ、先進的で教育水準も高い工業国だった。ロシアは、それとはまったく異なる国だったのである。第一次世界大戦が、全ヨーロッパの旧秩序を破壊したのは、たしかな事実だ。しかし、この旧秩序は、それぞれの国によって実体が異なっていた。これらの旧秩序は、とりどりの経緯をたどって打ち壊され、ちがった結果をみちびいた。もし、比較対象となるような展開をとげた、もう一つの国を探すとなると、まさに本書でみていくように、ロシアよりもイタリアのほうが、より良い出発点となる。ドイツと並んで、十九世紀にあらたに統一された、ヨーロッパのもう一つの国家である。

　ナチズムの起源と興隆の説明をドイツ史に探そうとすれば、すべての過程を不可避だったと思わせる危険を冒すことになるのは否定できない。けれども、ほとんどすべての転換点において、事態は異なるものになっていたかもしれないのだ。一九三三年初めの数か月に至るまで、ナチズムの勝利は決着済みの結果などではなかった。さりながら、歴史の偶然でもなかったのである。[33] ナチズムは、本質的にヨーロッパという広い枠組みのなかでの展開の一部として権力に就いた。かくのごとく主張した人びとは、ある程度まで正しく要点を衝いていた。しかし、彼らは、つぎの事実をあまりにも軽視している。すなわち、ナチズムはドイツ史のプロセスの避けがたい結末などではないにせよ、その本質においてドイツ独自のものであった政治的・イデオロギー的な伝統と発展から成功を引き出したということだ。それは間違いないのである。かかる伝統は、さすがにマルティン・ルターまでさかのぼったりはしない。とはいえ、十九世紀の経緯、とりわけ、この国が一八七一年にビスマルクのもとで統一された国民国家に転じる過程において、ドイツの歴史がたどった道までは、確実に遡及《そきゅう》できよう。従って、フリードリヒ・マイネッケが一九四六年の省察において、統一から六十余年後に、ナチスがドイツ人の大多数からほとんど反対されることなく権力を得て、ドイツ、ヨーロッパ、そして世界に惨害をもたらした理由を求めた際と同じく、本書をこの時点からはじめるのは理にかなったことだろう。この著作とあとに続く二巻で観察するように、一九三〇年代初期にドイツを襲った危機の性質から、ナチが権力を握るや、いかにしてその支配を確立し、強固なものにしたかということに至るまで、広範囲にわたる設問があり、さまざまな答えが存在する。これらすべてを並べて、それぞれの軽重を判断するのはたやすいことではない。だが、ドイツ史が背負った重荷が一定の役割を果たしたことは否定できず、ゆえに本書もドイツ史の記述から開始しなければならないのである。

3

二十一世紀初頭というのは、この種のプロジェクトに着手するには、とくに良い時機だ。第三帝国の歴史研究は、一九四五年以降に三つの大きな段階を経てきた。第一段階は、戦後から一九六〇年代までの期間で、この第一巻でおもに扱った設問に答えることに、研究が大きく集中していた。カール・ディートリヒ・ブラッハーなどの政治学者や歴史家は、ヴァイマール共和国の崩壊とナチスの権力奪取をめぐる大作をものした[34]。一九七〇年代から一九八〇年代にかけては、押収された大量の文書が、保管していた連合国からドイツの文書館に返還されたことに助けられ、焦点は一九三三年から一九三九年（本作第二巻のテーマ）に移った。とりわけマルティン・ブロシャートとハンス・モムゼンは、第三帝国の内部構造に関する一連の先駆的研究を生み出し、第三帝国は、そのトップ、すなわちヒトラーによってなされた決定が末端に至るまで実行された全体主義体制だとする、広く流布していた見解に反論した。権力のさまざまな中心点が互いに競合する複雑な関係を検証し、それらの競争意識こそが、体制をして、じわりじわりと急進的な政策を採択せしめるよう推し進めたものだと論じたのである。彼らの著作は、ナチス体制下の日常生活史、とりわけ第二次世界大戦勃発までの数年間に重点を置いた、膨大な数の歴史研究に裏づけられていった[35]。が、一九九〇年代以降、研究は第三段階に入っている。そこでは、一九三九年から一九四五年の時代（本作第三巻のテーマ）に特別な焦点が当てられた。旧ソヴィエト圏の公文書館にあった文書があらたに発見されたこと、ナチスがユダヤ人、さらには同性愛者から「反社会的」人物、奴隷労働者から障害者までの他の人々を迫害、抹殺したことの社会的重要性が高まったことなどが、きわめて多数の重要な新知見を得さしめたのだ。[36] よって、この三段階における研究成果を組み合わせ、多数の新史料を利用するのにふさわしい好機が来ていると思われる。かかる史料には、ヨーゼフ・ゲッベルスとヴィクトール・クレンペラーの日記から、このドイツ内閣〔ヒトラー内閣〕の議事録、最近利用できるようになったハインリヒ・ヒムラーの面会予定簿までも含まれているのだ。

いかなる歴史家にとっても、このような任にあたることは、軽率、あるいは無謀といわないまでも、勇気の要る仕事である。ドイツ人でない歴史家にしてみれば、勇気も二倍要る。しかしながら、私は、本書で扱った歴史的諸問題に関して、長年にわたり考究してきた。私のドイツ史への関心は、フリッツ・フィッシャーによって初めて真剣なものとなった。私が学部学生として在学していた時代に、彼がオックスフォード大学を訪れたことは、大きな知的重要性を持つ契機であったのだ。のち、学位取得のため、ハンブルクで史資料調査を行った際には、フィッシャーと彼のチームが巻き起こした、とほうもない興奮の一端なりと共有することができた。フィッシャーが近現代ドイツ史における連続性という問題の扉を開いたことにより、彼のまわりに集った若きドイツの歴史家たちに、本当の意味での激動、十字軍とさえいえるものが生まれたのである。その当時、一九七〇年代初めのことだが、私は、主としてヴァイマール共和国とヴィルヘルム帝国における第三帝国の起源に関心を抱いていた。ナチ・ドイツが現代のドイツ人歴史家のあいだに激論を引き起こした経緯について書くようになり、近現代ドイツ史における死刑に関する大規模なプロジェクトの一環として、一九三三年から一九四五年の文書を自ら調査研究するようになったのは、あとになってからのことである。[37] かかる年月を通じて、幸運なことに、多士済々なドイツの友人や同業者、とりわけ、ユルゲン・コッカ、ヴォルフガング・モムゼン、フォルカー・ウルリヒ、ハンス＝ウルリヒ・ヴェーラーにさまざまな意味で助けられた。アレクサンダー・フォン・フンボルト財団やドイツ学術交流会のような機関は、何度にもわたる、そして、しばしば長期のものとなったドイツ滞在の資金を気前よくまかなってくれ、一九七〇年代にことをはじめたときよりも、ドイツの歴史と文化への、さらに深い理解へ私をいざなってくれた……私としては、実際、そうであると願いたいものである。自国の問題含みの不快な過去を研究しようとするアウトサイダーに対し、ドイツほど寛大で開かれた国は、まずなかろう。また、英国のドイツ史専門家コミュニティは、終止一貫して、私の支えとなった。ことはじめのころ、オックスフォード大学在学時代には、ティム・メイスンが、私を鼓舞してくれる特別な存在だったし、アンソニー・ニコルズは、しっかりした手腕で私の研究をみちびいてくれた。とはいえ、そうしたことがあっても、結局のところ、私が生まれつきのドイツ人でないという事実を埋め合わせるのは不可能だ。いうまでもないことである。けれども、外国人であることの結果として、必然的に生じる距離はまた、おそらくは一定の公平さ、もしくは、少なくともちがった視座を持たせてくれるだろう。それは、こうした明白な不利を相殺する上で、何らかの有益さを有しているかもしれない。

　私は、第三帝国の起源、帰結、その研究史について書き、公文書館でその歴史の一部を調査、二十年以上にわたって、学部生向けの講座（史料に基づき、ごくゆっくりと進歩してきたと思う）を受け持ってきた。しかし、フルタイムで第三帝国に関心を向けるようになる契機を得たのは、ようやく一九九〇年代になってのことだ。それゆえ、デイヴィッド・アーヴィングがデボラ・リップシュタットと彼女の出版社を相手どって起こした名誉毀損訴訟事件で〔一九九六年、ネオナチのイデオローグとして知られるイギリスの著述家アーヴィングは、アメリカの歴史家リップシュタットを名誉毀損で訴えた。後者が自著でアーヴィングはホロコースト否定論者で歴史を歪曲していると非難したためである。結果はアーヴィングの敗訴となった〕、私に専門家証人になるよう依頼してくれたアンソニー・ジュリアス、その弁護団全員、そして誰よりも弁護団長の勅撰弁護士〔イギリスの制度。「法廷弁護士」（Barrister）で、経験・識見が優れている者が申請、国王、もしくは女王の勅許を得て、授けられる資格〕リチャード・ランプトン、本訴訟事件のあいだに浮き上がってきた第三帝国史のさまざまな側面について、長時間の実り多く、刺激的な議論をともにしてくれた私の研究助手、ニック・ワックスマンとトーマス・スケルトン＝ロビンスンに、変わらぬ感謝を献げるものである。[38] われわれ全員が予測した以上に、大きな重要性を持つことになったこの訴訟事件に関わることができたのは、ある種の特権であった。それは別としても、われわれが本訴訟について行った作業では、おおいに驚かされたものだった。その一つに、われわれが扱ってきたテーマの多くの側面について、文書証拠はなお乏しいままだったという発見がある。[39] もう一つ、それと同じく重要な点として、より狭い枠組みにおいては、ナチのユダヤ人政策に関して多数の優れた研究があったにせよ、第三帝国の通史そのものにあっては、そうした政策のずっと幅広い歴史的文脈について、真に目配りを利かせた、詳細な全体的研究が存在していなかったということもあった。その後すぐに、英国政府の「略奪品諮問委員会」〔ナチによって略奪された文化財の返還要求に対し、政府に助言する委員会。文化・メディア・スポーツ省の外郭団体として、二〇〇〇年に設立された〕の一員になるよう求められ、一九三四年から一九四五年の時代に元所有者から不当に譲渡された文化財の返還請求を審議した際に、ナチ・ドイツに関する知識はますます断片化しているという意識が強まった。そこには、ときとして広い文脈での歴史的知識に頼って、専門的な質問に答えるという、別の世界があったのだ。にもかかわらず、その点で委員会の他のメンバーの助けとなるものとして示すことができるナチ・ドイツの通史はなかったのである。同時に、かかる二つのまったく異なる文脈の実務を通じて、ナチに関する経験の重要な法的・倫理的次元と直接向き合ったことは、これまで以上に、倫理や法の審判を「参照枠組み《フレーム・オヴ・レファレンス》」〔社会学から出た概念で、行動や判断、解釈に際して、基準となる見通しや知識。しばしば、文化的・経験的に形成される。ただし、この場合は、本来の意味よりも広い概念として使っているものと思われる〕とするのではない第三帝国史の必要を確信させた。

こうしたことが、私が本書を書いてきた理由の一部である。それらは、本書のきわだった特徴を、いくばくなりと説明するのに役立つかもしれない。まず第一に、このような幅広い読者層に向けられた史書では、専門用語を避けることが重要である。これは英語読者に向けた本であるから、ほとんどすべての場合で、ドイツ語をそれに相当する英語に翻訳した。ドイツ語のままにすることは、ある種のごまかしであり、ロマンティックな格好づけでさえある。そんなことは避けるべきだ。ただ、三つだけ例外があった。第一が *Reich*《ライヒ》である。第1章で説明するように、それは、その派生語でドイツ国会を指す **Reichstag**《ライヒスターク》〔本訳書では、第二帝政期のそれを「帝国議会」、ヴァイマール期以降のものを「ライヒスターク」とした〕とともに、ドイツ語では、英語でそれに相当する**‘empire’**〔帝国〕の語意をはるかに超えた特別な翻訳不可能の含みを持っていた。また、これは、英語読者の誰にとっても、なじみ深いはずの単語である。よって、たとえば、*Third Reich* の代わりに **‘Third Empire’**〔第三帝国〕、あるいは *Reichstag Fire* の代わりに **‘Parliament Fire’**〔国会議事堂放火事件〕といえば、わざとらしくなってしまうだろう。称号の *Kaiser*《カイザー》もまた、英語でほぼそれに相当する単語 **‘Emperor’**〔皇帝〕よりも好ましいと思われたので、そのままにした。この言葉は、独特の強力な歴史的記憶を喚起するからだ。第三帝国に関連するドイツ語の単語や術語のいくつかは、英語でも通じるようになっている。けれども、そうなる過程で、それらは、本来の意味からずれてしまった。例を挙げれば、*Gauleiter*《ガウライター》〔大管区指導者〕は、「ナチの暴君」を意味するにすぎない。それゆえ私は、もっと正確な意味を付与するため、この単語をすべて **‘Regional Leader’** と訳した。同様に、ヒトラーについても、*Fuhrer*《フューラー》〔指導者、総統〕ではなく、英語の相当語である **‘Leader’** と一貫して表記している。ヒトラーの著書の題名 *Mein Kampf*《マインカンプ》は誰もがご存じだろうが、ドイツ語を理解している人でなければ、それが **‘My Struggle’**〔わが闘争〕を意味することを知っている者はおそらく、ほとんどいないだろう。

こうした翻訳をやった目的の一つは、これらのものが実際に何を意味するかの感覚を、英語読者に体得させることである。それらは単なる肩書きや単語ではなく、重いイデオロギー的な因習を含んでいるのだ。また、いくつかのドイツ語には、正確に相応する葉が英語にはないものもある。従って、翻訳の際に統一性をあきらめ、ドイツ語の *national*《ナツィオナール》を **‘national’**〔国家的、国民的〕あるいは **‘nationalist’**〔国家主義者、民主族主義者〕（ドイツ語では両方の意味合いを持つ）と、さまざまに訳し、同じく複雑な含みを持つ単語*Volk*《フォルク》も、文脈に沿って**'people'**〔国民、人民〕あるいは**'race'**〔民族〕とした。私が、自ら翻訳のすべてを行ったわけではない。が、すでに出版されている英語版から引用する場合には、常に原文と照合し、いくつかの場合には、しかるべく改訳した。ドイツ語を理解する専門家の読者にとっては、おそらくかなりの苛立ちを感じることだろう。そうした方には、本書のドイツ語版を読まれることをお勧めする。ドイツ語版は、*Das Dritte Reich, I: Aufstieg* の書名で、ドイツ出版社〔Deutsche Verlags-Anstalt〕から同時出版されている。

　同様に、本書は専門家向けの学術研究書でないことを念頭に置き、巻末の註釈をできるかぎり抑えるようにした。それらは主に、読者が本文でなされた記述をチェックできるようにするために付けられている。また、そうした註釈によって、考察の対象となっているトピックについての完全な参考文献リストを提供するつもりもないし、ごく少数の例外を除いては、二次的な関心を呼び起こすような細かいテーマに対する議論も含んでいない。しかしながら、興味を持った読者、彼または彼女が、本書で可能となった以上に、あるトピックをもっと深く追うことを望むような分野では、さらに当たるべき重要な文献を示すようにはした。ドイツ語の本で英訳版がある場合には、前者よりも後者から引用することにしている。加えて、限られた紙幅内に註釈を収めるため、出典を確定するのに必要な情報、即ち、著者、題名、副題、発行地、発行年のみを示した。とはいえ、現代の出版は、主要な事業者が多くのちがった国々に拠点を置く、世界的なビジネスである。そのため、出版社の本拠地だけを挙げた。

　ナチ・ドイツについて記述する際に突きつけられる、いちばん難しい問題の一つが、ヴィクトール・クレンペラーがずっと昔、彼が*Lingua tertii Imperii*〔第三帝国の言語〕と呼んだものへの古典的研究で注目しているごとく、ナチの用語法による当時の言葉が広まっていることである。[40] 歴史家のなかには、すべてのナチ用語を引用符のなかに入れたり、不同意の念を示す形容辞を付すことにより、それから距離を置いている者もいる。つまり、“Third Reich” あるいは「いわゆる『第三帝国』」と表記するといった具合だ。だが、本書のような著作で、こうした手続きを採れば、読みやすさが著しく損なわれるだろう。いわずもがなではあるけれど、本書で使われているナチ用語は、単に当時の用法を反映しているだけにすぎないという点を、ここで特記しておく。それもまた適切なことであろう。すなわち、かかる用語を採用したからといって、問題となる用語が指し示している事象をあらわす有効な方法として受け入れた、いわんや、是認したと解釈されてはならないのである。ちなみに、ナチ党に関するかぎり **Party**〔政党〕の頭文字を大文字にし、他の政党に触れる場合にはそうしていない。同じく、**the Church**〔教会〕としたときにはキリスト教徒の公式な組織を指し、**a church** とした際には教会の建物を示すものとしている。**Fascism**〔ファシズム〕はムッソリーニに率いられたイタリアの運動、**fascism** は一般的な政治現象を意味する。

　このような措置すべてが、以下に続く本文を、より明確かつ読みやすくしてくれるなら、目的にかなったということになるだろう。そして、本書が私の望み通りに理解しやすいものとなるなら、その功績の多くは、短期間で第一稿に眼を通すことに快く同意し、多くの不適切な部分を削除して誤りを根絶してくれた友人と同業者、とくにクリス・クラーク、クリスティーン・L・コートン、バーナード・フルダ、サー・イアン・カーショー、クリスティン・セメンズ、アダム・トゥーズ、ニック・ヴァクスマン、サイモン・ウィンダー、エンマ・ウインターに帰されなければならない。バーナード・フルダとクリスチャン・ゲッシェル、マックス・ホルスターには、さまざまな註釈を徹底的に調べ、オリジナルの文書をつきとめていただいた。ケイトリン・マードックは、フーバー財団に保管されていた突撃隊員の自分史について、同様の働きをしてくれた。バーナード・フルダ、リズ・ハーヴェー、デイヴィッド・ウェルチには、親切にも、いくつかの鍵となる文書を提供してもらった。彼らすべての助力に、おおいに感謝している。アンドルー・ワイリーは、その説得力によって、本書が考え得るかぎりで最良の出版社から刊行されることを確実にしてくれた、卓越したエージェントである。ペンギン社のサイモン・ウィンダーは、ロンドンにおける頼りの綱であって、この本で、彼と親密に仕事ができたことは喜びとなった。ニューヨークではスコット・モイヤーズが熱心に励ましてくれ、タイプ原稿を通読し、鋭い論評を加えることで手助けしてくれた。ドイツでは、ミヒャエル・ネーアーが組織力の奇跡をやってのけ、早々にドイツ語版を発行してくれた。そして、ドイツ語版の翻訳者、ホルガー・フリースバッハとウド・レンネルト、地図作成のアンドラーシュ・ベレズナーイと、また一緒に働けたのも嬉しいことだった。写真探し、使用許諾、イラストのオリジナルのありかを確定することに、多大な労力を払ってくれたペンギン社のクローイ・キャンベル、何枚かの写真を気前よく提供し、助けてくれたサイモン・テイラー、最終稿をきちょうめんに整理編集してくださったエリザベス・ストラトフォード、本書をまとめてくれた二つの出版社の制作デザイン・チームに、心から感謝する。

最後に、常のごとく、私の家族、クリスティーン・L・コートンの実務上の支えと彼女の出版に関する専門知識に、彼女の息子であり、私たちの息子であるマシューとニコラスに最大の感謝を示しておこう。われわれ皆が、自らの人生においては幸いにも経験せずに済んだような種類の困難、しばしば、おぞましくさえある事象を対象とするプロジェクトのあいだ、私を励ましてくれた二人の息子に、本三部作を献げるものである。

二〇〇三年七月、ケンブリッジにて

第1章

過去の遺産

ドイツの特殊性

1

本書を、ビスマルクからはじめるのは間違っているだろうか？　彼は、さまざまなレベルにおいて、第三帝国到来の鍵となる人物だった。一つには、ビスマルク没後の時代に、多くのドイツ人がその事蹟を崇拝し、彼の名に象徴される強力なリーダーシップへの回帰を切望した。また、十九世紀中葉から終りごろまでのビスマルクの行動と政策は、ドイツの将来にとって芳しからざる遺産が残されることに与した。とはいえ、彼は多くの面で複雑、矛盾を抱えた人物であった。ドイツ人にしてヨーロッパ人、伝統的であり、かつ近代的であるといった具合だ。このビスマルクの実例にも、第三帝国の顕著な特徴であった新旧の複雑な混淆が提示されているのである。ビスマルクによる一八七一年のドイツ帝国創建から、一九三〇年から一九三二年の選挙戦におけるナチの勝利までを画するのは、わずか五十年の年月でしかない。そのことを、頭に留めておくのは意味があろう。この二つの出来事の相関関係を否定することは不可能であると思われるからだ。ここにこそ、一九三三年の第三帝国の到来と直接関係づけられるドイツ史の現実的契機を見出すのであり、遠い昔、宗教改革における宗教文化や組織体の階層性、あるいは「啓蒙絶対主義」〔十八世紀後半にみられた、啓蒙主義の影響を受けて上からの改革をはかる絶対王政の一形態〕にではない[1]。

オットー・フォン・ビスマルクは、一八一五年に生まれ、ドイツ保守主義の猛者として名を馳せた。

粗暴な発言と暴力的行動に出る癖があり、もっと慎重な性格の人ならば広言するのをはばかるようなことでも、まったくためらわず、説得力たっぷりの明解さで語った。土地所有階級であるユンカーと文官貴族の両方を先祖とする伝統的貴族階級の家の出で、極端なかたちでプロイセンのあり方を代表する人物、その美徳と欠点のすべてを兼ね備えた男だと、おおかたの眼に映っていた。十九世紀後半に彼がドイツ政治におよぼした支配は、無慈悲で傲慢、そして完璧だった。彼は、自由主義、社会主義、議会主義、平等主義、さらには近代世界の他の側面に対する軽蔑を隠すことができなかった。だが、こうした点も、ビスマルクが死後に得たドイツ帝国の創立者としてのほとんど神秘的なまでの名声を傷つけることはなかったようだ。その生誕百周年であった一九一五年当時、ドイツは第一次世界大戦を遂行しているさなかであったが、歴史家フリードリヒ・マイネッケのごとき人道的自由主義者でさえ、手腕と能力を備えた男、「鉄の宰相」のイメージに慰撫され、啓示までも得ることができたのである。マイネッケは、こう記している。「ビスマルク精神こそが、われらの死活的な権益を犠牲にすることを禁じ、東西に対する壮大な闘争に着手するという英雄的決断をなさしめたのだ。ビスマルクの言を借りれば、『二つの固い拳を自在にあやつり、対手一人に一発ずつお見舞いする強いやつ』のように、である[2]」。そこには、偉大で決断力のある指導者がいた。祖国の興廃がかかった分岐点にさしかかっているというのに、そんな人物がいない。多くのドイツ人が痛切にそう感じていたのだ。この大戦が終わってからの数年間、彼らは、かかる指導者の欠如をよりいっそう強く憂うようになっていく。

しかしながら、本当のビスマルクは、その取り巻きたちが彼の死後に助長した粗野なイメージよりも、ずっと複雑な人物だった。のちに伝説化されたような、向こう見ずで、リスクをも敢えて引き受けるギャンブラーなどではなかったのだ。政治を「可能性のわざ[3]」と定義したご当人こそ、まさにビスマルクであった。ところが、後世のドイツ人でそのことを覚えている者は、まずいなかった。ビスマルクは、事態がどのように進展するかを計算し、しかるのちに、おのが目的にかなうように利用するのが、自分のテクニックだと常に主張していた。彼自身、そのことを、より詩的に述べている。「政治家は、自分では何も創り出せない。ことが進んでいくなかで、神の足音が聞こえるまで、耳を澄まして待っていなければならないのだ。そのときが来たならば、跳びついて、神の衣裳のすそをつかむのである」(4)。ビスマルクは、事態をおのれの望む鋳型に押し込めることなどできないと知っていた。もう一つ、彼のお気に入りのたとえを援用して、政治の術が時代の流れに沿って国家という船をあやつっていくものであるとしよう。だとすれば、十九世紀ドイツにおける水流は、いずこに向かっていたのであろうか？　十九世紀がはじまるまでの一千年以上にわたり、中欧は無数の自治権を有する国家に分裂していた。ザクセンやバイエルンのごとき、強力で機構も整った国もあれば、小・中規模の「自由都市」〔Freie Reichstadt.「帝国自由都市」とも。神聖ローマ帝国において皇帝直属とされ、自治権を付与された都市。十九世紀初めに神聖ローマ帝国が解体されたのちも、ハンブルク、ブレーメン、フランクフルト・アム・マイン（「マイン河畔のフランクフルト」の意。別に同名の都市フランクフルト・アン・デア・オーデル、「オーデル河畔のフランクフルト」があるため、このように「アム・マイン」を付して区別する）、リューベックが自由都市とされ、事実上の独立国となっていた〕や、城とささやかな領地だけで成り立つ小さな公国や騎士団領もあった。これらすべての国家が、八〇〇年にシャルマーニュによって創設され、一八〇六年にナポレオンに解体された、いわゆる「ドイツ国民の神聖ローマ帝国」〔神聖ローマ帝国の正式国号〕に糾合されていたのである。これこそ、有名な「千年帝国」で、ナチスは、それを再来させることこそが最終的な大願であるとした。ナポレオンの侵攻による重圧で崩壊する以前に、神聖ローマ帝国はすでに困難な状況におちいっており、せめて言うに足る程度まで中央の権威を確立しようとする試みも挫折する。また、オーストリアやプロイセンなどの有力で野心的な領邦〔形式的には神聖ローマ帝国に従属するが、実質的に独立した国家〕は、往々にして、まるで帝国など存在しないかのように振る舞った。

ナポレオンが一八一五年にワーテルローで敗れ、戦塵がおさまったのち、ヨーロッパ諸国は「ドイツ連邦」〔国家のゆるやかな連合体であるため、「ドイツ同盟」の訳語をあてるべきだとする説もある〕というかたちで帝国の後継機構を定めた。その国境は、おおむねこれまでと同じで、やはり以前同様にオーストリアのドイツ語圏ならびにチェコ語圏を含んでいたのだ。オーストリアの宰相メッテルニヒ侯爵は、警察システムを中欧にはりめぐらせた。それによって、一八一五年以前に少数ながら存在した教養階層の行動派のあいだに、フランス人がかき立てたところの、自由主義的・革命的活動の煮えたぎる大鍋に、しばし蓋《ふた》をすることができたのであった。しかし、一八四〇年代なかばごろまでには、新世代の知識人、法律家、学生、各地域の政治家たちは、いよいよ現状に不満を抱くようになっていた。ドイツから大小多数の専制を排するのにいちばん手っ取り早い方法は、ドイツ連邦に加盟している個々の邦国を廃し、ドイツという単一の政体に替えることだ。そこでは、代議制を基礎とし、基本的な諸権利と自由（ドイツの多くの地域でまだ認められていなかった言論・出版の自由など）が保証される。彼らはそう信じるに至ったのである。「飢餓の四〇年代」〔Hunger Forties. 一八四〇年代後半にジャガイモの疫病が北ヨーロッパに蔓延し、諸国が飢饉におちいった時代を指す〕の貧困と飢餓によって、一般大衆のあいだに不満が醸成《じょうせい》されたことが、彼らにとっては好機となった。一八四八年にパリで革命が勃発すると、またたくまにヨーロッパ全土に広がった。当時のドイツにあった諸政府は打倒され、自由主義者が政権に就いた。[5]

革命派は、ただちにオーストリアを含むドイツ連邦内での選挙を組織し、フランクフルト〔・アム・マイン。以下、特記しないかぎり、「フランクフルト」は「フランクフルト・アム・マイン」を指す〕で正式に国民議会が開かれた。多くの討議がなされたのち、議員たちは、活発な審議ののち、基本的権利の目録を可決し、古典的自由主義の線に沿ったドイツ国憲法を制定した。しかし、彼らは、二つの指導的な邦国、オーストリアとプロイセンの軍隊を押さえられなかったのだ。これが致命的だったことがあきらかになった。この二邦国の君主と将軍たちは、一八四八年の秋までには、冷静な状態に戻っていたのである。彼らは新憲法の受諾を拒否した。翌春、急進的民主主義革命運動がドイツ全域を席巻《せっけん》したのちには、強制的にフランクフルト国民議会を解散し、議員をそれぞれの邦国に送還する。革命は終わったのだ。ドイツ連邦は再び確立され、主要な革命家たちは、逮捕・投獄されるか、亡命を強いられた。続く十年は、自由主義的価値観と市民の自由がドイツ権威主義の鉄のかかとによって踏みにじられた、極端な反動の時代であったと、多くの歴史家はみている。

　歴史家の多数は、一八四八年革命の敗北をドイツ近代史の致命的な事件とみなしてきた。歴史家Ａ・Ｊ・Ｐ・テイラーの有名な言葉を借りれば、「そのとき、ドイツは転回点にさしかかり、そして転回しそこねた」[6]瞬間だというのである。だがドイツは、一八四八年以降、脇道にそれることなく、侵略的国家主義と政治的独裁への「特別の道」へと、まっしぐらに踏み込んでいったわけではない[7]。その道には多々、紆余曲折《うよきょくせつ》があって、回避することも可能だったのだ。まず初めに、自由主義者は、一八六〇年代初頭までに、もう一度劇的な変容を経験するというめぐりあわせにあった。革命後に取られた安定策は、旧秩序の完全な復活とは程遠く、国家統一や議会主権を認めるまでには至らなかったものの、自由主義者の要求の多くに譲歩しようと努めていたのだ。公開法廷での陪審制度による裁判、法のもとでの平等、企業活動の自由、もっとも反対が向けられていた、国家による出版物・新聞検閲の廃止、集会・結社の自由、さらにそれ以上のものが、一八六〇代末までに、ドイツのほぼあらゆるところで機能していた。重要なのは、多くの邦国で、代議制議会が制度化されていたことだ。そこでは、選挙で選出された議員の自由な討論が保証され、少なくとも立法と国家の歳入増加策に対して、一定の権限を享受していたのである。

　この最後の権利こそまさに、再起した自由主義者が一八六二年のプロイセンにおいて、軍隊が立法府の統制下に置かれるまでは増税を認めないと主張するために使ったものであった。致命的なことに、一八四八年には、そうされなかったのだ。それは、プロイセン軍事機構の資金調達に突きつけられた深刻な脅威となった。かかる危機に対処するため、プロイセン国王は、以後三十年にわたりドイツ政治に君臨することになる人物、オットー・フォン・ビスマルクを宰相に任命したのである。このときまでに、自由主義者たちは、一八四八年とは異なり、ドイツ語圏オーストリアを含めた国民国家としてドイツを統一する見込みはないと、正しく判断していた。それが実現すれば、ハプスブルク君主国の解体を意味することになったであろう。同国には、ドイツ連邦国境の外側の地域、ハンガリーから北部イタリアまでの広大な領土が含まれており、ドイツ語以外の言語を話す人々を何百万も抱えていたのだ。もっとも、自由主義者たちは、一八五九年から一八六〇年のイタリア統一ののちには、好機が来たと考えるようになった。イタリア人がどうにかこうにか自分たちの国民国家を樹立したというのなら、ドイツ人だって同様にやれるのはたしかだろう、というわけだ。

ビスマルクは、ヨーロッパのある世代に属する政治家であった。その世代は、英国のベンジャミン・ディズレーリ、フランスのナポレオン三世、あるいは、イタリアのカミッロ・カヴールのように、基本的には保守的な目的を達成するために、急進的、さらには革命的とさえ言える手段を行使する覚悟を有していたのである。ビスマルクは、ナショナリズムの力を否定すべきでないことは認めていた。だが、一八四八年に自由主義者の欲求が満たされなかったからには、彼らの多くは、おのれが望むものを得るために、少なくとも自由主義の原則の一部を国家統一の祭壇に生贄として捧げるつもりになるだろうというのもまた、彼の見解であった。一連の素早く、容赦ない行動のうちに、ビスマルクは、デンマーク王国との係争地帯であったシュレースヴィヒ＝ホルシュタインを併合するため、オーストリアと同盟を結ぶ。しかるのち、その統治をめぐる戦争がプロイセンとオーストリアのあいだに生じるように画策した。この戦争は、プロイセン軍の完勝に終わった。ドイツ連邦は崩壊したのだ。ついで、オーストリアおよび彼らと同盟した南独諸邦国を抜きにして、その後継機構が生まれる。ビスマルクは、もっと想像力を喚起するような言葉を求め、「北ドイツ連邦」と命名した。すぐにプロイセンの自由主義者のほとんどが、国民国家の樹立が近いと感じとり、議会の承認なしに収税し、軍事資金を調達したビスマルクの政策（四年間にわたり、議会の権限を著しく侮蔑しつつ追求された路線だ）を許容した。ビスマルクがさらにフランスとの戦争をたくらんだときには、拍手喝采を送ることまでした。そのフランスは、統一ドイツの創成により、フランスが過去十五年間享受してきたヨーロッパの権力政治における優越を終わらせる結果になると恐れていた。それは、まったく正しかったのである。[8]

スダンほかのいたるところにおいてフランス軍が撃滅されたのち、かつてのフランス王宮が置かれていたヴェルサイユの「鏡の間」で新ドイツ帝国の成立が宣言された。「太陽王」ルイ十四世が、およそ二百年前に権力の絶頂にあったころに建てた宮殿が、いまやフランスの無能と敗北の屈辱的なシンボルになってしまったのだ。これは、近代ドイツ、さらにはヨーロッパ史における重要な瞬間だった。自由主義者にしてみれば、夢がかなったかのように感じられたが、彼らはまた大きな代償を払うことになった。ビスマルクが創造した国家のいくつかの特徴は、将来の不吉な帰結をはらんでいた。何よりも、新しい国号を「ドイツ帝国《ライヒ》」としたことは、必然的に千年続いたその前身、何世紀にもわたってヨーロッパを支配していた勢力の記憶を呼び起こした。事実、ある者は、ビスマルクの創造物を「第二帝国」と呼んでいる。この言葉には、フランスの侵略に直面し、第一帝国が挫折したところで、第二帝国は成功したのだという含意を有していた。ビスマルクのドイツ帝国が一九一八年に崩壊したのちも、彼が創造したもののさまざまな側面が残存したが、なかでも、ヴァイマール共和国とその国家機関のすべてが「ドイツ帝国」、Deutsches Reich《ドイッチェス・ライヒ》の国号を使いつづけたことは非常に重要である。「ライヒ」という言葉は、ビスマルクがつくりだした制度的な構造をはるかに超えたイメージを、教養あるドイツ人に呼び起こした。すなわち、ローマ帝国の後継者、地上における神の帝国がここにあるという夢想、支配権要求の普遍性、より散文的ではあるが負けず劣らず強力な意味を持つ、中欧のドイツ語を話す人々すべてを包含する、一つのドイツ国家という構想（のちにナチのスローガンが押し出すことになる「一つの国民、一つのライヒ、一人の指導者」という像である）などのイメージだ。[9] ビスマルクが創造したものは、真のドイツ国家《ライヒ》の理念を一部しか実現していないと考える者は常に存在していた。[10] 当初、彼らの声は勝利の多幸感でかき消されていたが、その数は、時とともに増えていったのである。

ビスマルクが一八七一年に新ドイツ帝国のためにつくった憲法は、多くの点で、自由主義者が一八四八年に夢見た理想とは程遠かった。それは、近代ドイツの憲法のなかで唯一、人権と市民的自由の原則をまったく述べていないものだったのだ。形式的にいうなら、新帝国は、その前身にきわめて類似した、独立諸邦国のゆるやかな連合体だった。名目上の元首は、皇帝、カイザーであった。神聖ローマ帝国の旧支配者、さらにつきつめていけば、ラテン語の「カエサル」（Caesar）に由来する称号だ。カイザーは、宣戦と講和の布告を含む、広範な権力を有していた。ドイツ帝国の諸制度は、神聖ローマ帝国のものよりも強固で、全国的に選出された議会、帝国議会《ライヒスターク》（この名は神聖ローマ帝国に由来する。これも、一九一八年の革命という分水嶺を越えて、生き残った）といくつかの中央行政組織を備えていた。なかでも、もっとも顕著なものが外務省である。また、時代を経るにつれて、さらに官庁が増えていく。しかしながら、ドイツ帝国の憲法は、国民の議会に、政府と閣僚を選び、罷免する権能を付与しなかった。政治的意志決定の重要な側面、とりわけ、戦争と平和の問題、軍隊の運営は、君主とその側近の専権事項だった。文民行政の長である帝国宰相（ビスマルクが創設した官職で、彼自身が約二十年、そのポストを占めていた）を含む、政府の大臣たちも、政党政治家ではなく官吏であった。彼らは、国民、もしくは国民を代表する議会ではなく、カイザーに恩顧を受け、義務を負っていたのである。とはいえ、議会の影響は、時代とともに、おおいにとはいわぬまでも、しだいに増していった。偉大な革命思想家カール・マルクスは、ごくわずかな誇張を交えた、複雑なもの言いで、ビスマルク帝国の内的な矛盾を捉え、それは「かたちのみの議会で飾られ、封建制の混ぜものをほどこし、しかし、同時になおブルジョワジーの影響を受けている、官僚主義的に構築された軍事専制」だと述べている。(11)

2

軍部、とくにプロイセン将校団の権力は、単なる戦時の産物というわけではなく、長い歴史的伝統に由来するものだった。十七世紀から十八世紀にかけて拡張したプロイセン国家は、おおむね軍事的な指針に沿って、自らを組織した。将校と兵士に関する軍隊の徴募システムとたくみに組み合わされた、大土地所有者(有名なユンカー)と農奴から成る、あらたな封建制を取ったのである。(12)だが、この体制は農奴制の終焉とともに解体され、軍の伝統的威信も、ナポレオン戦争における一連の潰滅的な敗北により著しく失墜した。プロイセンの自由主義者は、一八四八年、ついで一八六二年にもう一度、軍を議会の支配下に置く寸前まで行った。ビスマルクが一八六二年に宰相に任命されたのは、何よりも自由主義者の干渉からプロイセン将校団の自治を守るためだったのだ。彼はただちに「目下の大問題は、演説と多数決ではなく――一八四八年と一八四九年にしでかされた大きな過ちだ――鉄と血によって決定される」と表明する。(13)彼は、この言葉通りに実行した。一八六六年の戦争でハノーファー王国は覆滅《ふくめつ》され、プロイセンに併合された。数世紀間にわたり、ドイツの運命を左右する重要な役割を果たしてきたオーストリアとボヘミアも、ドイツから排除された。一方、一八七〇年から七一年にかけての戦争では、フランスからアルザス=ロレーヌを奪い、ドイツ帝国の直接統治下に置く。

ビスマルクが「白色革命家」として描かれているのも一理あるというものだ。[14] 軍隊と軍事行動が帝国を創ったのである。その過程で、正当な立法機関は一蹴され、国境線も引き直される。いにしえより確立していた伝統も放擲《ほうてき》された。それらは急進的かつ冷酷に行われ、続くドイツの発展に長い影を落としていく。しかも、このときに、政治的な目的のための暴力行使が正当化された。その程度たるや、他の多くの国々とも共通するような水準を、はるかに超えていた。もっとも、ほかの諸国といえども、世界の他の地域を帝国の一部とするために征服する場合には、かかる常識を適用しなかったのだが。こうした国家と社会における軍国主義は、一九二〇年代にドイツ民主主義を弱体化させ、第三帝国を出現させるうえで重要な役割を果たすことになった。

　ビスマルクは陸軍を、カイザーに帷幄《いあく》上奏〔参謀総長など、軍の代表が内閣を通さず、直接カイザーに報告、あるいは意見具申すること〕し得る権利と独自の自治システムを持つ、実質的な国家内国家とするようにとりはからった。帝国議会は七年ごとに軍事予算を審議承認する権限を持つだけとなり、陸軍大臣も、立法府ではなく、陸軍に責を負ったのである。将校は、多数の社会的特権やその他の恩典を享受し、街で一般市民と行き交うときにも敬意を捧げられて当然と自負していた。専門職に従事するブルジョワの多くが、陸軍予備将校〔志願して装備や軍服などを自弁し、一年間兵役に服した者を予備少尉に任官する制度。名誉階級として与えられる場合もあった。予備将校は社会的な尊敬の対象となった〕として承認されたいとの野心を抱いていたのも驚くにはあたらない。[15] 他方、一般大衆は、義務兵役により、軍隊的行動規範や軍事的理想と価値観に馴らされた。また非常時には、軍は戒厳に移行し、市民の自由を停止する権限を与えられていた。それは、ヴィルヘルム帝政時代に何度となく考慮された手段であったから、歴史家のなかには、当時の政治家や立法府議員は絶えず上からのクーデタに脅かされて過ごしていたと述べた者もいる。許される範囲内の誇張といえよう。[16]

　軍は、さまざまなやりようで社会に影響をおよぼした。それは、どこよりもプロイセンにおいて徹底的だった。ところが、一八七一年以降は、もっと間接的ではあったものの、プロイセンの実例にのっとって、他のドイツ諸邦国にも波及したのである。統一戦争の驚くべき数々の勝利から得られた陸軍の勢威は強大なものであった。下士官、すなわち、義務兵役期間が終わった後も何年も陸軍に残って軍務に服した者には、最終的に除隊したのち、自動的に国家公務員の職を得られるという権利があった。これは、警察官、郵便集配人、鉄道員、他の下級官吏の大多数が元軍人であったことを意味している。彼らは、軍において社会というものを知り、そこで慣れ親しんだ軍隊流儀通りに振る舞った。警察のような機関の就業規則書は、軍隊をモデルとした行動を強いることに集中し、一般人とは距離を取るべしと主張、さらには、街路行進や大衆デモにあっては、群集は市民集団というよりも敵軍のように扱われることになろうと断言していた[17]。軍隊的な名誉観が圧倒的になった結果、民間人のあいだ、中産階級においてさえもなお決闘が盛んに行われることとなった。もっとも、これは、ロシアやフランスでも普通のことであった[18]。

　時が経つにつれて、将校団とプロイセン貴族との一体性は弱まり、貴族的な軍隊規範は、一九〇〇年代初期の「艦隊協会」〔ドイツ帝国に強力な艦隊を保有せしめることを目的として、一八九八年に結成された団体。帝国議会に対する圧力団体として機能した〕や在郷軍人会などの活動を含む、新しいかたちの大衆軍国主義によって強化された[19]。第一次世界大戦になるまでに、将校団の枢要な地位のほとんどは専門家に占められるようになった。他の多くの国々でもそうであったように、貴族が優越したのは、主として騎兵隊や近衛連隊のごとき、伝統的に社会的威光があり、上流崇拝がまかりとおっている分野のみということになったのである。とはいえ、機関銃、有刺鉄線から航空機、戦車に至る新しい軍事技術の出現によって、将校団の専門職業化が促されたものの、それで彼らがより民主的になるということはなかった。ドイツ軍がドイツ領南西アフリカ（現ナミビア）のヘレロ族のごとき原住民の叛乱を容赦なく鎮圧したときのような植民地の経験は、軍人をいよいよ傲慢にさせたのだ[20]。

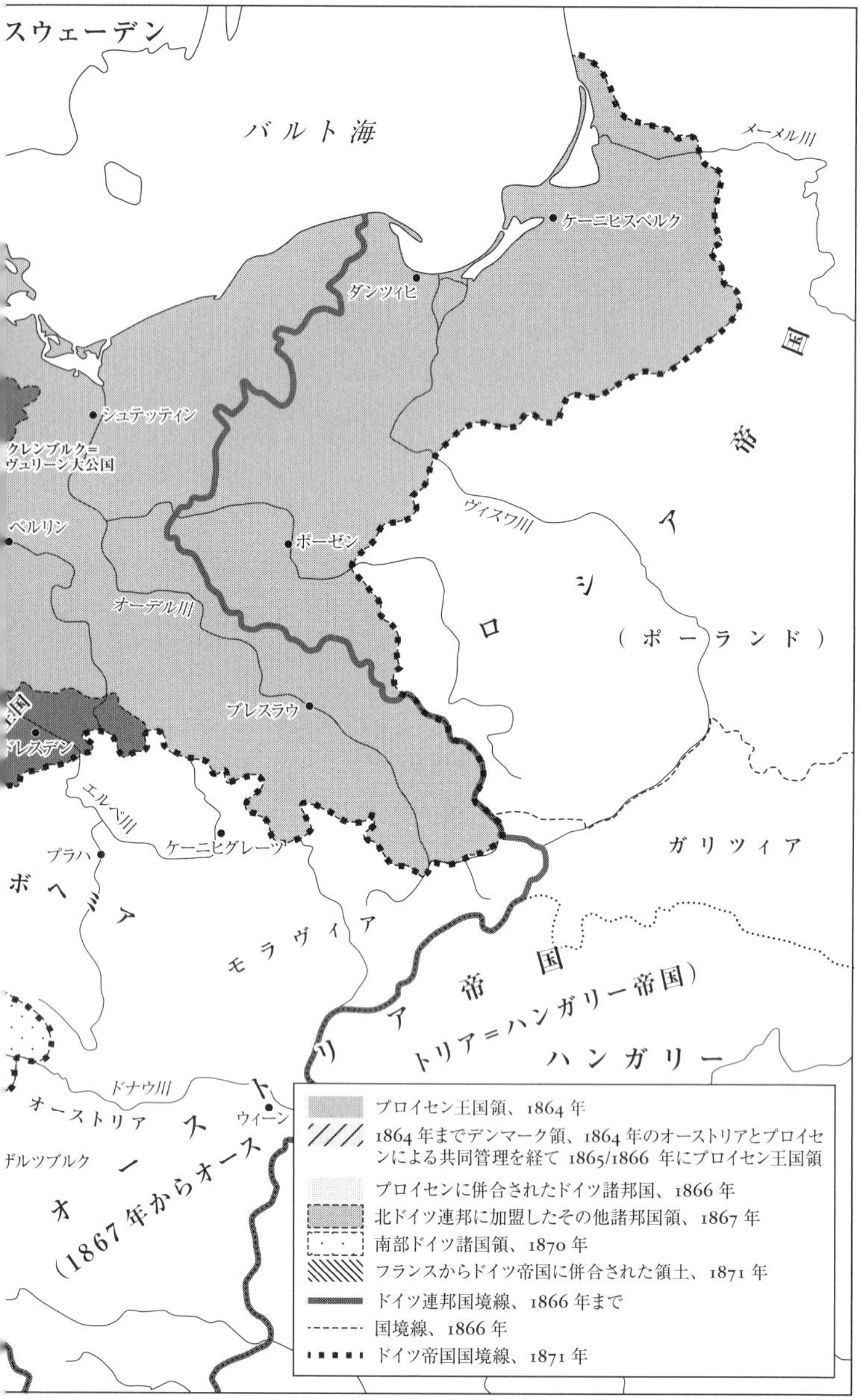
スウェーデン
バルト海
メーメル川
ケーニヒスベルク
ダンツィヒ
シュテッティン
クレンブルク＝
ヴュリーン大公国
ベルリン
ポーゼン
ヴィスワ川
ロシア帝国
（ポーランド）
オーデル川
ブレスラウ
ドレスデン
エルベ川
ケーニヒグレーツ
プラハ
ボヘミア
ガリツィア
モラヴィア
オーストリア帝国
（1867年からオーストリア＝ハンガリー帝国）
ハンガリー
ドナウ川
オーストリア
ウィーン
ザルツブルク
プロイセン王国領、1864年
1864年までデンマーク領、1864年のオーストリアとプロイセンによる共同管理を経て 1865/1866年にプロイセン王国領
プロイセンに併合されたドイツ諸邦国、1866年
北ドイツ連邦に加盟したその他諸邦国領、1867年
南部ドイツ諸国領、1870年
フランスからドイツ帝国に併合された領土、1871年
ドイツ連邦国境線、1866年まで
国境線、1866年
ドイツ帝国国境線、1871年

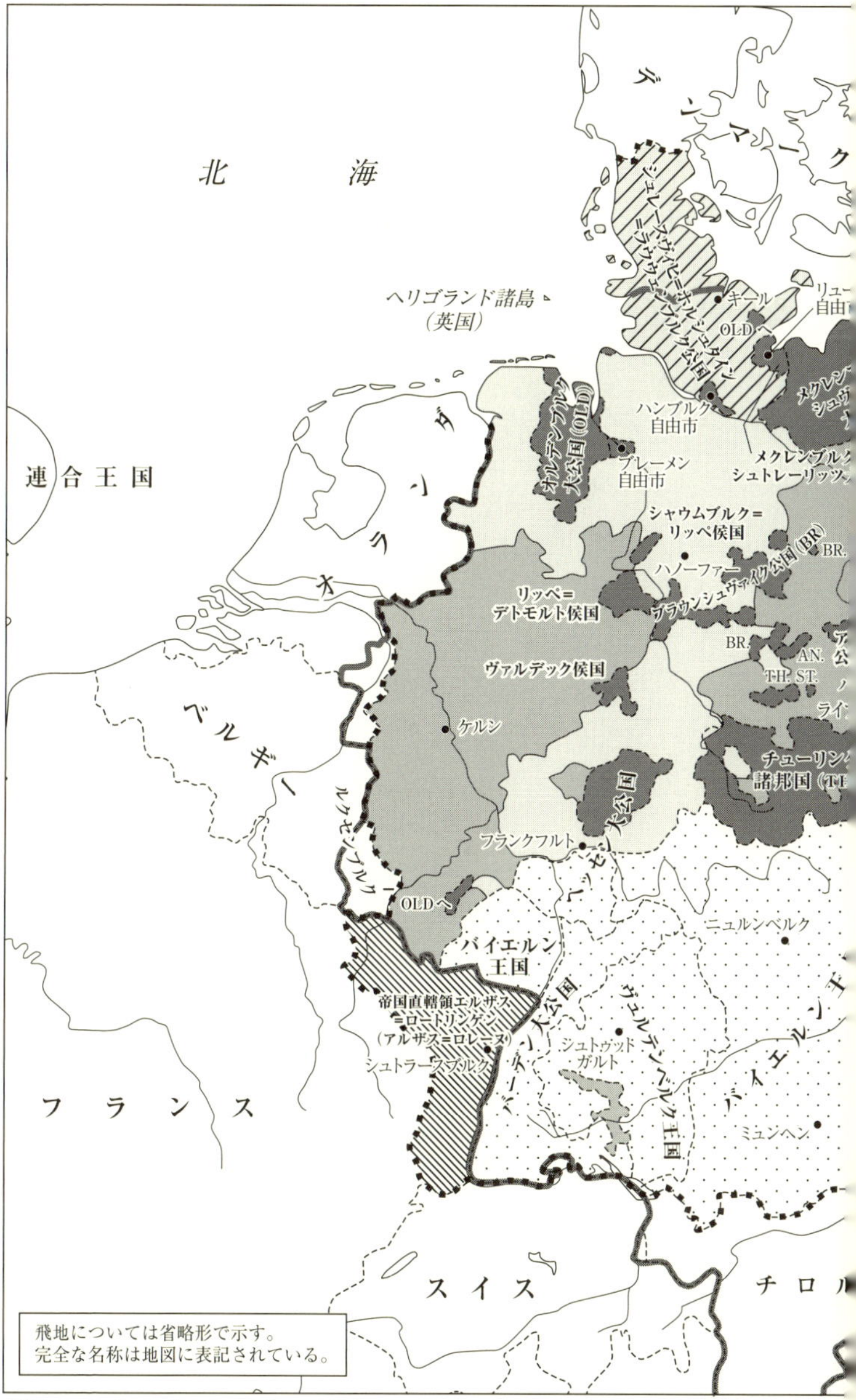

地図 1. ドイツの統一、1864–1871 年

一九〇四年から一九〇七年のジェノサイド意図を持った行動において、ドイツ軍は何千人ものヘレロ族の男、女、子どもたちを虐殺し、さらに多くの人びとを砂漠に追いやった。彼らはそこで餓死した。かかる行いの結果、この戦争前には約八万人だったヘレロ族の人口は、一九一一年には、わずか一万五千人にまで減少したのである。[21] 一八七一年にフランスから割譲されたエルザス＝ロートリンゲン〔仏名アルザス＝ロレーヌ〕のような、ドイツ帝国の占領地域でも、軍は往々にして、敵意を抱いた御し難い住民に対した征服者であるかのごとくに振る舞った。そのような行動のなかでも、一部の、もっとも眼に余る例は、一九一三年に帝国議会の激論を引き起こした。その際、議員たちは政府不信任案を可決したのだ。もちろん、それで政府が総辞職を余儀なくされることにはならなかった。にもかかわらず、この件は、ドイツ社会における軍の役割をめぐって、意見が分極化したことを例証することになった。[22]

　軍事的な勝利を得たのちに、陸軍の野放図な衝動を抑え、大規模な領土併合願望を制御するために、いかにビスマルクが苦労したか。当時の人々の多くは、それを認識していなかった。事実、彼こそが、政治におけるゴルディアスの結び目を無慈悲に両断し、当時の大問題を力で解決したカリスマ的指導者だったとする神話が出現したのは、一八九〇年にビスマルクが辞職を強いられたのちのことだった。もっとも、これは、不満たらたらの前宰相〔ビスマルク〕とその信奉者たちによって、少なからず助長されていたのだが。ドイツの一般大衆の記憶に残っていたのは、ビスマルクによる一八六〇代の革命的戦争であった。ドイツ帝国を一本立ちさせるため、ビスマルクが欧州平和の維持に努めた、それからの二十年間ではなかったのである。一九四四年の反ヒトラー保守派抵抗運動の指導者だった外交官、ウルリッヒ・フォン・ハッセルは、フリードリヒスルーにあるビスマルクの旧居を訪問した当時の日記において、以下のごとく吐露している。

われわれ自身、大人物がついにドイツを再び影響力ある地位に就けてくれたという事実への子供じみた喜びのまま、乗馬用長靴を履いた暴力の政治家というビスマルク像を世に出している。このイメージがいかに間違っているか、それを思うと、なんとも遺憾である。本当のところ、彼の偉大な才能とは、最高の外交手腕と節度だったのだ。ビスマルクは、世界の信頼を勝ち取る方法を、誰よりも理解していた。今日とは正反対だ[23]。

独裁的指導者をめぐる神話は、ドイツ人の性格に昔から深く染み込んだ一面などではない。それは、ごく最近になって創り出されたものだったのである。

この神話は、一般大衆がビスマルクが帝国の内なる敵とみなした人々に対して取った強硬な姿勢を記憶していたことによって、二十世紀初頭にさらに助長された。一八七〇年代に、教皇は、「近代主義者の謬説表」（一八六四年）〔教皇ピウス九世による、カトリックの権威を主張し、自由主義や合理主義哲学、社会主義は誤りであるとして、それらの謬説を列挙した大勅書〕や「教皇権至上主義宣言」（一八七一年）〔同じくピウス九世による、教皇が信仰および道徳に関する決定を宣言する場合、それは聖霊の導きに基づくものとなるから正しく、誤ることは不可能であるという教皇権至上主義の布告〕を通じて、カトリック・コミュニティの足場を強化しようと試みた。ビスマルクはこれに反応し、自由主義者が「文化闘争」と名づけた、カトリック教会をプロイセン王国の支配下に置くことを狙った一連の法律制定と警察的措置を画策した。カトリック聖職者は、国家機関で訓練を受けることや聖職者の任命を国家承認制にすることを命じる法律に従うのを拒否した。ほどなく、新しい法律に反した聖職者は、警察につけ狙われ、逮捕されて監獄に送られた。一八七〇年代なかばごろまでに、九百八十九の教区の聖職禄〔カトリック教会で、教会財産や教会への奉納物から一定の収入を得る権利〕保有者が不在となり、二百二十五名の司祭が獄中にいた。看護従事者を除いて、あらゆるカトリックの修道会が弾圧される。二名の大司教と三名の司教が辞職させられた。トリーアの司教は九か月間の投獄を経て、釈放された直後に亡くなった[24]。さらに混迷を深めたのは、ドイツの自由主義者が、この、帝国人口の約三十七パーセントを占める人々の市民的自由に対する大規模な侵害に喝采を送ったことだった。彼らは、カトリシズムは文明に対するきわめて深刻な脅威とみなしていたから、かかる極端な措置も正当化されると考えたのである。

この闘争もやがて終息し、カトリック社会は、自由主義と近代性への怒れる敵となった。彼らは、何よりも政党を通じて、国家への忠誠を証明しようと決意した。当初は、迫害に対する自衛を目的としたものだったにせよ、政党、いわゆる中央党を結成したのだ。しかし、ビスマルクは、こうしたプロセスが終わりもしないうちに、「社会主義者鎮圧法」で市民的自由にさらなる一撃を加えた。帝国議会は、高齢になったカイザー・ヴィルヘルム一世を狙った二度の暗殺未遂事件のあと、一八七八年にこの法律を可決した。実のところ、巣立ったばかりのドイツ社会主義運動は、こうした暗殺者と称する者たちとはまったく関係がない法律遵守の組織であり、議会を通じて権力に就くことを信念にしていたのだ。さりながら、自由主義者たちは、これすなわち国家の利益であると彼らに示されたものに説き伏せられて、再び自由主義の原則を捨てた。社会主義者の集会は禁止され、社会主義者の新聞雑誌は発禁となり、社会主義政党は非合法化された。プロイセンや他の主要なドイツの邦国すべてにおいて停止されていた死刑が再導入された。ついで、社会主義者の大量検挙と広範囲に及ぶ投獄がなされる。[25]

「社会主義者鎮圧法」の帰結はむしろ、カトリック教会との闘争がもたらしたそれよりも、はるかに広範囲に及んだ。同法はまた、「帝国の敵」とされた者どもを制するという直接の目的においては、完全に失敗に終わった。社会主義者も個人としてなら、合法的に議会選挙に立候補することができた。そして、ドイツの工業化がペースを速め、工業労働者階級の数がさらに急増するにつれて、社会主義者の候補は、ますます多くの得票を獲得していったのだ。一八九〇年に弾圧法が失効したあと、彼らはドイツ社会民主党を再組織した。同党は第一次世界大戦前夜までに百万人以上の党員を擁するようになり、世界最大の政治組織になった。保守派が農村に持っている地盤を利用できるような、不公平な仕組みの選挙制度であったにもかかわらず、社会民主党は一九一二年の選挙で中央党を抜き、最大の単一政党となった。「社会主義者鎮圧法」による弾圧は、社会民主党を左に追いやった。一八九〇年代初めより、厳格なマルクス主義綱領を固守するようになったのである。その綱領は、社会主義共和国を実現するプロレタリアート革命のうちに、君主、陸軍将校団から大企業と株式市場にいたるまで、教会、国家、社会の現存諸制度は転覆されるものとしていたのだ。自由主義者が「社会主義者鎮圧法」を支持したことは、あらゆる「ブルジョワ」政党に対する社会民主主義者の不信を引き起こした。社会民主主義者は、資本主義の政治的支持者、あるいは、彼らが現存政治制度の単なる鎮痛剤的改革でしかないとみなしたことを唱える者たちと協力するといった発想をすべて拒絶した。[26] 社会民主主義運動は広範囲にわたって高度に統制され、いかなる異論をも許さず、選挙による支配に向けたその進軍は止めがたいと思われたから、声望ある中・上層階級の人々は恐怖に打たれた。社会民主党とすべての「ブルジョワ」政党のあいだに深い溝が生じた。この政治の亀裂は橋渡しもできず、一九二〇年代までも続き、結局ナチスを権力に就けることになった危機において重要な役割を果たすことになる。

しかしながら、社会民主党は、合法的な枠内に留まることができるよう、禁止令を再導入するとの頻繁な脅しを実行する口実を与えないように、最大限の努力を払うと決めていた。あるとき、レーニンは、彼には珍しくユーモアを閃かせて、論評したという。ドイツ社会民主党員は、鉄道の駅を襲撃する際にも、まず入場券を買うために整然と並ぶだろうから、ドイツにおいて革命が成功することはないだろう、と。社会民主党は、ことを起こすために行動するよりも、ことが生じるまで待機する習慣を身につけてしまったのだ。社会民主党の圧倒的に整備された組織は、自らの文化団体、新聞、雑誌、居酒屋、バー、スポーツ・クラブ、教育機構までも備えていた。それは、しだいに党員たちの生活スタイルすべての前提となり、党内の誰もが損ないたくはないと思うような一連の既成権益を確立していった。社会民主党は法律遵守組織として、法廷が迫害を防いでくれるものと信じていた。だが、一八九〇年以後にあっても、法の枠内に留まることは容易でなかった。保守的な裁判官と検察官、そして、社会民主党員を相変わらず危険な革命家とみなしていた裁判所は、警察のちょっとしたごまかしをバックアップした。社会民主党の弁士や党機関紙編集者で、一九一四年までに数回の刑期を務めていなかった者は稀であったろう。彼らは不敬罪《レズマジエステ》や官吏侮辱罪で有罪判決を受けたのだ。君主、警察、さらには行政に携わる官吏に対してすら、批判を加えることはなお、法のもとで罪とみなし得たのである。一九一四年まで、社会民主党員との闘争は、あらゆる世代にわたる裁判官、検察官、警察幹部、政府官吏の仕事となっていた。こうした人々や彼らを支持する中・上流階級のほとんどは、社会民主主義者が正当な政治運動を行っているとは認めなかった。法の目的は既存の国家・社会制度を保持することで、相対立する政治集団のあいだで中立的な審判として振る舞うことではないと、彼らの眼には映っていたのである。(27)

この状況を正常化する上で、自由主義者が何の役にも立たなかったことは間違いない。帝国議会での得票と議席数からみると、彼らは一八八〇年代から一八九〇年代にかけて、大きく後退していたが、ドイツの都市部ではなお相当の支持を保っていた。何よりも問題だったのは、自由主義者が十九世紀後半に繰り返し分裂したことである。より左翼志向が強い集団が一九一〇年に合同したのちでさえ、まだ自由主義政党の本流は二つあった。国民自由党と進歩党だ。両者の分化は、一八六〇代に、ビスマルクがプロイセンにおいて議会の承認なしの収税を行うことを進歩党が拒否したころまでさかのぼる。だが、政治のスペクトラムの右側でも、同様の分裂が生じていた。保守政党は単一ではなく、二つ存在していたのだ。ビスマルクが一八七一年にプロイセンの割拠的な地位を帝国の国制に融合させたこと(これは、頑迷なプロイセン貴族、ユンカーにとっては呪詛《じゅそ》の対象となった)を支持する者たちは、「自由保守主義派」と称して、独自のアイデンティティを主張したからである。加えて、これら、おおむねプロテスタントから成る北ドイツの二政党は、右派のより大きな政党である中央党と競合しなければならなかった。中央党の反近代主義と帝国支持も、社会福祉の提唱とドイツのアフリカ植民地支配に対する批判により、割り引かれていたのだ。かくのごとく、一九一四年以前のドイツには二大政党ではなく、六つの政党、すなわち、社会民主党、二つの自由主義政党、二つの保守党集団、そして中央党があった。それは、何よりもドイツ社会が、宗教、地域、社会階層によって、幾重にも分裂していたことを反映していたのである。(28) しかも、強力な行政府が立法府に直接責任を負わないという状況であり、政党政治が国家において決定的な役割を果たす見込みも少なくなっていた。

3

かかるライバル政党の競合も、一般大衆に政治的幻滅を抱かせたりはしなかった。それどころか、政治的空気が熱に浮かされるようになっていくのを助長したのだ。そうした雰囲気は、一九一四年までに、はっきり狂躁的な次元にまで高まっていった。成人男子全員に付与された帝国議会の選挙権は、ほぼ完全な秘密投票と厳格な選挙規則に支えられ、有権者に選挙制度への信頼を持たしめた。有権者中の投票率も、一九一二年の帝国議会選挙では、八十五パーセントという驚異的な数字に達したのである。(29) すべてのエヴィデンスが示すところによれば、有権者は自分たちの義務を真剣に果たし、ドイツ憲法が帝国議会選挙で採用した比例代表制度のもとでしばしば生じた決選投票で、二度目の票を投じる際に、いかに自分たちのイデオロギー的立場とより広い政治的シナリオをすり合わせるかを慎重に考えていた。法的な規定と安全装置により保証された選挙制度のもと、民主的な議論の余地が生まれ、さまざまな傾向を持つ数百万のドイツ人に、政治は人民のものだと確信させたのだ。[30] さらに、ドイツ帝国で日々発行される新聞のほとんどが政治性を帯びていた。それぞれが、あれやこれやの各種政党と結びつき、報道される事象のほぼすべてに、それら政党の見解を反映させたのである。[31] 政治は、単にエリート層と中産階級の会話においてのみ、主題となったわけではなく、労働者階級の居酒屋やバーでの議論の中心的焦点であり、人びとの余暇活動の選択までも支配した。[32]

二十世紀に入ってからは、政治的な議論や論争は、ますますヨーロッパと世界におけるドイツの地位という話題に向かっていく。ドイツ人は、ビスマルクによる帝国創設は、さまざまな点で不完全だったことに気づいていた。まず帝国は、少なからぬ民族的・文化的マイノリティ、すなわち、これまでの何世紀にもわたる国家拡張と民族対立の遺物を抱えていた。北部にデンマーク人、エルザス＝ロートリンゲンにフランス語を話す人々、ドイツ中部にはソルブ人と呼ばれるスラヴ人小集団がいた。だが、格別の存在だったのは、プロイセンが十八世紀に併合した旧ポーランド王国の一部に居住する何百万ものポーランド人であった。すでにビスマルクのもとで、かかる少数派をドイツ化しようとする国家的な試みがしだいになされるようになっていた。彼らが学校で自らの言語を用いることを攻撃したり、ドイツ人の血統を有する者の移住を積極的に奨励するということが行われたのである。第一次世界大戦前夜までに、ドイツ全土にわたって、公の集会においてはドイツ語を使うべしと強制されるようになっていた。土地所有法も、その線に沿って、ポーランド人の基本的経済権を剝奪するように変えられる。[33] 少数民族といえども、多数派住民同様に敬意を以て扱われる権利があるという理念は、ごくわずかなドイツ人が例外的に持っているにすぎず、しかも、そうした人々は減るばかりであった。

一九一四年までは、社会民主党でさえ、ロシアと東欧のスラヴ諸国を後進的で野蛮な国々と考え、ドイツに住むポーランド人労働者がその権利を守るために、自らの組織化を図ろうと努力しても、ほとんど、あるいは、まったく共感を示さなかった(34)。

ビスマルクののちに帝国宰相の職に就いた者たちは、ドイツとヨーロッパを超えて、より広い世界を見据え、英仏と比較すれば、ドイツなどは二流国だとみなしていた。この両国は、地球全体に広がる広大な海外帝国を有していたのである。その舞台に遅れて登場したドイツは、自分たちに先んじて植民地獲得にかかっていたヨーロッパの植民地大国が取り残した落穂を拾うことしかできなかった。第一次世界大戦前夜にあって、タンガニーカ、ナミビア、トーゴランド、カメルーン、ニューギニア、大小さまざまな太平洋の島々、条約による租借港である中国の膠州湾〔一八九八年の独清条約により、九十九年間の租借が定められた〕が、実質的には、ドイツの海外帝国を構成した領土のすべてだったのだ。ビスマルクはそれらの領土の重要性をほとんど認めず、それらの獲得に同意したのも不承不承ながらのことであった。しかし、彼の後継者たちは異なる見解を抱くようになった。一八九〇年代末に外相となり、さらに一九〇九年まで帝国宰相を務めたベルンハルト・ビューローが述べたように、世界におけるドイツの威信と地位は「陽のあたる場所」を要求したのである。強大な艦隊の建造により、スタートが切られた。その長期的な狙いは、北海における大海戦において英国海軍の主力を撃破、もしくは殲滅するぞと威嚇、あるいは、実際に敢えてそうした戦闘を行うことで、世界最大の海外帝国のあるじであるイギリス人から植民地に関する譲歩を得ることであった(35)。

いよいよ野心的になってきた世界強国という夢を、とりわけ明白に表明したのは、カイザー・ヴィルヘルム二世その人だった。大言壮語が好きで、自惚れがつよく、極度に多弁な男だ。彼は、民主主義や市民の諸権利への軽蔑、他者の意見の軽侮、ドイツの偉大さへの信念といったことを述べられるのであれば、ごくわずかな機会といえども見逃しはしなかった。このカイザーも、彼を崇拝した多くの人々と同様、ドイツ統一後に育った。一八七一年にドイツ統一をなしとげた際、ビスマルクがたどった不安定で冒険的な道程のことなど、まずわかっていなかったのである。同時代のプロイセンの歴史家に従い、カイザーは、その過程はすべて歴史的にあらかじめ定められていたものと考えた。ビスマルクをして、一八七〇年代から一八八〇年代にかけ、きわめて慎重な外交政策を採らしめることになった、ドイツの将来に関する神経質なまでの不安など、まったくご存じなかったのである。一般に認められているごとく、カイザーの性格はあまりにも奇矯で、その人となりは気まぐれに過ぎた。ゆえに、国事行為に対して、真に首尾一貫した影響をおよぼすことはできなかったのだ。大臣たちは何度となく、カイザーの望みを実行するのではなく、その影響を打ち消すために動いた。カイザーは、自分こそドイツが必要とする最高の指導者だと繰り返し宣言したものの、それはただ、そちらの方面での彼の欠点に注目させるだけのこととなった。同時に、かかる宣言は、ビスマルクの決断力と狡猾さという神話への郷愁をかきたてることにおいても、一定の役割を果たしたのである。多くのドイツ人は、ビスマルクの道徳とは無関係の政治手腕（そこでは、目的が手段を正当化し、政治家はまさにあることを実行しながら、あるいは実行する用意をしているうちに、逆のことを発言できた）の非情さを、ヴィルヘルムの衝動的な大言壮語や軽率で無思慮であるさまと比べるようになった[36]。

個々人の特性を措けば、ビスマルクによって生み出された、こうしたドイツの特徴はすべて、程度の差はあれ、ほかの国でも観察され得る。イタリアでは、一八五九年の国家統合を助けた民衆軍の指導者、カリスマ性を備えたガリバルディの実例が、のちの独裁者、ムッソリーニのモデルとなった。スペインの軍隊は、ドイツに負けず劣らず、政治による統制をまぬがれていたし、イタリア軍もドイツ同様に、立法府ではなく君主に上奏した。オーストリア＝ハンガリー帝国では、官吏がドイツなみに強力で、議会諸機関の権限もずっと限られていた。また、フランスにあっては、教会と国家の紛争が激しく、イデオロギーが猛威を振るったという点で、ドイツの「文化闘争」に後れを取るものではなかった。ロシアにおいては、「ライヒ」のそれに相当する概念が、国内政治ならびにロシアの近隣諸国との関係に適用された。[37]ロシアのツァーリ体制による社会主義者弾圧は、ドイツの片割れがやったよりも、はるかに苛酷であったし、その統治下にあった数百万のポーランド人を同化させんとした熱意も、ドイツ当局に一歩たりとも譲っていなかった。いかように定義されるものであれ、自由主義は一九一四年まで、ドイツ帝国のみならず、東欧と中欧の主要国すべてにおいて弱体だったのだ。イタリアの政治情勢はなお、ドイツのそれよりもばらばらだった。政治の目的、とりわけ、陸上の帝国を創出するためには、戦争も正当化されるという信念は、ヨーロッパ列強にあっては、ごく普通のことだった。それは、一九一四年八月の第一次世界大戦勃発によって、明々白々に示されることになる。欧州大陸全土にわたり、民主主義の力が増し、保守エリートのヘゲモニーを脅かしていた。十九世紀末から二十世紀初頭にかけて、ドイツだけでなく、ヨーロッパ中がナショナリズムの時代を迎えていたのである。「大衆の国民化」は、他の多くの国々でも同様に生起していたのだ。[38]

しかし、ドイツのように、これらの条件すべてが同時に、しかも一定程度まで進んだ状態で存在した例は、他のヨーロッパ諸国にはなかった。それ以上に、ドイツには、ヨーロッパのどの国とももちがうところがあった。当時のドイツの後進性とされたことどものさまざまな側面については、多くの歴史家が記述してきた。いわゆる市民的価値観の欠如、あきらかに古くさくなってしまった社会構造、臆病であったとみえる中産階級、はっきりとネオ封建制的な貴族制の存在などである。ただし、そのころ、同時代人たちの大部分は、かような見方をしていなかった。第一次世界大戦勃発のずっと前から、ドイツは欧州大陸でもっとも裕福な国であり、強大かつ先進的な経済を有していたのだ。平和が破られるまでの最後の数年間において、ドイツは大陸ヨーロッパの鉄鋼生産量の三分の二、石炭と褐炭の産出量の半分をつくりだし、電力エネルギーでは英仏伊三国を合わせた総量の約一・二倍を発電していた[39]。ドイツ帝国は、一九一四年までに約六千七百万の人口を擁するようになっており、ロシアを除くヨーロッパの他のどの国よりはるかに大きな人的資源を自由に使えたのだ。比較・参照してみると、当時の英国、フランス、オーストリア＝ハンガリーは、それぞれが四千万から五千万の人口を有していたにすぎない。ドイツは、化学、製薬、電気といった最先端の産業で世界をリードしていた。農業にあっても、人工肥料と農業機械の大量使用によって、北部と東部の領地や地所の効率性は一九一四年までに一変していた。一例をあげれば、ドイツはこの年までに、世界のジャガイモ産出量の三分の一を生産していたのである。生活水準は、それ以前はともかくとして、二十世紀の初めからうなぎ登りに向上した。クルップ、テュッセン、ジーメンス、AEG〔Allgemeine Elektricitäts-Gesellschaft.「一般電機会社」の意〕、BASF〔Badische Anilin- und Soda-Fabrik.「バーデン・アニリン・ソーダ製造」の意〕、ヘキストといったドイツの大企業の製品は、その品質で世界的に有名だった[40]。

両大戦間期初めの視点から懐古的にみたならば、一九一四年以前のドイツは、多くの人々にとって、平和、繁栄、社会調和が存在した安息の地と感じられたであろう。だが、うわべは繁栄し、自信にみちみていたとしても、ドイツは、水面下では不安とあやふやさに悩み、国内の緊張に苦しんでいたのである[41]。経済の成長と社会の変化が急激に進んだことは、多数の者を仰天させ、困惑させた。古い価値観は、物質主義と抑制のきかない野心のうねりのなかで消え失せていくかと思われた。抽象絵画から無調音楽までのモダニスト文化も、社会のある領域における方向喪失感を増大させている[42]。プロイセンの大土地所有貴族による、そのかみに確立されたヘゲモニーは、ビスマルクがそれを熱心に維持しようとしたにもかかわらず、ドイツ社会がまっしぐらに近代に突進したことで弱体化した。一九一四年までには、ブルジョワ的な価値観や習慣、行動様式が、社会の中・上流階層で圧倒的になっていたのである。とはいえ、彼ら自身も同時に、大衆的な社会民主主義労働運動に組織された労働者階級が自己主張を高めることにより、挑戦を受けていた。ドイツは、産業革命前ではなく、その絶頂期に国民国家になったという点で、他のヨーロッパのいかなる国とも異なっていたのだ。しかも、単一国家ではなく、さまざまな邦国多数を連邦に組むことがその基盤となっていた。それらに属するドイツの市民は、主として共通の言語、文化、民族性によって結びつけられていた。急激な工業化によって生まれたストレスと緊張は、ドイツという国家と国民の本性、そして、ヨーロッパ、ひいては世界という、より広い文脈における自らの地位に関する、互いに相矛盾する諸理念と組み合わされていく。ドイツ社会は一八七一年に、完全に安定した状態で国家をかたちづくったわけではなく、急速に激化した国内の対立によって引き裂かれていった。かかる紛争は、ビスマルクが創造した政治システムにあって解決されぬままとなっていた緊張をいよいよ増大させることになる[43]。こうした緊張は、おおいに金切り声をあげる人種主義ならびに反ユダヤ主義と混淆され、声高になっていくばかりのナショナリズムにはけ口を見出し、ドイツの将来にとって有害な遺産を残したのである。

憎悪という福音

1

一八八九年も終わろうとするころ、ベルリンの初等学校長だったヘルマン・アールヴァルトは、金銭的に破綻する瀬戸際にあった。一八四六年にポンメルンの豊かならざる家庭に生まれた彼は、プロイセンの教育ヒエラルキーの底辺で稼げる収入では、相当な額にのぼる日常生活費をまかなうのも難しいことを識《し》った。アールヴァルトは絶望し、罪を犯した。それはおそらく、上司の感情を逆撫でするように意図的に計算されたものだったろう。子供たちが学校で開くクリスマス・パーティの費用として集めた積立金を横領したのである。このささやかな犯罪はたちまち発覚し、彼は解雇された。最後に残った収入源が奪われたのだ。たいていの者は、こうした破局にうちひしがれ、罪と自責の念にさいなまれたことであろう。しかし、ヘルマン・アールヴァルトはちがった。攻勢に転じる決意を固めたのである。彼はすぐに「校長」として、一般大衆に知られるようになった。おのれの不幸の責を負わせる誰かを捜したアールヴァルトは、すぐにユダヤ人に注目した[44]。このころのドイツにおけるユダヤ人社会は、高度な文化的適応をなしとげており、他のドイツ人とは主として宗教で区別される、成功した集団だった[45]。

十九世紀が下るにつれ、ドイツの諸邦国では、非キリスト教徒に課せられた市民資格の不認可は、徐々に撤廃されていく。よその国々で公的な宗教差別が廃止された（たとえば、イギリスでは、一八二九年のカトリック解放令によって、それがなされた）のとまったく同様だった。完全にして平等な法的権利を得るにあたり、最後まで残っていた法的な障害は、一八七一年のドイツ統一とともに一掃された。いまやドイツ全土で、宗教儀式に代わって、民事婚〔民法に従い、官吏に届け出ることで婚姻の成立となす〕が導入された。ユダヤ教徒とキリスト教徒の異教徒間結婚件数も急速に増えだした。例を挙げると、ブレスラウ〔現ポーランド領ヴロツワフ〕では、純粋なユダヤ教徒同士の結婚百組に対して、ユダヤ教徒とキリスト教徒の結婚は、一八七〇年代末にはわずか九組にすぎなかったが、一九一五年には三十五組になったのである。そのような結婚で、キリスト教徒配偶者のほとんどは、ユダヤ教からキリスト教に改宗した家庭の出身ではなかった。また、そうした結婚は、社会の規模に相応したかたちで散在していたのだ。一九〇四年には、ベルリンのユダヤ人男性の十九パーセントならびにユダヤ人女性の十三パーセントが、キリスト教徒の配偶者を得ていた。デュッセルドルフでは、一九〇〇年代中頃に結婚したユダヤ人のうち、配偶者がキリスト教徒だったのは四分の一であったが、この数は一九一四年までに三分の一に増えた。第一次世界大戦前夜までに、純粋なユダヤ教徒同士の結婚百組に対して、キリスト教徒との異教徒間結婚は三十八組を数えるまでになったのである。ハンブルクにあっては、その数は、実に七十三組に上った。キリスト教に改宗するユダヤ人の数も、ますます増えはじめた。十九世紀最初の七十年間で一万一千人が改宗したのに対し、残りの三十年で一万一千五百人が改宗した。さらに一八八〇年から一九一九年にかけては、約二万人のドイツ系ユダヤ人が洗礼を受けた。成功が、閉ざされた宗教集団としてのユダヤ人コミュニティのアイデンティティをゆっくりと崩していたのである(46)。

ドイツ帝国で暮らしていた約六十万人のユダヤ教徒は、圧倒的なキリスト教社会における、ちっぽけな宗教的マイノリティにすぎず、全体として人口のおよそ一パーセントを占めるにすぎなかった。

彼らは何世紀にもわたって、土地所有といった伝統的な富の源泉から排除され、帝国の支配階級の列外に置かれたままだった。隠微な社会的差別によって、軍隊、大学、官吏の指導層といった枢要な機関に地位を占めることを拒否されてきたためである。事実、そうした機関に入ることができたユダヤ人の数は、一八九〇年代から一九〇〇年代にかけて、はっきり減少した(47)。改宗ユダヤ人も、日々、たっぷりと反ユダヤ主義に苦しめられ、その多くは、もっとキリスト教徒らしい響きがするように姓名を変えた(48)。十九世紀には、差別に反発し、主としてアメリカ合衆国に移住したユダヤ人の数は十万人に及んだ。けれども、ほとんどのユダヤ人は、とりわけ、この世紀の末に経済が活況を呈しはじめたため、ドイツに残留した。残った人々は、比較的大きな町や都市に集中した。一九一〇年までに、ユダヤ系ドイツ人の四分の一はベルリンに住んでいた。この数は、一九三三年までに約三分の一まで増える。こうした都市の内部にあっても、彼らは特定の地区に群れ集まった。一八八五年には、ハンブルクのユダヤ人のほぼ半数が、二つの中産階級地域、ハルフェステフーデとローターバウムに居住していた。一九〇〇年にフランクフルトのユダヤ人のおよそ三分の二は、同市の十四行政区のうち、四つの区に住んでいた。一九二五年までに、ベルリン在住ユダヤ人の七十パーセントが中央と西部にある五つの行政区に居を構えている。彼らのほとんどが中産階級に属していたのだ。ただし、最大級のユダヤ人人口を抱える都市、ベルリン、ブレスラウ、フランクフルトでさえ、ユダヤ人はごく少数のマイノリティを構成しているにすぎなかった。一八七一年の時点で、それらの都市でユダヤ人が人口に占めていた割合は、それぞれ、四・三パーセント、六・四パーセント、七・一パーセントを占めるのみである(49)。

ユダヤ人の多くは、実業と知的専門職に職を見つけた。大銀行家ロートシルト〔ロスチャイルド〕一族と並んで、ほかにもユダヤ人所有の有力な金融会社多数が出現した。ビスマルクが個人財務を委託したブライヒレーダー銀行もその一つであった[50]。第一次世界大戦前に約二百軒あった百貨店のような、新たなタイプの小売業も往々にして、ティーツ家やヴェルトハイム兄弟などのユダヤ人に所有されていたのだ[51]。ユダヤ人は、医学、法学、科学研究、大学教授、ジャーナリズム、芸術などの分野で、多くの人材を輩出していた[52]。ユダヤ人コミュニティは、排斥された宗教的少数派から、徐々に多文化を有するようになってきた社会における、ポーランド人、デンマーク人、アルザス人、ソルブ人と同列の、さまざまなエスニック集団の一つへと、ゆっくりと変化していく。他の集団同様、ユダヤ人もしだいに自らの世俗代表機関を得ていった。とくに有名なのは、一八九三年に設立された「ユダヤ教徒にしてドイツ国民である者の中央協会」である。他の諸機関とはちがって、この協会はおおむね経済的な成功を収めた。そのメンバーは独自の政党を持たず、主流派の政党、とりわけ政治的スペクトラムの左派と中道派に参加する傾向があり、ときに、それらの政党で指導的地位を得ることもあった。もっとも、ほとんどのユダヤ人は、ドイツ・ナショナリズムと自らを同一視するところが強かった。彼らにとって、自由主義諸政党が魅力的であったとしても、それはまさに、かかる政党がドイツ国民国家の創造をはっきり支持したという理由からだったのである[53]。十九世紀末のユダヤ人の物語は、おおよそがサクセス・ストーリーであった。社会・文化・経済における、もっとも近代的・進歩的な発展に特別に関与したのは、ユダヤ人だったのだ[54]。

　ユダヤ人はまさにこうした状況のもとで、ヘルマン・アールヴァルトのような欲求不満で破廉恥《はれんち》なアジテーターの標的になった。工業化という抗しがたい圧力《ジャガーノート》によって片隅に追いやられ、もっと素朴で秩序があり、より安定した階層社会を切望した人々にとって（彼らは、そんな社会が、ついこのあいだまで存在していたと思いこんでいたのだ）、ユダヤ人は、文化的、金融的、社会的な近代性を象徴していた。アールヴァルトが第二の故郷にしたベルリンほど、かかる事情がそっくり当てはまる都市はなかったのだ。一八七三年、帝国発足の浮かれた気分にともなう熱狂的な支出と投資がひとめぐりし、突如止まったときに、ベルリン市の経済はハンマーの一撃を喰らった。合衆国における鉄道投資の失敗が引き金となった世界的経済不況により、ドイツでは広範囲にわたる破産と経営破綻が生じた。小企業と手工業者が、とりわけ大きな打撃を受けた。彼ら、もっとも深刻な影響を受けた者たちは、生計手段をだいなしにされてしまった、その背景にある大きな力を理解できず、カトリック保守派ジャーナリストたちのユダヤ金融業者が悪いのだとする主張を安易に信じるようになった。

この不況が続くうちに、宮廷牧師アドルフ・シュテッカーが、そうしたジャーナリストに合流した。下層階級出身のシュテッカーは、社会民主主義の影響から労働者階級を取り戻すための十字軍的活動に乗り出し、キリスト教社会党を創設した。同党は一八八〇年代に、あからさまな反ユダヤ主義を綱領に掲げて、選挙戦を闘ったのである。そのあらたな大義は、マックス・リーバーマン・フォン・ゾンネンベルクの応援を受けた。ゾンネンベルクは、一八八〇年に公職からユダヤ人を排除する国民請願の組織化を支援した人物であった。また、図抜けて極端だったのは、エルンスト・ヘンリーチだ。彼のレトリックは実に強烈だったため、ポンメルンの町ノイシュテッティン〔現ポーランド領シュチェチネク〕に暴動を引き起こしたほどであった。この暴動の頂点は、地元のユダヤ教会《シナゴーグ》焼き討ちとなった。一八八〇代末に、ヘルマン・アールヴァルトが魅了されたのは、まさにこうした運動だったのだ。彼は、自分の生計がたちゆかなくなったのはユダヤ人金貸しによる陰謀のせいにし、ユダヤ人はドイツ社会において全能であると示唆する著作により、おのれの恥をすすごうとした。ただし、アールヴァルトには運がなかった。その主張の根拠として挙げられた証拠、ドイツ政府がユダヤ人銀行家ゲルゾン・フォン・ブライヒレーダーの献金を受けていることを示した文書は、アールヴァルト自身が書いたものだと露見したのである。それゆえ、彼は四か月の禁錮刑を宣告された。だが、釈放されたとたんに、これまた扇情的で、同じぐらい根拠のない一連の主張をひねくりだした。今度は、ドイツ軍の戦力弱体化を狙い、フランスとユダヤの共謀を進めることを企図して、ユダヤ人武器製造業者が、故意に欠陥を持たせた小銃を陸軍に供給したと公言したのだ。充分予想できたことだが、かかる主張を理由として、アールヴァルトはまたしても禁錮刑を言い渡された。このときは五か月の禁錮となった[55]。

しかし、彼が刑期を務めることはなかったのである。なぜなら、この間に、ブランデンブルクの農村地帯にある選挙区で小自作農たちを説得して、帝国議会選挙で当選することに成功したからだ。アールヴァルトは、彼らの農場を回っては、農民の不幸はユダヤ人のせいだと説いた（本当のところは、農産品価格が世界的に下落したことによる災難だったのだが）。彼ら、小自作農にとって、ユダヤ人は、はるか遠く、ヨーロッパとドイツ帝国の大都市、金融の中心に住まう、えたいのしれない宗教的少数派であった。帝国議会の議席は、アールヴァルトに議員不逮捕特権を与えた。その成功は、かかるデマゴギーが農村部の有権者にアピールすることを証明した。事実、ヘッセンの図書館司書オットー・ベッケルのごとき他の反ユダヤ主義者も、協同組合組織のような、小農民の経済的困難を克服するための具体的な手立てを提案したことがとくに効いて、同様に議席を得たのである。一八九〇年代初めまでに、ドイツ保守党は、こうした反ユダヤ主義者が農村部の選挙における自党の圧倒的優位をおびやかしているとの深刻な認識を抱いた。そのため、農業権益をさらに損なうものと思われた政府の政策に警戒心を抱き、一八九三年の保守党ティヴォリ会議〔ベルリンのクロイツベルク地区にあったティヴォリ醸造所で開催されたことから、この名がある〕では、「我ら国民一般の生活をはなはだしく妨害し、腐敗させているユダヤ人の影響」との闘争を求める綱領に賛成票が投じられた[56]。

結局、これが、ドイツにおいて有卦《うけ》に入っていた、種々雑多な政治的反ユダヤ主義者にとっての転換点になったのである。もう一人の反ユダヤ主義煽動家テオドール・フリッチュによって、一連の真剣な努力がなされた。政治的反ユダヤ主義のさまざまな系統をまとめ、経済的な不満を抱く都市の下層中産階級に運動の訴求力を向けようとするものだ。けれども、ベッケルのような人物のエゴイズムが連合体の実現をはばみ、反ユダヤ主義者たちは内紛を重ねて、分裂していった。かくて、フリッチュの影響力は、別のやり方で行使されることになる。無数の通俗的反ユダヤ主義パンフレットを出版しつづけたのだ。それらは、彼が一九三三年九月に死亡するまで、さらに、その死後においても広く読まれた。しかし、戦前には、フリッチュが死去した際、彼はナチ党の代議士としてライヒスタークに議席を持っていた。フリッチュはずっと傍流の政治家だったのだ。一九〇〇年代初めごろまでに、ベルリン・キリスト教社会運動〔宮廷牧師アドルフ・シュテッカーによって組織された、キリスト教保守主義と労働者への福祉といった進歩的理念を結合させ、社会民主主義に対抗しようとした政治運動。同時に反ユダヤ主義も唱えていた〕と保守党の連合が功を奏し、右のごとき反ユダヤ主義者たちは足場を崩された。また、カトリック地域においては、中央党が同種の反ユダヤ主義的レトリックを積極的に用いたことによって、妨害されたのである。ベッケルやアールヴァルトのようなはぐれ者は議席を失い、彼らの政党も、フリッチュのそれのごとき都市部を地盤とする組織ともろともに衰退、消滅した。アールヴァルトその人は、言葉の暴力を使いつづけたために、反ユダヤ主義者のあいだでさえ孤立していったのだ。彼は、しばらくの間ドイツを出てアメリカ合衆国に行き、帰国するとすぐにフリーメーソンの悪との闘いに夢中になった。一九〇九年、今度は恐喝の罪で再び投獄される。金銭的困難がずっと続いていたのはあきらかで、それゆえにアールヴァルトは、従来以上に直接的な犯罪による解決を試みるようになった。いささかあっけないことだったが、彼は一九一四年に交通事故により、最期を迎えている。(57)

2

アールヴァルトは、ドイツとその他ヨーロッパの諸地域で十九世紀の終わりに向かって現れはじめていた新種の反ユダヤ主義の、極端ではあるが、必ずしも特殊ではない代表例だったといえる。伝統的な反ユダヤ主義は、ユダヤ人のキリスト教にあらざる宗教に焦点を当て、聖書に是認されているという理由から、その政治的な力を得ていた。新約聖書は、キリストが死した責任はユダヤ人にあるとし、彼らは、キリストの血が自分たちとその子孫の上にかかることに自ら同意したと宣告した〔マタイ書、二七・二五〕がゆえに、永遠の汚名を着るべしと非難している。ユダヤ人は、キリスト教信仰とキリスト教制度が支配した社会において、非キリスト教徒の少数派であった。十四世紀中頃の黒死病流行といった危機のときにあっては、はっきり民衆の憎悪の対象となったし、また、そうなりやすかったのである。その当時、ヨーロッパ全土で暴徒が猛り狂い、かくも多くの住民を悩ませている黒死病の致死性はユダヤ人のしわざによるものだとして、数えきれないほどの暴力・破壊行為で仕返ししたのだ。ドイツにおける近代反ユダヤ主義の歴史が、宮廷牧師アドルフ・シュテッカーとともにはじまっているのは偶然ではない。ユダヤ人に対するキリスト教徒の敵意は、近代の反ユダヤ主義の決定的な跳躍板となった。かかる敵意には、往々にして人種的偏見そのものの強力な要素が隠されており、さまざまなかたちの人種的反ユダヤ主義に包摂《ほうせつ》されていったからだ。とはいえ、十九世紀が終わるころまでには、もっとも純粋で伝統的な意味での反ユダヤ主義は、しだいに時代おくれになりつつあった。とりわけ、ユダヤ人が、たやすく見て取れるような宗教的マイノリティであることを止め、急速なペースで改宗してキリスト教社会に融合しているとあってはなおさらである。一八七〇年代の経済的困難に対するスケープゴートを求めて、下層中産階級のデマゴーグ、書きとばしの売文業者は、ユダヤ人に眼を向けた。ユダヤ人は宗教的少数者ではなく、人種マイノリティであるとみなして、ドイツ社会に彼らを完全に同化させるのではなく、完全に排除せよと唱えはじめたのだ[58]。

この転換の「功績」は一般に（仮に、功績という言葉がふさわしいとして、だが）、無名の作家だったヴィルヘルム・マルに与えられている。一八七三年に出版されたそのパンフレット『非宗教的立場からみたゲルマン人に対するユダヤ人の勝利』は、彼がのちの著作に組み込んだような主張を最初に述べたものだった。いわく、「それは人種の問題であり、『血統』にこそ差異があるというのに、宗教的偏見を並べたてても無意味であるのは間違いない」[59]。マルは、フランスの人種主義者ジョゼフ・アルテュール・ド・ゴビノー伯爵の流行の理論を借用し、ユダヤ人をキリスト教徒でなくドイツ人と対置して、この二者は違った人種であると強調した。ユダヤ人はこの人種闘争で優勢に立ち、実質的に国を統治しているとまで、彼は公言している。だから、ドイツの正直な手工業者や小商人が苦しんでいるのも当たり前だとしたのだ。ついで、マルは「反ユダヤ主義」という言葉を造語し、さらに一八七九年には「反ユダヤ主義者同盟」を創設した。反ユダヤ主義という言葉を冠した、世界最初の組織である。彼が述べたごとく、この組織はドイツ人のなりわいにおけるユダヤ人の影響を削ぐことに専念した。その著作は、黙示録的なペシミズムの調べを帯びている。彼は「遺書」〔マルが残した「ある反ユダヤ主義者の遺書」なる未発表の草稿〕で、「ユダヤ人問題は、それを中心として世界史が回っているところの軸なのである」と宣言し、しかるのちに「われわれの社会、商業、工業の発展は、すべてユダヤ人の世界観の上に築かれている」との見解を、憂鬱げに書き記したのだ[60]。

マルの絶望の根源にあったのは、何よりも個人的なものだった。彼は、絶えず金銭的に苦しみ、一八七〇年代の金融混乱でひどい打撃を受けた。その二番目の妻はユダヤ人だったが、彼女は一八七四年に亡くなるまで彼を金銭的に支えた。ごく短期間、悲惨な婚姻関係を結んだのちに離婚した三番目の妻には、ユダヤの血が半分混じっていた。マルは、自分が金に困っているのは、一つには彼女のせいであるとした。元妻に、子供の養育費として相当な金額を払わなければならなかったからだ。マルは、厚かましいことに、おのれの個人的経験を世界史の一般法則にまで拡大し、人種的純粋性は称賛されるべきであり、人種混交は不幸をもたらす処方箋であると結論づけた。その反ユダヤ主義がきわめて個人的な理由に根ざしていたことを考えれば、マルが能動的な政治運動に深く関与しなかったことも驚くにはあたらない。「反ユダヤ主義者同盟」は失敗した。またマルは、反ユダヤ主義の諸政党はあまりにも保守的だと考え、それらを支持することを拒否したのである。[61] だが、すぐに、さまざまな文筆家が、新しい人種的反ユダヤ主義の宣伝家として、彼の仲間となった。たとえば、革命家オイゲン・デューリングは、資本主義とユダヤ人を同一視し、社会主義は主として、金融と政治からユダヤ人の影響を排除することをめざさなければならぬと主張している。国家主義に立つ歴史家、ハインリヒ・トライチュケは、ユダヤ人がドイツ文化を弱体化させていると論じ、「ユダヤ人はわれらの禍《わざわい》である」という言葉を流行らせた。その後、何年にもわたり、ナチスを含む、多くの反ユダヤ主義者のスローガンになる文言だった。こうした文筆家たちは、ヘルマン・アールヴァルトに代表されるような、底辺にいるその種の人物とは、まったく程遠かったのだ。例をあげれば、オイゲン・デューリングは、社会主義運動に対し、十二分に人気を博していた。そのため、フリードリヒ・エンゲルスは、社会主義労働運動内のデューリングの影響力を打ち破るべく、一八七八年に有名な小冊子『反デューリング論』〔フリードリヒ・エンゲルス『反デューリング論』、秋間実訳、上下巻、新日本出版社、二〇〇一年〕執筆のペンを執ることになる。エンゲルスの試みは成功した。また、ハインリヒ・フォン・トライチュケの歴史は、十九世紀のあらゆるドイツ史に関する書物のなかで、もっとも広範に読まれた一冊だった。彼が、ユダヤ的唯物主義と不誠実とみなしたものに対し、痛烈な非難をなしたことは、古典学者テオドール・モムゼン、病理学者ルドルフ・フィルヒョー、歴史学者グスタフ・ドロイゼンら、ベルリンの同僚教授たちの激しい反発を引き起こした。彼らは、他の多くのドイツ人学者に同調し、その同僚たる人物が抱いた「人種的憎悪と狂躁」を、はっきりと非難したのである。[62]

反ユダヤ主義の著述家たちが急速に影響力を増していたとはいえ、こうした反発があったことは、左右を問わず、また中産階級であると労働者階級であるかにかかわらず、ドイツにおける真っ当な意見の大多数は、この種の人種主義に反対していたことを想起させてくれる。ドイツの人々に反ユダヤ主義的な考えを丸呑みさせようとする試みは、ほとんど成功しなかった。とくに、ドイツ労働者階級とその主要な政治的代表団体である社会民主党（ドイツ最大の政治組織であり、一九一二年以来、帝国議会において他のどの政党よりも多くの議席を得ていた。それ以前にも、全国選挙においては、最大の得票数を有するようになっていたのである）は、反ユダヤ主義に断固反対した。社会民主党は、反ユダヤ主義は時代に逆行する非民主的なものだとみなしていたのだ。一般党員もその憎しみのスローガンを拒否した。一八九八年、ハンブルクの居酒屋やバーでの政治談義に耳を澄ませていた警察のスパイは、ある労働者が以下のように語るのを聴き取っている。

国民感情が、ある国民を他の国民の上に置くようなものに堕してはならない。ユダヤ人を従属人種とみなし、よって、この人種と争うようになるとするなら、事態はもっとひどいことになろう。ユダヤ人が他の血統に根ざすものであるとして、ユダヤ人なしで済ませることができるだろうか？　彼らは、これまでずっと抑圧されてきた人々だ。だから（世界中に）散らばっている。誰もが平等で、人の心を持つことを望むのは、社会民主主義者にとって自明の理である。ユダヤ人が最悪だなどということは、まったくない。[63]

別のケースでは、ほかの労働者たちが反ユダヤ主義者に嘲笑を浴びせ、反ユダヤ主義による暴力を非難し、市民として平等でありたいというユダヤ人の希望を支持するさまが聴取されている。一九一四年より前の労働運動のミリューにあっては、そのような見解は労働者に典型的なものだったのだ。[64]

社会民主党に罪が認められるとしたら、その最悪のものは、反ユダヤ主義が示した脅威を真剣に受け止めず、彼らの娯楽雑誌に掲載された漫画のいくつかに、わずかなりとはいえ、紋切り型の反ユダヤ主義が忍び入るのを許したことだった。[65]社会民主党と反ユダヤ主義者が、選挙の決選投票で相互に支持し合った地域もあった。しかし、それは、互いの原則を認めたことを示唆するものではなく、体制派エリートに対する抗議政党としての一時的提携を望んだにすぎなかった。[66]ごく少数の遅れた小さな町村、おもに東部農村部では、ときとして、儀式のための殺人が行われたという中世的な告発が地元のユダヤ人に対してなされ、一定の大衆的支持を得て、抗議デモが行われることさえあった。だが、そうした告発のうち、一件たりとも裁判所で立証されたものはなかったのである。小商人、小売店主、手工業者、小農民は、他の多くの者よりも、露骨な反ユダヤ主義に陥りがちで、組織された通俗反ユダヤ主義の伝統を受け継いでいた。かかる反ユダヤ主義は、近代的な人種主義者の形態を取っていなかったとはいえ、いくつかの地域では、少なくとも一八四八年の革命にまでさかのぼることができる。[67]しかし、教養中産階級、非ユダヤ人実業家や専門職に就いた者の多くは、喜んでユダヤ人の同僚とともに仕事をした。ユダヤ人の利害は自由主義の諸政党に充分に代表されており、それらの政党が反ユダヤ主義者の中核的議論や姿勢を受け入れることを妨げていたのである。反ユダヤ主義政党は相も変わらず片隅にきざした抗議程度のものにとどまり、世紀があらたまった直後には、おおむね消え去ってしまった。

だが、反ユダヤ主義諸政党の衰退と没落は、一部には見せかけだけのことだった。その消滅理由の一つは、主流派政党、すなわち保守党と中央党が反ユダヤ主義的な考えを採用したことにあったからだ。それらの政党の構成員には、経済危機に瀕《ひん》した下層中産階級が含まれていた。彼らこそ、反ユダヤ主義者がもともとアピールの対象にしていた人々だったのだ。保守党は、一八九三年のティヴォリ綱領に含まれていた反ユダヤ主義政策を基礎として結党され、彼らが、ユダヤ人が公共生活におよぼしている破壊的影響とみなしたものを削減するように求めつづけた。保守党の反ユダヤ主義的偏見は、北部ドイツのプロテスタント農村社会の相当数の集団、そして、党のキリスト教社会主義派に代表された手工業者・小売店主・小企業家に対して、訴求力を有していたのである。もっと大きいが、ドイツ帝国にあっては、より影響力が少ない存在だったとされる中央党にとっては、ユダヤ人、もしくは、その、歪められ、悶着の種となった像は、自由主義、社会主義、近代性といった、教会が拒否したすべてのものの象徴であった。かかる見解は、党内の小農民や手工業者の多くにアピールし、カトリック小農民の自立的な抗議集団によって流布されていった。彼らの理念は、オットー・ベッケルのそれとちがってはいなかったのだ。教会上層部の多くも、たいていは同様の理由から、そうした見解を受け入れていった。ヴァチカンでは、聖職にある筆者が、少数ではあるが、より強硬に教皇権至上主義を唱える新聞雑誌に発表した反ユダヤの非難文に、宗教的・人種的反ユダヤ主義が混じりこんでいく。[68]

加えて、反ユダヤ主義的偏見は、社会の上層部、すなわち、宮廷、官界、軍隊、大学においても強烈で、ユダヤ人はドイツ国民の平等な一員ではないことを、常に彼らに思い知らせていた。[69]反ユダヤ主義者は、「ユダヤ人問題」を政治日程に載せることに成功したから、枢要な社会機構へのユダヤ人参加問題が議論や論争にならない日はなかった。しかし、それらはすべて、当時の基準に照らしても、相対的に低い度合いのものだったのだ。もし、タイム・トラベラーが一九四五年から第一次世界大戦直前のヨーロッパに舞い戻ってきて、聡明で知識もあるその時代の人に、三十年以内にヨーロッパのある国が、全欧州のユダヤ人を組織的に殺戮しようと試み、その過程でほぼ六百万人が命を絶たれるであろうと言ったならば、どうなっただろう。ある歴史家が、そんな仮想をやってみたことがある。

タイム・トラベラーが、それをやるのはどの国か、推測してみるよう、当時の人にうながしたとすれば、訊かれた者はおそらくフランスを指したことだろう。そこでは、ドレフュス事件が悪意に満ちた大衆的反ユダヤ主義の爆発をみちびいたばかりだったのだ。あるいは、帝政主義者《ツァーリスト》の「黒百人組」が、挫折した一九〇五年革命の直後に多数のユダヤ人を虐殺するという事件が起こったロシアでなされると応じてきたかもしれない。[70]ドイツには、高度に文化適応したユダヤ人の共同体があり、あからさまな、あるいは暴力的な政治的反ユダヤ主義は比較的存在していなかったといえる。ゆえに、ドイツがこうした絶滅活動に乗り出す国になろうとは、誰も思い浮かべもしなかったはずである。反ユダヤ主義の政治はいまだ、ごく片隅に追いやられているだけだった。しかし、反ユダヤ主義のプロパガンダと主張のいくばくかは、政治的主流派においても耳を傾けられるようになっていた。たとえば、「ユダヤ的精神」と呼ばれる何ものかは、どこか「破壊的」であるとか、ユダヤ人は報道や法曹といった社会分野で「過剰な」影響力を持っているというようなことである。加えて、反ユダヤ主義諸政党は、政治作法という慣習的束縛を離れ、あらたな、民衆を扇動するデマゴギー的政治スタイルを持ち込んだ。これも周縁的なところに留まったものの、ここでもまた、可能となったことがある。会期中の議会や選挙集会において、十九世紀なかばには公開の話し合いにはまったく不適切だと思われたであろう憎悪や偏見を発することだ。[71]

こうして反ユダヤ主義がおなじみのものになってきたことのほかに、一八八〇年代ならびに一八九〇年代初めに目撃されたようなことは、本質的には、政治と知的な営為の周縁部において、のちにナチズムというイデオロギー的醸造物に潜在的かつ折衷的に入っていくことになる要素の多くが集められつつあることを示していた。この過程で、通俗小説家ユリウス・ラングベーンのような反ユダヤ主義の著述家たちが重要な役割を演じた。その著作、『教育家としてのレンブラント』(一八九〇年刊行）では、オランダ人芸術家レンブラントは北方ゲルマン人種の古典的な典型であると宣言され、ドイツ芸術は、人種的根源、すなわち、あとになってナチスが熱狂的に取り上げるようになる文化的至上命題に回帰するべしとの訴えがなされたのだ。これらの著述家は、そのユダヤ人攻撃において、激烈で暴力的な新しい表現を発展させたのである。ラングベーンにしてみれば、ユダヤ人は「われらにとっては毒であり、そのようなものとして扱われなければならないであろう」という存在だった。彼が一八九二年に主張したごとく、「ユダヤ人は、通り過ぎていく疫病、コレラにすぎなかった」。ラングベーンの本は、一年強で四十刷を重ね、その後も長くベストセラーとなっていたが、そこでは、著者が「ユダヤ人という馬鹿者、ユダヤ人という悪党、ユダヤ人という売春婦、ユダヤ人の大学教授、ユダヤ人であるベルリンの連中」と呼ぶ者への下卑た攻撃と、いつの日か、影の世界から立ち現れて、ドイツ往年の栄光を回復するであろう「秘密の皇帝」に導かれる階層社会復興への呼びかけが結びつけられていたのである。[72]

かかる理想は、バイロイトの作曲家リヒャルト・ヴァーグナー〔日本では、「ワーグナー」の表記も一般的である〕の未亡人の周辺に集まった一団に取り上げられ、精緻に磨かれた。ヴァーグナーは一八八三年に亡くなるまで、この北部バイエルンの町に居を構えていた。ヴァーグナーの叙事詩的楽劇は、彼がその目的のために特別に建設した歌劇場で、毎年上演されていたのだ。それらの作品は、とくに疑似ゲルマン民族神話を宣伝することを意図していた。そこでは、北欧神話の英雄的人物が、ドイツの将来にとっての模範的指導者の役割を担うことになったのである。ヴァーグナー自身、早くも一八五〇代初めには文化的反ユダヤ主義者となっており、悪名高い著書『音楽におけるユダヤ主義』で、「ユダヤ精神」は音楽の深遠さに敵意を抱いていると主張した。ヴァーグナーは、ユダヤ教、というよりも、実際にはすべての宗教を、自分の楽劇に注ぎこんだような種類の世俗的な美への衝動に置き換えることにより、ユダヤ人を完全にドイツ文化に同化させて救済を得ることに賛成していた。しかしながら、晩年に向かうにつれて、彼の見解は、作曲家フランツ・リストの娘であり、二番目の妻であるコージマの影響を受け、ますます人種主義的色彩を濃くしていった。一八七〇年代末に、彼女は日記に書いている。そのころまでにはっきり悲観的な文明観を抱くようになっていたヴァーグナーは、一八七三年にマルの反ユダヤ主義論の小冊子を読み、おおいに賛同した、と。その立場を変えるにつれて、ヴァーグナーは、もはやユダヤ人のドイツ社会への同化ではなく、そこからの追放を望むようになった。一八八一年に、レッシングの古典劇『賢者ナータン』とウィーンのリング劇場における大火を論じた際（四百人以上の死者が出て、その多くがユダヤ人だった）、夫が「ひどく辛辣に、ユダヤ人すべてが『ナータン』の上演中に焼死すればよかったのに」と述べたと、コージマは記している。[73]

ヴァーグナーの死後、未亡人となったコージマはバイロイトをある種の神殿に変えた。そこでは、献身的な信奉者の一団が、死せる師父の聖なる思い出を培っていくことになる。彼女が、バイロイトの取り巻きとして集めた仲間たちの考えは、急速に反ユダヤ主義に傾いていった。ヴァーグナーの音楽はむろん多義的に解釈し得たのだけれど、彼の信者たちは、この作曲家の楽劇を、ユダヤ人の悪党どもに対する北欧の英雄の闘争と解釈するように全力を尽くした。そうした人々のなかで指導的であった者として、一八九八年にゴビノーの人種不平等論をドイツ語に翻訳した在野の学者ルートヴィヒ・シェーマンや、一八五五年生まれのイギリス人、ヒューストン・スチュアート・チェンバレンがいた。チェンバレンは、ヴァーグナーの娘の一人と結婚し、やがて、かの偉人への崇敬にみちた伝記を出版した。コージマと彼女の友人たちは、定期刊行物『バイロイト報』を通じて彼らの考えを宣伝し、一方、シェーマンはドイツ全土をまわって反ユダヤ主義集会で演説、さまざまな急進的人種主義組織を設立した。そのなかで、もっとも有名だったのが、一八九四年の「ゴビノー協会」である。それらの組織はいずれも、とりたてて成功しなかった。それでも、シェーマンによるフランス人人種理論家の擁護は、ゴビノーの「アーリア人」という用語をドイツ人人種主義者の間で流行らせることに、おおいに与った。この用語は、元来、英語やドイツ語などのゲルマン言語を話す人びとの共通の先祖を指すために使われたが、ゴビノーが議論を進めたため、当時より、あらたな意味合いを獲得することになった。そのゴビノーの主張とは、ドイツ人ないし「アーリア人」小農民に人種の純粋性が保持されていると想定し、かかる人種的純血によってのみ人種の生き残りは保証される、人種的混血は文化的・政治的衰退をもたらすのだ、というものだったのである。(74)

しかしながら、最大の影響をおよぼしたのは、チェンバレンと一九〇〇年に出版されたその著作『十九世紀の基礎』であった。この空想と神秘主義にみちた書物において、彼は、ゲルマンとユダヤという二つの人種の優位をめぐる争いという観点から歴史を描いた。これら二つの人種集団のみが、雑婚常なる世界において本来の純血を維持しているとみたのだ。非情で機械論的なユダヤ人は、英雄的で教化されたゲルマン人と争ってきたというのである。こうしてチェンバレンは、ユダヤ人を単に周縁的な、あるいは劣った集団として排斥するのではなく、人間社会に対する世界的な脅威に祭り上げた。この人種闘争に結びついたのが宗教的な紛争であるとして、チェンバレンは、キリスト教は本質的にゲルマン的なものであり、イエスはけっしてユダヤ人ではなかったことを、あらゆる反証をしりぞけて証明するために尽力した。チェンバレンの著作は、その主張を裏付けるにあたり、科学に訴えたことによって、多くの読者に感銘を与えた。そうした面で、彼がもっとも重要な寄与をなしたのは、反ユダヤ主義と人種主義を社会ダーウィニズムと融合させた点だった。イギリス人科学者チャールズ・ダーウィンは、自然選択〔natural selection. かつては「自然淘汰」と訳されていた〕の法則に動植物界は支配されていると主張した。その法則とは、最適者が生き残り、最弱者、あるいは、もっとも適応不足だった者が敗れる、かくして種の改良が保証されるとするものであった。(75) 社会ダーウィニズムは、この理論を、人種にも同様に適用した。従って、のちにナチスが取り上げることになる枢要な理念のいくつかは、当時すでに組み立てられていたのである。

3

こうした考えを提唱したのは、チェンバレンだけではなかった。さまざまな文筆家や科学者、その他の人々が、一八九〇年代における、社会ダーウィニズムの、新しく、強靭で淘汰主義的な一変種の出現に寄与していたのだ。それは、平和的な漸進《ぜんしん》ではなく、生存競争を強調するものだった。こうした思想を抱く学派の典型的な代表例が、人類学者ルートヴィヒ・ヴォルトマンである。彼は、一九〇〇年に、アーリア人、もしくはゲルマン人種こそ人類進化の頂点を表し、従って、他のすべての人種より優れていると主張した。それゆえ、「ゲルマン人種は地上に君臨するよう選ばれた」ものと論じたのだ。(76) その述べるところによれば、他の人種がゲルマン支配の実現を妨げているというのである。また、ある者たちは、ドイツ人は、より広大な「生存圏」、ドイツ語でいうLebensraum《レーベンスラウム》を必要としているとみた。他民族、おそらくはスラヴ民族を犠牲にする可能性がもっとも高いが、それによって生存圏を獲得することを余儀なくされるであろうという見解であった。こうした事態は、この国が文字通り過密な雑踏と化している（そのようなことを示す証拠は何もなかったのだが）ためではなく、かかる意見を進めた人々が、動物界から縄張りという発想を拝借し、人間社会に適用したがゆえに生じたのである。彼らは、ドイツにおいても都市が拡張しだしていることに警戒心を抱き、田園の理想を追い求めた。そこでは、昔そうであったように、ドイツ人開拓移民が「劣った」スラヴ人の小農民に君臨することになっていた。というのは、歴史家たちも、中世の中欧東部では、それが実情だったのだと、彼らに語りはじめていたからである。(77) 国際政治を、異なる人種間の優位性、あるいは生存を求める闘争の闘技場とみなす視座は、第一次世界大戦までに、ドイツの政治エリートたちの共通認識になっていた。陸軍大臣エーリヒ・フォン・ファルケンハイン、海軍大臣アルフレート・フォン・ティルピッツ、帝国宰相ベートマン・ホルヴェークの顧問クルト・リーツラー、帝国海軍内局長ゲオルク・アレクサンダー・フォン・ミュラーらはすべて、戦争は、ラテン民族やスラヴ民族に抗してゲルマン人種を維持、あるいは存在を主張する手段であると考えた。フリードリヒ・フォン・ベルンハルディ将軍が一九一二年に出版した本で言明し、人口に膾炙《かいしゃ》した意見によれば、戦争は「生物学的に必要」なのであった。つまり、「戦争がなければ、劣等な、あるいは衰退しつつある人種が、健全で芽を出しかけた分子をいともたやすく窒息させ、あとには広範囲にわたる没落が続くことになろう」というのだ。外交政策はもはや国家間ではなく、人種間で行われることになった。ナチの外交政策で非常に重要な役割を果たすことになる、国家の重要性の格下げは、一部には、ここではじまっていたのである。(78)

中道派から右派までのドイツの指導者や政治家たちは、世紀転換期以降、いよいよ戦争に勝つということに囚われた。その先入主はまた（ある者たちに）人種改良のために積極的な手段を講じるよう要求した。一八九〇年代に、社会ダーウィニズムにおいて、自然選択主義的転回がなされたことの一側面として、これまで以上に「負の自然選択」が大きく強調されるようになったことがあげられる。より良い住居、栄養による健康管理、衛生学と衛生措置、その他同様の政策で人種改良をはかるのは、おおいに結構なことだと主張する者もいた。しかし、それは、弱者、健康を害した者、社会不適合者の保護によって、社会に生存競争の原則を放棄せしむるといった議論の影響力を打ち消すには至っていない。何人かの医学者は、遺伝学が現れはじめたことを梃子《てこ》として、そんな政策はますます人類という種を退化させてしまうと論じた。弱者の数を減らし、あるいは抹殺することによって、強者を改良・増殖させる繁殖方法について科学的に取り組み、人類退化に抗しなければならない。ヴィルヘルム・シャルマイヤーは、こうした路線に沿った議論を進めた人々の一人だった。社会政策に優生学の手法を用いることを提唱したその論文は、一九〇〇年に工業家アルフレート・クルップが組織した全国コンクールで一等賞を獲得している。アルフレート・プレッツもまた、ドイツ人は人類進化のはるか高みに達したものと考えた医学者だった。戦争が起こったら、まず劣等種を前線に送り、それによって社会不適格者を真っ先に絶滅すべきだと提案したのだ。こうした著述家たちのなかで、もっとも広く読まれたのは、エルンスト・ヘッケルだった。ダーウィン的な考えを通俗化した『世界の謎』という著作は、一八九九年の出版当時、飛ぶように売れたベスト・セラーになったのである。[79]

しかし、かかる見解が、首尾一貫した、あるいは、統合されたイデオロギーを形成していたとか、ましてや、一直線にナチズムに向かうものだったとするのは間違いであろう。たとえば、シャルマイヤーは反ユダヤ主義者ではなく、「アーリア」人種の優位などという考えはすべて、きっぱりと拒絶していた。ヴォルトマンもユダヤ人に敵意を抱いていたわけではなかったし、彼のフランス革命（信じ難いことだが、ヴォルトマンは、その指導者たちは、あらゆる偉大な歴史上の人物同様、人種的にはゲルマン系だったと主張している）に対する根本的に肯定的な態度は、ナチスに親和性があるものとは程遠かった。ヘッケルもまた、たしかに、犯罪者を遺伝の連鎖から断ち切るため、死刑を大規模に適用すべきだと論じたし、精神病者を薬物の注射や電気処刑で殺すことも提唱した。ヘッケルは人種主義者でもあり、縮れ毛の人種が歴史的に重要なことをなしとげたことはいまだかつてないと断定している。だが、その一方で、戦争は、ドイツ最良で、かつ、もっとも勇敢な青年を殺すことになるから、優生学的には破滅を意味することになろうとも考えていたのである。その結果、ヘッケルの弟子たちは、「一元論同盟」と自称する組織をつくり、平和主義者となって、戦争という考えを完全に拒否した。つまり、ナチに歓迎されるような教義ではなかったのだ。一九一四年についに戦争となったとき、彼らの多くは、自らの原則ゆえに心底苦しむこととなった。[80]

こうした論者のなかで、ナチ・イデオロギーの予兆といえる状態にもっとも近づいたのは、プレッツの著作だった。彼は、自分の理論に反ユダヤ主義という薬味を大量に加え、北欧人種優越主義者のグループと協力した。それでも、プレッツ自身が、第一次世界大戦前に「アーリア」人種がほかよりも優れていると考えていたことを示す証拠はほとんどないようだ。けれども、彼の親密な協力者の一人、フリッツ・レンツは、はっきりそう考えていた。プレッツは、優生学的計画において非情な能力主義の方針を採った。たとえば、医師団がすべての出産に立ち会い、赤子が生存に適しているか否か、それとも、弱く、能力不充分であるとして殺されるべきかどうかを決定すべきだと主張したのだ。ダーウィン主義者のアレクサンダー・ティレは、あからさまに精神的・肉体的不適格者の抹殺を提唱し、弱者を遺伝の連鎖から断ち切るために、子供の病気は治療せずに放置すべきだという点で、プレッツならびにシャルマイヤーと一致していた。一九〇五年に、プレッツ、そして、近々彼の義弟となることが決まっていた同志であるエルンスト・リューディンは、彼らの見解を宣伝するため、「人種衛生協会」を設立した。この協会は、医学と福祉に携わる者のあいだに、みるみる影響をおよぼすようになったのだ。そのかみのゴビノーは、さまざまな意味で保守主義者であり、優生学の理想は貴族制に具現されていると考えていた。ところが、こうしたドイツの思想家たちは、ゴビノーよりもはるかに厳しい方針、潜在的には、より革命的な方針を採ったのである。彼らは往々にして、遺伝形質はおおむね社会階級とは無関係であるとみなしたのだ。[81]

第一次世界大戦前夜までに、彼らの理念は、何らかのかたちで、医学、社会福祉事業、犯罪学、法律の分野に広まっていった。売春婦、アルコール中毒者、「こそどろ」、浮浪者その他の社会的逸脱者は、しだいに遺伝的に汚染されていると考えられるようになったのだ。こうした人々は強制的に断種されるべきだとする専門家たちの声は、いよいよ大きくなり、見過ごされるようなことはなくなった。かかる発想が福祉施設に与えた影響が非常に大きかったため、社会民主党さえも、住宅供給と福祉向上を、精神病者、「なまけ者」、アルコール依存者の義務的断種と結びつけるというアルフレート・グローチャーンの提案を真剣に検討することができるようになったのである。(82) このような展開は、医学の専門家が、急速に成長していた犯罪学やソーシャル・ワークといった分野にますます影響を与えるようになったことを反映していた。十九世紀にコレラや結核といった病気を引き起こす細菌を発見するという大勝利をあげたドイツ医学は、比類無き知的権威を得た。が、それと並んで、反ユダヤ主義者がユダヤ人に対する憎悪と恐怖を表現するためのまったく新しい表現を、不注意にも彼らにくれてやることになったのだ。結果として、医学的認識が社会に広められた。その過程で、普通の人々（しだいにその多くを占めていった労働者階級を含む）が、定期的洗濯、バスルームの消毒、飲み水の煮沸などの衛生習慣を身につけはじめた。衛生概念は、医学から、生活の他の領域に普及していった。だが、それには「社会衛生」のみならず、「人種衛生」も含まれていたのである。まさに決定的なことであった。

なるほど、こうした問題についての議論や論争が多数行われたにもかかわらず、一九一四年より前には、そんな発想が政府の政策やその履行に与えた影響は、けっして大きくなかった。科学機関以外では、『オスタラ〔ドイツ神話の女神〕金髪の人々のための新聞』編集者で、ランツ・フォン・リーベンフェルスと自称していた人物のごとき、金髪のアーリア超人人種の育成を宣伝した者たちも、過激な政治家やちっぽけで奇矯な政治党派の裏社会にアピールするだけだったのだ。(83) それでも、これらの限界があったとはいえ、かかる理念の出現は、それらが公の議論において、ますます大きな役割を果たすようになったことと相俟《あいま》って、ナチ・イデオロギーの起源にある重要な要素となったのである。

いくつかの基本原則が、こうした、科学者、医者、人種衛生論の宣伝家たちを実質的に結集せしめていた。第一は、遺伝が人間の性格と行動を決定する上で重要な役割を果たすという原則であった。第二は、最初の原則を追補するものだが、社会は、国家によって指導され、国民の効率を上げるために人口を管理すべしという原則だ。「適者」はより多くの子供を持ち、「不適者」の子は少なくするように説得、あるいは強制されなければならないというのである。第三に、右の用語がいかに理解されたかにかかわらず、人種衛生運動は、国家にとって「価値ある」人々と、そうでない人を分類する、合理的かつ科学的ではあるが、不吉な前兆であった方法論を導入した。「低品質」（ドイツ語の minderwertig《ミンダーヴェルティヒ》 は文字通り「価値が少ない」という意味）は、第一次世界大戦前には、ソーシャル・ワーカーや医療従事者が、さまざまな種類の社会的逸脱者を示すのに用いる、ありきたりの術語になっていた。人種衛生主義者は、このようなレッテルを人に貼ることによって、国家が「価値のない者」を強制的断種、ひいては処刑といった措置を通じて管理したり、虐待したり、ついには抹殺する方向へ道を開いたのだ。このような措置のいくばくかは、一九一四年よりも前に、すでに提唱されていたのである。最後に、テクノクラート的には理にかなった人口管理措置は、まったく非宗教的で機械的な道徳へのアプローチを前提としていた。結婚、そして親であることの神聖性、あるいは、誰もが不滅の霊魂を授けられた、平等に価値ある存在であるといったキリスト教の訓《おし》えは考慮されなくなり、放擲されていった。かかる理念の特徴が、他の点でどのようなものであったにせよ、それらは伝統的でもなければ、過去を向いてもいなかったのだ。ヴォルトマンやシャルマイヤーのように、かくのごとく主唱した者のなかにも、政治的色分けをすれば、自分たちは右ではなく、左に位置していると考えた人物も実際にいた。しかし、彼らの理念は、ごくわずかの社会民主党員にしか共有されていなかったのである。人種衛生は基本的に、社会は、他のすべてに配慮することなく、科学的原則により統治されるべきであるとした新しい動因として誕生した。それは、ドイツ国家主義の新しい変種であったが、まず保守派や反動派には受け入れられないだろうし、キリスト教会、もしくは、いかなるかたちであれ、組織された、あるいは確立された宗教には支持されないしろものだったのだ。[84]

反ユダヤ主義と人種衛生は、両方ともナチ・イデオロギーの重要な構成要素になった。それらはいずれも、十九世紀後半に一般的であった思想の世俗化の一部であった。ますます多くの文筆家や思想家が、この世紀の中頃にドイツを支配した自由主義的ブルジョワジーの姿勢の、鈍感で馬鹿馬鹿しいまでの独善性であるとみなすようになったものに対する、広範な叛逆の一側面だったのである。一八七〇年代には、かくも多くの教養中産階級のドイツ人が国民形成をなしとげたという自己満足にひたっていた。だが、それは、ドイツの精神的・政治的発展は停止状態に至っており、今一度前進をはじめることが必要であるとのさまざまな不満に道を譲ることになったのだ。そうした感情は、社会学者マックス・ヴェーバー〔日本では「ウェーバー」とも表記される〕の就任公開講座で力強く表明されている。彼はそこで、一八七一年のドイツ統一はドイツ国民の「青少年期の悪戯」であると称した。[85]かかる考えを予言として述べた者のうち、もっとも影響力があったのは、フリードリヒ・ニーチェであった。ニーチェは、自分が生きた時代の倫理的保守主義を、激しく力強い散文で非難した。彼は、多くの意味でヴァーグナーと比較できる人物であり、また、その人生の多くを通じて、ヴァーグナーを心から崇拝していたのである。ニーチェの著作は、さまざまな意味に解釈し得るものだった。さように複雑な人物だったのだ。彼の書いたものは、個人が当時の因習的な道徳上の制約から解放されることに賛成する議論を展開していた。それは、一九一四年以前には、一般に個人解放の要求と解釈され、たとえば、女性解放運動を含む、さまざまな自由主義・急進主義グループに強い影響を与えたのだ。女性解放運動に携わった者のなかで、もっとも想像力あふれる存在だったヘレーネ・シュテッカーは、ニーチェに準じた散文体で多数の評論を書いた。その師父ニーチェのメッセージは、避妊具ならびに非婚外子の権利の平等といったことの助けを借りて、婚姻相手以外との性行動を発展させる自由を持つべきだという意味だ、と宣言したのである。[86]

しかし、またある者は、偉大な哲学者の著作から、まったく異なる教訓を引き出した。ニーチェは、反ユダヤ主義に熱心に反対しており、(彼の考えによれば)一八七一年の軍事力によるドイツ統一から結果的に生まれた、権力と成功に対する俗物的崇拝をおおいに批判した。「権力への意志」や「超人」といった有名な概念は、ニーチェによって思想や理念の領域にのみ適用されることを意図したもので、政治や行動の領域にはあてはまらなかったのだ。だが、そのような表現は、彼の散文の力によって、いとも簡単にスローガンに堕していった。哲学的文脈から引き剝がされ、おそらくニーチェが間違っても是認しなかったであろう意味で応用されたのだ。道徳的拘束から解放され、意志の力によって弱者を打ち破る、理想的な人間というその観念は、人種的・優生学的基準に従って、人種の繁殖がなされるべきだと信じた(ニーチェはそうではなかった)人々にしてみれば、さしたる困難もなしに拝借できるのだった。そのような解釈の中心にあったのは、ニーチェの妹エリーザベト・フェルスターの影響である。彼女は、ニーチェの思想の野蛮でエリート主義的な側面を強調、それを通俗化し、大衆的なものとした。ニーチェ思想を、急進右翼国家主義者にとって口あたりよくしたのだ。エルンスト・ベルトラム、アルフレート・ボイムラー、ハンス・ギュンターなどの文筆家たちは、ニーチェを権力の予言者に格下げし、その超人概念を、道徳的拘束やキリスト教神学の拘束を受けない、偉大なるドイツ指導者が到来すると称するための建前にしてしまった。[87]

またある者は、ニューギニアその他のドイツ植民地帝国における原住民社会に関するドイツ人類学の研究を援用し、ニーチェの精神的エリート主義をさらに一歩進めて、兄弟のごとき紐帯《ちゅうたい》、あるいは中世の騎士的友愛団のごとくに国家を統治するであろう、精力的な若きエリートによって支配される新しい社会の創造を唱えた。こうした、ひどく女性嫌悪的な世界観にあっては、婦人は、将来のエリートを繁殖させる以外、果たすべき役割を持てなかっただろう。それは、ここまで急進的なあり方ではなかったものの、多くの優生学者や人種衛生学者に共有された信念だった。ハインリヒ・シュルツのような学問的な著述家は、さまざまな出版物を通じて、兄弟的な紐帯というイデオロギーの宣伝に努めたが、それがいちばん大きな影響力を持ったのは、青年運動のごとき領域においてであった。そうした運動においては、ほとんどが中産階級出身の青年たちが、ハイキングや自然との交流、キャンプ・ファイヤーを囲んで国家主義者の歌を歌ったりということに夢中になり、大人の世界の相も変わらぬ政治や偽善的道徳、社会の不自然さなどに嘲笑を浴びせたのだ。ハンス・ブリューアーのような著述家は、青年運動の強い影響を受けて、さらに極端に走り、反民主主義の方針に沿って再編され、愛と献身の同性愛のきずなで結ばれた英雄的男性たちの一致団結した集団によって指導される国家を願った。かかる思想を提唱する者たちは、早くも第一次世界大戦前に疑似修道会的秘密結社を設立しはじめていた。なかでも有名なのは、一九一二年に創設された「ドイツ騎士団」である。そのような非宗教的な小党派の世界では、「アーリア的」シンボルの体系と儀式が中心的な役割を演じた。たとえば、そのメンバーは、ゲルマン性の必要不可欠なしるしとしてルーン文字と太陽崇拝を復活させ、ミュンヘンの詩人アルフレート・シューラーと人種理論家ランツ・フォン・リーベンフェルスの影響を受けて、インドの記号である鉤十字《スヴァスティカ》を「アーリア的」意匠として採用したのだ。ちなみにリーベンフェルスは、一九〇七年、オーストリアの自分の城に鉤十字旗を掲げるということをしていた。

このような考えは、奇妙であったとはいえ、第一次世界大戦前に青年運動組織を経験してきた中産階級の青年たちに大きな影響をおよぼしている。それは過小評価すべきでない。ともあれ、そうした思想は、一八九〇年代と一九〇〇年代に生まれた世代に、おおいに広まっていたブルジョワ的因習に対する叛逆を鼓舞することとなった。[88]

かかる思想潮流が強調したことは、節度や自制といったブルジョワ的美徳ときわだった対照をなしており、自由主義的国家主義が依拠した、思想の自由、代議政治、他者の意見に対する寛容、個人の基本的権利などの原則とは正反対のところにあった。だが、ドイツ人の大多数は、世紀の交にあっても、そのような原則をいまだに信じていたというのが、もっとも実情に近いものと思われる。事実、ドイツでいちばん支持を得ていた政党である社会民主党は、この諸原則の守護者であると自認していた。社会民主党からすれば、ドイツの自由主義者は、その原則擁護にまったく失敗していたのである。一方、自由主義者自身は、なお一目置かれる大勢力だったし、一九一四年前の最後の平和な時代には、ささやかながら自由主義復活のきざしすらあった。[89]けれども、すでにこのときまでに、急進的国家主義、反ユダヤ主義、因習への叛逆といったいくつかの理念を、あらたなジンテーゼに溶かし合わせ、それに組織的なかたちを与えることをめざす真剣な試みがはじまっていた。急進的イデオロギーの政治的大渦巻は、とうの昔、第一次世界大戦よりも前に、力強く回りだしており、その結果としてナチズムが出現することになるのだった。[90]

一九一四年の精神

1

国境の向こう側、オーストリアのドイツ語圏でもまた、過激な反ユダヤ主義の一変種が、ゲオルク・リッター・フォン・シェーネラー〔リッターは、本来「勲爵士」（Ritter）の意味で、一代かぎりの称号である。が、シェーネラーは、父が得たその称号を姓に組み入れ、固有名詞としてのリッターを称した〕によって用意されていた。彼は、国家への奉仕の褒賞として、ハプスブルク家の皇帝より貴族の称号〔前出の「勲爵士《リッター》」〕を与えられた鉄道技師の息子として生まれた。一八六六年にプロイセンに敗れたハプスブルク君主国は、自国領土をオーストリアとハンガリーの二つの国にほぼ均等に分割して再編し、両国の君主をフランツ・ヨーゼフ帝が兼任、ウィーンの中央政府によって、ともに統治することとした。その行政機関の官吏職は、圧倒的にドイツ語圏の人間によって占められていた。六百万か、それぐらいのドイツ系オーストリア人が、おのれとハプスブルク家を強く一体化し、自分たちは皇帝の支配者集団なのだとみなすことにより、ドイツ連邦から閉め出されたことへの慰めとしていたのだ。しかし、シェーネラーは、そんなことでは満足しなかった。彼は一八七八年に、オーストリアの議会で「われわれがドイツ帝国に属してさえいれば！」と叫んだものだ。過激な改良派の地主であるシェーネラーは、男子への普通選挙権付与、教育の完全な非宗教化、鉄道国有化（おそらくは、父親の職業を反映していたのだろう）、小農民と手工業者に対する国家の支援といった政策に賛成していた。彼はまた、ハプスブルク君主国内のハンガリー人ほかの民族集団は、ドイツ人の発展にブレーキをかけるものだとみなしている。〔オーストリアの〕ドイツ人は、ドイツ帝国に統合されることによって、経済的・社会的に、もっと高い水準に達するだろうと考えたのである。[91]

時を経るにつれて、シェーネラーが抱いていたドイツ人の人種的優越という確信は、激化する一方の反ユダヤ主義と結びついた。彼は、一八七九年に出した十一項目から成るドイツ民族主義者のための「リンツ綱領」に、十二番目の項目を付け加えた。一八八五年のことである。シェーネラーは、彼が達成しようと願った改革の前提条件として、「公の活動のあらゆる領域から、ユダヤ人の影響力を一掃すること」を求めたのだ。シェーネラーは、オーストリア議会に議席を持っていたので、たとえば、鉄道会社におけるユダヤ人の影響力に反対するキャンペーンを張ることも許されたし、ユダヤ人非難のために常軌を逸した言葉を使っても、免責特権があった。彼は自分の考えを広めるため、一連の組織を設立している。それらの一つである「汎ゲルマン協会」は、一九〇一年の選挙で二十一名の代議士を当選させることに成功した。だが、その指導者たちが、個人的なことで苦々しい内輪もめを起こしたことから、「汎ゲルマン協会」はすぐに解散してしまった。さりながら、この模範に従って、さらに同様の反ユダヤ主義組織が簇生《そうせい》する。いわゆるユダヤ人の悪しき影響について、始終一つことが述べ立てられたため、キリスト教社会主義を唱える保守派のカール・ルエーガーのような、犬儒的地方政治家が反ユダヤ主義的デマゴギーを使うこともたやすくなった。そのおかげで、ルエーガーは、勢力をつよめていた右翼政党、キリスト教社会党の代表として、十二分の支持を獲得し、一八九七年にウィーン市長におさまることができたのである。ルエーガーは十年にわたって市長職に居座り、民衆煽動によるポピュリズムと、社会的には想像力に富んだ漸進的市政改革を併用し、ウィーン市に消しがたい影響を刻印した。[92]

シェーネラーが、この種の大衆的な支持を受けることはまったくなかった。とはいえ、ルエーガーによる反ユダヤ主義は、影響力を持ってはいても、本質的には日和見的であったのに対して（彼は、かつてウィーンの有力なユダヤ人と会食したことを批判された際、「誰がユダ公であるかは、私が決めるのだ」と言い放ったことで有名だった）、シェーネラーのそれは心底からの頑固なものだった。事実、彼は、反ユダヤ主義は「今世紀最大の成果」であると宣言したのだ(93)。時間とともに、その理念は、はるかに極端になっていく。自分は異教徒であると述べたシェーネラーは、「ローマと決別せよ」のスローガンのもと、反カトリック運動の急先鋒となり、疑似中世的挨拶 **'Heil!'**《ハイル》（万歳）を造語した。一九〇二年には、オーストリア帝室ではなく、ドイツ帝室への忠誠を宣言して、議会演説を結んだ際、この「ハイル」を使って、ほとんどすべての議員を激昂させたものだ。シェーネラーは、「ホーエンツォレルン王家〔プロイセン・ドイツを統治した王家〕とともに起ち、ハイルを捧げよ！」と言ったのである。シェーネラーの信奉者は、彼を **'Führer'**《フューラー》（指導者）と呼んだ。その運動が極右の政治ボキャブラリーに持ち込んだ、もう一つの術語であると思われる。彼は、年ごとの祭りや月の名前を、「冬至祭《ユールフェスト》」（クリスマス）や「ハイモーン」（六月）といったゲルマンふうの名称に呼び変えることを提案した。さらに奇矯だったのは、紀元前一一八年のノレイアの戦闘でゲルマン人のキンブリ族がローマ軍を敗退させた日付から始まる新暦を推奨したことだ。シェーネラーは実際に（あまり成功しなかったが）、ノレイア暦（**n.N**, すなわち **nach Noreia**〔ノレイア後〕の頭文字）二〇〇一年〔西暦一八八三年〕から、新しい千年紀《ミレニアム》がはじまることを記念する祭典を挙行した(94)。

　シェーネラーは、妥協なき反ユダヤ・人種主義者だった。「宗教はみな同じ、責められるのは人種だ」とは、その、耳に心地好いスローガンの一つである。彼は、おのれの極論ゆえに、一再ならず当局と悶着を起こした。とくに注目を浴びたのは、一八八八年、カイザー・ヴィルヘルム一世が薨去《こうきょ》したとの誤報が新聞で報道された際、それをしでかした新聞社を襲撃し、編集部員に暴力を振るった事件である。シェーネラーはさらに、ヴィルヘルムこそ「われらの栄光にみちたカイザー」であると称し、公然と乾杯を捧げた。この一件ののち、激怒したハプスブルク皇帝のフランツ・ヨーゼフは、彼から貴族の称号を剝奪した。一方、議会も、シェーネラーの免責特権を停止したから、監獄で四か月の刑期を務めることになったのだ。ところが、釈放されたあとも、シェーネラーは「自分は、ドイツ軍がオーストリアに進軍して、ここを潰滅させる日が来るのを待ち望んでいる」と言い立てるのをやめなかった。もっとも、そのような極論こそ、シェーネラーが政治的な場末の地から抜けられなかったことを示している。事実、一九〇七年にはオーストリア議会に再選されることもできず、その方針に従った議員数も三名に減少したのであった。シェーネラーはおそらく、権力の獲得よりも自らの理想を広めることに関心があったのだろう。しかし、かかる建前によって、彼は、のちに来るナチズムに相当大きな影響をおよぼすことになる。(95)

オーストリアにおける反ユダヤ主義は、ドイツのそれとまったく離隔した現象だったわけではない。オーストリアがドイツと共通の言語、共通の文化を有していたこと、そして、一千年以上も「ドイツ国民の神聖ローマ帝国」、そのあとには「ドイツ連邦」の一員であったのに、一八六六年に無礼にもビスマルクによって、そこから排除されたということがあったのだ。かかる事実は、知的・政治的影響が両国の国境を越えるのはさほど難しくはないということを意味していた。たとえばシェーネラーは、ドイツ人の反ユダヤ主義者オイゲン・デューリングの弟子であると自認していた。ドイツ帝国、とりわけ南部カトリック圏には、ウィーンに何か妙案はないかと期待していた市民がおり、彼らは、ルエーガーが社会改革、カトリシズムへの献身、反ユダヤ主義を結びつけていることに注目せずにはいられなかった。シェーネラーによるユダヤ人の人種的定義、「アーリア」神話崇拝、公然たる異教信仰とキリスト教嫌悪、ゲルマン民族の優位性への確信、他民族、とくにスラヴ民族に対する蔑視といったことは、ドイツ帝国内のもっと急進的な反ユダヤ主義者に部分的に共有されていた。彼の理想は異質であるなどとは、まったく考えられていなかったのだ。それらは本質的に、同様の極論を唱える思想潮流の一部だったのである。シェーネラーの汎ドイツ主義は、ハプスブルク王朝が存在しつづけるかぎり、挫折を運命づけられていた。だが、シェーネラー思想が失敗するものと定まっていたとしても、その考えを奉じるドイツ語圏のマイノリティたちは、自分はドイツ帝国に加わりたいのか、それとも、おのれの別の国家をつくりたいのかという問題に、深刻なかたちでぶつかることになる。そうした万一の事態においてこそ、汎ゲルマン主義は猛威を振るうのであった。

2

一方、ドイツ帝国にあっては、一八八八年のヴィルヘルム二世の即位により、帝国宰相としてのビスマルクの地位は、速やかに、しかも、はなはだしく脆弱になっていく。多方面にわたって、市民の自由を制限する条項が含まれた「社会主義者鎮圧法」を更新させるか、それとも廃止するかについて、両者の意見が分かれたとき、ビスマルクは辞職を強いられることになったのである。この法律が失効したことは、政治的な党派のすべてにおいて、きわめて多様な、新しい社会・政治運動が生まれる契機となった。いまや、多彩な人物が政治の舞台に登場し、帝国宰相として、ビスマルクの直接の後継者となったカプリヴィやホーエンローエの冴えない色合いと対照をなした。こうした人々のなかには、ドイツの国家主義者がまさに探し求めていた種類の英雄として讃仰を集めた男が、少なくとも一人いる。カール・ペータースは十九世紀後半の植民地冒険家の典型であった。その偉業は、すぐに伝説に満たされていった。一八八四年、ビスマルクは不承不承ながら、名ばかりのドイツ植民地を持つことにしたのだが、そのとき、ペータースは、紙の上の計画でしかなかった征服行の実現に着手したのである。彼は、東アフリカ海岸に到着すると、ただちに探検隊を組織し、内陸部をめざして出発した。そこで、原住民支配者といくつかの条約を締結したのだ。ペータースらしいことに、彼は、この件についてドイツ政府にはかったりはしなかった。ゆえに、ビスマルクは、これらの条約について聞いたとき、否認したほどであった。だが、自分が乗る駕籠《かご》の担ぎ手を虐待したのみならず、アフリカ人女性と性的関係を持ったことが暴露され、ペータースはさらに大きな揉めごとに関わることとなった。この不品行についての報告は、ブルジョワ的な世論には一大衝撃となった。しかし、そんなことで、ペータースがアフリカにおける大ドイツ帝国建設を追求することをあきらめるはずもなかった[96]。

　ペータースは豊かな想像力と飽くことなき情熱を有しており、それが、一八八四年の「ドイツ植民協会」を含む、さまざまな組織の設立につながった。このドイツ植民協会は一八八七年に、ある同じ考えを持つグループ〔「ドイツ植民結社」Deutsche Kolonialverein〕と統合され、「ドイツ植民地協会」を結成することになった。ペータースが著名人となったこととその支持者が影響力をおよぼしたことが相俟って、ビスマルクも、彼の東アフリカにおける冒険を認め、また、その探検した地域をドイツの保護領であると宣言せざるを得ないと感じたようである。ドイツ植民地タンガニーカ創設の第一歩であった。ところが、ビスマルクの後継者となったレオ・フォン・カプリヴィは一八九〇年に、英国が北海のヘリゴランド諸島をドイツに割譲する見返りとして、ペータースが領有権を主張していた領土の一部（もっとも有名なものがザンジバル島）を英国に渡すことに同意してしまった。憤怒にかられたペータースは、一八九一年初めに国家主義者の一団が組織した会議の議長を務めた。この国家主義者たちのなかには、若い官吏アルフレート・フーゲンベルクも含まれていた。のちに、ナチズムの興隆と勝利において、運命的な役割を演じることになる人物だ。一八九四年、彼らは「汎ドイツ連盟」を改称し、「全ドイツ連盟」

を創設した。新組織の目的は、海外においてはドイツ領土の拡張、国内にあっては少数民族のドイツ化を精力的に推進することだった。一八九四年には、これに「東方進軍協会」が加わった。このグループは、全ドイツ主義者が得たそれと比較すれば、政府とも比較的緊密なつながりを有していたといえる。彼らは、ドイツ東部地方にいるポーランド人のアイデンティティ破壊に狂奔していた。一八八一年には、ハプスブルク王朝下での公用語をめぐる闘争に呼応して、別の類似団体が結成される。「ドイツ学校協会」であった。この団体は、帝国の国境外にあるドイツ植民地地域におけるドイツ語使用の維持を求めたのである。のちに「ドイツ学校協会」は、ドイツ以外の世界において、ドイツ文化のあらゆる側面を扱うための資金送付を豊かなものに拡張すべしとの認識のもと、「海外ドイツ人同胞協会」と改称されている。[97]

このあとにも、さらに多くの国家主義者団体が続くことになった。いちばん重要だったのはおそらく、武器製造業者クルップの資金提供により、一八九八年に創設された「艦隊協会」であったろう。クルップは、当時、帝国議会で承認されつつあったドイツ海軍による大艦隊建設に、露骨な関心を寄せていた。この団体は、十年ほどで、関連組織を算入すれば、総計で優に三十万人を超える会員を抱えることになり、他の国家主義者グループが小さくみえるほどであった。対照的なことに、そのほかの国家主義者の圧力団体会員が五万人を超えることは、めったになかったのである。汎ドイツ主義者のそれも、ずっと会員二万人以下で低迷していた。[98] これらの圧力団体のほとんどは、アウクスト・カイムのような職業的扇動家によって運営されていた。カイムは陸軍将校だったが、そのジャーナリスト的活動ゆえに、彼を進級させるのはいかがなものかと問題視されていた。いくつかの国家主義者団体においては、このような男が大物であるとされ、往々にして過激な推進力の源となったのである。たとえば、カイムは「艦隊協会」と「国防協会」の両方で指導的人物であり、それらほど有名ではないが「女性解放阻止のためのドイツ同盟」のような団体も設立している（一九一二年）。この団体は、女性を家庭に送り返し、帝国のためにもっと子どもを出産するようにすることを目的としていた。[99]

そのような片隅の人間のほかにも、いよいよ民主的になっていく世界において不満を抱いている著名人は多々あった。彼らは、その政治的衝動のあらたなはけ口を求めていたのである。かつて世間には、財産所有層や教育のある者に対する敬意が存在し、それが一八六〇代から一八八〇年代の選挙における国家自由党と他のもっと右に位置する諸政党の成功を支えていたのだが、もはや、そんなことが効果的に機能するはずもなかった。こうした煽動家の多くは、けんめいに勉強して大学で学位を取得し、官吏の世界の華やかではない部署で、のろのろと出世の階梯《かいてい》を昇っていき、その地位を得たのであった。ここでも、ある程度の社会的不安が、重要な動因となっている。ドイツ国家との一体感、というよりも過剰な一体化は、その経歴がどのようなものであれ、国家主義団体の指導的人物すべてに自尊心や帰属意識、献身と結集の対象を与えたのだ。[100] こうしたさまざまな組織の会員は、しばしば重複していた。二人、あるいは、それ以上の数の人間が、個人的・政治的に敵対する関係だということは往々にしてあった。けれども、特定の政治的紛争では手を組むというのはありふれたことだったのである。

それぞれの組織が追求した特定の目的とは別に、あるいは、彼らを悩ませた内紛が頻繁に生じたにもかかわらず、国家主義者の諸団体は、ビスマルクによるドイツ国民国家建設の仕事は嘆かわしいほどに不完全で、その完成に向かって働くのは喫緊の要であるという点で、一般に合意していた。加えて、彼らは、帝国の指導層はその責務を果たしていないと、しだいに考えるようになっていた。国家主義者の信念は、一九一二年に、飛び抜けて劇的なかたちで暴露されることとなる。この年、「全ドイツ連盟」議長で法律家のハインリヒ・クラースは、偽名で執筆したことを、『もし、われカイザーならば』という人目を惹く題名の政治声明にまとめて、出版したのだ。彼の目的は、とても控えめとはいえなかった。もしも自分に、ヴィルヘルム二世が持っているような権力を振るわせてくれたら、何よりもまず帝国内部の敵、社会民主党とユダヤ人を始末するだろう。クラースは、そう公言したのである。この年初めの帝国議会選挙における社会民主党の勝利は、国家の土台を掘りくずそうとするユダヤ人の陰謀の結果であると、クラースは吠えた。ユダヤ人はドイツ芸術を蝕み、ドイツの創造性を破壊し、ドイツの大衆を腐敗させている。もし自分がカイザーならば、彼らはすぐに市民権を失って、外国人と認定されるだろうとも、彼は書いた。社会民主党は禁止され、その幹部職員、議員、新聞編集者、組合書記は、ドイツから追放されるであろう。帝国議会の選挙権は、教養と財産を有する者がより大きな投票権を与えるように再構成され、最良の人だけが官職に就くことが許されることになる。全国集会と愛国的祭典が、多くの人びとを国家の大義に結集させるはずだ[101]。

　国家主義者たちは、プロイセン東部地域のポーランド人のそれのごときマイノリティ文化の抑圧、彼らから土地所有権を剥奪し、その言語の使用を禁止、必要ならば、劣等で野蛮とされた「スラヴ人」を力ずくで服従させるといったことを含む国内安定化策を取るべしと主張した。クラースに指導された「全ドイツ連盟」とその同盟諸団体は、一八九八年以降、海軍法により、すでに着手されていたものさえもはるかに超える軍備の大幅な拡充を提唱した。これに続いて、ドイツのヨーロッパ征服と、スイス、オランダ、ベルギー、ルクセンブルク、オーストリア等のドイツ語圏を併合する戦争が遂行されることになる。彼らは、こうした地域に住む他の民族に対して、いかなる配慮も払わなかった。そのような諸民族のあいだには、言語的・文化的な差異があり、それは、ベルギーのフラマン〔系民族《ゲルマン》〕分離主義者といえども、ドイツの国家主義者は支持しかねるといったことにつながりかねないものだった。いわんや、他の種類の政治的異論派は賛成しないであろう。ところが、右のドイツ国家主義者たちは、その差異を無視したのである。あまつさえ彼らは、戦略的理由から、ルーマニアも併合対象に追加した。さらに、たとえば、コンゴなどを含むベルギーとオランダの海外領土は、対抗するイギリスのそれをはるかにしのぐ、広大な新植民地帝国の基礎になることにも注目したのだ。全ドイツ主義者ならびに彼らの同盟相手たる国家主義者たちは、ニーチェ、ラングベーン、ダーウィン、トライチュケやその他の著述家たちから折衷的に理念を拝借し、その過程でしばしば、それらを通俗化したり、文脈から切り離し、もう元がわからないほどに単純化しながら、彼らのイデオロギーを構築した。それは、闘争、対立、「アーリア」民族の優越性、反ユダヤ主義、そして、権力への意志を中心的信念とする世界観をもとにしていたのである。[102]

しかしながら、「全ドイツ連盟」とほかの国家主義団体は、このように、ドイツの世界支配という、ほとんど際限のない野心を抱いただけでなく、ドイツの現状と未来の展望に関する警告、さらには、失望までも強い調子で騒ぎたてた。彼らの信じるところによれば、ドイツ国民は、外からは「スラヴ民族」と「ラテン民族」という敵に、内部からは、ドイツを弱体化させるユダヤ人、イエズス会、社会主義者、雑多な国家転覆の扇動者や陰謀家に取り囲まれているというのだ。全ドイツ主義者の人種主義は、あらゆる国民を、「ゲルマン人」、「スラヴ人」、「アングロ・サクソン人」、「ユダヤ人」といった、単純で画一的に機能するような、じっぱひとからげの人種のまとまりにしてしまう用語法によって表現された。他民族は、ゲルマン民族と異種交配し、自民族を「産み増や」そうとしている、もしくはフランス人のように堕落していて、その頽廃《たいはい》により、腐敗的な影響をおよぼしているというのだ。極端な国家主義者たちは、「荒野に呼ばわる者の声」〔新約聖書イザヤ書およびマタイ書による。予言者や、バプテスマのヨハネのごとく、逆境にあっても神の真理を唱える者の言葉〕を発していると自称した。その声が聞き入れられなければ、遅きに失するということになるだろう。絶望的な危機は、死にものぐるいの対策を求めている。小農民、自営の手工業者、小企業家、そして、伝統的な核である家庭のなかにある、ドイツ民族の人種的根源に立ち返ることによってのみ、この窮境を克服し得るであろう。大都市は、非ドイツ的不道徳と無秩序のはき溜めだ。秩序、品位、ドイツ独特の文化観念を回復するには、強力な手を打つ必要がある。もしドイツ国民が救われ得るとすれば、強靭かつ無慈悲、国内外で攻撃的な政策を追求することを恐れぬ、新しいビスマルクが必要だ。かかる主張がなされたのである。(103)

時が経つにつれて、国家主義者団体は、彼らが内外での弱点であるとみなしたことゆえに、よりいっそう声高にドイツ政府を批判するようになっていく。互いに言い争うのが常であった国家主義諸団体も、一九一一年のモロッコをめぐる国際紛争が、彼らには屈辱的と思われた結果に終わったのに続いて、一九一二年に社会民主党が選挙に勝ったことに衝撃を受け、あらたに結成された「国防協会」支持へと結集した。同協会の目的は、「艦隊協会」が艦隊建設のために果たしたのと同様の役割を、陸軍のために果たすことであった。この新団体は、「艦隊協会」よりも、はるかに政府から独立しており、全ドイツ主義者の見解にまったく同意していたのである。「国防協会」は、一九一二年の設立から二年のうちに、九万人の会員を獲得していた。それによって、全ドイツ主義者は大衆的な基盤を持ったが、その種の支持はこれまで自前では得られなかったものだった。一方、この間に、全ドイツ主義者たちは「植民地協会」と協同して、植民地におけるドイツ人植民者とアフリカの黒人間の結婚の法的有効性を認めるのを停止するよう訴えるキャンペーンを張った。保守党の主要なメンバーも、全ドイツ主義者との協力を開始した。一九一三年八月、大・小地主の巨大な圧力団体で、保守党と緊密に結びついている「農業者同盟」は、ドイツ工業家中央連盟ならびに手工業者・職人の全国組織と合流し、「生産者カルテル」を結成した。このカルテルのメンバーは数百万におよび、全ドイツ主義者の中核的な目標と信条の多くを取り込んでいた。そこには、帝国議会の権限縮小、もしくは廃止、社会民主党の弾圧、一大征服戦争に至る、あるいは、そうした戦争をも考慮に入れた、侵略的な外交政策の追求も含まれていたのである。[104]

ヴィルヘルム時代のエリートたちが、いかなる種類の操作戦略を用いたところで、これら急進的国家主義者の圧力団体が生み出されることは、けっしてなかった。下からの政治動員による、純粋なポピュリスト運動だったのである。しかしながら、労働者階級に属する選挙民は、彼らを一切支持しなかった。彼らの支持の源となっていた社会階層をたどっていくと、いちばん下の層でも、ホワイトカラー労働者と事務員ということになる。その組合の一つ、あくどい反ユダヤ主義を抱いていた「ドイツ全国商業被雇用者組合」は、彼らがユダヤ人のものであるとみなした企業を罵り、その利害によって同組合の構成員の賃金は下げられ続きであるとした。また、女性が管理職に進出したことは、ドイツ人の家庭を破壊しようとするユダヤ人の試みの所産だと攻撃している。[105] とはいえ、一九一二年以降、こうした新しい国家主義者団体が顕著になってきたことは、ドイツ政府への大きな圧力となった。それは、全ドイツ主義者が右翼新聞にあらたな味方を見出したことで、いっそう大きくなったのだ。全ドイツ主義者を支持する人物の一人で、退役将官のコンスタンティン・フォン・ゲープザッテルは、『もし、われカイザーならば』に感銘を受け、「ユダヤ人の策謀と社会民主党指導者の民衆煽動」との闘争、「議会主義にあらざる」ライヒ、単なる御神輿《おみこし》ではなく実際に統治し、「鉄拳」により侵略外交を遂行するカイザー、大衆の影響力を最低限まで制限するような選挙権のあり方を要求する長文の覚書を書いた。

その覚書において出された提案では、ユダヤ人は外国人として扱われ、土地取得は禁止、他国に移住した場合は資産を没収されるものとされていた。官吏、法曹、大学や軍隊といった、国家公務員職からも排除される。たとえ洗礼を受けたとしても、ゲープザッテルからみて、誰かがユダヤ人であるという事実に変わりはなかった。すなわち、四分の一以上の「ユダヤの血」がその体内に流れている彼、もしくは彼女は、誰であろうと、ドイツ人ではなくユダヤ人とみなされるのだ。「ユダヤ」新聞は廃業に処すべし。ゲープザッテルにいわせれば、表層的で否定的、破壊的な批判性を持ち、物質主義的な「ユダヤ精神」によって、ドイツのなりわい全体が支配されているがゆえに、これらすべての措置が必要になるのだった。今こそ、深遠で肯定的、理想主義的な真のドイツ精神を再び現出せしめるべきときなのだ。それらの何もかもが、上からの効果的クーデターによってもたらされ、ドイツは攻囲下にある軍事国家と宣言すること、そして、戒厳令の施行によって確保されるのである。ゲープザッテルと彼の友人である全ドイツ主義指導者ハインリヒ・クラースは、この覚書の論調は穏当なものだと考えた。ここで穏健などと称しているのには、理由がある。というのは、その覚書は、王位継承者で、国家主義者の大義に共感していることで知られた王太子フリードリヒ・ヴィルヘルムに送られることになっていたのだ。ついで、王太子は、彼の父親、そして、かつてビスマルクが占めていた官職、帝国宰相職に現在就いているテオバルト・フォン・ベートマン・ホルヴェークに、熱意をこめて提示するという手はずになっていたのである[106]。

ベートマンとカイザーは、ゲープザッテルの理念を、鄭重に、しかし断固として却下した。実際的ではなく、君主制の安定にとっても、まったく危険なことだとみなしたのだ。帝国宰相は、「ユダヤ人問題」は「ドイツのいっそうの発展にとって大きな危険」が存在する領域であると認めはした。だが、さらに続けて、ゲープザッテルの苛酷な解決策は、真面目に取り合うことなどできないものだとも言ったのだ。カイザーは、ゲープザッテルは「おかしな熱狂家」で、その発想はしばしば「まったく子どもじみている」と息子に警告し、その提言に冷水を浴びせた。とはいえ、カイザーもまた、ユダヤ人をドイツから追放するのは経済的に得策ではないにせよ、「陸軍と行政機関からユダヤ人の影

ドイツ帝国領土、1914年
公式の計画でドイツに直接併合される予定だった地域（最大範囲）
属国として、ドイツ帝国に編入される予定だった領土
全ドイツ連盟が要求した追加併合領土
ドイツ経済と行政に依存させるものとされた地域
ドイツ人による植民予定地
とくに主食糧の供給地として、経済的にドイツに従属させるものとされた地域
ドイツの影響下に置かれるものとされた諸国
経済的・政治的従属国
中欧同盟国の密接な同盟国
ドイツ軍による侵攻最大範囲および日付
中欧同盟国（1915年10月まで）
国境線、1914年
ナンクトペテルブルク
ヴォルガ川
モスクワ
国
帝
ア
シ
1918年6月
ドン川
ウクライナ
ヴォルガ川
ロストフ
コサック居住地
オデッサ
クリミア
1918年6月
カスピ海
黒
海
グルジア
（ジョージア）
トビリシ
アゼルバイジャン
バクー
アルメニア
ス
マ
ン
帝
国
ペルシア

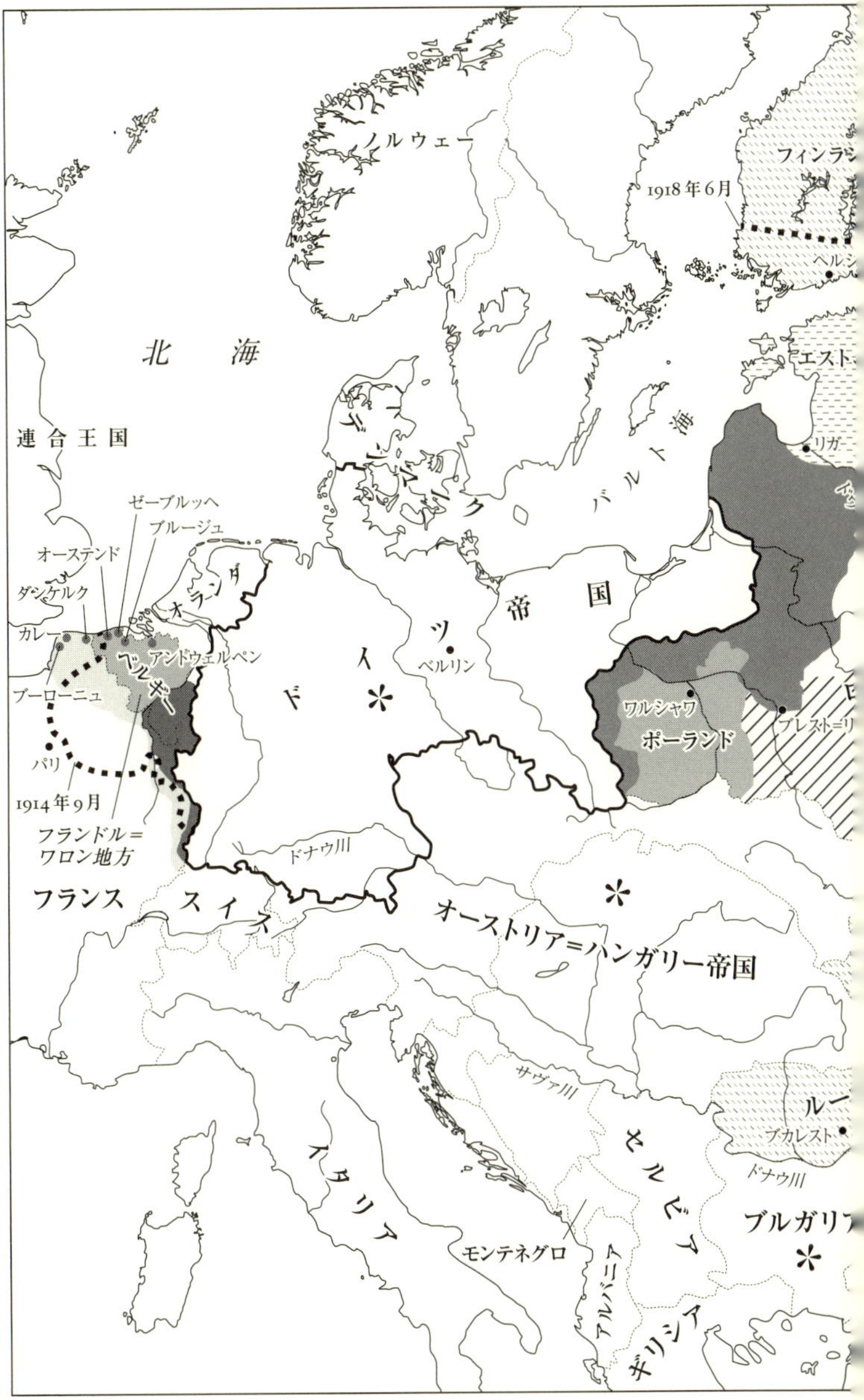

地図2. 第一次世界大戦におけるドイツの拡張

響を排除し、また、芸術と文学のすべての活動においても、その影響力を制限すること」は重要であると認めたのである。新聞報道においても、「ユダヤ人は、もっとも危険な影響をおよぼすことができる、素晴らしい狩猟場を見出している」と、カイザーは考えた。もっとも、その一方で、ゲープザッテルが提唱した報道の自由の全般的制限は逆効果であるとも思っていたのではあるが。かくのごとく、紋切り型の反ユダヤ主義は、国家の最高レベルにまで浸透した。カイザーの場合には、彼がヒューストン・スチュアート・チェンバレンの『十九世紀の基礎』を読んでいたことが追い風となった。カイザーは、この著作こそ、ドイツ国民を覚醒させる警鐘であると称賛していたのである。何よりも、全ドイツ主義者たちが、ひるむことなく、陰に陽に宰相批判をエスカレートさせるにつれて、しだいにベートマンも、その外交政策において強硬路線を採ることを余儀なくされた。それは、一九一四年八月の第一次世界大戦勃発につながった危機に際して、致命的な結果をもたらしたのであった。(107)

3

他のヨーロッパ諸国同様、第一次世界大戦に突入したときのドイツも、楽観的な空気にみちみちていた。勝てる、それも十中八九、比較的短期間のうちに勝利が得られると予想していたのである。だが、陸軍大臣エーリヒ・フォン・ファルケンハインのような軍人は長期戦を予想し、ついにはドイツは敗れるかもしれないとまで危惧していた。けれども、彼ら専門家の見解は、大衆、あるいは、ドイツの運命をその手に握っている政治家の多くには、まったく伝わらなかったのだ。(108)われわれは無敵であるとの気運は、過去数十年のドイツ経済の圧倒的な成長によって盛り上がり、一九一四年から一九一五年にかけての東部戦線における、眼を瞠るような勝利に燃え上がった。戦争初期のロシア軍による東プロイセン侵攻は、ドイツ陸軍参謀総長をして、退役将官パウル・フォン・ヒンデンブルクを、東部戦役を引き継ぐ司令官に任命せしめることとなった。その際、参謀長エーリヒ・ルーデンドルフの協力が得られる。一八四七年生まれのヒンデンブルクは、一八七〇年から七一年の戦争を経験した古強者《ふるつわもの》であり、ルーデンドルフは、貴族ならざる技術専門家・軍事工学者で、開戦劈頭のリエージュ攻撃において、おのが力にもとづき、名声を勝ち取った人物であった。二人の将軍は、侵攻するロシア軍を罠に誘い込み、殲滅した。その後も一連の勝利を収めたのである。一九一五年九月末までに、ドイツ軍はポーランドを征服、ロシア軍に甚大な損害を与えながら、彼らが前年に占領した地点から二百五十マイル〔約四百キロ〕以上も退却させたのだ。

こうした戦功によって、ヒンデンブルクは真の不敗将軍であるとの名声がつくりあげられた。彼のまわりでは、みるみる英雄崇拝がふくれあがった。その圧倒的で、感情を見せない押し出しは、戦争の流れが変わっていくさなかにあって、安定要因を提供してくれるように思われたのだ。ところが、本当のヒンデンブルクは、政治的識見も能力も限られた人物だったのである。彼は、多くの点で、精力的な部下であるルーデンドルフの隠れみのとなるように行動した。ルーデンドルフの戦争遂行にあたっての構想は、ヒンデンブルク自身のそれよりも、はるかに過激で容赦のないものだった。この二人が東部戦線であげた勝利は、西部戦線での膠着状態と著しい対照をなした。西部戦線では、戦争勃発から数か月のうちに、およそ八百万の部隊が、北海からスイス国境まで四百五十マイル〔約七百二十四キロ〕にもわたった塹壕線に沿って対峙するという事態になっていたのである。言うに足るような敵陣への突入を実現することは不可能だった。地表は柔らかく、一線、また一線と、縦深を備えた塹壕防御線を布くことができたし、有刺鉄線で編まれた鉄条網が敵の前進を妨げた。しかも、戦線のすべてにはりめぐらされた機関銃陣地が、敵側からの接近に成功した者が射程内に入るや、どんな部隊であれ、なぎ倒していったのだ。両陣営とも、この不毛な闘争にいよいよ多くの資源をつぎこんでいく。一九一六年までに、その過剰負担ぶりがあきらかになっていた。

大戦の中頃には、主要な参戦国のすべてにおいて、指導者が交代した。国民と資源を動員するには、いっそう大きなエネルギーと仮借ないやりようが必要であると認識されたことが反映されたのである。フランスではクレマンソー、英国にあってはロイド・ジョージが政権に就いた。ところが、ドイツにおいては、特徴的なことに、急進的な文民政治家ではなく、もっとも成功した二人の将軍、ヒンデンブルクとルーデンドルフが一九一六年に権力のたづなを握ったのだ。「ヒンデンブルク計画」は、ドイツ経済の活性化と再編成をはかり、戦争に勝つという最優先の目標に向けようとする試みだった。別の中産階級出身の将軍、ヴィルヘルム・グレーナーによって運営される戦時局〔経済動員とその中央統制のために、陸軍省内に設置された部局〕は、労働組合と文民政治家を動員任務において協同させた。しかし、これは、工業家や他の将軍たちにとっては忌まわしきことでしかなく、グレーナーはすぐに罷免されたのである。ヒンデンブルクとルーデンドルフは、文民政治家を脇に押しやり、ドイツにおける「暗黙裡の独裁」を確立した。そこでは、舞台裏の軍部支配、市民の自由に対する厳しい制限、経済の中央統制、戦争目的と外交政策の形成にまで将軍たちが采配を振るうといったことがみられたのだ。かかる展開はすべて、それから二十年と経たぬうちにドイツの民主主義と市民的自由を見舞った、もっと激烈な運命を、はっきりと先取りするものであった[109]。

より無情に戦争を遂行するよう、政策転換したことは、さまざまな意味で逆効果だった。ルーデンドルフは、フランス、ベルギー、中・東欧のドイツ軍占領地域で組織的な経済搾取を行うよう命じた。占領された諸国は、このことを記憶にとどめ、戦争が終わったときには、ドイツ人は高いつけを払わされることになる。ルーデンドルフ将軍の硬直し、野望にみちみちた戦争目的は、ドイツの自由主義中道派と左派の多くを離反させた。一九一七年初めの、合衆国から英国への補給を断つため、大西洋において無制限潜水艦戦を実行するとの決定も、ただアメリカ国民を挑発し、彼らを連合国の側で参戦させるだけのこととなった。世界でもっとも豊かな経済が動員されたことの重みは、一九一七年から、しだいに連合軍を利しはじめた。その年の終わりまでに、米軍部隊は続々と西部戦線に到着し、いよいよ数を増していく。ドイツ軍からみれば、唯一、真に明るい光が差しているのは、東部戦線において勝利が続いていることだけだった。

　しかし、それにもまた代償が伴っていた。ドイツ軍とその同盟軍が東部戦線で矢継ぎ早に軍事的圧力をかけたことが実を結び、一九一七年初頭に、ロシア皇帝ニコライ二世の非効率的で不人気な政府が崩壊し、代わってロシア自由主義者による暫定政権が誕生した。ところが、戦争に勝つためにロシアの莫大な資源を動員するということにおいて、暫定政権は、ツァーリ以上に無能であることが証明されたのである。国内の飢饉同然の状態、行政のカオス、前線の敗北感と絶望によって、モスクワとペトログラード〔現サンクト・ペテルブルク〕の空気は、ますます反戦に向かった。すでに揺らいでいた暫定政権の正統性も雲散霧消していく。かかる情勢から、もっとも利益を引き出していたのは、ごく初期から一貫して戦争に反対していたロシア唯一の政治集団であった。固く組織され、無慈悲なまでに一意専心を求める急進派マルクス主義者の集団、ボリシェヴィキ党である。その指導者ウラジーミル・イリイチ・レーニンは、戦争の敗北こそが革命をもたらす最短の道であると、最初からずっと主張していた。彼は好機を捉え、一九一七年秋に急ぎクーデターを組織した。それが直接的な抵抗を受けることは、ほとんどなかったのである。

　だが、「十月革命」は、まもなく流血の混沌に陥った。ボリシェヴィキに反対する諸派がカウンター・クーデターを試みると、新しい体制は、熾烈な「赤色テロ」で応えたのだ。ボリシェヴィキ以外のあらゆる政党が弾圧された。レーニンの指導のもとに、中央集権化された独裁体制が確立し、新編された赤軍は、レオン・トロツキーに率いられ、帝政の再建をめざした「白軍」に対して、苛酷な内戦を遂行した。白軍の努力を以てしても、ツァーリその人の命を助けることはできなかった。ボリシェヴィキが、ツァーリを家族とともに急遽処刑したのだ。ボリシェヴィキの政治警察組織「チェカー」は、左派の穏健社会主義者メンシェヴィキ、無政府主義者、小作農民の社会革命党から、右派の自由主義者、保守主義者、帝政主義者《ツァーリスト》に至るまで、さまざまな政治党派のすべてにいた政権への反対者を情け容赦なく弾圧した。何千人もが拷問を受け、殺されるか、残忍にも初期の収容所に投獄された。これらの収容所群は、一九三〇年代までに、巨大な監禁システムを構築していくことになる[110]。

結果からいえば、レーニン体制は勝利し、「白軍」とその支持者を追放して、かつてツァーリの帝国だった地の大部分で支配を確立した。ボリシェヴィキ指導者レーニンとその後継者たちは、彼らの見解にもとづく共産主義国家と社会の建設に取りかかった。経済代表組織の社会化、少なくとも建前の上での財産共有化、世俗的な社会主義の自覚をうながすための宗教廃止、階級なき社会を実現するための私有財産没収、「民主集中制」の確立、モスクワの中央行政府に前例のない独裁的権力を与えた計画経済といった施策である。しかしながら、こうしたことすべてが、経済的に遅れており、近代的なリソースが欠如しているとレーニンも認めたような国家・社会で起こったのだ。彼の見解によれば、ドイツのそれのごとく、より発展した経済は、やはり、より発展した社会システムを備えている。そのような社会においては、ロシアの場合よりも、ずっと容易に革命が生じるはずであった。実際、レーニンは、ほかの国でも、同じ型の革命が成功裡になされなければ、ロシア革命はまず生き残れないだろうと信じていたのだ[111]。

それゆえ、ボリシェヴィキは、彼らの流儀の革命を世界のほかの地域に宣伝するため、共産主義インターナショナル（「コミンテルン」）を創設した。その際、彼らは、多くの国の社会主義運動が戦争によって生じた問題をめぐって分裂していたことを利用できたのである。とくにドイツでは、昔は一枚岩だった社会民主党が、この大戦は、主として東からの脅威に対する防衛作戦であるとして、当初は戦争を支持していた。けれども、政府が要求する併合の規模が明らかになりだすと、しだいに疑念をつのらせていく。一九一六年、社会民主党は戦争支持派と反対派に分裂した。多数派は、留保をつけながらも戦争支持を続け、全面的な革命ではなく、穏健な改革を、と唱えつづけた。一方、「独立社会民主党」のなかでも少数派である、カール・リープクネヒトとローザ・ルクセンブルクに指導された人々は、一九一八年十二月にドイツ共産党を創立した。やがて、一九二〇年代の初めごろになると、社会民主党支持者のうち、少数派の多くが共産党に合流することになる。[112]

　これらの事件が、西欧と中欧の多くの地域の国民のあいだに広げた不安と恐怖を、誇張で片付けてしまうのは難しいだろう。中流・上流階級は、共産主義者の過激なレトリックに警戒を抱いた。また、ロシアで彼らと同じ階級に属していた人々が財産を失い、チェカーの拷問部屋とラーゲリに消えていくのをみたのである。もし自国で共産党が政権に就けば、自分たちも、モスクワとペトログラードの穏健派社会主義者メンシェヴィキや小作農民志向の社会革命党が経験したのと同じ運命をたどることになろう。社会民主主義者はそう考え、震えあがった。いずこにあっても、民主主義者たちは、共産主義が最初から人権抑圧、代議制解体、市民的自由の廃止を意図していたことに気づいていた。彼らは恐怖にとらわれ、いかなる犠牲を払っても、つまり、暴力的手段を行使、さらには、自ら擁護を誓った市民的自由そのものを制限してまでも、自国における共産主義を阻止すべしと信じるようになったのだ。また、右派からみれば、共産主義も社会民主主義も同じ硬貨の表裏でしかなく、脅威であることにかけては、いずれも劣らぬものと思われた。ベーラ・クン〔ハンガリーの政治家。ハンガリー語では、日本語同様姓名の順で表記するため、正確にはクン・ベーラ〕のもとで、一九一八年に権力を掌握した共産主義政権は、短命に終わったものの、教会を廃止しようとした。が、ミクローシュ・ホルティ提督〔これも正確には、ホルティ・ミクローシュ〕率いる君主主義者によって、同政権はすぐに転覆させられた。この反革命政権は「白色テロル」の制度化を推進した。それによって、数千人におよぶボリシェヴィキと社会主義者が逮捕され、残酷な虐待を受け、投獄、殺戮の対象となったのだ。中央ヨーロッパの人々は、ハンガリーの事件に際して、戦争が生み出した緊張から現れた、政治的暴力と闘争のあらたな段階を初めて経験したのである[113]。

ただ、一九一八年初めのドイツにあっては、共産主義の脅威はいまだに比較的遠くにあるものと感じられた。レーニンとボリシェヴィキは、おおいに必要とされた和平の締結に向けて、ただちに交渉に入っている。目的は、あらたに獲得された権力を固めるため、一息つく間を得ることであった。ドイツは、ほとんど譲歩せず、一九一八年初めのブレスト＝リトフスク条約において、ロシアの広大な領土、さまざまな地域を併合したのだ。もはや等閑視できるようになった東部戦線から、西部戦線におけるあらたな春季攻勢の増援として、ドイツ軍部隊多数が移送されるにつれ、最後の勝利が目前に迫っているかに感じられた。一九一八年八月、ドイツ国民に向けた年次布告において、カイザーは、この戦争で最悪の時期は終わったと、あらゆる人々に保証した。これは、まさに真実であったけれども、彼の思惑通りになったというわけではない[114]。というのは、ルーデンドルフの春季大攻勢はおびただしいまでの出血をドイツ軍に引き起こし、それによって、厖大な数の米軍新手部隊と補給物資で増強された連合軍に道を開くことになったからである。結果として、連合軍は、ドイツ軍の戦線を突破し、西部戦線全般にわたって、迅速な進撃をみせた。ドイツ軍は士気沮喪《そそう》しはじめた。多数の将兵がますます、脱走したり、連合軍に投降するようになったのである。ドイツの同盟国ブルガリアが平和を懇願し、南部戦線のハプスブルク軍があらたなイタリアの攻勢に直面して潰滅するに至り、最後の打撃が加えられた[115]。九月末、ヒンデンブルクとルーデンドルフは、敗戦必至であるとカイザーに報告することを余儀なくされたのだ。現実的な勝利の見込みなど、とっくの昔に消えてしまったあとになっても、検閲の大幅な強化により、新聞が最終的な勝利の希望を訴えることは確実に続けられていた。だが、それだけに、ドイツ敗北のニュースは、よりいっそうの衝撃を与える結果となったのである。[116]ビスマルクが一八七一年に創出した帝国における政治システムの残存物にとっては、かかる報道は深刻にすぎた。それは、やがてあきらかにされることとなる。

ナチズムが鋳造されたのは、まさに、この戦争と革命の大鍋のなかにおいてであった。一九一八年のドイツの敗北から一九三三年の第三帝国の出現までは、わずか十五年を隔てているだけだ。しかし、その途上で、多くの紆余曲折が生じることになった。ヒトラーの勝利は、ドイツのそれまでの歴史によって、あらかじめ予定に組み込まれたものでなかった。だが、それ以上に、一九一八年に必然として決まったものでは、けっしてなかったのである。ドイツ帝国の創建と経済力の興隆、そして、列強の地位を得たことによって、多くの人びとは期待を抱くようになった。だが、そうした望みは、帝国とその諸制度によっては満たせないものであると、当時すでにはっきりしていたのだ。目的達成のためには暴力や欺瞞も辞さないような、非情でタフな指導者とされたビスマルクの前例が、多くの人びとの胸をよぎった。また、政治的カトリシズムならびに社会主義労働運動による民主化の脅威を抑えるために行動した際、ビスマルクが示した決断力は、プロテスタント中産階級のあいだで広く称賛された。一九一六年に国家が最悪の危機に瀕した瞬間、ヒンデンブルクとルーデンドルフの「暗黙裡の独裁」によって、仮借なき独裁的支配という教訓が現実のものとなり、将来に対する不吉な先駆けになるということもあった。

ドイツの過去の遺産は、多くの意味で重荷となるものではあった。だが、それは、ナチズムの勃興と勝利を不可避にするようなものではなかったのである。ビスマルクが投じた影は、最終的には消え去っていくことになったのかもしれない。しかしながら、第一次世界大戦が終わるころまでに、それは、ほとんど測りきれないほどに濃くなっていた。ビスマルクとその後継者たちがドイツ政治体制に遺した諸問題は、戦争の結果、際限なく深刻になっていったのだ。しかも、将来のより困難な事態の予兆となるような問題が、それらに加わった。戦争がなければ、ナチズムが容易ならぬ政治勢力として出現することはなかっただろうし、かくも多くのドイツ人が、文民政治に代わる選択肢として、独裁をぜひにも希求するようなことはなかったであろう。文民政治は、それが必要とされたときに手ひどいやり方でドイツを見捨てたものと思われていたのだ。誰もが、一九一四年から一九一八年のゲームに高い賭け金を費やしていた。そのため、右派と左派の両方が、大戦前には政治の脇舞台にいる人物のみが夢見ていたような、急進論的措置に訴える気になった。ドイツ敗戦の責任はどこにあるのかという相互告発が多数あったことも、政治的な対立を激化させただけであった。巨大な規模の犠牲、窮乏、死は、いかなる政治的色彩を帯びているかにかかわらず、あらゆるドイツ人に、何故そうなったかという苦い問いかけをなさしめることになったのである。また、想像を絶するような戦費支出によって、世界経済に巨大な経済負担が生じた。それは、以後三十年にわたって脱却できぬものであり、ドイツに最大の重荷を課したのであった。参戦国のすべてが戦争中に国民的憎悪の狂宴に耽溺《たんでき》し、怨嗟という遺産を将来に譲り渡したのだ。しかしながら、ドイツ軍将兵が蒼惶《そうこう》として国に戻り、カイザーの政府が不承不承ながらも民主的な後継者に政権を譲り渡そうとしている時期にこそ、ゲームに賭けるべきすべてのことが、いまだ手中にあると思われていたのである。

混沌への沈降

1

一九一八年十一月、連合軍がドイツの地に足を踏み入れないうちに、戦争が終結した。ゆえに、ほとんどのドイツ人は、講和条件も比較的公平なものになるだろうと期待した。過去四年間、勝利が達成されたのち、ドイツが併合を求める領土はどの程度にすべきかについて、激論が交わされてきた。政府の公式戦争目的にさえ、西欧と東欧の相当な領土がドイツ帝国に割り当てられ、ヨーロッパ大陸においてドイツの完全な覇権が確立されるということが含まれていたのだ。右派圧力団体はもっと多くを求めていた[117]。ドイツ人が勝利のあかつきには得られるものと期待していたことの規模からすれば、敗戦の際に何を失うことになるかも彼らは予想していたはずだ。そう考える向きもあるかもしれない。しかしながら、一九一八年十一月十一日の休戦に際して、ドイツが承認を強いられた講和条件を受け入れる準備など、誰にもなかったのである。ドイツ軍の全部隊がライン川東岸まで撤退させられ、ドイツ艦隊は連合国に投降する。巨大な規模の武装解除がなされ、ブレスト＝リトフスク条約も無効であるとして否認された。ドイツ大海艦隊は、ドイツが保有するすべての潜水艦とともに、連合国に引き渡されることとなった。これらが実行されるあいだ、講和条件遵守の担保として、連合国による対独経済封鎖が継続されたため、すでに逼迫《ひっぱく》していた食料供給状況はさらに悪化した。この封鎖は、翌年七月まで解除されなかったのである。[118]

かかる条項は、ドイツでは、ほぼ例外なく国民的屈辱と感じられた。それらを実効あるものとするために取られた行動、とりわけフランスのそれによって、遺恨はいっそう深まった。多くのドイツ人は、自分たちの軍隊が現実に敗れたということを信じなかった。それゆえ、講和条件の苛酷さがきわだったのだ。まさにその陸軍の高級将校が醸成・教唆した、致命的な神話が、さまざまな政治党派のうち、中道派から右派による世論において、またたく間に通用するようになった。多くの人びとは、リヒャルト・ヴァーグナーの楽劇『神々の黄昏』から着想を得て、ヴァーグナーの恐れを知らぬ英雄ジークフリートのごとく、国内の敵に背中を刺されたという、ただ、それだけの理由で軍は敗れたのだと確信しはじめたのである。ドイツの軍事指導者であったヒンデンブルクとルーデンドルフは、戦争が終わった直後に、陸軍は「秘密裡に計画されたデマゴギーのキャンペーン」の犠牲となり、あらゆる英雄的な努力も結局は挫折させられてしまったのだと主張した。「あるイギリスの将軍が述べたことは正しい。ドイツ軍は背後から匕首《あいくち》で刺されたのだ」というのだ。[119] カイザー・ヴィルヘルム二世も、一九二〇年代に執筆した回想録において、同様の文言を繰り返している。「陸軍は、三十年間にわたって私の誇りだった。私は陸軍のために生き、陸軍のために働いた。だが、いまや陸軍は、四年半の輝かしい戦争で空前の勝利を収めたのち、まさに平和に手が届かんとする瞬間において、革命家の匕首で背後から一突きされ、崩壊のやむなきに至ったのである」[120]。社会民主党員でさえ、このような、慰めじみた神話の形成に与っていた。同党党首のフリードリヒ・エーベルトは、一九一八年十二月十日、復員してきた部隊がベルリンに流れこんできた際、「いかなる敵も諸子を打ち負かしてはいない！」と呼びかけたのである。[121]

ほぼ半世紀前にビスマルクが創造した政治システムは、敗戦によって、たちまち崩壊した。一九一七年二月のロシア革命が帝政主義者《ツアーリスト》による専制の終焉を加速したのち、ウッドロウ・ウイルソンと西欧連合国は、この戦争の主要な目的は民主的な世界の安全を得ることであるとの宣言を広めだしていた。ひとたび、ルーデンドルフと帝国の指導層が、戦争は負けだ、もう挽回できないとの結論を出すや、彼らは、穏当、あるいは好ましくさえあるような講和条件に連合国が合意する可能性を高めるため、ドイツ帝国の政治システムを民主化すべしと提唱したのである。加えて、ルーデンドルフは民主化を進めることによって、講和条件がドイツ国民が充分に受容できるものとならなければ、それに同意したことの責任は、カイザーや軍指導部ではなく、ドイツの民主主義政治家が負うことになると計算した。これは、けっして偶然による副次的な結果などではない。自由主義的なバーデン大公マックスのもとで新政府が組織された。されど、政府が海軍を統制できないことがあきらかになった。海軍士官たちは、イギリス艦隊に対する最後の絶望的な戦闘におもむくことにより、彼らの名誉を挽回する努力をなさんとし、出撃を試みたのである。水兵叛乱が生起したのも驚くにはあたらない。水兵蜂起は、数日のうちに民間にも拡大し、カイザー、そして、バイエルン王からバーデン大公まで、諸侯のすべてが退位を余儀なくされた。十一月十一日に停戦協定が結ばれると、軍は、ただ消え失せていくばかりだった。ルーデンドルフが意図したごとく、残された民主主義諸政党がヴェルサイユ条約の条項について交渉(それが、交渉の名に値するものだったとして、だが)するはめになったのである。(122)

この条約によって、ドイツは、人口の十パーセントならびに領土の十三パーセントを失った。そのなかには、オイペン、マルメディ、モレネといった国境地帯とならんで、ほぼ半世紀にわたるドイツの支配ののちにフランスに再割譲されることになったアルザス＝ロレーヌも含まれている。ザールラントは、その住民がフランスの一部となることを望むか否かを最終的に決められるとの約束のもと、ドイツから切り離されて、国際連盟の管理下に置かれた。少なくともフランスが関わっているかぎり、ザールラント住民は結局のところ、フランスへの帰属を望むだろうと期待されていたのは明白であろう。ドイツ軍のラインラント進入阻止を保証するため、イギリス軍、フランス軍、また、ずっと短期間ではあるが、アメリカ軍の相当な規模の部隊が、ほぼ一九二〇年代を通じて、その地に駐屯した。北シュレースヴィヒはデンマークに割譲され、メーメルは一九二〇年にリトアニアに帰属した。ポーランドは十八世紀にオーストリア、プロイセン、ロシアに分割されていたが、これを逆戻しにして、新しいポーランドが建国された。だが、これは、ドイツにとっては、ポーゼン、西プロイセンの多くとオーバーシュレージェンを失うことを意味していたのだ。ダンツィヒは、新設された国際連盟（第二次世界大戦以降に設立された国際連合機関の先駆けである）の名目的管理下に置かれ、「自由都市」とされた。新生ポーランドに海への通路を与えるため、東プロイセンをドイツのその他の地と分断する「回廊」地域を切りだすことが、講和条件の一つとなった。ドイツの海外植民地は差し押さえられ、国際連盟の信託統治下で再配分された。[123]

こうしたことに劣らず、きわめて重要かつ衝撃的だったのは、戦勝国が、ドイツとドイツ語圏オーストリアの統合を許さなかったことであった。もし、それが認められていれば、一八四八年の急進的な夢が達成されるということになっていたであろう。戦争が終わった、まさにそのときに、ハプスブルク帝国を構成する諸民族は分裂し、ハンガリー、チェコスロヴァキア、ユーゴスラヴィアのような国民国家を形成するか、ポーランドやルーマニアといった新旧の近隣国民国家に加わろうとしていた。ドイツとイタリアに挟まれた、アルプス沿いとその両側の地域、すなわち、本来のオーストリアには、約六百万人のドイツ語を話す住民が残された。彼らのうち、圧倒的多数が、ドイツ帝国への編入こそ最良の行動方針であるとみなしていたのである。オーストリアに残されたものだけで、政治的、あるいは経済的に生存していくことができると考える人間はまずいなかった。ただ、そうしたドイツ語圏の住民たちは、何十年にもわたって、われこそが多民族国家であるハプスブルク君主国における指導的民族集団だと思っていた。シェーネラーのように、一八四八年の解決方法、他の民族から分離してドイツ帝国に加入することを提唱するのは、頭のおかしい外れ者に限られていたのである。しかし、いまやオーストリアは、その後背地、とくに、従来経済的に依存していたハンガリーから、突然に切り離されてしまった。また、首都ウィーンという重荷も背負わされている。ふいに失職することになったハプスブルクの役人や軍人官僚たちで都は膨れあがり、ウィーンの人口は、新国家に居住する者すべての三分の一を占めるまでになったのだ。これまで奇矯な政治見解だと思われていたものが、今では政治的な意味を持っているかに思われた。オーストリア社会主義者でさえも、より先進的なドイツ帝国に加われば、単独でやるよりも、社会主義の実現により近づくだろうと考えた[124]。

さらに、アメリカ大統領ウッドロウ・ウィルソンは、連合国が名高い「十四か条」のために努力するよう、望んでいた。そのなかで、彼は、あらゆる民族は他民族から干渉されることなく自らの未来を決められるようにするべきだと宣言している[125]。これが、ポーランド人、チェコ人、ユーゴスラヴィア人に適用されるなら、当然、ドイツ人も同様の扱いを受けるべきではないのか？　けれども、そうはならなかった。連合国は自問する。もしもドイツ帝国が、人口を六百万増やし、ヨーロッパ最大の都市の一つを含む、相当な領土拡張を得ることになるのだとしたら、われわれはいったい何のために戦ったことになるのだろう？　かくて、独墺統合は拒絶された。ヴェルサイユ条約の領土を規定する条項のなかでも、いちばん不当と思われた点である。他の条項に関しては、連合国の立場を支持する者、あるいは批判する者は、それぞれ利点を主張したり、オーバーシュレージェンのような地域において、住民投票により領土問題を決着させることは公正か否かといった点を議論したりすることも可能であったろう。だが、オーストリアという争点については、議論の余地などまったくなかった。オーストリア人は統合を望んだ。ドイツ人も統合を受け入れるつもりだった。民族自決の原則が、統合を要求していたのである。ところが、連合国が統合を禁じたのだ。その事実は、ドイツ国内においては尽きせぬ苦渋の源となった。また、「ドイツ人のオーストリア共和国」の国号で知られるようになった、新しい国家は、それが存在した二十年のあいだ、内紛に苦しみ、危機に悩まされることを強いられる。この間、新国家の正統性を信じる者は、ほとんどいなかったのである。[126]

ドイツ人の多くは、連合国は、ヴェルサイユ条約の他の条項同様、ドイツ・オーストリア統合の禁止を、条約第二三一条によって正当化したものと理解した。それは、一九一四年に戦争が勃発したことについて「自国のみに罪がある」ことを、ドイツに強制的に認めさせるものだった。他の条項は、カイザーとほかの多くの者を戦争犯罪のかどで裁判にかけると定めており、これもドイツ人にとっては同じく屈辱的だった。実際、一九一四年のベルギーならびにフランス北部への侵攻の際、ドイツ軍部隊は重大な虐殺行為をしでかしていた。けれども、ごく少数の審理が、ライプツィヒ所在のドイツ側裁判所で行われただけとなった。しかも、ドイツ司法当局は、それらの訴追の多くには正統性がないとしたため、ほぼ例外なく検察側の敗訴に終わったのだ。当初、九百名が戦争犯罪人として指名されたが、結局、有罪とされたのは、そのうち七名だけであった。戦争犯罪という概念すべて、さらには、あらゆる戦時法規なる概念は、戦争犯罪などと空想を広げたあげくの虚偽の宣伝をもとに、勝利した連合国が発明した、根拠の怪しいしろものにすぎない。かかる考えがドイツに根付いた。それは、第二次世界大戦中のドイツ軍の姿勢と行動に、致命的な遺産を残すことになる。[127]

しかし、第二三一条の真の目的は、フランス人とベルギー人に対し、とくにドイツによる四年三か月の占領がもたらした損害について補償するため、連合国がドイツに懲罰的な財政的賠償を課するのを正当化することにあった。連合国は、二百万トンを超える商船、五千両の機関車と十三万六千両の

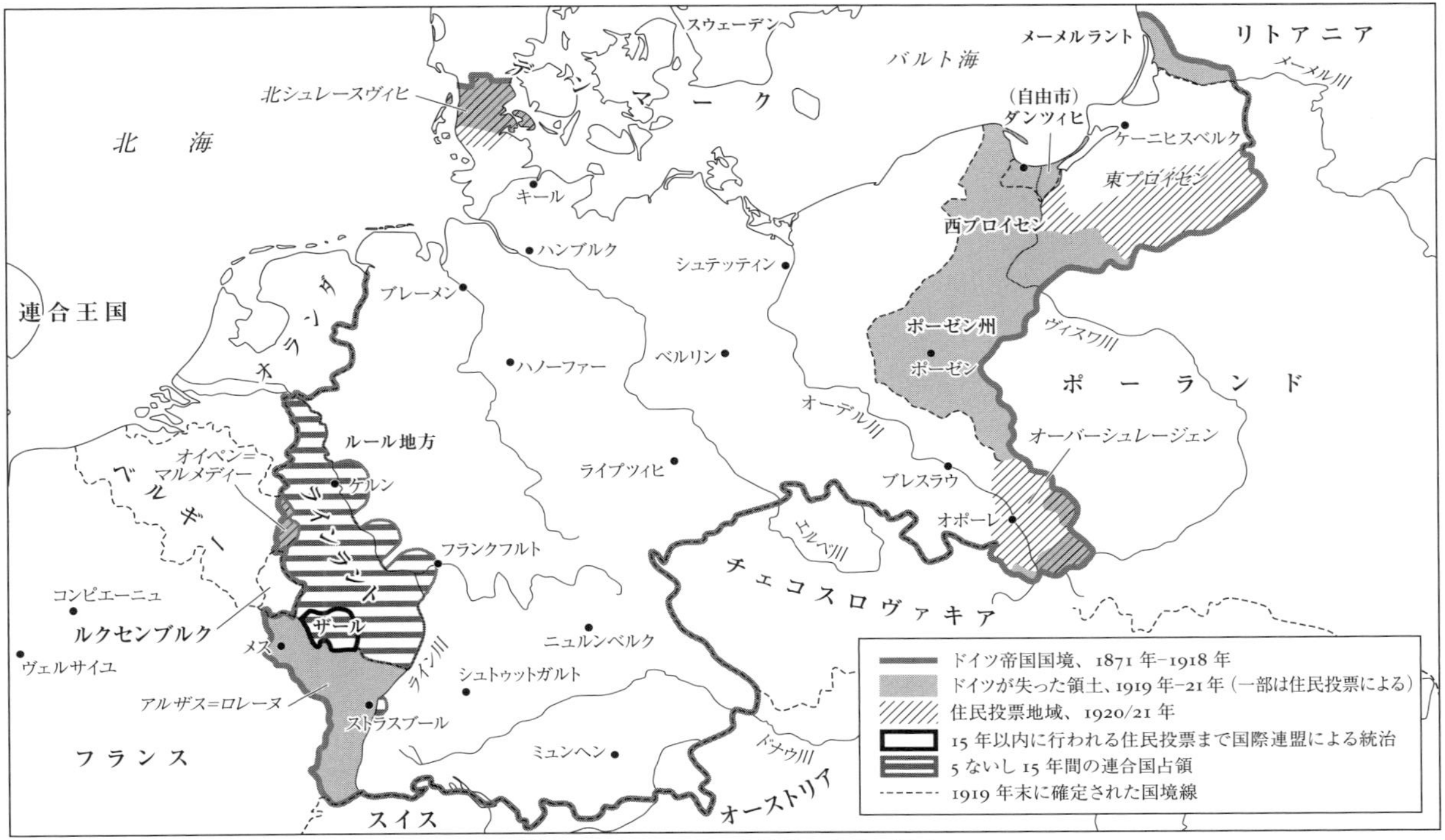

地図3. ヴェルサイユ条約後のドイツ領土

客車、石炭二千四百万トンのほか、多数の物資を押収した。金銭的賠償は、将来、何十年にもわたって金《きん》で支払われることになった。[128] こうした措置によってもなお、ドイツが軍事力再建を賄うだけの財政運営を行うことを阻止できない場合に備えて、ヴェルサイユ条約は、陸軍の最大兵力量を十万人に制限し、戦車・重砲の保有、全面徴兵制の採用を実行してはならないと強制していたのである。ドイツにあった小銃六百万挺、航空機一万五千機以上、機関銃十三万挺、その他大量の装備が破棄されねばならなかった。ドイツ海軍も事実上解体され、新しい大型艦艇の建造は禁止された。ドイツが空軍を持つことなど、いっさい認められなかった。一九一八年から一九一九年にかけて、西欧連合国より講和条件としてドイツに提示された条項は、かくのごときものだったのである。[129]

2

ドイツ人の大多数が、とても信じられないもの、恐怖の対象として、これらのすべてに接した。[130] ドイツの上流・中流階級に、憤怒と不信感が衝撃波のごとく広がる。それは、ほとんど誰もが共有したものであった。労働者階級にあって、穏健な社会民主党を支持していた多くの者たちとても同様で、大きな衝撃を受けた。一八七一年の統一以降、ドイツの国際的な力と威信は常に上昇の道をたどってきた。それゆえ、ほとんどのドイツ人が、ドイツはいまや、唐突に、また力ずくで列強の地位から追放され、彼らが不当な恥辱であるとみなしたものに包まれていると感じたのである。ヴェルサイユ条約は、交渉の余地も与えられず、一方的に押しつけられ、命令された平和であるとして、非難されることになった。ドイツの中産階級のうち、きわめて多数が、一九一四年の戦争に際して熱狂したのであるが、四年後、それが反転し、講和条件に対する怨嗟を燃え上がらせたのであった。

ところが、現実には、この講和条約により、ドイツの中・東欧に対する外交政策に、あらたな好機が生まれていたのである。そこは、かつて強力だったハプスブルク帝国とロマノフ帝国に替わって、オーストリア、チェコスロヴァキア、ハンガリー、ポーランド、ルーマニア、ユーゴスラヴィアなど、互いに小競り合いを繰り広げる不安定な小国の吹き溜まりとなっていた。ドイツが勝利のあかつきには他のヨーロッパ諸国に課すつもりだったものに比べれば、ヴェルサイユ条約の領土条項は穏健であった。ドイツの要求については、ドイツ帝国宰相ベートマン・ホルヴェークが一九一四年九月に起草した綱領がその原則を明快に表し、また、一九一八年春に敗戦国ロシアと結んだブレスト＝リトフスク条約が、それが実践された場合のようすをあざやかに示している。ドイツが勝利していたら、敗れた連合国に送られる賠償請求も莫大なものになったにちがいない。ビスマルクが、一八七〇年から一八七一年の戦争でフランス国民に突きつけたそれの何倍にもなったであろうことが確実だ。一九一九年以降、ドイツが実際に支払わねばならなかった賠償金の額は、同国のリソースでは手に負えないというほどではなかったし、ドイツ占領軍がフランスとベルギーにほどこした理不尽な破壊を考えれば、根拠のないことでもなかった。多くの意味で、一九一八年から一九一九年にかけて行われた平和構築は、劇的に変化した世界において理論と実践を融合させようとする大胆な試みであった。状況がちがえば、あるいは成功の機会もあったかもしれない。しかしながら、ドイツの国家主義者が、不正なやり方で勝利をだまし取られたと感じ、どんな講和条件だろうと呪詛しかねない一九一九年の情勢にあっては、うまくいくはずもなかった[131]。

また、連合国が、戦争終結から一九二〇年代の終わり近くまで、西部ドイツ、ライン川流域の一部をながらく軍事占領していたことも、広い層に憤懣《ふんまん》を引き起こし、当該地域におけるドイツ人の国民意識をつよめた。一八八八年生まれで、ずっと平和主義者で通してきた、ある社会民主党員は、「私はフランス人の小銃の銃床を感じるようになり、再び愛国者になった」と、のちに書いている[132]。英米も、ラインラントの少なからぬ地域に軍隊を駐屯させていたにもかかわらず、ラインラントとザール地方において最大級の怒りを引き起こしたのはフランスだった。とくに、フランスが、ドイツの愛国的な歌や祝祭を禁止し、これらの地域の分離主義運動を奨励、さらには急進的国家主義団体を非合法化するにおよんで、憤怒がわきあがったのだ。ザールラントのある炭坑夫は、国営炭坑を新しく所有することになったフランス人は、ドイツ人嫌悪を表明し、労働者を苛酷に扱うことでそれを明示していると称した。[133] 受動的な抵抗、とりわけ、鉄道事務員のような下級国家公務員が愛国心を抱いて実行したことは（彼らは、フランス当局のためにあらたに働くのを拒否した）、現状を追認したベルリンの政治家に対する憎悪と、その際、なすすべもないままに終わったドイツ民主主義への拒絶を煽ったのである。[134]

とはいえ、普通のドイツ人のほとんどが講和条約に激昂したとしても、それが急進国家主義の使徒たち、とくに全ドイツ主義者に与えた影響に比べれば、たいしたことはなかった。全ドイツ主義者は、ほとんど恍惚とさえいえるような、際限のない陶酔を以て、一九一四年の開戦を歓迎したものであった。ハインリヒ・クラースのような男たちにとっては、生涯の夢の成就だったのだ。事態はついに、彼らのめざす方向に動きだしたかと思われた。戦前、「全ドイツ連盟」は、領土拡張とヨーロッパにおける覇権獲得に向けて、とほうもない野心にみちた計画を描いたが、いまや、その実現の機会が得られたかのごとくに感じられた。ベートマン・ホルヴェークが率いた政権は、対象範囲や見通しの点で、全ドイツ主義者のそれにきわめて近似した戦争目的を起草したからである。産業資本家などの圧力団体や保守党のような政党のすべてが、戦争に勝利したのち、ドイツ帝国に併合されるべき広大な新領土について騒ぎ立てた。[135]

しかし、勝利は訪れず、併合主義への反対も増大した。かかる状況下、クラースと全ドイツ主義者たちも、政権に圧力をかけるため、支持基盤を広げる真剣な努力がいっそう必要だと理解しはじめた。ところが、この目的のために他団体と同盟するさまざまな策を試みようとしたとき、彼らは突如として、元官吏にして大土地所有者であるヴォルフガング・カップが打ちだした新しい運動によって側面を迂回されることになったのだ。彼は、実業界の重鎮で「全ドイツ連盟」の創設メンバーだったアルフレート・フーゲンベルクの仲間であった。いかなる国家主義運動も、大衆基盤がなければ成功しないだろうというのが、カップの意見だった。一九一七年九月、彼は「ドイツ祖国党」を創立する。その綱領は、併合主義者の戦争目的、全体主義的憲法改正などのほか、全ドイツ主義者の政綱の項目を基軸にしていた。実のところ、この新組織は、クラース、工業資本家、前海軍大臣アルフレート・フォン・ティルピッツ、さらには、保守党を含めたすべての併合主義団体に後援されており、自分たちは、政党政治の争いを超越し、抽象的イデオロギーでなくドイツ国民のためにのみ献身する存在であると称したのだ。教員、プロテスタントの牧師、陸軍将校、その他多くの人々が、こうした時流にあやかろうとした。祖国党は、一年ほどで、二十五万を下らぬ党員を擁していると主張するに至ったのである。[136]

ただし、見かけほど、すべてがうまくいっていたわけではない。第一に、個人であると同時に選挙人団体の構成員として、二重に党員登録した者が多数いたために、党員数が大幅にかさ上げされていたのだ。一九一八年九月の党内の覚書によれば、党員実数は四十四万五千名ほどであった。第二に、クラースと全ドイツ主義者たちは、すぐに傍流に追いやられた。祖国党指導部は、彼らと協力すれば、さまざまな政治党派にいる潜在的な支持者のうち、さほど急進的でない部分を躊躇させることになると考えたからだ。祖国党は、何度も自由主義者の反対に遭い、政府もおおいに懸念を抱いた。政府は、将校や下士官兵の入党を禁止し、官吏に対しても、いかなるかたちであれ、祖国党を援助してはならないと命じた。労働者階級から党員を募るという祖国党の野心も、社会民主党と傷痍軍人によって挫折した。前者はいちように、自らを分裂させるようなイデオロギーへの批判を展開した。後者に至っては、一九一八年一月、ベルリンにおける祖国党集会に出席した折に（招待による）、演説した者とのあいだに怒声の応酬を交わし、聴衆のなかの、極端な愛国者たちによって集会場から放り出されるという事態を生じせしめた。この喧嘩沙汰をおさめるために、警察が呼ばれる始末だったのである。こうしたことすべてが、祖国党は、実際には従来の超国家主義運動の一変種にすぎず、ただ中産階級に属する名望家によって、より強く支配されているだけだという事実を示していたのだ。祖国党が、労働者階級の支持を得るために、何か新しい方策を採ることもなかったし、労働者階級出身の演説家も有していなかった。いかにデマゴギーをまこうとも、一般の人気が得られることはけっしてなかったのである。祖国党は、お上品な政治の枠内に留まって動こうとせず、暴力を慎んだ。それゆえに、何よりも因習の型にはまった全ドイツ主義における政治的野心の破綻を暴露してしまったのだ。「全ドイツ連盟」が、一九一八年以降、大戦後のドイツのあらたな政治の世界についていけないことが証明され、名もしれぬ小党派へと分裂していったとき、その破産が確定したのであった。[137]

3

急進的国家主義者をめぐる情勢を変容させたのは、戦争そのものではなく、敗戦、革命、戦争終結時の武装闘争といった体験であった。そこでは、一九一四年から一九一八年を経た「前線世代」なる神話、政治的・地域的・社会的・宗教的なちがいをすべて克服した、戦友愛と英雄的大義のための自己犠牲の精神で結びついた兵士たちという伝説が、強力な役割を演じた。エルンスト・ユンガーのような作家（その著作『鋼鉄のあらし』はベストセラーになった）は、戦士の経験を賞揚し、またたく間に戦時中の団結に対する郷愁を広めていったのである。[138] こうした神話は、とりわけ中産階級に対して、大きな訴求力を持っていた。彼らが戦時に、現実においても、また精神的にも、労働者や小農民と塹壕で苦難を共有したことは、大戦後のノスタルジーにみちた文学による賛美の材料を提供したのだ。[139] 一九一八年に革命が勃発した際、多くの将兵が苦い怒りを抱いた。前線から帰還してきた部隊は、ときに、通った先々の労兵評議会を武装解除・逮捕したりもした。[140] ところが、かかる戦争経験者の一部は、復員するなり、革命派によって、喝采どころか、罵言を浴びせられ、肩章を剝ぎ取られて、黒・白・赤の帝国旗に対する忠誠を捨てろと強制されたのだ。それゆえに、彼らは過激な国家主義に転じたのである。かかる復員軍人の一人が、のちに、以下のごとく回想している。

一九一八年十一月十五日、バート・ナウハイムの病院から、ブランデンブルクにある俺の兵営に戻る途中だった。ベルリンのポツダム駅で、杖の助けを借り、足をひきずりながら歩いていると、制服を着て、赤い腕章を見せびらかしている連中が、俺を呼び止め、肩章と徽章を引き渡すように求めてきた。これが答えだと杖を振り上げてやったが、俺の反抗もすぐに打ち負かされた。投げられた（倒された？）のだ。鉄道員が間に入ってくれたので、やっと屈辱的な目に遭わされるのをまぬがれた。このときからだ。俺が、十一月の犯罪者〔ドイツ革命を起こした者たちを指す侮蔑の言葉〕に対する憎悪を燃やすようになったのは。いくばくなりと健康が回復するや、俺は、叛乱の覆滅に献身するグループに協力した。[141]

他の将兵のなかには、「不名誉」で「屈辱的な」帰郷を経験した者もいた。帰る先、ドイツにおいては、そのためにこそ彼らが戦ってきた公共体が転覆されていたのだ。彼らの一人が、のちに問いかけている。「こんなことのために、ドイツのみずみずしい若者が、幾多の戦闘でなぎ倒されていったのか？[142]」。また、戦闘で片脚を失い、一九一八年十一月九日には軍病院にいた別の歴戦の兵は、このように報じている。

片腕をなくした戦友が病室に入ってきて、泣きながらベッドに身を投げ出した。その光景を忘れることは、けっしてあるまい。銃弾の響きを聞いたこともないようなアカの下衆どもが彼に襲いかかり、徽章と勲章をすべて引き剝がしてしまったのだ。みんなが激昂し、叫んだ。こんなドイツのために、俺たちは、血を流し、健康を損ね、地獄の責め苦や敵だらけの世界のいっさいをものともせずに何年も戦ってきたのである[143]。

「誰が俺たちを裏切ったのか？」と問う者もいる。答えが帰ってくるまで、時間はかからなかった。「ドイツをよろつかせようと望んだ賊徒だ……極悪なよそ者連中さ[144]」。

かかる感情は、将兵のあいだで一般的なものではなかった。敗戦経験によって、すべての復員軍人が、極右の消耗品的な手先に変じたわけではないのだ。戦争末期には、連合軍の圧倒的兵力に直面した将兵の多数が脱走し、戦闘継続など望みもしなかった[145]。何百万もの労働者階級出身の兵士は、もとの政治ミリュー、つまり社会民主党に戻るか、共産党に引き寄せられた[146]。退役軍人によるいくつかの圧力団体は、自分たちが一九一四年から一九一八年まで服させられたような経験は二度とごめんだし、ほかの者にもやらせる気はないと譲らなかったのである。けれども、元兵士たち、そして、その怒りは、結局のところ、大戦後の暴力と不満という風土を醸成する上で決定的な役割を果たした。平時の環境に順応する上で受けたショックから、多くの兵士が極右に走った。保守派や国家主義者の伝統のもとで、すでに社会化されていた人々は、一九二〇年代のあらたな政治的文脈において、おのが思想を急進化させていった。左翼の側でも、現実のものであると、自らが戦場にいたらと想像してのことであるとにかかわらず、戦争経験が、自発的に暴力を行使する意志をもたらす前提となっていた。(147)戦争が遠ざかるにつれ、「前線世代」の神話は、広範な感情をかき立てていった。復員兵士たちは戦時中、国家のためにかくも多くの犠牲を払ったのであり、現状よりももっとましな待遇を受けるに価するのだというのだ。むろん、多くの退役軍人たち自身も、この感情を共有していたのである。(148)

復員兵団体のうち、もっとも重要な組織は、そうした遺恨を完全に共有しており、彼らがそのために戦った旧帝国体制への回帰を精力的に訴えた。マクデブルクに小さなソーダ水工場を持っていたフランツ・ゼルテによって、一九一八年十一月十三日に創設された「鉄兜団 前線兵士同盟」である。ゼルテは一八八二年に生まれ、決闘を好んで行う学生組合の積極的なメンバーだった。その後、西部戦線に従軍し、勇敢な行為により勲章を受けた。初期の大衆集会で、聴衆の一部が彼の国家主義という大義への献身を疑った際、ゼルテは、これ見よがしに左腕の付け根を振ってみせた。彼は、ソンムの戦闘で左腕を失っていたのだ。本能的に用心深く、保守的だったゼルテは、鉄兜団の第一義的な機能は、困難な時期に倒れた老兵たちへの金銭的支援の源となることであると強調するのを好んだ。また、自分よりも強い個性を持つ人物、とりわけ、いっそう確固たる原則を持っている者の影響を受けることが多かった。そうした人物の一人が、鉄兜団の幹部仲間テオドール・デュスターベルクであった。

彼もまた退役陸軍将校で、西部戦線での戦闘を経験したのち、一連の幕僚勤務、とくに、トルコやハンガリーなどの同盟国との連絡将校の任に就いた。一八七五年生まれのデュスターベルクは、陸軍士官学校で教育を受けた、古典的なタイプのプロイセン士官だった。規律と秩序に凝り固まり、政治的見解は頑迷固陋《がんめいころう》、カイザーなき世界にはまったく順応できないという点はゼルテと同様だ。従って、両者とも、「鉄兜団」は「政治を超越すべきだ」と信じた。だが、これは、実際には政党のちがいを克服し、一九一四年の愛国的精神の復興を望んでいるというだけのことであった。この団体が、一九二七年にベルリンで出した綱領には、このように謳われていた。「鉄兜団はあらゆる軟弱にして怯懦《きょうだ》なる者に対する闘いを宣言する。彼らは、国防の権利と意志を非難することにより、ドイツ国民の名誉意識を蝕み、破壊しようとしているのだ」。また、この綱領はヴェルサイユ条約を弾劾し、その撤廃を要求、黒・白・赤のビスマルク帝国の旗の復活を望むものであった。ドイツが抱える経済的な問題については、「生存圏と、そうしたものとして機能すべき領土の不足」が原因であるとされた。かかる綱領を実行するには、強力なリーダーシップが必要とされる。戦争で生まれた戦友精神こそが、国民団結の土台となり、現在の政党間の不和を克服することになるであろう。一九二〇年代中期までに、鉄兜団は約三十万の団員数を誇るまでになった。彼らが行進し、集会を開けば、恐ろしいほどの軍国主義的存在感が示された。事実、一九二七年には、十三万二千を下らぬ団員が、旧体制への忠誠を示威せんと軍服を着用、ベルリンでの分列行進に参加したのである。[149]

鉄兜団ばかりでなく、ほとんどのドイツ人は、第一次世界大戦のトラウマ、とりわけ、まったく予期されていなかった敗戦のショックに対する癒しをはねつけた。一九一八年以降にドイツ人が「平時」という言葉を使うとき、それは、彼らが実際に生きている時代ではなく、世界大戦がはじまる前の時期を指していたのである。ドイツは、一九一八年よりあとになっても、戦時から平時に戻れなかった。戦時体制のまま、自分自身との戦争、そして、他の世界すべてとの戦争を続けていたといえる。ヴェルサイユ条約の衝撃は、さまざまな政治的党派のすべてを実質的に統合し、条約の中心的条項をくつがえし、失地回復、賠償支払いを終わらせて、ドイツを再び中欧の支配的勢力として再興するという断固たる決意にみちびいたのである。[150]一九一四年より前に、軍隊の行動規範はすでにドイツの社会と文化に広がっていたが、大戦ののちは、それが全面的に普及したのだ。戦争の隠喩が、政治の言語に浸透した。ほかの政党は、撃破されるべき敵だったし、乱闘、テロ、暴力は、政治闘争の理にかなった武器として広く受け入れられるようになった。制服は、いたるところに見られた。十九世紀初頭の軍事理論家カール・フォン・クラウゼヴィッツの有名な箴言が逆転され、政治は他の手段を以て追求される戦争になったのである。[151]

第一次世界大戦は、一八六四年から一八七〇年におけるビスマルクの統一戦争でも不可能だったような水準にまで、暴力を正統化した。世界大戦前のドイツ人は、たとえ意見が大きく異なり、激しく対立する政治的信念を抱いていたとしても、暴力に訴えることなく、自分たちの意見の相違を議論することができた。[152]しかし、一九一八年以降、事態は一変した。風土の変化は、すでに議会の議事進行においても観察し得た。ドイツ帝国のもとでは、それは比較的、礼譲のあるものだった。だが、一九一八年からあとには、見苦しい怒鳴り合いが日常茶飯事になり、すべての党派が互いにあからさまな侮蔑をぶつけるようになった。議長も、ライヒスタークの秩序を維持することなどできなかったのである。しかし、街頭の状況はもっと悪かった。そこでは、あらゆる陣営が、ごろつきを集めた武装集団をつくり、乱闘や口論はありふれたこととなった。殴打や暗殺といった手段までも広範に使われるようになったのだ。

かかる暴力行為を実行したのは元兵士だけでなく、十代後半から二十代の若者も含まれていた。戦争に行くには若すぎた上に、旧世代の前線兵士という強力な神話に直面することになった彼らは、一般市民が振るう暴力に自らを正当化する手段を見出したのであった。[153]裕福な高級官僚の息子であったライムント・プレッツェル〔ドイツの文筆家ゼバスティアン・ハフナーの本名〕の経験も、とくに例外的であったというわけではない。彼は、一九一四年から一九一八年までのあいだ、いつも学友と戦争ごっこをして遊んだものだった。

戦闘速報を熱心に追いかけ、同世代の者すべてとともに、「国家間の壮大でスリルにあふれ、夢中にさせてくれるゲームとして戦争を経験した。それは、平和が与えてくれるどんなものよりも、興奮と情動の満足を提供したのであった」。一九三〇年代、プレッツェルは、さらにこのように言い添えている。「いまや、そうしたことが、ナチズムの根底にある理念となった」[154]。彼らにとって、戦争、武力闘争、暴力と死は、往々にして抽象的概念であった。彼らが読んだことがあったもの、あるいは、かかる行為は英雄的かつ必要な愛国的行動であるものだとするプロパガンダにより、思春期の心に醸成されたことに従えば、それらは、漠然とした誰かを殺すことでしかなかったのである[155]。

じきに、諸政党も、武装して制服を着た一団、準軍事団体を仲間とするようになった。彼らは、集会を警護したり、街頭で軍隊式の行進をなすことによって大衆にアピールし、他政党に与した準軍事団体の構成員を恫喝し、また叩きのめし、ときには殺害することをその任としていたのだ。政治家と準軍事団体との関係は、しばしば緊張をはらんでいた。準軍事団体は、程度はさまざまであれ、自治を維持するのが常だったのである。とはいえ、彼らは、政治的にはいつでも旗幟《きし》鮮明《せんめい》だった。鉄兜団は、単なる退役軍人団体であると装ってはいたが、通りを行進し、敵対グループと乱闘するさまをみれば、その準軍隊的機能を疑う余地などなかった。一九二〇年代なかばから、彼らの真正極右との親和性はいっそう深くなった。そのころ、鉄兜団はより過激なスタンスを取るようになっていたのだ。団体結成の意図は、あらゆる元前線兵士を扶助することにあったし、他の多くの者同様に助けを必要としていたユダヤ人元前線兵士が多数存在していたにもかかわらず、ユダヤ人の入会を禁止したのである。国家主義者もまた、自らの「闘争同盟」を結成した。混乱し、分裂した鉄兜団よりも、この団体のほうがずっと自分たちの目的のために利用できると考えたのだ。一九二四年には、社会民主党が、「国旗団　黒・赤・金」の創設に際して指導的役割を果たした。彼らは、ライヒという、はるかに二律背反的な理念に与していたにもかかわらず、団体の名称に共和国国旗の色を組み込み、その共和国への忠誠を示したのであった。共産党員も「赤色戦線戦士同盟」を結成した(156)。この「赤色戦線」という用語自体、軍事的隠喩が政治闘争に組み込まれたことを物語っている。極右の側には、別のより小さな「戦闘同盟」が複数あり、それらは、鉄兜団と密接に連携する「エシャリヒ団」〔この団体を結成した政治家ゲオルク・エシャリヒにちなんで命名された〕、政治的暗殺と報復殺人の陰鬱な世界に属する「コンスル団」〔「執政官」の意。標準的なドイツ語の発音では「コンズル」になるが、構成員に南ドイツ出身者が多かったため、その地の方言で「コンスル」とされることが多かった〕のような非合法陰謀集団へと、しだいに変容していった。制服を着た集団が街頭を行進し、たがいに野蛮な肉体の激突を演じるさまは、ヴァイマール共和国ではありふれた光景になり、政治のなりわいにおいて暴力や攻撃の雰囲気が一般的になることを助長したのである(157)。

一九一八年から一九一九年のドイツ革命によっても、戦争の最終段階に国内で煮えたぎっていた対立は解消されなかった。革命の成果に満足する者など、ほとんどいなかった。極左の側では、カール・リープクネヒトとローザ・ルクセンブルクに率いられた革命派が、一九一八年十一月の事件を、社会主義国家を樹立する好機だとみなしていた。つまり、旧帝国の体制が瓦解するにつれ、ドイツ全土に簇生《そうせい》していた労兵評議会によって管理される国家だ。レーニンがロシアにおいてボリシェビキ革命を実行しているのをまのあたりにした彼らは、それを模範とし、第二革命によって彼らの仕事を完成させるための計画を押しすすめた。一方、多数派社会民主党の側は、革命派が、当時ロシアで生起しつつあった「赤色テロ」のたぐいのことをはじめるかもしれぬと恐れていた。多数派社会民主党は、自らの命が危ないという恐怖にかられ、また、祖国が完全な無政府状態におちいることを阻止する必要があると認識した。彼らは、さらなる革命や蜂起が起こった場合に鎮圧するため、復員軍人とそれよりも若い世代の青年を混成した重装備の軍事団体、「義勇軍《フライコーア》」として知られるようになる集団の募集を承認したのである。

一九一九年初め、極左が、おそまつな準備しかないままに、ベルリン蜂起をくわだてたとき、多数派社会民主党にたきつけられた義勇軍は、前例のない暴力と残忍さを以て対応した。リープクネヒトとルクセンブルクは殺害された。革命派が支配した、あるいは、それが脅威になると思われたドイツの都市の多くで、彼らはなぎ倒されるか、即決で処刑されたのだ。この事件は、政治的左翼に、苦渋と憎悪という消えない遺産を残すことになった。一九二〇年春、再び政治的暴力が激発したことは、彼らの感情をさらに悪化させた。労働者による赤軍は、最初、ベルリンでの右翼クーデターの試みに直面した社会民主党左派と共産党が、ルール工業地帯において、市民の自由を守るために結成したものであった。が、彼らは、さらに過激な政治要求へと進みだしたのである。右翼クーデターの試みがゼネストによってくじかれるや、事実上、局地的な内戦に近くなった紛争で、多数派社会民主党にあと押しされ、正規軍の支援を受けた義勇軍部隊が赤軍を鎮圧した。ゆうに一千人を超える赤軍のメンバーが虐殺された。そのほとんどが「逃亡を試みて射殺された」捕虜だった。[158]

かかる諸事件によって社会民主党と共産党の協力は、いかなるものであれ失敗すると、最初から運命づけられることになったのだ。両政党が互いに抱いた恐怖感、相互非難、お互いさまの憎悪は、彼らが共有していたかもしれぬ潜在的な目的のすべてを凌駕していたのである。もっとも、一九一八年の革命の遺産は、右翼にとっても、ほぼ左翼と同様によろしからぬものだった。左翼に対する過激な暴力ならば、社会民主党穏健派は、奨励こそしないまでも、正当化してやった。が、義勇軍はやがて、その主人に敵対するようになったから、社会民主党穏健派自体が標的になることをまぬがれなくなったのだ。義勇軍指導者の多くは元陸軍将校であり、彼らの「背後からのひと突き」伝説に対する信念は揺るがなかった。革命とその支持者への憎悪は深く、留まるところを知らぬも同然であった。彼らのプロパガンダ、回想録、自分が参加した軍事行動を小説化したものに使われた言葉遣いは、攻撃と復讐の精神をわきあがらせており、しばしば病を思わせるものがあった。「アカ」は、ネズミの群れのごとき、人間ならざる集団で、ドイツじゅうにあふれかえった有毒な洪水であり、これを食い止めるには極端な暴力という方策が必要だと確信していたのである。(159)

彼らの感情は、程度の差はあれ、たいていの現役将校、右翼政治家の大多数に共有されていた。いまや、若い学生、あるいは、いくさの機会を逸した他の者たちが群れをなして、その旗のもとに集っていた。かかる人々にとって、社会主義者や民主主義者はどんな毛色であろうと、裏切り者に等しかったのだ。彼らは、真っ先に軍の背中を刺し、一九一八年十一月にはカイザーを廃位させて休戦協定に署名するという二重の罪を犯した輩とされ、すぐに「十一月の犯罪者」、もしくは「十一月の裏切り者」と称されるようになった。実際、ヴェルサイユ条約に調印した何人かの政治家は、おのが死刑執行令状に署名したも同然だった。義勇軍の隊員は、国家に対する背信をなしたとみなされる者を撲滅し、殺害するための秘密暗殺班を組織したのである。その対象には、民主主義者の政治家ヴァルター・ラーテナウ、指導的な社会主義者だったフーゴー・ハーゼ、中央党の大物代議士マティアス・エルツベルガーも含まれていた。(160)こうした政治的暴力は、一九二三年にあらたな高みに達した。ハンブルクにおける共産主義者の蜂起が挫折し、血なまぐさい弾圧を受けたことに加え、ミュンヘンで敵対する政治集団が銃撃戦におよんだこと、また、ラインラントにて、フランスに支援された分離主義者を巻き込んだ紛争が生起したことなどにより、この年は特記されるのである。カール・プレットナーやマックス・ヘルツのような左翼過激派は、一九二〇年代初頭に、一連の武器を使った強盗を繰り返した。(161)この「収用」行動は、彼らが逮捕され、長期の禁錮刑を宣告されるに至って、ようやく終わった。

国民のトラウマ、政治的急進主義、暴力的対立、革命による大変動。ナチズムが誕生したのは、まさにそうした空気のなかであった。ナチズムの折衷的イデオロギーに入り込んだ要素のほとんどは、一九一四年以前のドイツにすでに広まっていたもので、それが戦時中によりいっそう大衆に流布されたのである。一九一八年末に向かって、ドイツが劇的な崩壊をみせ、政治的混沌におちいったこと、さらにその混沌が大戦後何年も続いたことが、極端な理念を暴力行動に移す上で拍車をかけたのだ。かつては少数の極端な全ドイツ主義者を魅惑するだけだった、憎悪、恐怖、野心の、頭をくらくらさせるような混交物が、突如、別の決定的な要素を獲得したのである。つまり、物理的な力を自発的に行使する用意、さらには、そうする覚悟であった。ある人々にとっては、国民的屈辱、ビスマルク的な帝国の崩壊、社会民主党の勝利、共産党の脅威といったすべてのものが、暴力と殺人という手段に訴えることを正当化していると思われた。そうした手段こそ、全ドイツ主義者、反ユダヤ主義者、優生学者、超国家主義者が、世紀の交以来、ドイツ国民を再興しようとするなら、これを用いるべしと推奨していたものだった。

しかし、一九一八年以降にあっても、そんな理念はずっと少数派のそれにとどまっていた。そのような考えを実行に移すために物理的な力を行使するなどということは、いまだ舞台の隅にいる過激な小集団のあいだに限られていたのである。ドイツの社会と政治は、一九一八年から一九一九年の崩壊により、左右両極の過激派に分裂した。けれども、急進的な国家主義が、広く熱狂的に迎えられるようになったわけではない。政治の中枢が、安定的に機能する議会制民主主義、社会改革、文化的自由、すべての者に経済的機会を与えることに献身する人々や政党によって占められていたことも決定的であった。彼らにしてみれば、ヴィルヘルム帝国の崩壊は好機でもあり、自ら好んで、その機会をつかんだのだ。超国家主義が政治の本流に流れ込むことができるようになるには、ドイツ最初の民主主義によってつくりだされた障壁、つまり、ヴァイマール共和国を粉砕しなければならなかったのである。

第2章

民主主義の失敗

ヴァイマール共和国の脆弱性

1

第一次世界大戦終結時のドイツでは、恐怖と憎悪が日常を支配していた。銃撃戦、暗殺、暴動、虐殺、騒擾によって、ドイツの安定は失われた。もし、逆であれば、民主主義の発展も可能となったかもしれない。しかし、カイザーが廃位となり、ビスマルクが生み出した帝国が崩壊したあとも、誰かが政権のたづなを取らなければならなかった。その空隙に踏み入ったのは、社会民主党であった。一九一八年十一月初めの混乱のうちに、労働運動の指導的人物たちの一群が立ち現れ、革命的な人民委員評議会を結成した。ごく短期間ではあったにせよ、少なくとも社会民主主義運動の両翼（戦争を支持する多数派と、それに反対する少数派）が連合したのである。評議会は、社会民主党の古参専従職員であった役員フリードリヒ・エーベルトに指導された。彼は、一八七一年に仕立屋の息子として生まれ、馬具師になり、労働運動を通じて政界に入った人物であった。ブレーメンで社会民主党機関紙の編集部員として働き、しかるのち、一八九三年に同市で酒場を開いた。酒場は、他の同様の施設がそうであったように、地元労働組織のセンターとしての役割を果たしていたのだ。一九〇〇年までに、エーベルトはブレーメンの市政において活動するようになっており、同地の社会民主党の指導者として、党の勢力伸長に大きく貢献した。一九〇五年には、ベルリンの党中央全国委員会の書記に選出され、一九一二年に帝国議会の議員となっている。

エーベルトは、偉大な演説家、あるいは、カリスマ性を備えた指導者として、党内の尊敬を勝ち得たわけではなかった。が、静かで忍耐強く、機微に通じた調停者として、社会民主主義の労働運動におけるさまざまな派閥を常に取りまとめていると思われたために、敬われたのである。彼は、第二世代の社会民主党指導者によくみられる現実主義者の一典型で、党のマルクス主義イデオロギーを受け入れてはいたが、労働法や社会保険といった分野に関する専門知識を生かして、労働者階級の日々の生活を向上させることに努力を注いでいた。エーベルトが猛然と働いたことは、大戦前の党運営や選挙機構再編と効率改善に、おおいに与っていた。有名な、一九一二年の帝国議会選挙における社会民主党の勝利についても、顕著な功績をあげたのだ。長年にわたり党を率いてきたアウクスト・ベーベルが一九一三年に亡くなると、エーベルトは、彼よりも急進的なフーゴー・ハーゼとともに、党首〔党幹部会議長〕に選出された。多くの社会民主党のオルガナイザーと同じく、エーベルトも、他の何よりも、といってよいほど、党への忠誠を優先させていた。ハーゼほかの反戦派が党多数派の決定を拒否したことに激昂したエーベルトは、彼らの追放に踏み切っている。よって、ハーゼに指導された異論派は、一九一七年に独立社会民主党を結成し、戦争終結を実現するため、さまざまな観点から活動することになる。エーベルトは、規律と秩序、妥協と改革こそ正しいとの信念から、カイザーの政府に議会主義を承認させるよう圧力をかけるため、中央党と左派自由主義者との共闘実現に向けて、多大な努力を払った。一九一八年から一九一九年にかけての彼の主要目的は、冷静な行政者ならではの関心によって組み立てられていた。すなわち、必要不可欠な公共サービスの維持、経済崩壊の防止、法と秩序の再建回復である。エーベルトはやがて見解を変え、カイザーが自ら退位しなければ、社会革命が勃発して、結局は同じことになるとみた。カイザーの最後の宰相となったバーデン大公マックスとの会談で、「私は革命を望まない。実際、それが悪業であるかのごとく憎んでいるのです」と、エーベルトは言い添えている。[1]

エーベルトとその人民委員評議会の協力者たちは、中央党ならびに「民主党」と改称した左派自由主義者〔旧「進歩人民党」〕と手を組み、一九一九年初頭の憲法制定議会のため、全国選挙を組織した。労兵評議会を一種のソヴィエト型政府の基盤にしようとしていた反対派の、より過激な分子に対抗したのである。普通のドイツ人有権者の多くは、その個人的な政治見解の如何《いかん》を問わず、右の民主政党に投票することが、ドイツ版ソヴィエトの誕生を防ぎ、ボリシェヴィキ革命を撃退する最良の方法だとみた。それゆえ、社会民主党、左派自由主義の民主党、中央党が、憲法制定議会選挙で、全体の過半数を獲得したことも驚くにはあたらない。一九一九年の初めに、憲法制定議会が中部ドイツの都市ヴァイマールで開催された。ずっと昔より、十八世紀から十九世紀前半まで、詩人、小説家、劇作家として活動したドイツ人、ヨハン・ヴォルフガング・フォン・ゲーテの生涯と作品に結びついている都市だ。[2]制定議会が一九一九年七月三十一日に承認した憲法は、事実上、ビスマルクがおよそ五十年前に新しい帝国のために制定した憲法の修正版だった。[3]カイザーに取って代わったのは、合衆国大統領のように国民投票で選出される大統領である。国民投票により、大統領は立法府に対処する上で独立した正統性を得るばかりか、憲法第四八条で認められた広範囲に及ぶ大統領緊急権の行使も根拠を得ることになった。大統領は、非常時に際して、緊急令による統治を行うことが可能となり、法と秩序が脅威にさらされていると判断された場合には、共和国を構成するどの州であろうとも、秩序回復のために軍隊を投入することができた。

緊急令による統治権は、例外的な非常事態のみを想定したものであった。しかし、共和国初代大統領となったエーベルトは、この権限を百三十六を下らぬ案件に適用し、広範囲に拡大行使したのである。彼は、自分のみるところ、騒乱を助長する恐れがあるとして、合法的に選出されたザクセンならびにテューリンゲンの両州の政府を退陣させた。さらに危険なことに、一九二〇年のルール内戦では、公共秩序の紊乱《ぶんらん》に対して遡及的に死刑を適用することを可能とする大統領緊急令を出し、義勇軍と正規軍部隊により、赤衛軍メンバーに対してすでに執行されていた即決処刑を正当化している。(4)この二つのケースにおいて、共和国に対する左からの脅威とみなされたものを弾圧するため、かような権限が行使されたことが重要である。その一方で、多くの者が、共和国に対するもっと大きな脅威が右派によって突きつけられているとみなしたケースであっても、かかる権限は行使されぬのが常だった。実際、大統領緊急令の濫用を防ぐ安全装置はなかった。ライヒスタークで大統領緊急令が拒否されそうになったら、憲法第二五条により賦与されたライヒスターク解散権の行使をちらつかせることができたからだ。それ以上に、緊急令は、どんな事案であれ、既成事実を作り上げたり、ライヒスタークが緊急令を承認せざるをえない状況を生み出したりすることにも使えた(たとえば、そのような使い方を企図したものではけっしてなかったにもかかわらず、ときの政府への反対者を恫喝したり、弾圧することにも適用可能であった)。緊急令によって、何らかの統治を行う以外にほとんど選択肢がない。おそらくは、そんな状況が存在したこともたしかであろう。だが、憲法第四八条には、そうした不測の事態において、立法府の権限を最終的に再確定するための適切な条項は含まれていなかったし、エーベルトは、緊急事態に対処する場合のみならず、ライヒスタークを通して立法にみちびくことはきわめて困難だと目された場合にも、緊急令を行使したのである。結局、エーベルトが緊急令条項を濫用し、ときに悪用したことにより、その適用範囲は、民主制に対する潜在的脅威となるところまで広げられてしまったのだ。(5)

ヴァイマール共和国を誕生せしめるための舵取りに関するエーベルトの功績は否定できない。しかし、彼は性急に多くの妥協を行い、それらはのちに、異なるかたちで共和国につけをまわしてくることになる。戦争から平和への円滑な移行に固執するあまり、エーベルトは、君主制支持と超保守主義に凝り固まっていた将校団に何ら改革を要求することなく（一九一八年から一九一九年まで、彼がそれをなすべき立場にあったことはたしかである）、軍と緊密に協力していった。エーベルトは進んで旧秩序と妥協したにもかかわらず、それは、旧体制の消滅を哀惜する人々の支持を得る上では何の役にも立たなかった。大統領在職期間中ずっと、彼は、右翼新聞による容赦なき中傷キャンペーンの標的になった。新聞写真によって広められた、海水パンツ姿で、二人の友人と海辺の休日を過ごしている、ずんぐりした小柄な大統領の姿は、国家元首たるもの、ありふれた日常生活を超越した、オリュンポスの神々〔ギリシア神話〕のごとき威厳を持つべきだと考える人々の嘲笑と軽蔑にさらされたのだ。また、スキャンダルを追い求める右翼新聞に巣くった反対派は、エーベルトを金銭的な醜聞と結びつけ、中傷しようとした。おそらくは馬鹿げたことでしかなかったのだが、エーベルトは、それに反応してしまった。彼ら発行責任者たちを誣告罪《ぶこくざい》で告訴するとし、その数は百七十三件にもおよんだのである。けれど、ただの一度たりとも、満足すべき結果は得られなかった。(6)

　一九二四年に開かれた、ある刑事裁判では、エーベルトを国家に対する叛逆者と呼んだかどで、被告は告発された。ところが、裁判所は十マルクの罰金を科すと名目的に言い渡しただけだったのだ。判決にいわく、エーベルトは、戦争最終年においてベルリンでストライキを行っていた弾薬工場の労働者と接触し、裏切り者であることを自ら証明したからである（だが、事実は、交渉によりストライキを急ぎ終息させるために、かかる行動に出たというだけのことだった）。(7) 極右がやむことなくエーベルトに憎しみのうねりを浴びせかけたことは、単にその地位の土台をくずすばかりではなく、個人的にも、心身ともに疲弊させるという点で影響をおよぼした。こうした誹謗中傷からわが名を守らねばならぬとの強迫観念にとりつかれたエーベルトは、当時の医学でもたやすく治療できたはずの虫垂炎破裂を放置し、一九二五年二月二十八日に死亡したのだ。享年五十四であった(8)。

その後実施された大統領選挙は、ヴァイマール共和国の民主的な前途ということからみれば、一大惨禍となった。ヴァイマール共和国の政治的細分化と正統性の欠如が、ここでも有害な影響をおよぼした。どの候補者も一回目の投票で勝利する見込みがなかったため、右翼は、分裂した支持者を結集する人物として、嫌がるパウル・フォン・ヒンデンブルク元帥をかつぎだした。続く決戦投票で、共産党か、中央党系の自立した友党であるバイエルン派〔バイエルン人民党〕のいずれかが、ヒンデンブルクの対立候補のうち、もっとも高い支持を受けていたカトリック政治家ヴィルヘルム・マルクスに投票していたら、元帥は敗北していたかもしれない。しかし、何よりもバイエルン派の自己中心主義のおかげで、ヒンデンブルクは、はっきりと大多数の票を獲得して、大統領に選出された。旧軍部と帝国の秩序の真髄を象徴するヒンデンブルクは、巨漢で、物理的な威圧を感じさせる人物だった。その彫像のごとき押し出し、軍服、戦功章、タンネンベルク会戦に勝利し、その後のドイツ軍の運命を担ったという伝説的なまでの名声（実は、彼の功績は、ほとんどそれにふさわしいものではなかったのだが）は、ヒンデンブルクをして、おおいに尊敬される表看板となさしめた。それは、右翼にあっては格別であった。ヒンデンブルクの大統領選出は、復古の象徴として右翼勢力に歓迎されたのである。保守的学者であるヴィクトール・クレンペラーは（ただし、彼自身は警戒を覚え、共感を抱くことなく、事態を観察していた）、その日記で「十二月五日にヒンデンブルクが就任宣誓をなしたとき、いたるところで黒・白・赤の旗〔帝政時代の国旗〕が見られた。共和国の旗は官庁に見られただけだった」と伝えている。この件に際して、クレンペラーが見た帝国旗十本のうち、八本までは、学童が使うような種類の小旗だったとも記されている(9)。多くの人々にとって、ヒンデンブルクの選出は、ヴァイマール民主主義から旧君主制秩序の復活に向かう大きな一歩だった。案の定、ヒンデンブルクは、大統領就任前に、現在オランダに亡命中の前カイザー、ヴィルヘルムに就任許可をもらう必要があると考えていたという噂が広まった。それは真実ではなかったが、ヒンデンブルクの名声の大きさと一般への影響力の拡大を示していたのである。[10]

ひとたび大統領に就任すると、ヒンデンブルクは持ち前の強い義務感にかられ、憲法の一字一句に固執して、多くの人を驚かせた。だが、七年の任期が進むうちに、八十代に達した彼は、ますます政治的事象の複雑さに苛立っていき、しだいに、ごくうちわの助言者の影響を受けるようになる。彼らはすべて、君主こそがドイツ国家の唯一正統な統治権力であるとの本能的な信念を共有していた。前任者の例を持ち出され、大統領緊急権の行使は正当であると説得されたヒンデンブルクは、自らの名のもとに行使される保守独裁こそ、共和国が一九三〇年代初頭におちいった危機から抜け出す唯一の道だと感じはじめた。それゆえ、共和国の敵対者に、その体制の存続を甘受させる上で、ヒンデンブルクの当選が短期的にどれほどの影響力を及ぼしたにせよ、ひるがえって長期的にみるならば、ヴァイマール民主主義にとっては、弁護もできないような破局だったのである。遅くとも一九三〇年までには、民主制を信じず、敵に対してそれを守るつもりもない男が、大統領の権能を握っていることがあきらかになっていた。[11]

2

ヴァイマール憲法は、ライヒの大統領府と並立するかたちで、国の立法府を置いていた。従来同様、ライヒスタークという名称ではあるが、いまや、それは、成人男性同様に成人女性のすべてが投票権を持ち、一九一八年以前よりもずっと直接的な比例代表制を採用するに至っていた。有権者は実際に、自分が選んだ政党に投票し、各政党は選挙の得票数に正確に比例した割合で議席を与えられた。だが、これでは、一パーセントの得票を得た政党も一議席を得ることになるから、よりいっそうの懸念がかきたてられた。かかる比例代表制は小政党や周辺政党に有利だと、しばしばいわれてきたし、そのことには疑いの余地はない。けれども、周縁諸政党の得票数を合計しても十五パーセント以上に達することは一度もなかったし、事実、大政党が政府を組織する際にそれらを考慮する必要が生じることは稀だったのだ。比例代表制が効果を発揮するのは、得票競争において大政党に機会が片寄るのを平準化するところである。従って、単純小選挙区制が導入されていたなら、より大きな政党ほど、うまくやれるということになっただろうし、連立相手を限っての、もっと安定した連合政権も可能だったかもしれない。それによって、はるかに多くの人々が、議会主義の長所について納得することになったはずである。[12]

さりながら、かくのごとくであったため、ヴァイマール共和国においては、きわめて頻繁に政権交代が起こった。一九一九年二月十三日から一九三三年一月三十日までのあいだに、二十を下らぬ、さまざまな内閣が登場した。それぞれの内閣が維持された期間は平均二百三十九日、つまり八か月かそこらしか保たなかったのだ。連立政権をつくったことが、異なる政党が互いに相手の人物や政策をめぐって相争うような不安定な政府につながった。ときに、そういわれることもある。また、それによって政権の弱体化も助長された。連立政権が決められることはすべて、最低限度の共通項ならびに、いちばん抵抗の少ない路線をもとにしていたからだ。しかしながら、ヴァイマール期の連立政権は、単に比例代表制の産物というわけではない。ドイツの政治システム内にあった、昔ながらの深い亀裂から生じたものでもあった。帝政時代に有力だった政党はみな、ヴァイマール共和国でも生き残っていた。旧保守党と他のより小さな集団の合同により、国家国民党が生まれた。自由主義政党はそのちがいを克服できず、左（民主党）と右（人民党）に分かれたままだった。中央党も、ほぼ変わらぬまだったが、バイエルンの党員が分派して、バイエルン人民党を結成する。左翼側では、社会民主党は、共産党というかたちを取った、あらたなライバルと対峙しなければならなかった。だが、これらの政党のうち、ただ一つとして、比例代表制のみを原因として、あるいは、少なくとも比例代表制が主たる原因となったために誕生したというようなものはない。かかる多様な政党を生じせしめた政治的ミリューは、ビスマルクの帝国のごく初期から存在していたのだ。[13]

政党機関紙、集会所、親睦団体などから構成される、これらのミリューは、尋常でなく厳格で、均質的だった。そのため、すでに一九一四年以前には、生活の全領域が政治化される結果となっていたのである。そうしたなりわいは、他の国の社会にあっては、ほぼイデオロギー的統合とは無縁だった。ところが、たとえば、普通のドイツ人が男性合唱をやろうと思ったなら、ある地域では、カトリック系合唱団にするのか、それともプロテスタント系にするか、また別の地域においては、社会主義系合唱団か、国家主義系かのいずれかを選ばなければならなかったのだ。同じことが、体操クラブ、サイクリングクラブ、サッカークラブなどにもあてはまる。戦前の社会民主党員は、自分の人生のほとんどすべてを党とその関連組織に囲まれて過ごしたも同然である。そういっても過言ではない。社会民主党の機関紙を読み、社会民主党の居酒屋やバーに通い、社会民主党系労働組合に属し、社会民主党系図書館から本を借り、社会民主党系の祭りや遊びに参加し、社会民主党婦人組織に属する女性と結婚することが可能であり、自分の子どもを社会民主党系青少年運動に入れたり、社会民主党の葬礼基金で埋葬してもらうことができたのだ。[14] 同様のことが、中央党についてもいえた（中央党は、カトリック・ドイツ国民協会、カトリック系労働組合運動、カトリック余暇クラブなど、あらゆる種類の団体組織に依っていた）。他の政党も似たり寄ったりだったのである。[15]

こうした、きっちりと区分された政治的・文化的ミリューは、ヴァイマール共和国ができてからも消えはしなかった[16]。しかしながら、一九二〇年代には、商業化された大衆的なレジャー、扇情と醜聞を土台に置いた「大道新聞」、映画、安っぽい小説、ダンスホールといった、あらゆる種類の娯楽が、政党に取って代わるような、アイデンティティの源を若者に提供しはじめた。そのため、彼らは、年長の世代ほどには、政党に厳しく束縛されることがなくなったのだ[17]。旧世代の政治活動家は、特定政党のイデオロギーにきつく拘束されていたので、他の政治家や政党と妥協・協力するのは、けっして容易なことではなかった。一九四五年以後の状況とは対照的に、主要政党がより大きく、影響力がある結合に踏み切ることはなかった[18]。ほかのさまざまな側面においてみられたのと同様に、一九二〇年代から一九三〇年代初頭にかけての政治的不安定は、ヴァイマール憲法の新奇な条項ではなく、ビスマルクやヴィルヘルムの時代における政治との構造的連続性によるところが大きかったのだ[19]。

一部に主張されているごとく、比例代表制によって、政治の無政府状態がうながされたのでもなければ、極右の台頭が助長されたわけでもない。それぞれの選挙区で最大得票を得た候補者が自動的に議席を獲得するしくみの単純小選挙区制のもとにあったとしても、ナチ党はおそらく、比較多数制選挙によるヴァイマール共和国最後の選挙で最終的に獲得した議席よりも多くを勝ち取っていただろう。ただし、そのような制度であったなら、諸政党の選挙戦術も異なってくるであろうから、共和国初期の段階で有益な効果が得られれば（そういう効果があったかどうかは議論の分かれるところであるが）、のちのナチ党の総得票数を減らすということもあったかもしれない。これについて、確たることを述べるのは不可能である[20]。同じく、国民投票、もしくは人民投票が安定を損ねる影響をおよぼしたことも、しばしば誇張されている。他の政治システムは、そのような条項とうまく共存してきたし、現実に実行された人民投票の回数は、ともかくにも非常に少なかったのだ。国民投票の訴えを含むようなキャンペーンは、共和国の政治的な空気が加熱され、沸点に達した状態のままにしておくという点では、常に機能していた。しかし、一九三二年に地域の住民投票により、オルデンブルクの民主的政権が転覆されたような実例はあったにせよ、全国レベルの人民投票が直接政治的効果を持つことは、ほとんどなかった[21]。

いずれにしても、ヴァイマール時代における政府の不安定さは、おおげさにいわれすぎている。これも、政権がしばしば交代したことにより、特定省庁の長期にわたる連続性が覆い隠されていたためだった。いくつかの閣僚ポスト、とくに法務省のそれは、政党間の連立交渉で交渉を有利に進める駒として使われ、さまざまな大臣が入れ替わり立ち替わり交代していくような様相を呈した。だが、それが、長期にわたって奉職している高級官僚に、通常よりも大きな権力を与えたことは疑いない。もっとも、彼らの行動の自由は、司法行政の多くの機能が州に委譲されたことで制約されていた。ただ、ほかの省庁は、連立政権形成にともなうあらゆる恣意専横を通じて、実質上、特定政治家の役得の対象となり、結果として、強力かつ決定的な政策の立案と実行を容易にした。たとえば、ドイツ国民党の指導的人物であったグスタフ・シュトレーゼマンは、九つの政権で引き続き外務大臣を務め、六年のあいだ、途切れることなく、その職にあった。中央党のライヒスターク議員ハインリヒ・ブラウンスは、一九二〇年六月から一九二八年六月まで、連続する十二の内閣で労働大臣だった。民主党員オットー・ゲスラーは、一九二〇年三月から一九二八年一月まで、絶えることなく十三の内閣で国防相を務めたのだ。こうした大臣たちは、彼らが仕えた政権が、幾度となく指導者が交代するのを経験したことなどおかまいなしに、長期的な施策を練り上げ、実行することができた。他の省庁にあっても、二つ三つ、あるいは四つもの政権を通じて、同じ政治家が大臣職にあった[22]。共和国が、もっとも有効で首尾一貫した政策を展開できたのは、まさしく、そのような分野、とくに外交、労働、福祉

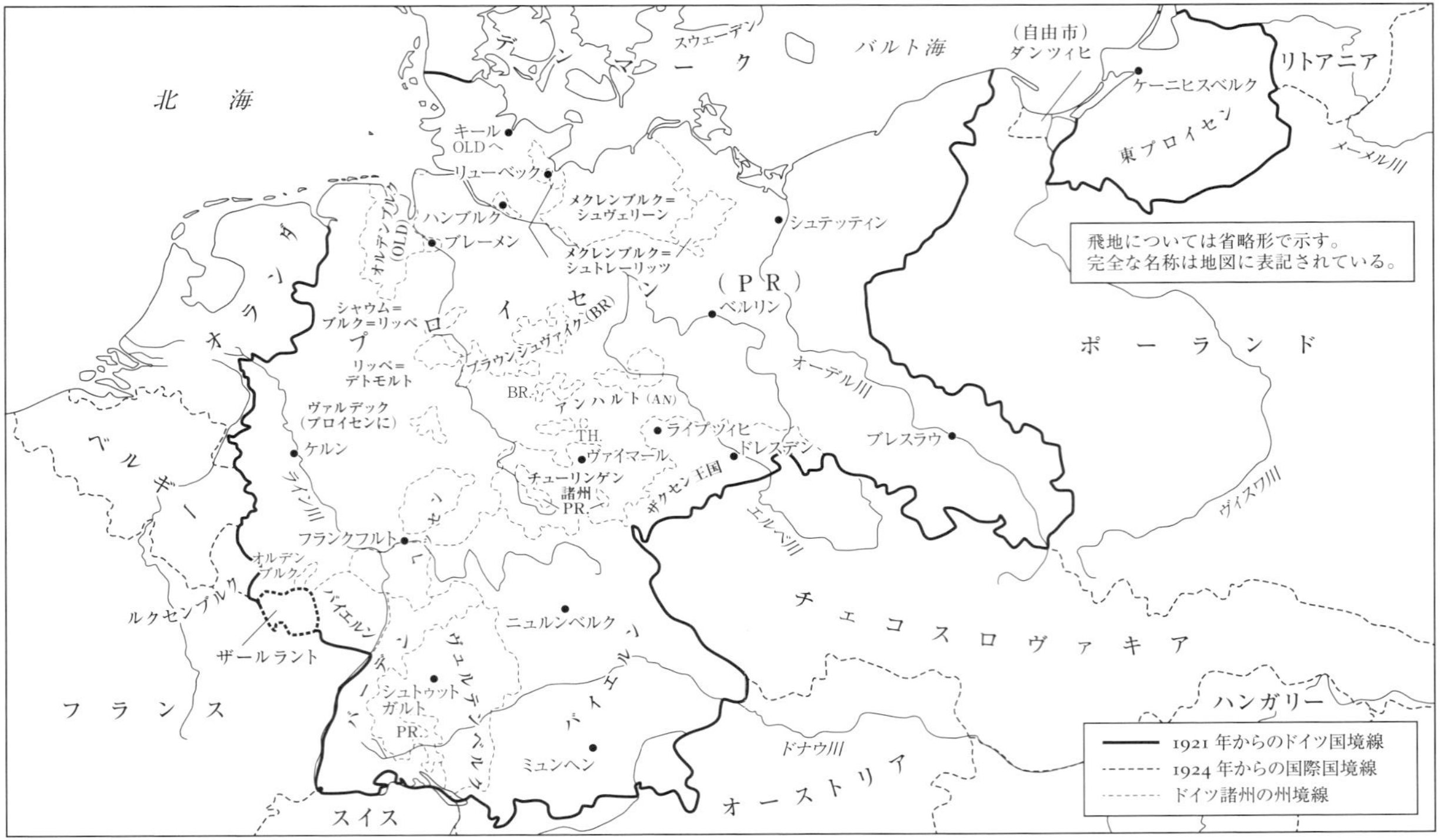

地図 4. ヴァイマール共和国国境線

といった領域であったが、それは偶然ではなかったのである。

しかしながら、中央政権が断固、決然として行動し得るようにする権能は、憲法の別の条項と常に妥協することになった。その条項とは、ビスマルクが、バイエルン王やバーデン大公といったドイツの諸侯に、一八七一年に苦い薬〔統一《ドイツ》〕を飲ませる際に甘い衣をかぶせようとして、帝国に課した連邦構造をそのまま引き継ぐという決定である。ドイツの諸侯は、一九一八年の革命で遠慮なしに追放されたものの、その領邦は残った。それらは、いまや州となり、民主的な議会制を備えるようになったが、州政治の枢要な領域においては、大きな自治権を維持していたのだ。いくつかの州、たとえばバイエルンのようなところでは、何世紀もさかのぼることができる歴史とアイデンティティを有していた。そうした事実は、州をして、中央政府が気にくわないとあらば、その政策を妨害してやろうという気にさせたのである。ところが、直接課税権は中央政府が握っており、小さな州の多くは、財政困難におちいると、ベルリンからの補助金に頼っていた。国からの分離独立の試みは、とりわけ、共和国初期の困難な時代には脅威と感じられたかもしれないけれど、実際のところ、それは深刻に受け止めねばならぬような大きなものではなかった(23)。もっとも、プロイセンと国の緊張によって、より困難な問題が引き起こされることはあり得た。プロイセンは、他の州すべてを合わせたよりも大きな州だったからだ。だが、一九二〇年代から一九三〇年代初頭までの期間を通じて、プロイセンは中庸を得た親共和国政府に指導されており、バイエルンのような州の急進主義と不安定に対する重要なカウンターウェイトとなっていたのである。従って、これらの要素すべてを勘案したとしても、中央と州政府のあいだに未解決の緊張が続いたとはいえ、連邦制がヴァイマール共和国の安定と正統性を損なった主要因であるとは思われない(24)。

3

一九二〇年代においては、ヴァイマール憲法は概して、ほかのたいていの憲法に負けず劣らず立憲主義的であったし、それらの多くよりも民主的だった。問題を抱えた条項も、状況さえ異なれば、たいした問題にはならなかったかもしれない。しかし、共和国は、致命的なまでの正統性の欠如に悩まされつづけで、それによって、憲法の欠陥が何倍にも拡大されたのである。三つの政党（社会民主党、自由主義のドイツ民主党、中央党）は、新しい政治体制に与していた。だが、一九一九年一月に明白な過半数、七十六・二パーセントの票を獲得したのちには、これらの三政党は合計で、一九二〇年六月には四十八パーセント、一九二四年五月に四十三パーセント、一九二四年十二月に四十九・六パーセント、一九二八年には四十九・九パーセント、そして、一九三〇年九月に四十三パーセントの票を得たにすぎなかった。一九二〇年以降、彼らはライヒスタークにおいては万年少数派であり、左右両翼にいた共和国の敵に忠誠を誓う代議士たちにより、数で圧倒されることになった。これら「ヴァイマール連合」を組んだ三政党が共和国を支えたという話は、いくらひいき目にみても現実ではなく、せいぜいレトリックでしかなかったのだ。逆のほうに悪く取るならば、あいまいで妥協にみちた、あるいは、政治的には、まったく役に立たぬものだったともいえる[25]。

多くの人々が、社会民主党こそ共和国を生み出した政党であるとみなし、彼ら自身もしばしばそう語った。しかし、社会民主党が政権政党の地位を享受したことはそう多くない。ヴァイマール時代の内閣は二十あったのだけれども、社会民主党が参加した内閣は八つ、そのうち首相職を占めたのは四つだけだった[26]。彼らは、大戦前のマルクス主義イデオロギーという鋳型にはまりこんで、抜き差しならぬままであった。いまだに、資本主義は転覆され、プロレタリアートがブルジョワジーに取って代わって支配階級になるものと期待していたのである。一九二〇年代のドイツが資本主義社会だったことは、とにもかくにも否定できない事実だった。そこで、言葉の上では急進化するばかりだった、社会民主党のイデオロギーのもとにいた多くの党員には、政府の指導的役割を果たすのは、居心地の悪いことと思われたのだ。世界大戦前には、二世代にわたって政治参加から排除され、政権に連なることにも慣れていなかったから、「ブルジョワ」政治家と協力するなどという経験は、社会民主党員には苦痛に感じられた。彼らがマルクス主義イデオロギーを捨てれば、選挙において労働者階級の支持のほとんどを失うことは必至だった。さりとて、たとえば義勇軍に頼らず、労働者による赤軍民兵隊を編成するというような、より急進的な政策を採れば、ブルジョワ連立政府への参加は不可能となり、軍部の憤激を招くことになっただろう。

社会民主党の主たる勢力はプロイセンにあった。ヴァイマール共和国領土の半分以上と人口の五十七パーセント以上を占める州だ。この、ベルリン等の大都市とルール地方等の工業地帯を抱える、おもにプロテスタントが多い地域において、社会民主党は政権政党だった。社会民主党の政策は、プロイセン州をヴァイマール民主主義の砦《とりで》とすることであった。一方、一九三〇年代初めまでには、ドイツ最大の州プロイセンにおいて社会民主党から権力を奪うことが、ヴァイマール民主主義の敵たちにとっては一大目標となったのである。[27] ただし、必ずしも社会民主党が、強い熱意と一貫性を以て改革を追求したというわけではなかったのだが。しかし、ライヒのレベルでいえば、社会民主党の地位はさほど優越してはいなかった。共和国初期に社会民主党が得た力は、かなりの部分を、中産階級の有権者による支持に負っていた。そうした人々は、強力な社会民主党が議会制民主主義への迅速な移行を実現すれば、ボリシェヴィズムに対する最善の防御になるだろうと考えたのだ。が、その脅威が薄れるにつれて、ライヒスタークでの議席数も、一九一九年の百六十三から一九二〇年の百二に減少した。のちに大幅な議席回復をなしとげたにもかかわらず（一九二八年に百五十三議席、一九三〇年に百三十議席）、社会民主党は、ほぼ二百五十万の票を失い、それが戻ることはなかったのである。一九一九年には三十八パーセントの得票を得たのに、その後、一九二〇年代から一九三〇年代初頭までは、二十五パーセント前後にとどまっていた。もっとも、社会民主党は一貫して、きわめて強力でよく組織された政治運動でありつづけ、全国数百万の工業労働者の忠誠と献身を集めていると呼号したのであった。もし、ヴァイマール共和国における民主主義の防波堤と呼ばれるに値する政党があるとすれば、それは社会民主党だったのだ。

「ヴァイマール連合」の第二の支えであったドイツ民主党は、もう少し政権参与に熱心であり、一九二〇年代の内閣のほぼすべてに閣僚を出していた。そうした民主党員のなかでも特筆されるべきはフーゴー・プロイスで、おおいに誹謗中傷されたヴァイマール憲法の主たる起草者であった。しかし、民主党は、一九一九年一月の選挙で七十五議席を獲得したものの、つぎの一九二〇年六月の選挙で、そのうち三十六議席を失い、一九二四年五月の選挙では二十八議席まで減らした。中産階級に属する有権者が右傾化したことの犠牲になり、支持を回復できなかったのだ[28]。一九二八年の議席喪失に対する民主党の反応は、破局を招くようなしろものだった。エーリヒ・コッホ＝ヴェーザーの指導を受けて、党の指導的な人々は、一九三〇年七月、「青年ドイツ騎士団」と名乗っていた青年運動内の準軍事団体類似の一分派や他の中産階級政党に属する政治家個々人と合流し、民主党を「国家党」に改編したのである。その理念は、強力な中道派ブロックを構築することにあった。それによって、ブルジョワ有権者がナチ党に流れることはせきとめられるであろう。ところが、この結集は性急に過ぎ、中道の位置にいた他のより大きな政治集団が合流してくる可能性を閉ざしてしまった。民主党左派に属していた者の一部は、かかる動きに反対して離党する。右派の側でも、こうした青年ドイツ騎士団のやりようをみて、その構成員の多くが支持を取り下げてしまった。新政党が選挙において上げ潮に乗ることはなく、一九三〇年九月の選挙では、わずか十四議席を得たにすぎなかったのだ。実際のところ、この新党への合流は急激な右傾化を意味していた。「青年ドイツ騎士団」は、青年運動の多くが議会制に対して抱いていた懐疑主義を共有していたし、そのイデオロギーには、よりいっそう多くの反ユダヤ主義が混ざり込んでいたのだ。新しい国家党は、一九三二年四月の州議会選挙まで、プロイセン州における社会民主党との連立をくずさずに保ちつづけた。しかし、歴史家フリードリヒ・マイネッケが宣言したところによれば〔マイネッケは、ドイツ民主党員であった〕、国家党の目的は、ライヒスタークと州から、強力な統合的ライヒ政府へと、権力のバランスを転移させることだったのだ。従って、この点からも、支持は確実に減っていくことになり、それがまた党を右へと追いやっていく。結局、こうしたことがもたらした結果といえば、他のもっと効率的で、同様のことを主張していた政治組織と国家党とを、いくばくなりと区別していたものを、すべて一掃してしまったことぐらいであった。国家党の複雑きわまりない憲法論は、政治的リアリズムの欠如だけでなく、党のヴァイマール民主主義への関与が弱まっていることを示すしるしだったのである。(29)

「ヴァイマール連合」の三政党のうち、中央党は、五百万前後の得票、あるいは、バイエルン人民党のそれを含めれば八十五ないし九十のライヒスタークの議席を有しており、一貫して連立政権を支持していた。中央党はまた、一九一九年六月からまさにその終焉まで、あらゆる連立政権で枢要な地位を占めていたのだ。また同党は、社会立法に強い関心を持ち、ヴァイマール福祉国家創造の陰の推進力として、社会民主党に負けず劣らずの強い要求を出した。社会に対しては保守的で、ポルノグラフィー、避妊具などの現代社会の害悪に対する闘争と、学校制度におけるカトリックの権益擁護に、多大なる時間を捧げていた。だが、そのアキレス腱は、ローマ教皇が必然的に中央党に及ぼした影響力にあった。カトリック教会の長、教皇ピウス〔ピオ〕一一世は、一九二〇年代に無神論者たる共産主義者と社会主義者が台頭してきたことに懸念をつのらせるばかりであった。駐独教皇大使のエウジェニオ・パチェッリ（のちの教皇ピウス一二世）とともに、ピウス一一世は、多くのカトリック政治家の政治面における自由主義に深い不信を抱いており、迫り来る神なき左翼の脅威から教会の権益を守るための最善策は、より全体主義的な政治形態への転換だと考えたのである。それゆえ、ピウス一一世は一九二九年には、イタリアのムッソリーニと政教協約《コンコルダート》を結ぶと決めたのだ。その後も、この教皇は、一九三四年のオーストリア内戦においては、エンゲルベルト・ドルフスの「教権的ファシスト」独裁に、一九三六年にはじまったスペイン内戦では、フランコ将軍が指導する国民戦線に、教会の支持を与えると決断していく[30]。

　一九二〇年代においてさえ、ヴァチカンからこうしたシグナルが発せられていたのだから、ドイツの政治カトリシズムの展望は芳しいものではなかった。が、一九二八年十二月には、はっきりと悪くなった。このとき、教皇大使パチェッリの親密な友人で、高位聖職者のルートヴィッヒ・カース（カトリックの司祭で、ライヒスタークの議員でもあった）が、引退する党首ヴィルヘルム・マルクスの後継者をめぐる左右両派の闘争の間隙を衝き、折衷的な見解を取る候補として中央党党首に選出されたのである。しかし、パチェッリの影響を受けたカースは、多くのカトリック教徒をひきずりこんで、しだいに右旋回していった。一九三〇年から三一年にかけて、混乱と動揺がいよいよドイツを支配すると、すでにヴァチカンを頻繁に訪問するようになっていたカースは、ムッソリーニとのあいだに成立したばかりの了解の線に沿って、同様のコンコルダートを結ぶべく、パチェッリとともに動きはじめる。かかる状況にあっては、教会が将来においても存続できるよう足場を固めることが、何よりも重要だった。他の指導的カトリック政治家の多くと同じく、カースは、警察の弾圧によって左翼の脅威が踏みつぶされてしまうような全体主義国家においてのみ、現実に教会が存続することが可能になると考えた。カースは一九二九年に表明している。「現今の、祖国とその文化が非常な危難にさらされ、われらすべての魂が抑圧された時代ほどに、指導者を求める声が、かくも大規模に、これほどくっきりと、また一日千秋の思いをこめて、ドイツ人の心に響き渡ったことはけっしてあるまい」[31]。何よりもカースは、ドイツの行政府をよりいっそう立法府から独立させるべきだと要求した。中央党の別の政治指導者で、ヴュルテンベルク州政府首相だったオイゲン・ボルツは、一九三〇年代初めに妻と話していた際に、もっと無遠慮に述べている。「議会主義では深刻な国内問題を解決できないとの意見を、長いこと抱いてきたのだ。もし十年間独裁者を置くという選択肢があるなら——私はそれを望むだろうね」[32]。一九三三年一月三十日よりもずっと前から、中央党は、かつて果たしていたような、ヴァイマール民主主義の防波堤という役割を放棄していたのである[33]。

このように、ヴァイマール共和国の民主主義を担っていた主要な政治的支柱でさえ、一九二〇年代の終わりごろには動揺していた。彼らの先にあった民主主義のありさまは、さらに荒涼としたものだった。他の政党はいずれも、共和国とその制度を真剣に支えようとはしなかったのである。左派方面では、共和国は、共産主義の大衆化現象と対峙していた。一九一八年から一九二一年までの革命期にあっては、共産主義者は閉鎖的なエリート集団を形成し、ほとんど有権者の支持を得ていなかった。が、第一次世界大戦への反対という統合要因を奪われた独立社会民主党が一九二二年に分裂すると、その多くが大挙して共産党に加わった。そのため、共産党は大政党になったのだ。早くも一九二〇年の時点で、独立社会民主党と共産党を合わせた勢力は、ライヒスタークにおいて八十八議席を獲得していた。共産党は、一九二四年五月に六十二議席を得た。同年後半に議席を微減させたものの、一九二八年には五十四議席に戻し、一九三〇年には七十七議席を取った。一九二四年五月には三百二十五

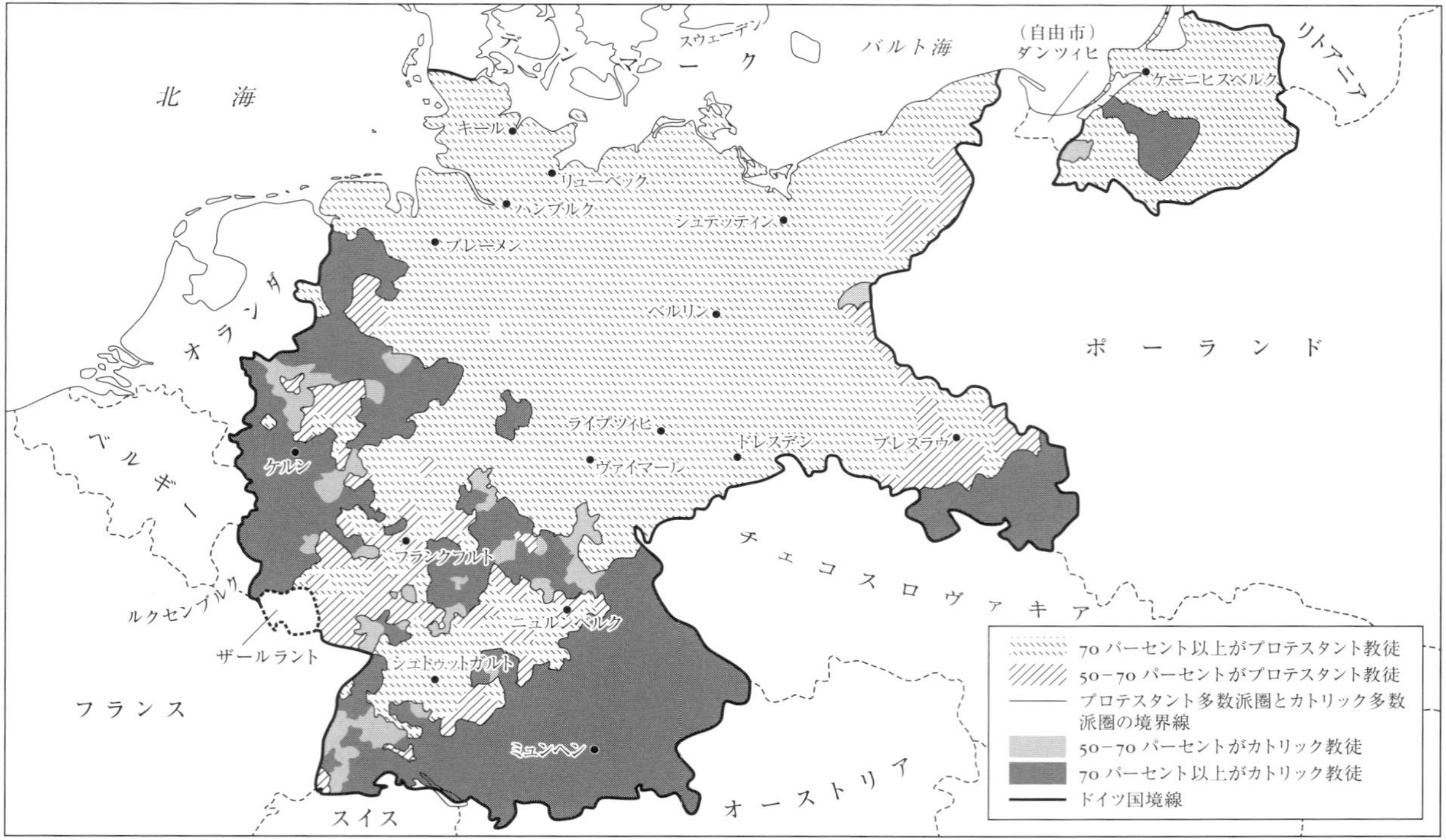
北　海
デンマーク
スウェーデン
バルト海
（自由市）
ダンツィヒ
ケーニヒスベルク
リトアニア
キール
リューベック
ハンブルク
ブレーメン
シュテッティン
ベルリン
オランダ
ベルギー
ルクセンブルク
ザールラント
フランス
スイス
ケルン
フランクフルト
ライプツィヒ
ヴァイマール
ドレスデン
ブレスラウ
ポーランド
チェコスロヴァキア
ニュルンベルク
シュトゥットガルト
ミュンヘン
オーストリア
70 パーセント以上がプロテスタント教徒
50－70 パーセントがプロテスタント教徒
プロテスタント多数派圏とカトリック多数派圏の境界線
50－70 パーセントがカトリック教徒
70 パーセント以上がカトリック教徒
ドイツ国境線

地図 5. 宗教的分断

万、一九三〇年九月には四百五十万を超える有権者が共産党に投票した。これらはすべて、ヴァイマール共和国の覆滅に賛成する票だったのである。

ドイツ共産党の政策は、一九二〇年代に二転三転した。けれども、共和国はブルジョワ国家であり、主たる目的は資本主義経済秩序を保護し、労働者階級を搾取することにあるとの信念から逸脱することはなかった。資本主義は必然的に崩壊し、「ブルジョワ」共和国は、ロシアの手本に沿ったソヴィエト国家に取って代わられるはずだとの希望を抱いたのであった。共和国初期においては、それは、武装蜂起によるドイツの「十月革命」〔一九一七年にロシアで起こった革命を指す。同様の革命をドイツでも生じせしめるという意味〕を準備することだった。けれども、一九一九年一月の蜂起が失敗し、あまつさえ、一九二三年の蜂起計画がより潰滅的な挫折をもたらしたとあって、かかる構想は沙汰止みになった。一九二〇年代後半、スターリンが影響力を増し、ソヴィエト政府が、世界各国の共産党に対する財政的・イデオロギー的な締めつけをつよめると、ドイツ共産党はしだいにモスクワに操作されるようになった。その結果、一九二〇年代なかばには、より穏健な路線を取る以外の選択肢は、ほとんどなくなったのである。とはいえ、ドイツ共産党は結局のところ、一九二〇年代末には、急進「左翼」の位置に戻った。かかる路線は、共和国防衛における社会民主党との共闘を拒否するばかりか、共和国打倒のため、その敵と積極的に協力していくことを意味していたのだ[34]。事実、共産党が共和国とその制度に抱いた敵愾心《てきがいしん》によって、労働者階級を共和国に好意的にさせたかもしれぬ改革にまで同党が反対するという事態が引き起こされたのである[35]。

もっとも、右派の激しい敵意のほうも、共和国は相容れない存在だとする左翼の反対と同等以上のものであった。ヴァイマールに対する、最大にしてもっとも顕著な右翼の挑戦は、国家国民党によって仕掛けられた。同党は、一九一九年一月のライヒスターク選挙で四十四議席を獲得、一九二〇年六月には七十一議席、一九二四年五月に九十五議席、一九二四年十二月には百三議席を押さえた。それによって、国家国民党は社会民主党を除くどの政党よりも大きくなった。一九二四年の二回の選挙においては、いずれも約二十パーセントの票を取った。つまり、これらの選挙では、ヴァイマール共和国にはまったく正統性がないと考え、ビスマルク帝国への復古とカイザーの帰還を求めると、最初から旗幟鮮明にしていた政党に、投票者の五人に一人が賛成したことになるのだ。そうした思想は、国家国民党が黒・赤・金の新共和国色に代えて、黒・白・赤の旧帝国旗を擁護したことから、義勇軍と組んだ武装陰謀集団による共和国の重要人物の暗殺に対して見て見ぬふりをし、ときには、それをあからさまに容認することに至るまで、非常にさまざまなかたちで表現されていたのである。国家国民党のプロパガンダと政策は、一九二〇年代において、有権者に急進右翼思想を流布することにおおいに与っており、ナチズムへの道を用意したのであった。

一九二〇年代に、国家国民党は二つの連立政権のパートナーだった。しかし、その経験は芳しいものではなかった。一つの政権は十か月後に総辞職し、もう一つの政府に加わったときには、任期の途中まで、自党党員の多くに不満を残すような妥協を強いられることになったのだ。一九二八年十月の選挙で大敗を喫すると（ライヒスタークにおける国家国民党の議席は百三から七十三に減少した）、党内右派は、もっと妥協を許さぬ方針を採るべき時機が来たと確信した。伝統主義者である党首ヴェスタルプ伯はその地位から逐われ、新聞王にして工業資本家、急進的国家主義者であるアルフレート・フーゲンベルクがあとを襲った。彼は、一八九〇年代に全ドイツ運動がはじまった当初から、その指導者であった。フーゲンベルクの影響下で起草された一九三一年の国家国民党綱領は、以前のそれよりも、はっきり右に寄っていた。それは何よりも、ホーエンツォレルン王家への復古、義務兵役制、ヴェルサイユ条約改正をめざす強力な外交政策、失われた海外植民地の回復、ヨーロッパの他の地域、とりわけオーストリアに住むドイツ人との紐帯をつよめることを要求していたのである。ライヒスタークは立法に関して監督的な役割と「批判の声」を保持するだけとなり、当時ファシスト・イタリアでつくられていた職能代表制国家の線に沿って、「経済・文化の領域における職業序列によって構成される代表団体」がライヒスタークに加わるものとされた。この綱領はさらに、左のように続く。「われわれは、ユダヤ人であろうと、あるいは他の集団に由来するものであろうと、あらゆるかたちの破壊的な非ドイツ的精神に抵抗する。政府ならびに公的な営為においてユダヤ人勢力がはびこっていること、革命以来ずっと猖獗《しょうけつ》をきわめている傾向に、断固として反対する」[36]。

国家国民党はまた、フーゲンベルクのもとで党内民主主義から離れ、「指導者原理」にいっそう近づいていった。国家国民党の新指導者は、おのが政策を打ち出し、ライヒスタークにおける同党代議員の投票行動を指揮することに奮闘努力した。だが、少なからぬ議員がそれに反対、一九二九年十二月には、そうした議員十数名が離党、一九三〇年六月には、さらに多くが党を脱し、抗議の意味から群小の右翼グループに加わったのである。フーゲンベルクは、ヤング案に反対する国民投票を行うべく、国家国民党を極右と組ませた。この案は、賠償支払いの日程変更のため、アメリカがあいだに入ってとりまとめ、一九二九年に国際的に合意された計画であった。厳しい闘争となったキャンペーンでの敗北も、ただフーゲンベルクをして、ヴァイマール共和制に対してずっと過激な反対を行い、ビスマルクの帝国における栄光の日々に回帰するような全体主義・国家主義的国家がそれに取って代わる必要があると確信せしめただけのことであった。国家国民党のお高くとまったエリート主義は、真の大衆による支持を獲得する妨げとなった。同党の支持者は、ナチスが実践した、とことん人気取りを狙ったデマゴギーの甘言に惹かれがちだったのである[37]。

親ビスマルク的だった旧国民自由党の後身である、より小さな国民党は、さほど急進的ではなく、共和国に対する反対もわずかで、比較的消極的なものにとどまっていた。国民党は一九二〇年の選挙で六十五議席を獲得したが、続く十年ほどのあいだは四十議席から五十議席前後になった。支持者の数は、およそ二百七十万、ないしは三百万ほどである。国民党も共和国に敵意を抱いていたのだが、党の指導的人物であるグスタフ・シュトレーゼマンが、当面の政治的現実を認識し、納得するというよりも、必要があるがために共和国の正統性を受け入れると決断したことにより、その本性は覆い隠されていた。党から全幅の信頼を受けたことは一度もなかったけれども、シュトレーゼマンの説得力には大なるものがあった。一九二〇年代のほとんどを野党として過ごした国家国民党とちがって、国民党が共和国のほとんどの内閣に参加したことは、シュトレーゼマンの至芸ともいうべき交渉手腕が少なからず与っていたのだ。しかしながら、それは、共和国が誕生した初期段階ののち、ほとんどの政権において、控えめにいっても、共和国が存在する権利を疑わしく思っているような何人かの大臣が入閣することを意味していた。加えて、すでに党との折り合いをつけることに苦労するようになっていたシュトレーゼマンは病に倒れ、一九二九年十月に亡くなってしまったのだ。かくて、党指導部におよぼされていた、主たる穏健な影響が取り去られた[38]。この時点から、国民党もまた急速に極右に向かっていくのである。

それゆえ、一九二〇年代中頃でも、政治システムはきわめて脆弱に思われた。異なる環境にあれば、その政治システムも生き残ったかもしれない。事実、後世の多くの者が、一九二四年から二八年までの時期を「ヴァイマールの黄金時代」として描いた。だが、当時、ドイツが民主主義を確立する途上にあったとする考えは、あと知恵がつくりだした幻想である。民主主義が揺るぎのないものになっているきざしなど、実際にはなかった。その逆で、二つの主要ブルジョワ政党（中央党と国家国民党）が早くも、公然たる民主主義の敵の手中に落ちたという現実は、将来への凶兆だったのであるが、衝撃として受け取られることもなかったのだ。国民党の共和国に対する忠誠は、すでに述べた通り、ただ一人の男、グスタフ・シュトレーゼマンの辛抱強く、賢明なリーダーシップにすべてを負っていた。このこともまた、脆弱性を示す別のサインだった。一九二八年という比較的有利な状況のもとでさえ、「ヴァイマール連合」はライヒスタークの過半数を得られなかった。一九二三年以降、ボリシェヴィキ革命の脅威は後退したという印象が広まったため、ブルジョワ政党は、共産主義に対する防波堤として共和国を維持するため、社会民主党と妥協する必要はもうないという気になったのである。[39] もっと不気味だったのは、鉄兜団のような準軍事団体が、その共和国に反対する見解を、より影響力があるものにしようと試みるうちに、街頭から政治討論へと闘争を拡大しはじめたことだ。この間、政治的暴力の行使も、公然たる内戦(それは、共和国草創期のほとんどを特徴づけるものだった)とまではいかなくとも、一九二〇年代を通じてずっと、不安をもよおさせるような高いレベルで続いていた。[40] 一九二八年の時点でさえ、共和国は安定と正統性を確保したという状態には程遠かった。それが冷厳な事実であった。

4

ヴァイマール共和国はまた、軍と官僚の全面的な支援を得られなかったことによっても弱体化していた。両者とも、一九一八年に全体主義的な帝国から民主共和国に移行することは、きわめて困難であるとみなした。とくに軍の指導部は、一九一八年の敗北により、深刻な脅威を突きつけられたのである。その、もっとも聡明で見通しが利く将校の一人、ヴィルヘルム・グレーナー将軍に指導された参謀本部は、フリードリヒ・エーベルト率いる多数派社会民主党と、安定した議会制民主主義を確保するために相乗りして働けば、革命的な労兵評議会の脅威をいちばん上手く払いのけられるという点で一致した。グレーナーの視点からみれば、かかる合意も、信念によるものではなく、便宜的な行動にすぎなかった。それによって、ヴェルサイユ条約後、ドイツ軍が削減されるなか、旧将校団を維持することが保障されたのだ。陸軍の兵員総数は十万人に制限され、戦車等の近代技術を用いた兵器は保有禁止となった。大規模な徴兵による軍隊は断念され、小さな職業軍を持つしかなかった。ただし、グレーナーは、社会民主党と妥協したことで、軍守旧派の猛烈な反対を受けた。グレーナーと同様の立場にある、社会民主党の軍事専門家グスタフ・ノスケが、将校団をより民主的な組織と人員に替えることをせず、手つかずで残すのを許したがゆえに、党同志からの厳しい批判を浴びたのと、ちょうど同じことであった[41]。とはいえ、一九一八年から一九一九年にかけての絶望的状況のもとでは、結局、彼らの路線が勝ち抜くことになったのである。

しかし、労兵評議会は、またたく間に政治の舞台から退場していった。指導的将校の多くにとって、民主勢力と妥協するのはもう喫緊の要ではないと感じられたのだ。それは、一九二〇年三月に劇的な形であきらかにされた。人員過剰による失職が迫っていることに抗議するため、義勇軍諸部隊がベルリンに進軍、旧王政の線に沿った全体主義体制への復古を要求して、選挙により成立した政府を転覆したのである。全ドイツ主義者の元官吏で、旧祖国党の大物だったヴォルフガング・カップに率いられた反徒はまた、いくつかの地域において軍の一部の支持を得ていた。陸軍総司令官ヴァルター・ラインハルト将軍は、政府に対する軍の忠誠を確保しようとしたが、まさにそのとき、より右翼に好意的なハンス・フォン・ゼークト将軍により、職を逐われたのである。ゼークトは、ただちに軍の部隊すべてに反乱者と敵対することを禁じ、彼らを後押ししている者についても見て見ぬふりをした。ついで、このクーデターに抗議して武装蜂起したルール地方の労働者たちの鎮圧を命じる。それは、はなはだしい流血をともなった。実のところ、彼は、最初から共和国に敵意を抱いていたのだ。高慢で独裁的、近寄りがたい人物であったゼークトは、常に左眼に片眼鏡《モノクル》を付け、自分が上流階級に属していることの証左としていた。プロイセン将校階級の伝統を体現していたのである。けれども、彼はまた政治的リアリストでもあり、共和国を武力で転覆する可能性は限られていることを理解していた。それゆえ、軍の団結を守り、議会のコントロールを受けないようにして、情勢が好転するのを待つように仕向けたのである。それについては、ゼークトは仲間の将校たちの全面的支持を得ていた[42]。

ゼークトの指導のもと、軍は、その「軍旗」に、黒・白・赤、旧帝国旗の色を残しつづけた。ゼークトは、抽象的な理想であるライヒを具体化したドイツ国家と、彼が一時的な逸脱にすぎないとみなした共和国を峻別していたのだ。ゼークトの師であるヴィルヘルム・グレーナー将軍は、一九二八年に、軍は「唯一の権力」であり、「誰も無視できない国家内の権力要素」であると述べた[43]。ゼークトがいかように主張しようとも、その指導下にあった軍は、政党政治の紛争を超越した中立的な組織とは程遠かった[44]。彼は、政府がライヒの利益を損なっていると信じれば、選挙にもとづく政権に干渉するのもためらわなかった。ある機会には、自ら首相となることも考えたほどだ。その綱領には、ドイツの中央集権化、プロイセン州の自治権制限、労働組合を廃止し「職業院」（のちにイタリアでムッソリーニが創設したものに近い）に替えること、全般的に「ライヒの存在、ライヒと邦の正統な権威に反対するような、あらゆる風潮を、ライヒの権力という手段を行使して弾圧すること」といった諸点が掲げられていた[45]。結局、彼は倒閣には成功したものの、首相にはなれなかった。それを実現したのは、ゼークトの後継者たちの一人、クルト・フォン・シュライヒャー将軍である。シュライヒャーは、ゼークトが軍統帥部を運営していた時代の側近・諮問役だった。

一九二〇年代のほぼ全期間にわたって、軍は思いのままに、ヴェルサイユ条約により押しつけられた制限を迂回することに全力をつくした。縮小され、遺恨を抱いたもう一つの大国であるソヴィエト連邦と舞台裏でよしみを通じた軍指導部は、戦車と航空機の運用を学ぶことを望み、また毒ガス実験に参加する意思のある将校たちのために、ロシアにおいて、秘密訓練・講習を組織した[46]。ヴェルサイユ条約によって課された、陸軍兵力は上限十万との制約に抜け道をつくることが試みられ、ひそかに補助部隊訓練の手はずが整えられた。軍はいつでも、潜在的な軍の予備役としての準軍事団体に注目していたのである[47]。ダミーの戦車を使った訓練を含む、あれやこれやのごまかしをみれば、軍には一九一九年の講和条件を遵守する意図などなく、状況が許せば、ただちにそのくびきを外すであろうということは明白だった。こうして、こっそりと条約の裏をかいたのだが、それを指導していたのは、唯一、生え抜きのプロイセン保守派だけだったというわけでは、けっしてない。何よりも、現代指向の精神を持ちながら、民主政治と国際協定に縛られ、苛立っていた軍テクノクラートこそが、こうしたことを組織したのだ[48]。軍の忠誠欠如、そして、指導的な将校が文民政府に対して繰り返し陰謀をたくらんだことは、真の危機の際に共和国が引き続き生命力を維持できるかを占うには、悪いきざしであった[49]。

ドイツで最初の民主主義は、軍隊という公僕の支持をたいして期待できなかった。だとしたら、同様に、文官のそれも多くは望めなかった。彼らもまた、旧ドイツ帝国から継承されていたのだ。文官はきわめて重要だった。社会の広範な領域をカバーし、ライヒの中央行政府で働く役人のみならず、本来ならば高級官僚のものとされていた在職保障、地位、俸給を確保した州の被雇用者すべてを含んでいたからである。そのなかには、地方分権された州、鉄道や郵政などの国営事業、大学・学校などの国家機関で働く公務員も入るとされていたから、大学教授や高等学校の教員も同じく、このカテゴリーに属することになった。こうした広義の意味でいえば、公務員の数は膨大であった。そのような、相対的に引き上げられた地位にある者の下には、国家機関が支払う給与・賃金で生活する州の公務員が何百万もいた。たとえば、ドイツ帝国鉄道はヴァイマール共和国においては、群を抜いた最大単一雇用主であり、一九二〇年代末の時点で七十万の従業員を抱えていた。次点は、三十八万人が働く郵政事業だ。これに、家族、被扶養者、年金受給者を加えると、およそ三百万人がもっぱら鉄道に生計を頼っていたことになる。[50] 一九二〇年代の終わりまでに、ドイツは合計百六十万の公務員を抱えるようになっており、うち半分が国家の官吏として働き、残り半分が鉄道のような公共事業に勤務していた。かくも多数の国家公務員がいたから、国家公務員層が政治的に極端に多様化したのも、わかりきったことであった。公務員層の被雇用者数十万が、社会民主党系労働組合、自由主義諸政党、非常にさまざまな政治志向の圧力団体に所属していたのである。一九一九年には、百万の公務員が「自由ドイツ官吏連盟」に属していた。しかし、一九二一年には、六万人が分派活動に出て、より右翼的なグループを結成した。その翌年には、三十五万人が脱退して、労働組合をつくっている。従って、公務員は、ヴィルヘルム帝国時代に訓練を受け、社会化されていたとはいえ、最初から一丸となって共和国に敵対したわけではなかったのである。[51]

革命による暫定政府の指導者として、フリードリヒ・エーベルトは、一九一八年十一月、無政府状態を回避するため、すべての官吏と公吏に仕事を続けるよう訴えた。[52] 圧倒的多数が職にとどまった。官・公吏のキャリア・システムと職責は変えられぬままだった。ヴァイマール憲法も、彼らを免職できないようにしている。理屈の上では可能であるようにみえるかもしれないが、忠誠の宣誓を遵守していないと法的に証明することはきわめて困難だったから、新憲法は事実上、公務員解雇を不可能にしていたのだ。[53] 議会と政党が出現するずっと前、十八世紀末から十九世紀初めの全体主義的・官僚主義的な国家に由来する制度によって、高級官僚はとりわけ、自分たちこそが支配カーストだとみることに慣れきっていた。プロイセンにおいては、それはまた格別である。たとえば、一九一八年までのすべての政府の閣僚は、ライヒスタークや連邦参議院ではなく、君主に任命された官僚だった。共和国のもと、大臣が頻繁に交代した中央政府の省庁では、官僚トップが絶大な権力をふるった。法務省のクルト・ヨーエールは、その一例だ。彼自身、最後には大臣になったのだが（一九三〇年）、実質的には共和国時代を通じて、同省に勤務していた。その間に、十七人を下らぬ大臣たちが就任しては辞職していったのである。このような者たちにとって、行政の継続性を維持することは、いかなる政治的配慮にも優る責務、至上命令だった。一九二〇年三月のカップ一揆の際も、財務官僚を含むベルリンの高級官僚は、個人的にどのような見解を抱いていようとも、一揆側からの職務停止命令に抗して、仕事を続けたのである。[54]

この場合、公務員の中立性が保たれたのは、彼らに特有の几帳面《きちょうめん》さが発揮され、忠誠宣誓により課せられた責務に固執したことに負うところが大きい。のち、一九二二年に、政府は、官吏をより緊密に共和国に縛り付けることを企図した新しい法律を導入し、共和国の敵と交友のある者に対しては、規則による懲戒を行うこととした。だが、この措置も、どちらかといえば骨抜きのものとなった。ただプロイセン州においてのみ、カール・ゼーフェリングとアルベルト・クシェジンスキという社会民主主義者、二代の内務大臣に指導されて、とくに県単位で旧帝国以来の行政官を社会民主党員や他の共和国に忠実な者と替えるよう、真剣な努力がなされた。[55] けれども、民主主義の原則に忠実であり、ときの政権に奉仕する義務感を吹き込まれた公務員をつくりだそうとするプロイセン州の努力ですら、結局のところは不充分だった。ゼーフェリングとクシェジンスキは、高級官僚層においても、各政党が、プロイセン州の連立内閣における議席数とおおむね同比率でポストを得るべきだと考えていたから、重要な役職のかなりの部分が、中央党、国民党、また、ある割合で国家党に占められることになる。これらの政党の共和国に対する忠誠は、一九二〇年代末以降、いっそう希薄になっていったのだ。ドイツの他の地域では、ライヒの行政機関を含めて、この程度の改革でさえ、まず試みられることはなく、いわんや、その達成も得られなかった。行政機関は著しく保守的で、一部には、共和国に徹底的に反対する者もいたのである。(56)

しかしながら、問題だったのは、高級官僚がヴァイマールの切り崩しを積極的に助けたことではない。むしろ、いかなるレベルであれ、官吏が能動的に民主的政治秩序にコミットし、それを転覆しようとする試みに抵抗するよう保証する上で、共和国がほとんど拱手傍観していたことのほうが深刻だったのだ。共和国への敵対において前のめりになっていた役人は、全体からみれば、おそらく少数派だったであろう。けれども、彼らのほとんどが、罰を受けずに切り抜けることができた。そのため、あるプロイセンの上級官吏のような例もみられた。彼は、一八八五年に生まれ、一九一八年以降、国家国民党のメンバーとなって、官吏その他のために、さまざまな過激集団を創設した。それらの目標とするところは、「ライヒスターク、アカの司令部」と戦い、「裏切り者の神なき社会民主党員」による政策をくじき、カトリック教会の「帝国主義的世界権力」に反対、最終的には「あらゆるユダヤ人」と闘争することだった。あからさまに、そう提唱されていたのである。このプロイセン官吏の反ユダヤ主義は、一九一八年以前には、おおむね潜伏していたのだが、革命後に、はっきりと発現したのだ。そのあとのことについて、彼はのちに回想している。「ユダヤ人が［高架］鉄道や列車で、生意気にもしゃべり続けている。私にがみがみ言われて、だいぶ卑屈になりながらも言うことを聞こうとしない。そんなときにはいつでも……口を閉じないのなら、動いている列車から放り出してやるぞと迫ったものだ」。一度などは、「マルクス主義の」労働者を拳銃で脅したこともあるという。共和国に反対した官吏のなかでも、極端な例であることはあきらかである。だが、騒擾罪で裁判にかけられたことがあるにもかかわらず、彼は解雇されず、二度懲戒処分を受け、昇進を拒否されただけだった。「官界にいる、わが政治的な敵どもは、毎度毎度、いとも簡単に私を微罪で放免した。私は、これこそ、彼らの弱さだとみなしていた」と、このプロイセンの官吏は書いている。共和国のもと、彼に生じた最悪のことといえば、出世の見込みが閉ざされたことだけだったのである。[57]

共和国の防波堤とされたプロイセン州においてさえ、大多数の官吏は、自分たちが服従を誓った憲法に対し、真の忠誠心を抱いていなかった。それを疑う余地はまずない。事実、共和国崩壊の危機にさらされたとしても、ほとんどの者は、それを救おうと考えるだけのことさえ、しなかったであろう。一九二〇年のカップ一揆の際にみられた通り、国家が挑戦を受けた場合にも、官僚は職務に献身し、仕事を続けた。さりながら、国家が転覆されるようなときにも、彼らは同様に働きつづけたことだろう。ここにも、具体的な民主主義の原則ではなく、ライヒという抽象概念に忠誠を捧げる、もう一つの中心的機関があったのだ。他のさまざまなそれと同様、この面においても、ヴァイマールはその開始時から、ひよわな政治的正統性しか有していなかったのである。[58] 共和国は、政治的暴力、暗殺、その生存権をめぐる和解不能の対立といった、抜きがたい問題につきまとわれていた。軍や官僚といった公僕にも愛されず、守ってももらえなかったのだ。ヴェルサイユ条約という国民的屈辱を理由に、多くの人々に非難されもした。そして、ヴァイマール共和国はまた、とほうもない経済問題に直面しなければならなかったのである。それは、国家創設を試みている時期に、多数の者の生活を著しく困難にした大規模な通貨インフレとともにはじまった。

大インフレーション

1

もしも共和国が納得出来る水準の経済的安定を保ち、その市民にまともで堅実な収入を与えていたなら、もっとも頑迷な反動でさえも、結局は共和国と折り合いをつけたかもしれない。しかしながら、共和国は最初から、ドイツの歴史に前例のないほどの経済的失敗にまとわりつかれていた。帝国政府は、第一次世界大戦が開始されるや、戦費をまかなうため、すぐに国債の発行を開始した。一九一六年以降、歳出は、政府が国債や他のあらゆる財源から実際に集めることができた歳入を、はるかに上回っていった。東西の豊かな工業地域を併合、敗戦国に多額の金銭的賠償支払を強制し、ドイツが支配する新経済秩序を征服されたヨーロッパに押しつけることによって、この赤字を補塡する。そんなことが期待されたのも、ごく当然のことであったろう。[59] だが、かかる期待は打ち砕かれた。結果として、敗戦国になったのはドイツであり、勘定を払うのもドイツだった。事態は、以前よりもずっと悪化する。政府は、財源の裏付けもないままに、紙幣の印刷を続けた。大戦前、ベルリンの両替所における為替レートは、一米ドルあたり四紙幣マルク強だった。一九一八年十二月までに、一米ドルを買うのにほぼ二倍のマルクが必要になる。交換レートは下がりつづけ、一九一九年四月には一米ドルあたり十二マルク強、その年の末には四十七マルクになった。[60]

ヴァイマール共和国の歴代政府は、ある政治的な罠にはまったのだが、少なくともその一部は自分たちがつくりだしたものだった。いまだ戦時債務を支払わなければならず、ドイツの経済資源や国内市場が縮小しているときに、賠償というかたちで政府歳入を諸外国に譲り渡す必要があることは、さらに資産が流出することを意味した。ロレーヌとシレジアの人口稠密な工業地帯は、講和条約の規定により、割譲されてしまった。一九一九年におけるドイツの工業生産高は、一九一三年当時の四十二パーセントでしかなく、穀物生産高も戦前の半分以下だった。平時経済に移行するための資金をまかない、求職中、あるいは戦争で障害者になったために仕事が見つけられないでいる退役軍人に福祉措置を講じるため、厖大な支出が必要とされた。しかし、政府が多少なりとも増税して、この不足分を埋めようとすれば、ただちに右翼国家主義者の側にいる敵によって、連合国が請求する賠償金を支払うために税金を課すのかと非難されたことだろう。ほとんどの政権にとっては、そんなことをする代わりに、ドイツの通貨問題は賠償の廃止、もしくは、少なくとも、もっと受容できるレベルまで返済期限を延長することでしか解決されないと外国列強に訴えることのほうが、政治的にはずっと賢明なことだと思われたのだ。とはいえ、かかる危険な政策を追求するにあたって、ドイツの歴代政権が示したエネルギーと積極性の度合いはさまざまであった。一九二〇年から一九二一年にかけて、マルクの対ドル交換率の低下は、一再ならず食い止められた。が、それでも一九二一年十一月の時点で、一米ドルを買おうと望むドイツ人は二百六十三マルクを支払わねばならなかった。一九二二年七月には、そのコストは再び倍増、四百九十三マルクにのぼったのである。[61]

かかる規模のインフレは、経済というゲームのさまざまなプレイヤーに多様な影響をおよぼした。物資、設備、製造工場などの購入のために融資を受け、それが本来の価値からすれば、はした金程度に下がった時点で返済できたことは、大戦後の経済復興を刺激する一助となった。一九二二年中頃までの時期には、ドイツの経済成長率は高水準で失業率も低かった。一九二〇年三月のカップ一揆を阻止したそれのごときゼネストは、完全雇用がほぼ達成されているという背景がなければ、その実行は、はるかに困難になっていただろう。実質税率もまた低く、需要を喚起するのに充分だった。ドイツ経済は、インフレがあまり目立たなかった一部のヨーロッパ経済よりもずっと手ぎわよく、平時経済基盤への移行をなしとげたのだ[62]。

しかし、この経済復興も砂上の楼閣《ろうかく》であった。その過程で、少しばかりの一時的な小康状態があったけれども、インフレを止められないことがはっきりしたからである。一九二二年九月に一米ドルを購入するのに一千マルク、十月に三千マルク、十二月には七千マルクを要した。通貨価値の下落が猛威を振るいだしていた。ドイツ政府は、もはや必要な賠償金支払を続けられなくなった。賠償金は金《きん》で支払わねばならなかったのだが、その国際市場の価格に鑑みれば、ドイツ政府にはもうそれを準備する余裕がなかったからだ。さらに一九二二年末には、賠償計画の一環だった石炭のフランスへの引き渡しが、はなはだしく遅延した。それゆえ、一九二三年一月、フランス・ベルギー軍は、受け取っていない石炭を差し押さえ、条約にもとづく義務の履行をドイツに強制するため、ドイツ随一の工業地帯であるルール地方を占領した。ベルリンの政府は、ほぼ間髪容れずに、占領側が、自分たちのためにルールの工業生産の果実を集められるように便宜をはかることを拒否し、フランス人に対する受動的抵抗と非協力という方針を宣言する。九月末になって、この闘争はようやく終結したが、受動的抵抗は、経済状態をいっそう悪化させた。一九二三年一月に一米ドルを購入したいと欲する者は、誰でも一万七千マルクを払わねばならなかった。四月には二万四千マルク、七月には三十五万三千マルクに上がった。まったく、あぜんとするぐらいの超インフレである。この年の終わりまで、米ドル・マルクの交換率は、たちまち電話帳に載っているいかなる番号よりも長い数字によって、どうにか表されるようなところまで行った。八月に四百六十二万一千マルク、九月に九千八百八十六万マルク、十月に二百五十二億六千万マルク、十一月に二兆百九十三億六千万マルク、十二月に四兆二千億マルクになったのだ。[63] まもなく、新聞が、このばかでかい数字の呼称方法を読者に伝授しはじめた。あるコラムニストは、このように註釈を加えた。フランス人は百万の百万倍を一兆としているが、一方「われらは、それは百万の一兆倍、百京《ひゃくけい》（1,000,000,000,000,000,000）に相当するとしている〔原語のtrillionは、国によって意味が異なり、それぞれ、一兆か、百京の意味になる〕」。こんなもの、場合によっては、もっと大きな数字の価値表示が、日々使っている通貨に入り込んでこないよう、神様に祈るばかりである。それが精神病院の収容過剰を引き起こしかねないという理由からだけでも、そうしなければならない」と。[64]

超インフレは、そのピークにあっては、戦慄を感じさせるほどのものだった。通貨は、ほぼ完全にその意味を失った。天文学的な単位になっていくばかりの紙幣の必要が生まれたが、それに印刷機が追いつけない。地方自治体は独自に、用紙の片面だけを使った緊急紙幣の印刷を開始した。被雇用者は、買い物かごや手押し車に賃金を詰め込んだ。給料袋にして渡すのに必要な紙幣が厖大な数になってしまったからである。彼らは、通貨の下落が続くなか、商品が手に届かないものになる前に買い物をしようと、賃金を受け取るや、商店に駆け込んだ。高校生だったライムント・プレッツェルは、のちに、その当時のありさまを以下のごとく回想している。高級官僚だった父親は、毎月末に俸給を受けると、翌月に通勤できるように鉄道の定期券を買いに駆けつけ、固定支出を小切手にして送ったあと、家族全員の整髪代を差し引いた残金を妻に渡す。彼女は、子供たちを連れて、地元の卸売商店に行き、保存できる食料品を山のように買い込んだ。つぎの給料が入るまで、これで暮らしていかなければならない。残りの一か月間、家族の手元に残る金は皆無だった。手紙を出すには、最新単位の紙幣を封筒に貼り付けてやらねばならない。郵送料の上昇に見合う、適正な額面の切手を印刷するのが間に合わなかったからだ。一九二三年七月二十九日、英国の『デイリー・メール』紙のドイツ特派員は、左のような記事を書いた。「商店では、値札がタイプ打ちされており、時間ごとに貼り替えられる。たとえば、午前十時に五百万マルクだった蓄音機は、午後三時には千二百万マルクになった。街頭で購入される『デイリー・メール』も、昨日は一部三万五千マルクだったのが、今日は六万マルクになるといった具合である[65]」。

いちばん劇的で深刻な影響をおよぼしたのは食料品価格だった。カフェに座った女性が、五千マルクのコーヒーを一杯注文したとしよう。一時間後、彼女が立ち上がって勘定をするときには、ウエイターが八千マルクを要求することになるかもしれなかった。ドイツ人の日々の食において主食となるライ麦パンは、一九二三年一月三日には一キロ百六十三マルクだったが、七月にその額は十倍以上になり、十月一日には九百万マルク、十一月五日に七百八十億マルク、二週間後の十一月十九日には二千三百三十億マルクに値上がりした[66]。超インフレが頂点に達した時期には、平均的家庭の支出の九十パーセント以上が食費にまわされていたのである[67]。固定収入に頼っていた家族は、何か食べるものを入手するため、手持ちの品を売却しはじめた。商店は、価格がすぐに高騰するだろうと期待して、食料品の隠匿に手をつける[68]。基本中の基本である必需品さえまかなう余裕もなくなったため、群集は暴徒と化して、食料品店の略奪にかかった。農村部に乗り込んで、畑をまるはだかにしてしまおうとした炭鉱労働者の一群と農民たちのあいだで銃撃戦が生起することもあった。後者は、作物を守らんとすると同時に、無価値な紙幣と引き換えに物を売るなどごめんだと考えていたのだ。マルクの暴落により、外国からの輸入供給も、不可能とはいわぬまでも、困難になっている。飢餓の恐れが、きわめて現実的になった。それは、受動的抵抗によって輸送網が機能しなくなっていたフランス占領地域では、とくに顕著であった[69]。栄養不良が原因で、結核に罹病して死亡する者が急増する[70]。

学者のヴィクトール・クレンペラーの経験も、特異なものであったとはいえない。その日記は、この時期におけるドイツ史の大変動についての彼個人の洞察を伝えてくれる。クレンペラーは、任期が決まった教師契約を結んで、まさにその日暮らしをしていたのだが、退役軍人の資格もあったから、一九二〇年二月に追加の戦時賜金《しきん》を得ることができ、喜びはしたものの、「昔なら、ちょっとした収入だったが、今ではチップ程度にすぎない」と不平を洩らしている。[71] このあと、インフレが昂じるにつれ、クレンペラー日記は、何か月にもわたって、金銭の計算で埋めつくされていくことになる。一九二〇年三月、ミュンヘン郊外の列車において、彼はすでに「リュックサックを背負って食べ物をあさる子供たち」に出くわしていた。[72] 時が経つにつれ、クレンペラーはいよいよ、「ある種の倦怠感をともなう諦念」を抱きつつ、想像を絶するような請求を支払うはめになるのだ。[73] 一九二〇年、彼はとうとうドレスデン工科大学で常勤職を得た。ところが、それでも金銭的な安定はもたらされなかった。クレンペラーは毎月、前回支給されたとき以来のインフレを埋め合わせるため、未払い名目とされた追加金が付いた、天文学的な額の給料をもらっていた。一九二三年三月末には、百万マルクに近い金額を受け取ったのだけれども、ガス代と税金を払うには足りなかったのである。その知り合いの誰もが株取り引きに投機して、金をつくろうとやっきになっていた。クレンペラーもやってみて、ひとまず二十三万マルクを儲けたものの、同僚のフェルスター教授のそれと比べれば、影が薄くなる程度の金額でしかなかった。フェルスターは「大学のなかでは、最悪の反ユダヤ主義者、チュートン主義の煽動家、国粋主義者の一人」であり、株式市場で一日あたり五十万マルクを稼ぐといわれていたのである。[74]

カフェの常連だったクレンペラーは、七月二十四日、コーヒーとケーキの代金に一万二千マルクを支払った。八月三日には、コーヒー一杯とケーキ三個が十万四千マルクになったと記している。[75] 八月二十八日の月曜、彼は、暮らしていく上での主たる楽しみの一つ、映画の入場券も、以前は十万マルクで十枚も確保できたものだと日記に書いた。「そのあと、すぐに、はかりしれないほどの値上げとなった。つい最近では、私たちの一万マルク席は、二十万マルクもかかるようになっている」。続く記述には、「昨日の午後、新しく買いだめしておきたいと思ったのだが、中央列の丸椅子席がもう三十万マルクもした」とある。それらは、映画館で下から二番目に安い席だった。しかも、三日後、つぎの木曜日にも、さらに値上げされると予告されていたのだ。(76) 十月九日までに彼は、「私たちの昨日の映画館通いは、交通費込みで、一億四百万マルクかかったのだ」と報告していた。(77) かかる情勢によって。他の多くの者同様、彼もまた絶望のふちに追いやられた。

気味の悪いことに、ドイツは少しずつ崩壊しつつある。一米ドルが八億マルクを超え、一日ごとに、前日よりも三億マルク高くなっていく。ただ、新聞でこれらのことを読んでいるだけというわけではない。そのすべてが自分の生活に直接響いてくるのだ。いつまで食べ物があるだろう。つぎは、何を倹約しなければならないのだろうか?(78)

クレンペラーは、いよいよ多くの時間を金策に費やすようになっていった。以下、十一月二日の日記記載である。

昨日は、午前中いっぱい、さらには午後二時近くまで、大学の会計課で金が出るのを待っていたが、給料が十月から未払いになっているというのに一銭ももらえずじまいだった。昨日、一米ドルが六百五十億マルクから千三百億マルクに上がったので、今日はガス代ほかの勘定を昨日の倍額で支払わなければならないだろう。ガス代については、千五百億マルクの差額を払うことになりそうだ。[79]

ドレスデンで食料暴動が起き、その一部は反ユダヤ主義の色合いを帯びていたと、彼は記している。クレンペラーは、けんめいに必需品を求めている人々が自分の家にも押し入ってくるのではないかと、恐れはじめていた。仕事も手につかない。「金銭問題に大量の時間を割かれ、神経がぼろぼろになる」[80]。

ドイツは苦悶し、立ち止まろうとしていた。企業や自治体にも、従業員に給料を払ったり、公共事業に支出する余裕がもうなくなってしまったのだ。ベルリンでは、市電九十路線のうち、六十路線が九月七日までに運行を停止していた[81]。これ以上、こんな状態を続けるわけにいかないのはあきらかだった。ドイツは、政治的に巧妙な手を打つことと、手際の良い財政改革とを組み合わせることによって、破滅寸前の状態から引き戻された。グスタフ・シュトレーゼマンは、一九二三年八月からはじまって、ながらく外相職を務めているが、最初の数か月間は首相も兼任していた。その彼が「履行」政策に着手した。何があろうとドイツは賠償金を支払う。そう保証する見返りとして、フランス軍を九月にルールから撤退させるように交渉したのである。その結果、国際社会は賠償方法の見直しに同意した。アメリカの財政専門家チャールズ・ドーズが議長を務める委員会が作成した案が協議され、翌年には受諾された。

このドーズ案においては、賠償支払いが停止される見込みはなかった。が、少なくとも賠償金支払い計画が現実的になるよう保証するため、一連の取り決めがなされた。事実、つぎの五年間には、賠償金は、さしたる問題もなしに支払われたのである[82]。その政策によって、シュトレーゼマンが国家主義右翼から喝采を得ることはなかった。彼らは、賠償原則にはいかなる譲歩もすべからずと抵抗したからだ。しかし、この時点までのハイパーインフレはあまりにひどかったから、ほとんどの人々が、これこそ唯一現実的な政策だと納得した。一年前、あるいはそれよりも前であったら、その見解はおそらく、おおかたの賛成を得られなかったであろう。[83] 財政方面では、一九二三年十二月二十二日、シュトレーゼマン政権は、国立中央銀行であるライヒスバンクの総裁に、ヤルマール・シャハトを任命した。政界に強力なコネを持つ、優れた財政家である。早くも十一月十五日には、金本位制にもとづく新通貨レンテンマルクが発効した。[84] シャハトは、レンテンマルクを投機から守るために、いくつかの措置を講じていた。まもなく新通貨はライヒスマルクと改称された。これが広く行き渡るにつれ、旧通貨に取って代わって、一般に受け入れられるようになった。[85] 超インフレは終わったのである。

ほかの諸国も戦後のインフレの影響を受けたが、ドイツほどひどくはなかった。国によってさまざまではあるけれども、ハイパーインフレーションの頂点で、物価は、オーストリアにおいては戦前の一万四千倍、ハンガリーでは二万三千倍に、ポーランドでは二百五十万倍に、ロシアでは四十億倍になった。ただし、ロシアのインフレは、ボリシェヴキがソヴィエト経済を国際市場から大幅に撤退させていたので、厳密には他国と比較できない。かかるインフレ率は十二分に深刻だった。さりながらドイツでは、物価が戦前の百万倍になったのである。史上最悪の超インフレとして、経済史の年代記に書き込まれてしかるべき価値下落であった。また、右の諸国はすべて、参戦したものの、勝者の側に立てなかったということも注目される。最終的には、どの国も通貨を安定させはしたが、それは他国と充分相談してのことではなかった。第二次世界大戦後、国際金融財政を統御するための精緻な制度や協定がなされた。それと比較し得るような、存続可能の新しい国際金融システムは、一九二〇年代には現れなかったのである。[86]

2

ハイパーインフレーション、そして、それを収束せしめた方法がみちびいた帰結は、巨大なものであった。とはいえ、それがドイツ国民の経済状況にどう長期的な影響を与えたかということになると、これは測りがたい。かつては、インフレによって中産階級の経済的な繁栄がぶちこわしにされたと考えられたものだ。だが、中産階級とは、経済・財政面においては、非常に多様な集団だった。戦時債や他の国債に投資した者は、それを失いはした。けれども、家やアパートを抵当にして多額の金を借りた人々はみな、おそらく最終的には、対価なしも同然の状態で、そうした物件を資産としたことであろう。程度はさまざまであれ、こうしたなりゆきはしばしば、同じ人間の身の上に起こったのだ。しかし、固定収入に頼っていた者にとって、かかる結果は破滅にひとしかった。債権者はみじめな状態になった。あらたな社会的分割線を挟んで、勝者と敗者が互いに反目するようになるにつれて、中産階級の経済的・社会的結束は打ち砕かれた。その結果、一九二〇年代後半には、いよいよ中産階級政党の分裂が進む。彼らは、極右からのデマ攻撃に対し、手の打ちようがなくなってしまった。深刻だったのは、経済安定によるデフレ効果が表れはじめるとともに、あらゆる社会集団がその痛みを感じたことである。民衆は、インフレ、ハイパーインフレ、経済安定の影響をじっぱひとからげにし、ただ一つの経済的破滅であったと記憶に留めた。そこでは、ドイツのあらゆる社会集団が、敗者に等しいありさまを示したのであった。(87)

ヴィクトール・クレンペラーは、こうした経緯を示す典型例ともいうべき人物だった。経済安定が訪れたとき、「貨幣価値が突然下がり、猛然と買い物するのを余儀なくされることへの恐怖」は終わったが、その代りに赤貧が訪れた。新しい通貨にして、価値のあるものは何も持っていなかったし、お金も皆無に近かったからだ。投機にかかってみたものの、とどのつまりは、左のごとき憂鬱な結果にしかならなかった。「私の株はかろうじて百マルクの価値しかなく、自宅に置いてある、とっておきの現金も同額程度しかなかった。それで全部なのだ。私の生命保険も徹頭徹尾、完全に価値を失った。額面一億五千万マルクは、〇・〇一五プフェニヒにしかならなかったのである」[88]。

貨幣が価値を失ったので、持つに値するのは物だけとなり、巨大な犯罪の波がドイツ全土を呑み込んだ。窃盗による有罪判決は、一九一三年に十一万五千件を数えたが、ピーク時の一九二三年には三十六万五千件に達した。一九二三年に盗品故買で有罪判決を受けた被告は、一九一三年の七倍にもなっている。一九二一年においてすら、貧者はもう投げやりになっていた。そのため、ある社会民主党系の新聞がこのように報じている。ベルリンのプレッツェンゼー刑務所に送られた百名のうち、八十名が靴下を履いておらず、六十名は靴もなし、五十名は着たきり雀だった、と[89]。ハンブルクの波止場では、上げ下ろしを請け負った積み荷の一部をくすねるのが労働者のしきたりになっていたが、そうした行為も前例のない規模に達していた。労働者たちは、こんなものは自分たちには手が届かない上物だとの理由で、いくつかの品目の荷積みを拒否したという。労働者が波止場にいくのは、ただ窃盗のためであり、それを止めようとしようものなら、誰であろうと叩きのめされると、労働組合は報告している。好んで略奪されたのは、コーヒー、小麦粉、ベーコン、砂糖だった。つまるところ、貨幣による賃金の価値が下落したために、労働者たちは、この種の現物支給を強要していたのである。こんなやりようが広まったので、一部の外国船会社は一九二二年から一九二三年までのあいだに、他の場所で積み荷を下ろすようになっていく[90]。同様の、窃盗と物々交換による経済が、他の通商、他の商業拠点においても、金銭取り引きに取って代わった。

暴力、あるいは暴力の脅威は、ときに眼をみはるようなかたちでその姿を現した。二百人にもおよぶ重武装した若者の集団が、農村の納屋を襲撃、収穫を運び去るようなありさまも見られた。もっとも、かろうじて犯罪の取り締まりができるという空気になってはいたものの、傷害による有罪判決は、一九一三年の十一万三千件が、一九二三年にはわずか三万五千件に減少した。窃盗に直接関係のない、他のカテゴリーの犯罪も、それと同程度の減少を示している。生きていくために、ほとんどすべての人が、少量の食糧や必需品を盗むことに余念がないものと思われた。バターの包み数個を入手するために、身を売った少女たちの話が報じられた。かかる状況による苦渋や憤懣は、一部の連中がそこから、違法な通貨取引、密輸、不当利得、物資の違法な運搬によって莫大な利益を上げていると思われたことで、いっそう昂ぶった。闇商人と不当利得者は、加速するインフレが超インフレになる前でさえ、人気取りのデマゴーグたちによって非難の対象とされていたが、いまや大衆の憎まれ役とされたのである。実直な商店主や職人がパンひとかたまりを買うために、手持ちの家具を売らねばならないのに、不当利得者は一晩中、パーティざんまいにふけっている。そうした感情が広がっていく。多くの人にとって、伝統的な道徳的価値が、伝統的な貨幣価値とともに衰退しているように思われた[91]。経済、社会、政治、道徳がすべて混沌《カオス》に転落しつつあると感じられたのだ[92]。

　戦前のブルジョワジーの価値基準やブルジョワ的存在の核にあったのは、資産、収入、財政的堅実さ、経済秩序、規則性、予測可能性などであった。これらすべてが、同じく堅固とみえていたヴィルヘルム帝国の政治体制といっしょに一掃されてしまったかに感じられた。シニシズムが広まっていることは、『賭博師マブゼ博士』〔邦題『ドクトル・マブゼ』〕などの映画から、トーマス・マンの『詐欺師フェーリクス・クルルの告白』（一九二二年に執筆されたが、中断され、三十年以上あとになって完結した）といったかたちで、ヴァイマール文化にははっきりと表れはじめた。まさにインフレの結果として、ヴァイマール文化は、犯罪者、横領者、賭博師、相場の操作を行う者、盗人やあらゆる種類の悪党の魅力を花開かせたのである。人生は運不運のゲーム、生存は予想しがたい経済の力がおよぼす気まぐれな衝撃にかかっているものと感じられた。そんな雰囲気のなかで、陰謀論があふれだした。カード・テーブルであると証券取引所であるとにかかわらず、ギャンブルが人生の縮図になったのだ。

一九二〇年代なかばに、シニシズムは、ヴァイマール文化に鋭い切れ味を与え、その反面、多くの人々に理想主義、自己犠牲、祖国に対する献身への回帰を切望させるという結果をもたらした。こうしたシニシズムは、そのほとんどが、超インフレの影響で方向感覚がなくなったことによって生起したものだった。[93] ハイパーインフレーションは、その後も長きにわたり、あらゆる階級のドイツ人の行動に影響をおよぼすトラウマになった。それは、最初は敗戦、つぎに革命、今度は経済によって、世界が上下さかさまになったと感じる、より保守的な住民の感情をいっそう昂ぶらせたのだ。債務者と債権者、富裕層と貧困層のあいだに入って、社会を調節するとされていた法の中立性への信頼はこわされ、法が維持するとされていた公正と平等という概念の土台もくずされた。一九一八年から一九一九年の諸事件によって、すでにおおげさな誇張に流されていた政治の言葉も、さらに堕落した。超インフレは、ただ犯罪者や賭博師だけではなく、投機師であり、致命的なやり方で金融相場を操作するユダヤ人の邪悪さという空想的なイメージを蓄積する上で、あらたな力を与えたのである。[94]

3

一九二〇年代初期における経済の大変動において、勝者であると広範にみなされた集団の一つが、巨大産業資本家と大投資家だった。その事実こそ、ドイツ社会の多くの階層に、「資本家」と「不当利得者」に対する憎悪を広める原因となったのだ。ところが、ドイツの実業家たちは、自分たちがそんなに稼いでいるのかどうか、心もとなく思っていた。彼らの多くは、国家、警察、裁判所が労働運動を寄せつけず、企業自体が経済と社会政策の重要問題において、政府に対し長広舌をふるった時代、ヴィルヘルム帝国の昔をなつかしんでいたのだ。こうしたバラ色の回顧は、誤った認識にもとづくものであったかもしれない。けれども、ときに国家が経済に介入して、苛立たされることがあったとはいえ、大戦前の大企業が特権的な地位を占めていたということは、掛け値なしの事実であった[95]。ドイツの工業化の速度と規模は、この国を一九一四年までにヨーロッパ大陸の主要な経済勢力の地位に押し上げた。それればかりか、事業規模、また、その経営者や企業家が社会的な地位を得たという点において、注目に値する事業部門をも生み出したのである。武器製造業者クルップ、鉄鋼王テュッセンとシュトゥム、海運事業のバリーン、電機企業のボスであるラーテナウやジーメンス等々の人々は、誰でもよく知っている名前で、富裕な有力者であり、かつ政治的にも影響をおよぼしていたのだ。

かかる者たちは、重点の置き方はさまざまであれ、往々にして組合結成に抵抗し、集団交渉という考えを拒絶した。しかしながら、戦争中に国がますます労使関係に介入したことに衝撃を受けて、彼らの敵対も和らいだのだ。一九一八年十一月十五日、それぞれフーゴー・シュティンネスとカール・レギーンを代表とする企業側と組合側は、一日八時間労働制の承認を含む、新しい集団交渉の枠組みを定める協定に調印した。両者とも、極左による全面的な国有化を撃退することに関心を抱いていたのである。本協定は、大企業の既存構造を維持する一方で、全国的なネットワークを持つ合同交渉委員会〔中央労働共同体〕の全国的なネットワークにおいて、組合側に同等の代表権を与えていた。ヴィルヘルム期の支配層を構成していた他の分子と同じく、大企業も共和国を受け入れた。さらに悪い事態を避けるには、それがいちばんであると思われたからである[96]。

それゆえ、初期の共和国においては、企業にとっての状況はそう悪くはないと感じられた。ひとたび、インフレはなお進行中であるという事実に気づくと、多くの工業経営者は借金に頼って、大量の機械類を購入した。その金も、返済期限が来るころには無価値になっていたのだ。ただし、それは、一部の者が主張するように、彼らが、おのれにとって利益があると考えたために、インフレを押し進めたということを意味するものではない。それどころか、工業経営者の多くは、何をなすべきかという点で混乱していた。一九二三年のハイパーインフレのあいだは、とくにそうであった。この過程で彼らが得た利得も、しばしば述べたてられているほど、たいそうなものではない[97]。しかも、通貨安定の必然的結果である急激なデフレにより、産業界に深刻な問題が生じた。多くの場合、必要以上の設備投資が行われていたからだ。倒産が増えていき、フーゴー・シュティネスの巨大な工業・金融帝国も潰滅する。多くの会社が、合併とカルテルの波に救いを求めた。もっとも有名なのは、合同製鋼と巨大なI・Gファルベンの合併だったろう。合同製鋼は、一九二四年にいくつかの重工業企業会社を集めて結成されたものである。I・G・ファルベン、ドイツ染料トラストは、同じ年にアグファ、BASF、バイエル、グリースハイム、ヘキスト、ヴァイラー・テア・メーアを統合してできた会社で、ヨーロッパでは最大、世界でも、ゼネラル・モーターズ、USスティール、スタンダード石油につぐ第四の大企業となった[98]。

合併とカルテルには、市場の独占だけでなく、コスト削減と効率向上を進める意図があった。新しい企業は、合衆国のフォード・モーター社の超効率的なやり方にのっとって、とくに生産合理化を重視した。この「フォード方式」として知られた流儀では、効率化のため、可能なところはすべて自動化・機械化されていたのである。それは、アメリカの新しい作業研究〔時間あたりの動作数を調べた〕に合わせて、業務を再編成する契機ともなった。この研究は「テイラーリズム」として知られ、一九二〇年代後半にドイツでおおいに議論されていたのだ[99]。これらの方針に沿って、大なる変化が生じたのは、ルール地方の炭坑産業であった。大戦前、そこでは石炭の九十八パーセントが手作業で掘り出されていたが、一九一二年には、その割合は、わずか十三パーセントになった。石炭掘削のための削岩機、また、石炭を出荷場所まで運ぶ機械化されたベルトコンベヤーの使用は、作業手順の再編成と相俟って、鉱夫一人当たりの年間出炭量を一九二五年の二百五十五トンから、一九三二年の三百八十六トンまで増大させた。かかる効率向上により、炭坑会社は、労働者の数を、一九二二年には五十四万五千人、一九二五年に四十万九千人、一九二九年に三十五万三千人といった具合に、どんどん縮小できたのだ。他の経済分野、とりわけ、急速に成長する自動車産業も、同様の合理化・機械化過程をたどった[100]。しかし、鉄鋼生産のような別の分野においては、効率向上は、機械化や近代化というよりも、むしろ合併と独占によって達成された。「フォード方式」や「テイラーリズム」などについて、多くのの議論や討論がなされたにもかかわらず、一九二〇年代終わりごろには、ドイツのほとんどの産業はいまだ、きわめて伝統的な見解を保っていたのである[101]。

通貨安定後の新たな経済情勢に適応することは、とにかく経費節減ないしは削減、そして、失業を意味していた。また、当時、大戦前に生まれた、比較的大きな年齢集団が労働市場に参入したことから、事態はいっそう悪化する。その数は、大戦における戦死者やその直後に世界を襲って甚大な被害をもたらしたインフルエンザの流行で死亡した労働者の数を補って余りあった。一九二五年の労働統計は、一九〇七年の労働力よりも五百万人も多い労働人口があることをあきらかにしている。つぎの統計は一九三一年に実施されたが、さらに百万以上も労働人口が増加したことを示した。一九二五年末までに、合理化と一部世代における人口増加という二重の影響を受けて、失業者は百万に達している。一九二六年三月には、その数は三百万にまで高まった[102]。かかる新情勢のもと、企業は労組との妥協に気乗り薄になっていく。通貨安定は、雇用側が賃上げコストを商品価格の値上げに転嫁できなくなるということも意味していたのである。第一次世界大戦中に雇用者と労働組合のあいだで合意に至った、組織された集団交渉の枠組みは崩れさった。それに取って代わったのは、とげとげしくなるばかりの労使関係であった。そのなかで、労働者が何らかの手を打とうと動く機会は、さらに大きく制限されたのだ。しかしながら、コストを削減し、生産性を上げようと奮闘する雇用者は、労働組合の力、また、国家によって、自分たちのゆくてをさえぎるかのごとくに設置された法的・制度的障害に対し、欲求不満を抱きつづける。ヴァイマール共和国が制定した仲裁システムは、労働争議において組合を有利とするようなイカサマであったというが、むしろ雇用者側がそう感じていたのである。一九二八年、ルール地方の鉄鋼産業において賃金をめぐる激しい論争が強制調停によって収められようとしたとき、雇用側は、裁定にもとづくわずかばかりの賃上げを拒否して、二十万以上の金属労働者を四週間にわたり、工場からロックアウトした。だが、労働者は、その年初めに結成された、社会民主党率いる「大連合」内閣、つまり、ライヒ政府に支援されたばかりか、国からの救済金までも得たのである。雇用側は、ヴァイマール共和国の全機構が敵にまわったかのように考えはじめた[103]。

雇用者から見れば、事態は、国が彼らに課した財政的義務により、いっそう悪くなった。政府は、通貨安定が労働者に最悪の結果をおよぼすのをくい止め、超インフレ期に崩壊寸前までいった福祉施策の窮境が再来するのを防ごうと、一九二六年から一九二七年にかけての段階で、考え抜かれた失業保険計画を導入した。これらの、失業が千七百万の労働者におよぼした影響を緩和するように組まれた法律のうち、重要な部分が一九二七年に可決されている。それには、雇用者と被雇用者がともに同額を出資することが必要だった。その資金で国家基金を設立し、同基金が対応可能だと想定していた数字を超える失業者が出るような重大危機になった場合にも、なお対処するものとされていたのである。ところが、その想定された数字とは、わずか八十万にすぎなかったから、それを超えた場合、かかる枠組みが深刻な問題を抱えるようになることは明白だった。実のところ、本計画は、効果を発揮する前に、早くも限界を超えていたのだ[104]。こうした福祉制度は、国家がますます経済に介入するようになったことを表しており、企業がそうしたことを嫌ったのも驚くにはあたらない。この計画は、労働者に失業手当を出すため、雇用者に出資を強制し、よけいなコストを積み上げていった。企業、また、裕福な実業家たちは、高くなる一方の事業税を課されていく。とりわけ敵対的になったのは、ルール地方の重工業経営者であった。法によって労働時間が制限されたため、多くの場合、工場を二十四時間操業させることができなかったのである。一九二七年に開始された失業給付金計画への出資は、大損害を与えるものだとみなされた。一九二九年、産業資本家の全国組織は見解を発表し、この種のことを行う余裕は、もはや国にはないとした。さらに、一九一八年の革命時に大企業を守った労働側との協定も正式に破棄し、それとともに国家歳出を大幅削減することも要求したのだ。彼らにとっての問題を引き起こしたのは、国際的な経済情勢というよりも、むしろ福祉制度だとする主張は、ごく控えめにいっても、誇張されている。さはさりながら、一九二〇年代後半に多くの雇用者にみられた、労働組合と社会民主党に対する、あらたな敵意は、なお見誤りようがなかったのである[105]。

かくのごとく、大企業は、早くも一九二〇年代末には、ヴァイマール共和国に幻滅していた。一九一四年以前、さらには大戦中と戦後のインフレ時代にあっても、大企業がなお享受していた影響力は、今では急激に縮小したように思われた。それ以上に、かつてはあれほど高かった、その社会的地位も、インフレの期間に表面化した金銭ほかのスキャンダルにより、おおいに痛手をこうむったのだ。あやしげな投資で財産を失った人々は、誰か非難できる相手を求めた。一九二四年から一九二五年にかけて、かかる生け贄《い にえ》捜しの焦点が、ユリウス・バルマートという人物に向けられる。彼は、ロシア系ユダヤ人の起業家で、大戦直後、重要な食料必需品の輸入において、社会民主党の指導者と協力、インフレの時期に、プロイセン州立銀行と郵政省から得た貸付金を金融投機に投資した。一九二四年の末ごろ、その事業が破産したときには、一千万ライヒスマルクもの負債が残っていたから、極右は好機到来とばかりに、元首相のグスタフ・バウアーなどの社会民主党幹部を収賄で告発する、下卑《げび》た新聞キャンペーンを張った。ユダヤ人の腐敗がヴァイマール国家に不正な影響をおよぼしており、中産階級に属する普通のドイツ人多数に財政的な破滅をもたらしているのだという主張の裏付けとするため、極右はいっそう広範に、この種の金銭スキャンダルを利用したのである。[106]

この状況を改善するために、企業は何ができただろうか？　彼らが政治的に動く余地は限られていた。共和国初期から、企業は、工業界への政治の干渉を遮断することを追求、「ブルジョワ」政党、とりわけ国家国民党と国民党への献金を通じて、政治的影響力、少なくとも国家の好意を確保しようとした。大型コンツェルンはしばしば主要新聞社に投資し、財政的に影響力を振るおうとしたが、それが直接的な政治操作になることは希だったのだ。アルフレート・フーゲンベルク（その新聞・メディア帝国は、ヴァイマール共和国の時代に急速に拡大した）の場合のように、オーナーが編集方針に頻繁に介入したところでも、企業それ自体の特定利益に関わることはないというのがほとんどだった。事実、指導的な企業家たちは一九三〇年代初めまでに、フーゲンベルクの右翼急進主義に非常な苛立ちを覚えるようになっており、彼を国家国民党の中枢から追放しようとたくらんだのである。企業に影響を与えるような問題について統一見解を示すどころか、フーゲンベルクの例が示唆するごとく、政治だけでなく、経済的な利害に関しても、企業は上から下まで分裂していた。

かくて、ルールの製鉄・製鋼・石炭会社がヴァイマール福祉国家とヴァイマールの集団交渉制度に激しく反対するかと思えば、ジーメンスやI・G・ファルベンといった、経済のより近代的な分野における巨人たちは、いっそう妥協する用意があるという情勢になった。通貨安定と経費節減の時代にあっても比較的好調だった輸出志向の会社と、主として国内市場を相手に生産を行う産業（またしても、ルールの鉄鋼王たちがそこに含まれる）のあいだにも、ある程度、利害の対立はあった。ところが、後者のなかにも、深刻な意見の相違がみられる。実際、クルップなどは、一九二八年のロックアウトに際して雇用者側が取った強硬路線に反対したのである[107]。一九二〇年代末までに、企業はその政策において分裂し、ヴァイマール国家に課された制限に取り囲まれることになった。インフレ時代に享受していたような政治的影響力も、多くが失われたのだ。共和国に対する財界の欲求不満は、やがて、そのもっとも影響力を有する代表の一部において爆発し、公然たる敵意となっていった。

文化戦争

1

ヴァイマールを引き裂いた対立は、政治的、あるいは経済的なそれだけではなかった。その理屈を超えた特質については、議会や選挙においてのみならず、生活のあらゆる面に浸透したかたちで闘争が行われたという事実がおおいに与っている。政治に対する無関心は必ずしも、第三帝国に向かっていく時代のドイツ人の特徴というわけではない。政治的参加や政治関与がいきすぎ、人々が苦しめられたのは、おそらく議論の余地がないところだろう。選挙の際に投票率が非常に高かったことは、その証左の一つになる。ほとんどの選挙で、有権者の八十パーセントを下らぬ数が投票したのである[108]。政治への無関心は民主主義の成熟を示す兆候といわれているのだが、それが生じることはなかった。それどころか、選挙戦中には、ドイツの多くの地方で、外壁や広告塔の片隅に至るまでポスターで埋め尽くされたかのごときありさまになり、あらゆる窓に旗、建物すべてがあれやこれやの政党ののぼりで飾られているように思われた。大戦前には、誰かが車で有権者を投票所まで連れていってくれたものだといわれる。だが、かかる事態は、そうした国民の義務観念をはるかに超えていた。社会や政治の領域で、政治化に染まらずにいた領域などないものと思われるほどだったのだ。

新聞ほど、それが一目瞭然となった分野はない。一九三二年には、四千七百点もの新聞が発行されており、その七十パーセントが日刊紙だった。多くは地方紙で、発行部数も少なかったが、自由主義を標榜する『フランクフルト新聞』（*Frankfurter Zeitung*）のように、国際的評価を得た大判〔タブロイド判でない、通常の大きさ〕の主要紙もあった。ただし、そのような報道機関は、政治指向のジャーナリズムのごく一部にすぎず、合計しても全新聞の四分の一ほどになるだけだった。政治的な性格を持つ新聞のうち、ほぼ四分の三は中央党やその南部の兄弟党であるバイエルン人民党、あるいは社会民主党に忠誠心を抱いていた。[109] 各政党も、おのおのの日刊紙を重視した。社会民主党の『前進』（*Vorwärts*）、共産党の『赤旗』（*Rote Fahne*）は、それぞれの党宣伝機構の枢要な一部であり、週刊誌、地方紙、光沢紙を使った画報、専門出版物からなる精密な仕組みの頂点に立っていた。共産党報道部長ヴィリー・ミュンツェンベルクのような新聞宣伝のオルガナイザーは、メディアの創造者・操縦者として、ほとんど神秘的なまでの名声を獲得した。[110] 政治的スペクトラムの対極にあったアルフレート・フーゲンベルクも、同様に伝説的な地位を占めていた。一九一六年に、武器製造業者クルップ社の取締役会議長であった彼は、シャール新聞社を買収した。二年後には、ある大手通信社も買収し、それを通じて、ヴァイマール時代のほとんどの新聞に、記事と論説を配信したのである。加えて、一九二〇年代末には、マンモス映画製作会社UFA《ウーファー》の社主になった。フーゲンベルクは、独自の毒を含んだ国家思想を全国に流布し、今こそ君主制を復活すべきとき時だとのメッセージを広めるため、おのがメディア帝国を利用した。その名声は非常に高く、一九二〇年代の終わりまでには、ドイツの「無冠の帝王」とか、この国で「もっとも権力を持つ一人」と称されるようになっていたのである。[111]

　しかし、人々の受け止め方の如何《いかん》にかかわらず、この種のメディアの力は、直接政治権力につながるわけではなかった。フーゲンベルクがメディアを支配したことも、一九二四年以降の国家国民党の絶えざる衰退をとどめるという点では、まったく効果がなかった。政治的な新聞は一般に、発行部数が少なかった。たとえば、一九二九年における『赤旗』の一日あたり売り上げ部数は二万八千、『前進』は七万四千、フーゲンベルクの『今日一日《デア・ターク》』（*Der Tag*）でも七万強だった。これでは、どんなに想像をたくましゅうしてみても、力強い印象を与えるような数字ではあるまい。しかも、一九三〇年代初期に共産党の得票が増えはじめた、まさにそのときに、『赤旗』の販売部数は一万五千部に落ちた。はっきり政治的な新聞の発行部数は、一九二五年から一九三二年のあいだに、およそ三分の一ほども減少した。高級市場向けの、自由主義にもとづく日刊のクォリティ・ペーパーもまた発行部数を減らしている[112]。自由主義的な日刊高級紙のなかでも、おそらくは、いちばん権威があった『フランクフルト新聞』の部数は、一九一五年の十万部から一九二八年の七万一千部にとなだれ落ちた。新聞の編集者が遺憾に思いながらも、よくよく承知していたように、親ヴァイマールの自由主義的新聞を読む者の多くは、ヴァイマールに反対する政党に投票していたのである。編集者と社主が持つ政治的な力は、ここでも限界があったものと思われる[113]。

　一九二〇年代に、政治的な新聞をとりわけ衰退させたのは、いわゆる「街頭紙」の興隆だった。定期購読者に頼らず、とくに午後と夕方に街角で販売される、安くて扇情的なタブロイド紙である。これらの新聞には挿絵や写真がふんだんに使われ、スポーツ、映画、地元ニュース、犯罪、スキャンダル、騒動などの報道に大きなスペースが割かれていた。情報よりも娯楽に重きが置かれていたのだ。とはいえ、そんな新聞でも、政治的な指向を帯びることもあった。一九二五年の三万八千部から一九三〇年の二十万二千部に発行部数を伸ばしたフーゲンベルクの『夕刊最終版』（*Nachtausgabe*）や、やはり、一九二五年の一万二千部から一九三〇年の二十二万部に増やし、その販売部数を誇ったミュンツェンベルクの『夕べの世界』（*Welt am Abend*）などである。自由主義をめざすウルシュタインの新聞帝国も、『テンポ』（一九三〇年に十四万五千部）、『ベルリン新聞正午版』（*BZ am Mittag*）（同一九三〇年に十七万五千部）で成功したものの、親ヴァイマール系の新聞はおおむね、そうした競争についていくのは難しいと観じていた。社会民主党に至っては、この市場で競争に加わることもできなかった。[114] 新聞による政治が現実にインパクトをおよぼしたのはまさに、かくのごときレベルにおいてだったのである。スキャンダル紙は、共和国派の政治家に実際にあった、もしくは、あるにちがいないと想像された金銭に関する非行をセンセーショナルに暴露し、それによって共和国の土台を突き崩していった。画報のたぐいは、帝政時代とのコントラストをたやすく流布させることができた。大衆新聞は、殺人事件の裁判や警察の捜査を大々的に報じ、社会が凶暴な犯罪の波に溺れていくという印象をつくった。鄙《ひな》の地にあっても、うわべは非政治的とみえる地方紙が、往々にして右翼通信社の配信を受けていたため、勢いは弱まっていたにせよ、同様の影響にさらされていた。なるほど、フーゲンベルクの新聞帝国は、国家国民党を衰退から救えなかったかもしれない。が、その新聞が絶えず共和国の不正を訴えつづけたことは、ヴァイマールの正統性をぐらつかせ、何か別のものが必要だと人々に確信させる上で、もう一つのファクターとなったのである。従って、新聞は結局のところ、有権者の心を左右し、とくにヴァイマール民主主義に広く反対する方向に向かわせたという意味で、一定の影響を与えたのだ。[115]

センセーショナリズムにもとづく大衆新聞の出現は、一九二〇年代から一九三〇年代初めにかけてのメディアと文化のシーンにおける、あらたな、そして、ある種の人々にとっては不安を感じさせることになる多くの展開の一つだった。実験文学、ダダイストの「具体詩」、アルフレート・デーブリーンのモダニスト小説、ベルトルト・ブレヒトの社会批評劇、クルト・トゥホルスキーとカール・フォン・オシエツキーの辛辣で論争的なジャーナリズム。これらすべてが、新たな挑戦に対応しようとする少数派と、かかる作品を「文化的ボリシュヴィズム」とみなす多数派とに、読者を分断したのである。このようなベルリンの活気あふれる急進的文芸文化と並んで、もう一つの文学世界があった。それは、失われたビスマルク時代という過去への郷愁に根ざしたもので、ヴァイマール共和国の崩壊を切望し、それとともに往時が戻って来るのだと予言して、中産階級のなかでも保守的・国家主義的な層に訴えた。とくに人気があったのは、オスヴァルト・シュペングラーの『西洋の没落』である。この書物は、人間の歴史を、春、夏、秋、冬の自然のサイクルに分け、二十世紀初頭のドイツは「非宗教的かつ非形而上的で、都市的なコスモポリタニズムの傾向に特徴づけられた」冬の時期にあると位置づけた。そのなかで、芸術は「外国の芸術形式の優勢」に苦しんでいるとされた。

政治の冬は、無機的な世界市民主義的大衆の統治と既製の国家形態の崩壊によって識別されると、シュペングラーはいう。だが、それは、新しい春への変移がすぐにでもはじまろうとしていることの先触れなのだとも主張して、多くの信奉者を獲得したのである。あらたな春は、「農業的・直感的なものとなり、「政治的存在の有機的な機構」により統治され、「めざめた、希望あふれる魂の力強い創造物」にみちびかれていくであろう。[116] ほかの著述家たちが、来るべき復活の時代に新たな名前を与え、それは極右によってすぐに熱狂的に使われるようになった。すなわち、「第三帝国」である。新保守主義の著述家、アルトゥール・メラー・ファン・デン・ブルックが、この概念を一般に広めた。これと同じ書名をつけた彼の著書は、一九二三年に出版されている。ブルックは、シャルルマーニュとともにライヒの理想が生まれ、ビスマルクのもとで復活したのだと主張した。それは、ヴァイマール共和国を特徴づけた政党政府の対極にあるのだった。今のところ、第三帝国は夢であると、ブルックは書いた。その実現のためには、国家主義者の革命を要するはずだ。そのとき、ドイツを分断してきた諸政党は一掃される。いよいよ第三帝国が到来したときには、あらゆる政治的・社会的な区分も国家の再生に向けて、包み込まれていく。ドイツ史の継続性が回復され、その中世の栄光が再生されるであろう。第三帝国は「最後の帝国」になるのだ。[117] 法学者エトガー・ユングなど、他の著述家たちは、この概念を採用して、近い将来に「保守革命」が「第三帝国」を実現すると主張した。[118]

このように、やや高度な抽象がなされるレベルの下に、なんとしても、いわゆる美徳とされてきたことをなお賞揚せんとする他の多くの著述家がいた。彼らは、ヴァイマール共和国はそうした美徳を否定するものだとみなしていたのである。退役陸軍将校だったエルンスト・ユンガーは、一九一四年の神話を流布させた。その、人気を博した著書『鋼鉄のあらし』は、前線兵士のイメージを褒めそやした。暴力の行使や、苦痛を受け、また与えることによってのみ、おのれが真に存在していると感じる者たちという像であった。[119] 義勇軍は、かかる小説群に示された規範を拡散させた。そうした小説は往々にして、復員軍人の革命家に対する憎悪を祝福し、恐ろしいような言葉遣いで表現していたのだ。一九一八年の崩壊ならびに革命と民主主義の到来に仕返しをすることを求める、男性的な遺恨の究極表現として、殺人や傷害を描きだしたのである。[120] これらの著述家、さらには多くの者たちが、左のように主張した。議会制民主主義の優柔不断な妥協に代わって、無慈悲で、譲歩をよしとせず、堅忍不抜《けんにんふばつ》で、一抹の悔いさえもなく国家の敵を打ちのめすことを望む、強い指導者を据えることが必要なのだ、と。[121] またある者は、一九二八年までに二十万部以上売ったアドルフ・バルテルスの小説『ディトマルシェン人』に描かれたような、現代の都市生活の複雑さと「頽廃」とはまったく無縁の、のどかな田園生活の回顧にふけった。[122]

こうしたことすべてが、保守エリート層のみならず、広い範囲に生じていた文化危機を表していた。もちろん、モダニスト文化とその媒体のさまざまな側面は、早くも大戦前には目立つようになっていた。エルンスト・ルートヴィヒ・キルヒナー、アウクスト・マッケ、エミール・ノルデのような表現主義派、ロシア生まれだがミュンヘンを根拠地としていたワシリー・カンディンスキーのごとき抽象画家の作品といった前衛芸術が、大衆の意識に影響を与えていたのだ。また、無調・表現主義音楽が、シェーンベルク、ヴェーベルン、ベルク、ツェムリンスキーらの新ウィーン楽派から生まれ、広まっていた。一方、フランク・ヴェーデキントの『春のめざめ』のような演劇形式であからさまに性を表現した作品が、すでに物議をかもしている。ヴィルヘルム帝国においても、文学における礼節の枷《かせ》や、非愛国的で破壊的な書物、あるいはポルノ的で不道徳であるとされた本がおよぼす脅威について、常に論議がなされていたのである。このような本の多くは、警察による発禁措置の対象とされた。[123]

世紀の交以降、モダニスト芸術・文化の出現によって、中産階級のあいだに醸成された、文化危機という意識は、ヴィルヘルム体制のもとでは抑えられており、その、もっとも極端な形態は、ごくわずかなマイノリティの枠内に留められていた。ところが、一九一八年以降になると、それは広範に流布されることになったのである。戦時中には非常に厳しく、また、ヴィルヘルム時代にはいつでも精力的に実行されていた検閲が、廃止された、あるいは、少なくとも緩和されたことに励まされ、メディアは、それまでタブーだった領域に乗り出した。劇場は、急進的実験と左翼アジプロ〔アジテーションとプロパガンダ〕の媒体になった。[124] より廉価になった複製・印刷技術により、大衆市場向けの安い画報新聞・雑誌を出版することも容易になる。建築家ヴァルター・グロピウスが、ヴァイマール美術学校とヴァイマール工芸学校を合併させて創設した国立バウハウス・ヴァイマールの周辺では、とりわけ議論の渦が巻き起こった。この、高級な芸術を実用的デザインに結合することを求めた教育センターのスタッフには、ワシリー・カンディンスキー、オスカー・シュレンマー、パウル・クレー、テオ・ファン・ドースブルフ、モホリ=ナジ・ラースローがいた。同校のボヘミアン的学生は、男女を問わず、町の人々の不評を買っていた。彼らの、極端に簡素化された、斬新で超近代的なデザインは、地方政治家によって、ドイツ的なものよりも原始人の芸術形式に負うところが大きいと非難されたのである。バウハウスは、一九二四年に国の資金を引き上げられ、デッサウに移ったが、以後も論争につきまとわれることになる。新校長ハンネス・マイヤーのもとで、その傾向は一段とつよまった。マイヤーは、共産党のシンパであるという理由で一九三〇年に解任され、建築家のミース・ファン・デア・ローエが後任となった。ミースは共産主義者の学生を放校に処し、バウハウス初期にあったコミューン主義的エートスを、組織立てられた、全体主義的とさえいえる体制に入れ換えた。にもかかわらず、一九三一年十一月に市議会の多数派を占めたナチは、『芸術と人種』の著者である超保守派パウル・シュルツェ＝ナウムブルクによる公式査察ののち、バウハウスを閉鎖した。このとき、バウハウスはベルリンの工場敷地に移転したが、以後のことは、それまでの姿の影にすぎない。バウハウスの運命は、ヴァイマール共和国の文化的に寛大な雰囲気のなかでさえ、前衛芸術文化が公に受容されるのがいかに困難であったかを示している[125]。

あらたなコミュニケーション手段も、古い文化的価値がおびやかされているとの意識を高めた。この時期、ポピュラーな文化装置として、最初にはっきりと眼につきはじめたのはラジオであった。ラジオ聴取の登録をした者は、一九二六年まで百万人に達し、一九三二年までには、さらなる三百万が加わった。電波が、左翼を含む、きわめて多様な意見に開かれたのである。映画館は、一九一四年よりも前にすでに大都市で開業しており、一九二〇年代末までに大量の観客を惹きつけるようになっていた。その数は、一九二〇年代が終わるころにトーキーが到来するとともに、いっそう増大する。よく知られるようになった奇妙なアングルのセットを使った『カリガリ博士の実験室』〔邦題『カリガリ博士』〕のような表現主義映画や、アメリカ人女優ルイーズ・ブルックスが主演した『パンドラの箱』のごとき、エロティックな風味を帯びた映画は、多くの文化的保守主義者に、美意識が方向喪失を起こしているとの印象を持たせていった。ハインリヒ・マンの本を脚色し、エミール・ヤニングスとマレーネ・

ディートリヒを配した『青き天使』〔邦題『嘆きの天使』〕のようなブルジョワ的因習に対する痛烈な風刺は、その制作会社であるフーゲンベルクのUFAとのトラブルを引き起こした。何よりも、主役の女性キャラクターを、シニカルで男をあやつるようなエロティシズムの持ち主として描きだしたがゆえのことだった。[126] エーリヒ・マリア・レマルクの小説『西部戦線異状なし』を映画化した作品は、その平和主義のメッセージを非愛国的だと考えた超国家主義者たちによる猛烈な反対運動を引き起こしている。[127]

ブルジョワ文化は、美、精神の向上、芸術の純粋性という、あたりさわりのない理想を支持してきたが、それらはダダ宣言〔ダダイストのトリスタン・ツァラは、一九一八年に「ダダは何も意味しない」とする宣言を発表し、意味作用からの切断、イズムの相対化を謳った〕によって一笑に付されたように思われた。一方で「新即物主義」（*Neue Sachlichkeit*, 字義通りには「事実の新しい扱い方」）は、近代都市生活の美学化を試み、日常的事件や事物を中心に置いた。これは必ずしも万人が好むところでなかった。正装してオペラに通うブルジョワは、ヴァーグナーの『指輪』四部作の神秘的世界や、儀式めいた宗教楽劇『パルジファル』に触発された荘厳な思想に没入していたのだが、いまや、その代わりに、クロル歌劇場で上演された、パウル・ヒンデミットの『今日のニュース』に対することになった。このオペラでは、裸のプリマドンナがバスタブに座ってアリアを歌ったのである。主流派作曲家たちの指導的存在であったリヒャルト・シュトラウスは、かつて「恐るべき子供《アンファン・テリブル》」であったが〔青年期のシュトラウスは、当時としては前衛的な曲をつくっていた〕、今ではもう『インテルメッツォ』や『エジプトのヘレナ』のような、浅薄で、気軽に聴けるような作品を手がけるようになっていた。そのシュトラウスの甘美な後期ロマン派の音楽と並んで、聴衆は、アルバン・ベルクによる表現主義の傑作『ヴォツエック』にさらされることになったのである。『ヴォツエック』は、十九世紀初期の貧しく虐げられた人々の世界を設定し、無調音楽と日常会話の言葉遣いを組み入れていた。保守的な作曲家ハンス・プフィッツナーは、そのような傾向は国民堕落の兆候であると非難し、その責をユダヤ人の影響と文化ボリシェヴィズムに帰して、おおかたの共感を得た。かかる脅威からドイツ音楽の伝統を守らねばならないと、プフィッツナーは呼号しだ。そうした脅威は、プロイセン州政府が一九二五年に、オーストリア系ユダヤ人で無調音楽を提唱していたアルノルト・シェーンベルクを、ベルリンの州立音楽アカデミーの作曲科教授に任命したことにより、いっそう尖鋭化したものとされたのである。音楽というなりわいは、ドイツにおいてはおそらく、ヨーロッパのどの国よりもブルジョワのアイデンティティの中心にあった。こうした発展は、そのアイデンティティの核心に打撃を与えたのだ。[128]

このような見解からすれば、アメリカのジャズの影響は、より大きな脅威を突きつけてきたことになる。ジャズは、クルト・ヴァイルが曲を書き、ベルトルト・ブレヒトが作詞した『三文オペラ』のような作品に行き着いた。この、泥棒と犯罪者の世界を舞台とし、搾取を痛烈に非難した作品は、一九二八年に初演されるや、文化の世界のすみずみにまで衝撃波をおよぼしたのだ。エルンスト・クルシェネクの『ジョニーは弾きはじめる』も、同様の影響を与えた。それは一九二七年二月に初演され、黒人音楽家を主役に起用したのである。モダニスト作曲家の多くは、ジャズこそが彼らの芸術を蘇生させる刺激であるとみなした。ジャズは主として大衆的芸術形式であり、無数のナイトクラブとバーで演奏されたことはいうまでもない。とりわけベルリンでは、ダンスホール、レヴュー劇場、ホテルなどに、さまざまなかたちでジャズの影が差していた。ビッグ・バンドや「ティラー・ガールズ」〔一八八九年にジョン・ティラーがイギリスで結成した女性コーラス・ダンスグループ〕のようなコーラス・ラインがやってきて、ベルリンの情景に活気を添えた。他方、より遊興を求める者は、人気作曲家であるフリードリヒ・ホレンダーが「エロチシズムのスーパーマーケット」と称したところの「エル・ドラド」のようなクラブで一夕を過ごすことができた。アニタ・バーバーが、服装倒錯者や同性愛者もなかに混ざっている観客（寛容なことではあった）の前で、「コカイン」とか「モルヒネ」と名づけられたポルノ的なダンスを踊るさまを眺めたのである。

彼女はその後、薬物濫用のため、一九二八年に早世した。キャバレー・ショーは、こうしたことすべてに辛辣な反全体主義的社会諷刺を加えていった。気取った保守主義者の一人が怒りとともに苦情を申し立てたような、「国家主義者で、キリスト教徒にしてドイツ人である者の情動と実際」に関する冗談を飛ばして、彼らのあいだに憤激を巻き起こしたのだ。タンゴ、フォックストロット、チャールストンなどのダンスは、因習的モラリストたちを激怒させた。また、人種差別的なレトリックが黒人音楽家に向けられた（その数はごく少数で、しかも演奏にエキゾチックな味わいを出すため、おもにドラム奏者やダンサーとして雇われていたにすぎなかったのだが）。

　指導的な音楽批評家だったアルフレート・アインシュタインは、ジャズを「文明化された全西洋音楽に対する、もっとも唾棄すべき叛逆」と呼んだ。一方、プフィッツナーは、フランクフルト音楽院がジャズをカリキュラムに入れたことを手厳しく非難し、彼がいうところの「黒人《ニガー》の血」と「アメリカニズムの音楽的表現」のたまものだとして、いわゆる原始主義とされた作品を罵った[129]。ジャズとスウィングは、文化のアメリカナイゼーションという波の頂点であると感じられたのだ。そのなかで、チャーリー・チャップリンの映画、「フォード方式」や「テイラーリズム」による近代的工業生産の方法論といった、広範囲におよぶ多様な現象は、一部の者にとっては、ドイツの歴史的アイデンティティとされたことにとっての脅威であると思われたのである。大量生産が大量消費の展望を支え、巨大なデパートが驚くほどさまざまな外国の商品を提供した。その一方で、ウールワースのような外国人所有のチェーン・ストアが、少なくともそうした商品の一部を、一般労働者階級の家族の手に入るような範囲で提供するようになっていた。大量住宅供給計画と近代的なリヴィング・デザインは、保守派が抱いていた、家族を基礎にした生活スタイルの理想に挑戦し、激論を巻き起こす。右派の文化批評家にとって、アメリカの影響、いちだんと優れたモダニティの象徴は、ドイツ的生活様式、ドイ

ツの伝統、ドイツ人の血と土という紐帯を再生することは喫緊の要であると指し示していた。(130)

古い世代のドイツ人たちは、一九一八年に公的検閲と警察の統制が廃止されたのちに新しい文化的・性的自由の空気が生じ、ベルリンのナイトクラブはその縮図であるとみた。彼らは、そこにおいて、とくに疎外感を覚えることとなったのである。一八七八年生まれのある陸軍将校は、のちに左のように回想している。

家郷に戻ってみても、正直なドイツの人々などいやしない。もっとも程度の低いたぐいの、本能に突き動かされた群集があるだけであった。かつてのドイツ人にみられたがごとき美徳は、もうこれっきり、泥流のなかに沈んでしまったかと感じられたのだ。……混乱、無恥、腐敗が気高いものまでも支配していた。ドイツ女性はドイツの流儀を忘れてしまったかのようだった。ドイツ男児も名誉と正直さという意識を忘れてしまったものと思われたのである。ユダヤ人のもの書きやユダヤ新聞が罰せられることなく「騒ぎたて」ることができるようになり、何もかもを汚穢《おわい》のなかにひきずりこんでいった。(131)

秩序と規律は革命で一掃されてしまい、道徳と性の堕落が社会を覆いつつある。そのような認識は、右翼だけでなく、左翼にもみられた。社会民主党員と共産党員は往々にして、個人のつきあいについては清教徒的見解を示し、自分が満足するよりも政治的献身と自己犠牲を優先すべきであるとした。そのため、「狂乱の二〇年代《ローリング・トウエンティズ》」にベルリンほか、そこかしこに生じた、若者多数による、あからさまなまでの快楽主義的な文化に衝撃をうけたのである。だが、映画、タブロイド紙、ダンスホール、ラジオといったかたちで娯楽が商業化されたことにより、若い人々は、ずっと厳格で伝統的な労働運動

文化の価値観を敬遠していた。(132)

大都市の若者たちが性的な自由を享受していることはあきらかであり、それは古い世代が示した拒否反応の源泉となっていた。ただし、この面についても、大戦前から前兆があった。大規模な女性解放運動が台頭し、声高に主張したことによって、大衆も新聞も、女性があらゆる種類の論点について語り、少なくとも一定程度の責任ある地位を占め、世の中に出ていくことに慣らされたのである。一九一〇年以降、三月八日は「国際プロレタリアート婦人の日」とされ、毎年この日になると、大都市の街頭では、婦人参政権を求めるデモがみられるようになった。一九一二年には、馬車に乗ってではあったものの、中産階級の女性解放主義者までもが行進に参加する姿がみられた。最終的には、この婦人参政権を要求するキャンペーンは成功を収めた。これと並んで、たとえ少数派のフェミニストのみが言い出したことであるとはいえ、性的充足感、未婚の母親に対する権利の平等、避妊具の無料配布の要求が生まれたのだ。人間の行動と欲求の動機を性に求めることに傾いていたフロイトの思想は、すでに大戦前に議論されていた。(133)とくにベルリンは、町の規模が大きくなり、コスモポリタン的な大都会の地位を獲得するにつれ、すでに、ゲイとレズビアンの世界の広まりも含む、多様な社会的・性的なサブカルチャーの中心地になっていたのである。(134)

かかる傾向を批判する者たちは、それと、彼らが迫り来る家族の没落の現れとみたもの(主として女性の経済的独立が進んだことによって生起したことであった)とを結びつけた。経済において、サービス業という部門がみるみるうちに生まれ、大百貨店の販売職から急成長する事務分野の秘書業(タイプライターは女性がやるものという観念が圧倒的に進んだことに後押しされていた)に至るまで、女性の新しい雇用可能性をもたらした。それは、あらたなかたちの搾取をつくりだしたが、ますます多くの若い未婚女性に、今までにはなかった金銭的・社会的な独立を与えたのである。一九一八年以降、そうしたことがいっそう顕著になった。この年、一千百五十万人の女性が就業し、労働者人口の三十六パーセントを占めるに至ったのだ。大戦前の状況に鑑みれば、けっして劇的変化というわけではない。けれども、女性労働者の多くが、いまや、市電の車掌や百貨店勤めといった社会的に目立つ職を得ていた。また、ほんの一握りにすぎなかったとしても、法曹界や大学、医療の専門職を得た女性もいたのである。[135]しかし、国家主義者は、女性がいよいよ男性の仕事を求めて競合に加わったこと、早くも世紀の交には生起していた出生率の低下が、ドイツの国力をむしばんでいるとしていた。彼らのあいだに、とくに広まっていた懸念が、より大きな範囲における文化的な不安と結びついて、早くも一九一四年より前に明瞭にみられつつあった反動をつくりだすことになった。[136]国家主義者ならびに全ドイツ主義者が、国家のためにより多くの子どもを産んで教育するという宿命を果たすため、女性は家庭に戻るべきだと、声高に主張しはじめた。そのときにあきらかになったように、ドイツでは、大戦前から男らしさということが危機にさらされていたのである。女性解放論者の挑戦に対する反応が厳しいものであったため、フェミニストたちは守勢を強いられ、より急進的な支持者をないがしろにするようになった。しだいに、自分たちは完璧な国家主義者であるとのお墨付きを得ていること、変革の要求についても行き過ぎないようにしたいと望んでいることなどを強調しだしたのだ。[137]

一九一八年よりあとには、女性は参政権を与えられ、地方議会からライヒスタークまで、あらゆる選挙で投票と立候補ができるようになった。重要な職業につく権利を公式に付与され、公共の仕事において、戦前よりもずっと顕著な役割を果たすようになったのである。だが、それに従って、女性の居場所は家庭にあると信じて疑わない男性優越論者の敵意表明に耳を傾ける人々も、これまで以上に広範囲におよぶようになっていた。彼らの拒否反応は、大都市の解放された雰囲気のなかで、大戦前よりもはるかにあからさまなセクシュアリティの誇示がみられたことにより、さらに強まった。保守派にとって、さらに衝撃的だったのは、一八九七年に人畜無害であるかのごとく響く「科学人道委員会」なる団体を創設したマグヌス・ヒルシュフェルトのような人物が、ゲイの権利擁護のキャンペーンをおおっぴらに行ったことだった。ヒルシュフェルトは自分が同性愛者であるという事実を隠さず、同性愛は「第三の性」であるとする、物議をかもす理念を、無数の出版物を通じて喧伝した。同性愛という指向は、環境的要因よりもむしろ先天的要因の所産であると唱えたのだ。その委員会は、成人男性間の「不適切な営み」を違法とするドイツ刑法第一七五条の廃止のために献身した。一九一九年、プロイセン州の社会民主党政権は、非公式的な存在だったヒルシュフェルトの委員会を州営『性科学研究所』に改編するため、多額の補助金を交付し、首都の中心部にある高級住宅地ティーアガルテン地区に土地家屋を与える。その事実は、保守派をかんかんに怒らせた。この研究所は、性のカウンセリングを提供し、「子どもを産まずに性交を行う最良の方法は何か？」といった論題で質疑応答集会を開いて、人気を博した。また、性行動を規制するあらゆる法律を改正するためにキャンペーンを張ったのである。ヒルシュフェルトはすぐに広範な国際連絡網を築きあげ、「世界性改革連盟」を組織した。一九二〇年代にその実質的な司令部となったのは、彼の研究所であった。ヒルシュフェルトこそ、公私にわたる産児制限と性のカウンセリングを行うクリニックを、ヴァイマール共和国に広めた原動力だったのだ。国家国民党とナチスに中傷されたのも当たり前のことだったといえよう。この両党は、中央党の支持を取りつけ、刑法をより厳しいものにしようと試みたが、一九二九年のライヒスターク刑法改正委員会において、共産党、社会民主党、民主党が反対票を投じたことで、かろうじて退けられた。[138]

国家主義者たちの敵意は、素朴な道徳的保守主義以上のものに駆り立てられていた。ドイツは大戦で二百万の男性を失っており、出生率はいまだ急速に低下していた。事実、一九〇〇年から一九二五年にかけての、四十五歳以下の既婚女性一千人あたりの出生（死産を除く）は、二百八十人から百四十六人に下がっていたのである。コンドーム販売を規制する法律は、一九二七年に緩和され、一九三〇年代初頭には、千六百台以上のコンドーム自動販売機が公共の場所に置かれることになった。あるベルリンの会社一社だけで、年間二千五百万個のコンドームを生産していたのだ。性のカウンセリング・センターが開設されて、避妊について助言した。こうしたセンターの多くは、ヒルシュフェルトの研究所同様、プロイセン州やほかの州が財政をまかなったり、いくつかのケースでは、実際に州政府によって運営されていた。その事実は、道徳面で保守的な人々を憤激させたのである。中絶は、とくに深刻な医学的危険をともなっているため、いっそう物議をかもした。しかし、ここでもまた法律が緩和され、一九二七年に量刑が重罪から軽罪に減じられた。一九三〇年の教皇回勅「貞潔なる婚姻《カスティ・コンヌビー》」が産児制限を否定すべしと呼号するとともに、この議論に油が注がれ、燃え上がった。一九三二年には、共産党がヤミ中絶の害悪を訴えるキャンペーンを張り、およそ千五百件の集会とデモが実行された[139]。

そのようなキャンペーンは、多くの人々にとって、ドイツ民族の豊かな多産性を破壊することをもくろむ陰謀の一部であると感じられた。保守派と急進的国家主義者が問いかける。これらはみな、女性解放、道徳をぶちこわしにするような、産みたいという願望に拘束されない性行動が提唱された結果ではなかったか？　国家主義者にしてみれば、女性に家庭の外で働くことを奨励するフェミニストは、国家に対する反逆者よりはましな程度の連中でしかないと思われた。ところが、フェミニスト自身も、あらたな性の解放という雰囲気のなかで、保守派に負けず劣らずの警戒心を抱いていたのである。彼ら彼女らのほとんどは、大戦前の道徳にあった二重基準（男は自由、女性は貞淑であれ）を厳しく非難し、その代わりに両性ともに基準とすべき性的な制約を持つべきだと唱えた。そうしたピューリタニズムは、ポルノ本や露骨な性表現がなされた映画や絵画に反対するキャンペーンや、読書会よりもダンスホールに行くことを好む若い女性への非難などに表れていた。が、そんなことは、若い世代に属する女性の多くには、馬鹿げた話だと感じられたのだ。一九二〇年代末までには、伝統的な女性解放運動組織は、婦人参政権が獲得されたことにより、すでに大義を失っており、会員の高齢化と若者に対する訴求力が衰えていくのを嘆くばかりとなっていた。(140) フェミニズムは守勢に立たされた。その支持者の主流であった中産階級の女性も、彼女らの伝統的な自由主義のミリューを見捨てて、右派の諸政党に向かう。フェミニスト運動は、ドイツ民族を衰退させているという非難を受けた。それに対して、国家主義者のヴェルサイユ条約改正、再軍備、家庭の重視、性的な自己抑制といった主張を支持することで自らを守る必要があると、フェミニストたちは感じていた。こうして、時を経るとともに、右翼急進主義の女性に対するアピールは、男性に対するそれと同様に強力だったことがあきらかになっていくのである。(141)

2

若者、とくに思春期の少年たちは、すでに第一次世界大戦前から、彼ら独特の文化スタイルを発展させていた。そこで重要な役割を演じたのが「青年運動」である。これは、ハイキング、自然に触れること、キャンプ・ファイヤーを囲んでフォークソングや愛国詩を歌うといった活動を中心にした、私的なクラブや同好会の集合体だった。それらに共通点はなかったが、いずれも急速に増大していた。もちろん、あらゆる政党が、とりわけ、一九一八年以降に自前の組織を用意して(たとえば、国家国民党のビスマルク青年団や中央党のヴィントホルスト同盟)、若者を取り込もうとしたものである。ところが、公式の政治組織からの独立は、青年運動全般に顕著であった。青年運動はしばしば、その指導者、大人の政治稼業にある道徳的妥協と不正直と考えたものを軽蔑することにつながっていたのだ。この運動は、現代社会、都市生活、公的な政治組織に対する不信を助長した。大部分がそうであったとはいわぬまでも、多くの青年グループは、ボーイスカウトに倣《なら》って、軍隊まがいの制服を着用し、反ユダヤ主義に染まるところも少なくなかった。ユダヤ人は往々にして、入会を拒否されたのだ。いくつかのグループは、道徳的純潔の必要性を強調し、喫煙、飲酒、女子との交際を禁じた。これまでみてきたような男性至上主義者のグループもあった。ナチズムへの道を開いたことに対して青年運動が負う責任は、歴史家によって誇張されているとの主張もある。が、たとえ、そうであったとしても、諸青年組織の圧倒的多数は、個々には独立していたが、共和国とその政治家をひとしく敵視しており、思想的には国家主義、その性格と願望においては軍国主義的だったのである[142]。

青年運動の影響力は、プロテスタント中産階級のあいだでもっとも強かった。その影響力は、教育システムが若きドイツ人たちにおよぼす感化によっても、ほとんど相殺されることはなかったのだ。ヴィクトール・クレンペラーは、一九二九年に「多くの中高校生は国家主義的である。つまり、彼らは教師から国家主義を習ったのだ」と述べている[143]。しかし、クレンペラーが想像したよりも、状況はもう少し複雑だったようだ。ヴィルヘルム帝国にあっては、古典的モデルにもとづくドイツ教育の自由主義の伝統を、ドイツ史とドイツ語を重視する愛国的な授業に代えるよう、カイザーが自らの影響力を行使した。多くの教師は一九一四年まで、国家主義的、保守的、君主主義的思想を抱いていたのである。教科書と授業においても、まったく同種の政治指針が追求されていた。さりながら、少数派であったとはいえ、かなりの人間が、自由主義中道派から左派に至るまでの多様な思想を堅持していた。加えて、一九二〇年代には、社会民主党が支配した州、なかんずくプロイセンでは、生徒を、新しい共和国の民主的な制度に忠実な模範市民に教育するように諸学校を説得すべく、熱烈な努力がなされた。学校システムにおける空気もしだいに変化していく。一方では、保守的な見解や急進的右翼の政策に固執する何百万もの青年がいたのだが、かかる教育から、数百万の確信的共産主義者、もしくは社会民主主義者、あるいは、中央党に忠誠を誓う者たちが生じたのであった。結局のところ、教員が自由主義者や社会民主主義者であろうと、はたまた保守主義者・君主主義者であるとにかかわらず、生徒の政治観に大きな影響をおよぼしていたわけではなさそうだ。教師側の政治理念の多くは、これがヴァイマール共和国のもとでの日常の現実だと生徒たちが認識しているものにとって何らの重要性を持たないと非難され、一蹴されたのである。のちにナチ党員になるような青年たちが政治に関わるようになった端緒は、ナチ、あるいはナチの嚆矢となったタイプの教師に感化されたことではなく、往々にして、学校の厳格さに対する政治的叛逆にあった。一九〇八年生まれの、ある国家主義者の学生は、「子供時代から奴隷的な服従を憎んでいたため」、教師たちとは衝突ばかりしていたと回想した。彼は、国家主義者の教師が自分に政治を意識させたということを認めたが、同時に、彼が崇拝した人物の教えは、「他の学校で習ったことすべてと、著しい対照をなしていた」と述べている。まためる者は、ながらく、自分の母校に対する遺恨を育てていた。学生仲間のユダヤ人を侮辱したかどで、学校から繰り返し処分されたからだ[144]。

若者が極右に対する政治的忠誠をもっとも明白に示した場所は、ドイツの大学だった。ドイツの大学の多くは、中世にまでさかのぼる伝統を誇る、有名な学問の中心地だった。ヴァイマール共和国のもとで、かろうじて職を確保した左翼教授もいたが、その数は少なかった。大学は大戦後もなおエリート教育機関であり、学生のほとんどすべてが中産階級出身者だった。とくに強力だったのが決闘を行う学生組合で、その構成員は一人残らず保守主義者、君主主義者であり、国家主義者であった。彼らのうちのいくばくかは、一九一九年から一九二一年にかけて、革命を求める暴動を弾圧した際の暴力行使において、積極的な役割を演じた。この学生組合の影響力を削ぐため、あらゆる大学の学生たちが一九一九年初頭に、あらたな共和国に相当するような民主的代表機関、ドイツ学生自治組織連合を創立した。学生はすべて学生自治組織連合に所属しなければならず、また、その指導部における自分たちの代表を選出する資格を与えられた(145)。

学生自治組織連合は全国的な組織となり、学生の福祉や大学改革といったような領域で影響力を持ちだした。ところが、彼らもまた極右の感化を受けることになったのである。一九一九年のヴェルサイユ条約の最終的受諾から一九二三年のフランスによるルール占領に至るまでの、さまざまな政治的事件の衝撃を受けた新世代の学生は、国家主義者の団体に雪崩《なだれ》を打って流れ込み、伝統的な学生組合の旗のもとに集った。すぐに、右翼の候補者名簿に載った者が、あらゆる学生自治組織に選出されるようになっていく。また、インフレが収入を無価値にし、学生過剰によって大学の状態をいっそう耐えがたいものにするにつれて、ドイツの新しい民主主義に対する学生の幻滅も高まった。学生の数は、とりわけ人口動態上の変化が起こったために、一九一四年の六万人から一九三一年の十万四千人に急増した。政府は入学者定員を増やすために資金をつぎ込んだ。大学は、下級官吏、小企業家、さらには、一定程度の肉体労働者の子弟が社会的にのしあがっていくための重要なルートになったのだ。だが、共和国には財政的な問題があったから、学生の多くは苦学して大学に入らざるをえなくなり、さらなるルサンチマンが生まれた。しかし、早くも一九二四年には、卒業生の数がふくれあがっており、彼らが労働市場で職を見つける見込みは薄くなりはじめていた。その就職の展望も、一九三〇年には、ほとんどなくなったといってよい(146)。

大学の教授連が一九一四年から一九一八年までのドイツの戦争目的を支持する公式の共同宣言を出したことに示されるように、彼らのほとんどが国家主義を信奉していた。多くの教授が、講義で一九一九年の講和条約を非難し、知の世界に右翼的な雰囲気を醸しだすことに与った。そうした空気は、教授たちが、東方より大学に入り込んできた「人種的異分子」であるユダヤ人の脅威とみなされたものに対し、行政的措置や非難を行うことによって、いっそう強められたのである。大学の全教科がユダヤ人教授に支配されるという、漠然とした予想について（そんなことは、おおむね彼らの想像の産物だったのだが）、多くの者が人騒がせな文章を書き、大学の雇用政策を枠にはめていった。

一九二三年にフランスがルールを占領したときには、巨大な国家主義的憤怒の波が、ドイツ中の大学を席巻した。大学生の集団は、抵抗を鼓舞するにあたり、積極的な役割を演じる。一九二〇年代が終わるずっと前から、大学は極右の政治的温床になっていたのだ。人口のごくわずかな部分だけがようやく大学に入学できる社会においては、大卒者は自分たちこそエリートであると認識する。ドイツにおいても同様に、エリートであると自認する大卒者の一世代が生み出されていった。しかし、第一次世界大戦のあととなっては、エリートは、思想より行動を、抽象的学問よりも国家の矜持を上位に置いた。彼らにとっては、人種差別、反ユダヤ主義、ドイツ人の優越なる理念が、ほとんど第二の天性になっていたのである。エリートは、その先輩が第一次世界大戦で示したのとまったく同じ不屈さを以て、寛容すぎる自由民主主義の惰弱な妥協と闘うことを決意していたのだ。[147]そのような青年にとって、暴力はドイツを襲った大惨事に対する、道理にかなった反応だった。もっとも知的で高度な教育を受けた者には、年上の復員兵士世代は、あまりにも感情的な傷を負っており、無秩序にすぎると思われていた。必要とされるのは、国家再生の大義のもと、冷静さ、計画性、全き容赦のなさを持つことだった。[148]

とはいえ、結局のところ、こうした影響もすべて、学生たちの同時代人の大多数に関しては、二義的なことだった。彼らにしてみれば、政治的混乱、経済的窮乏、戦争、破壊、内紛、インフレーション、国家の敗北、外国による部分占領など、他を圧倒する経験のほうが、はるかに重要だったのである。第一次世界大戦に至るまでの十年ほどのあいだに生まれた若者は、かかる経験を共有していたのだ。一九一一年生まれの若い事務員は、のちにこう記している。

> 私たちは何も無駄にできなかった。家に心配ごとがあるのは知っていたし、また実感された。窮乏の影がテーブルから消えることはなく、私たちは黙しがちだった。乱暴に子供時代を奪われ、正しい道など示されなかったのである。生きるための闘争は、早くから私たちに迫っていた。惨めさ、恥辱、憎悪、嘘、内紛が、心根に植え付けられ、早々に成熟させられたのだ。[149]

世紀の交から第一次世界大戦勃発までのあいだに生まれた世代は、実際、いかなる事態にも無条件に備えている世代だった。この世代は、第三帝国において、多くの面で運命的な役割を演じることになる。

3

ヴァイマールの急進的モダニスト文化は、異常さ、殺人、残虐行為、犯罪に取り憑かれていた。中産階級の人々の多くは、それは不健康なレベルに達していると感じていたにちがいない。ゲオルゲ・グロスのような芸術家の線描画は、強姦や連続猟奇殺人といった暴力的な場面にみちみちていた。当時の他の芸術家の作品にも、同様にこうしたテーマを取り上げたものがみられる。フリッツ・ラングの『M』のごとき映画、ベルトルト・ブレヒトの『三文オペラ』などの演劇、アルフレート・デーブリーンのモダニズムの傑作『ベルリン・アレクサンダー広場』〔アルフレート・デーブリーン『ベルリン・アレクサンダー広場 フランツ・ビーバコプフの物語』、小島基訳、ぶねうま舎、二〇一七年〕のような小説では、殺人者が中心人物だった。フリッツ・ハールマンや「デュッセルドルフの吸血鬼」ペーター・キュルテンといった、現実の連続殺人犯の裁判も、メディアを通じて全国的なセンセーションを巻き起こした。新聞は、事件の経緯を微に入り細にわたって追った図解レポートを掲載し、大衆読者の要求を満足させたのだ。汚職は、クリストファー・イシャーウッドの『ノリス氏列車を乗り換える』〔クリストファー・イシャウッド『ノリス氏の処世術』、北村弘文訳、文化書房博文社、一九八六年〕のような外国人訪問者がベルリンについて書いた小説においてさえ、中心テーマになっていた。犯罪者は、恐怖だけでなく、魅惑の対象になった。社会秩序に対する不安を相当に煽りたて、モダニスト文化の中心にあるように感じられた価値の倒錯に対する中産階級の嫌悪を増大させたのである。世間が連続殺人犯に注目したことにより、多くの人々が確信した。かかる「獣のごとき」人間には、死刑が厳格に執行されなければならない、そればかりか、彼らが大衆文化や日刊街頭新聞でもてはやされるのを止めるため、検閲を再導入する必要があるのだ、と。[150]また、この時期、大戦後のインフレと無秩序の数年間において、ほとんど同時代のシカゴに匹敵するような組織犯罪が出現している。ベルリンでは、それがとくに顕著であった。そこでは、拡大する一方の地下犯罪社会における「一味徒党」どもが、『M』のような映画で褒めたたえられたのだ。[151]

犯罪が放置されているとの印象は、法と秩序を維持すべき職務に就いている者たちのあいだにまで広まっていた。しかも、多くの人々は、法と秩序はもう脅威にさらされているとみなしていたのである。ヴィルヘルム時代の司法制度は、そのまま変更されることなく、共和国時代まで持ち越された。民法と刑法はほぼ手つかずで、それらを緩和する試み、たとえば、死刑廃止は行き詰まってしまった。[152]従来同様、司法機関は、最初から裁判官として訓練された者たちによって構成されており、法廷で比較的長い経験を積んだのちに裁判官に任命される（たとえばイングランドのように）わけではなかった。一九二〇年代に裁判官の職にあった者の多くは、従って、すでに何十年にもわたって司法機関のメンバーだったのであり、その価値観や姿勢の大元はカイザー・ヴィルヘルム二世の時代に得られたものであった。彼らの地位は、共和国のもとで、より強固になった。他の国々と同じく、司法は政治の統制から独立しているというのが、新しい民主主義の基本原則だったからだ。この原則は、憲法第一〇二条ならびに第一〇四条によって、ただちに、異論の余地なく根拠づけられることになった。それゆえ、司法機関は軍と同様に、真に政治の干渉を受けることなく、長期間にわたって影響をおよぼすことができたのである。[153]

裁判官はますます独立した存在になっていった。彼らのほとんどは、神に定められた君主ではなく、立法議会が発布した法律など、もはや中立的ではないと考えたからだ。ドイツ裁判官連盟議長（約一万名の裁判官のうち八千名を代表する）が述べたごとく、それは、「党や階級、私生児による法律……嘘の法律」だとみなしていた。この議長はまた、「複数政党が統治をおよぼすところでは、結果として法律の妥協がはかられる。その法律はごたまぜになり、政権にある諸政党の目的交錯をあらわすものとなる。雑種の法律がつくられるのだ。あらゆる至上の権利が地に堕ちる。法の尊厳とて同様だ」と、不満を表明している。[154]

政党が司法制度を私物化し、特定の政治的バイアスがかかった新しい法律をつくっているとの批判は、おそらく、ある程度は的を射ていた。極右・極左政党は、裁判から政争の具を生みだすという犬儒的な仕事を専門とする特殊部門を維持し、訴訟手続きを政治的煽動に変える政治的法律屋をスタッフとして雇いつづけていた。彼らは、高度に洗練されてはいたが、まったく破廉恥な技術を、ひと揃いばかりも発展させたのだ。[155]ヴァイマールの司法は、いよいよ信用ならなくなっているものと、多くの人々の眼に映っていく。右記のようなことは、そんな認識を助長するのに、おおいに与っていたのである。

しかし裁判官自身も、議会制民主主義の出現という変化した文脈のなかで、おのれの政治目的のために裁判を利用していたとみなすことができるだろう。何年も、あるいは何十年も、カイザーの政府を批判する社会民主主義者や左派自由主義批判者を犯罪者として扱ってきた裁判官たちは、そののち、政治的情勢が変化したあとになっても、自らの姿勢をそれに合わせ直すことには気乗り薄だったのだ。裁判官の忠誠心は新共和国ではなく、軍の将校団にいた仲間が奉仕しつづけたのと同じ、抽象的なライヒの理想、主としてビスマルク帝国の全体主義的システムの記憶にもとづく理想に向けられていたのである。[156] ゆえに、おそらくは必然として、裁判官たちは圧倒的に、ヴァイマール期の深刻な政治的対立から生じた無数の政治性を帯びた裁判で、自分たちもまた、その理想のもとに行動したのだと主張する右翼犯罪者に与することになる。その一方で、そうではない左翼に対する訴追となれば、どしどし進める方向に力を込めていった。

一九二〇年代中頃に、左翼の統計学者エミール・ユリウス・グンベルは、一九一九年末から一九二二年なかばまでの左翼犯罪者による二十二件の政治的殺人に関して、三十八名が有罪判決を受け、そのなかには死刑とそれぞれ平均十五年の禁錮刑が含まれていたとする数字を公表した。対照的なことに、同じ対象時期の右翼犯罪者による政治的な殺人とグンベルが認めた三百五十四件で、有罪判決を受けた者は二十四名、死刑判決はまったくなしで、一件あたり平均四か月の禁錮刑を宣告されたにすぎなかったのである。右翼殺人犯のうち、自白した二十三名は、裁判で実質的には無罪にされた。[157] もちろん、これらの統計は完全に正確ではないかもしれない。しかも、一致して「政治的囚人」の恩赦を通すことをライヒスタークにおける急進諸政党が、他の政治集団から、釈放に向けての充分な支持を受け、一致して「政治的囚人」の恩赦を通すこともしばしばだった。そのため、多くの政治的犯罪者が、刑務所で比較的短い期間を過ごしただけで、釈放されることになったのだ。だが、裁判官の振る舞いに関して重要だったことは、それが一般大衆にどういうメッセージを送ったかということである。かかるメッセージは、ヴァイマール期を通じて、平和主義者、共産主義者、その他左翼の人びとが数多く叛逆罪で訴追されたために、いっそう強烈なものになった。グンベルによれば、平和であったビスマルク帝国最後の三十年間に反逆罪の宣告を受けたのは三十二名にすぎなかったのに、一九二四年の初めから一九二七年の終わりまでの四年間（同様に、比較的平和であった）に、反逆のかどで一万以上の逮捕令状が出され、一千七十一名が有罪となった[158]。

かなりの数の裁判事件は、軍による秘密軍備と謀略を新聞に暴露するだけの勇気があった人々を対象とするものだった。平和主義者であり左翼の編集者だったカール・フォン・オシエツキーの事例がおそらく、もっとも有名な一件であろう。彼の雑誌『世界舞台《ヴェルトビューネ》』（*Die Weltbühne*）で、ドイツ軍が、ヴェルサイユ条約の規定に従えば違法になる行動、戦闘用の航空機を使った訓練をソヴィエト・ロシアで行っているとの記事を発表したオシエツキーは、一九三一年に有罪判決を受け、十八か月の禁錮刑を宣告されたのだ[159]。同様に考えさせられる、もう一つのケースは、左翼ジャーナリストのフェーリクス・フェッヒェンバッハの関係した事件だった。彼の罪は、一九一九年に、第一次世界大戦勃発に関連する、一九一四年のバイエルン邦の公文書綴を出版したことにあるとされた。それにより、ドイツの戦争責任という要因が示された結果、講和交渉に際してドイツの国益が損なわれたがゆえに犯罪である。裁判所は、そのようにみなしたのであった。フェッヘンバッハは、ミュンヘンのいわゆる人民裁判所で、禁錮十一年の判決を受けた。この人民裁判所は、一九一八年のバイエルン革命のあいだ、略奪者や殺人犯に対して即決裁判を行うために設立された応急機関だった[160]。それが、翌年の反革命の時期において、「叛逆」事件への対応にも使われたのだ。人民裁判所は、一九二四年まで廃止されなかった。その五年も前に、ヴァイマール憲法によって違法とされていたにもかかわらず、である。かかる法廷の創設は、判決に対する控訴権が皆無であるということも含めて、通常の司法制度を迂回したものであった。暗黙のうちに司法が拠る根拠を、法律ではなく、「人民」に帰したことは、将来に向けた不吉な先触れとなった。こうした裁判は、一九三三年にナチスが再開するところとなったのである。[161]

かかる影響に対抗するための試行として、社会民主党は手を尽くして、一九二二年に「共和国保護法」を通した。結果として創設された州国事裁判所は、右翼の政治的犯罪者の審理を、彼らにあまりにも同情的な司法から切り離し、ライヒ大統領が任命した人々にゆだねるよう意図されていた。が、司法機構はすぐにそうした裁判を毒にも薬にもならぬものとし、判決の全体的パターンにほとんど影響がなかった。[162] フリードリヒ・エーベルトと社会民主党は、政治的な原則にかかわることとして、死刑反対に動いていたとされるが、その一方で「共和国保護法」に死刑条項を織り込み、大戦直後の国内騒乱に際して実行された即決処刑を遡及的に是認したのである。そうしたことで、彼らは、未来の政府が国家保護のために同様の過酷な法を導入して、法の中心原理（犯罪実行時に刑罰法規が定められていない場合、いかなる犯罪も過去に遡及して罰せられるべきではないとする原則）を曖昧模糊《あいまいもこ》としたものにすることを容易にしたのだ。[163] これもまた、将来を指し示す不吉な前兆であった。

通常の裁判所においては、「共和国保護法」に明言された諸原則を考慮するいとまは、まずなかった。いかなる犯罪であろうと、被告が愛国的動機から行動したのだと主張すれば、裁判官はほとんど例外なく情状酌量を与えたのだ。[164] たとえば、一九二〇年のカップ一揆は、正当に選出された政権を武力で転覆しようとしたのであったが、参加者の一人しか有罪にならなかった。しかも、その一人でさえ、短期間、要塞刑務所で禁錮刑に処すとの判決を受けたにすぎなかったのである。なぜなら、裁判官が「無私の愛国主義」を情状酌量の根拠に数え入れていたからだ。[165] 一九二三年、四名の男が、そのかみよりドイツでもっとも権威ある司法機関とされていたライヒ最高裁判所における上告審に勝った。彼らは、右翼青年グループ「ドイツ青年騎士団」のゴータにおける集会で「我々はユダヤ人共和国を必要としない。ユダヤ人共和国などくそくらえだ」と叫んだかどで、おのおの三か月の禁錮刑を言い渡されていたが、判決を不服として上訴していたのである。その判決において、ライヒ最高裁判所は、どうにも説得力に欠ける調子で、青年たちの言葉の意味は明解ではないと述べた。

それらは、ドイツのあらたな法と社会秩序を意味していたのだとすることもできよう。その確立においては、ドイツ内外のユダヤ人の関与が顕著であった。従って、総人口からすれば少数派である、いくばくかのユダヤ人が、現実には過剰な権力、過大な影響力を振るっていると、国民の大部分の眼に映っている。そのことを、被告たちは述べたのだと解釈することも可能だろう……彼らが、憲法に立脚したライヒの国家形態を罵ったという事実は、明瞭に確定されてはおらず、現今のライヒの国家形態を罵倒したことのみが証明されているにすぎない。よって、誤審の可能性も排除できないのである。(166)

ライヒ最高裁判所による二種類の国家の区別、そして、ヴァイマール共和国は「憲法に立脚」していない一時だけのある種の逸脱にすぎないと示唆されたことは、裁判官の本当の忠誠心がいずこに向けられているのかを暴露していた。かかる判決は、一定の影響をおよぼさずにはおかない。政治的な裁判、あるいは、そのようにみえても、実のところは別の種類に属する裁判も、ヴァイマール共和国においては、一大イベントであった。多数の人々が傍聴席に詰めかけ、新聞は大きなスペースを割き、一部は逐語的に報道された。議会、クラブ、社交界では、それについて熱烈な議論がなされたものである。このような判決は、極右反共和国派には慰めとなり、共和国の正統性をつきくずすことに与した。それ以外ではあり得なかったのだ。

裁判官の右翼的・反共和国的偏向は、検察官にも共有された。右翼犯罪者をどのような罪に問うかを考え、被告の申し立てを扱い、証人を調べ、冒頭・最終陳述を組み立てる。そうしたことどもをなす際に、検察官は、国家主義的信念と意図を情状酌量の要素とするのが常だったのである。あらゆる種類の裁判官、検察官、警察、刑務所長と看守、法務行政官、あらゆる種類の法務執行官が、こうした共和国の敵に好都合な偏向を通じて、ヴァイマールの正統性をおびやかしていた。たとえ、彼らが新しい民主主義に対する破壊工作を意図していなかったのだとしても、また、一時的ではあるにせよ、共和国は避けがたい必要品だとして受け入れていたとしても、その言動は、ある意味で共和国はドイツ・ライヒの真髄をあらわしていないのではないかという思いを広める方向に作用したのである。彼らのほとんどは、民主主義の信念を抱いてなどおらず、共和国を機能させることにも積極的に関わらなかったものと思われる。法とその執行官に敵対されているというのに、共和国の展望など存在していたのだろうか？

適者・不適者

1

ヴァイマール共和国が大衆の支持と感謝を求めることができるような成果が一つあるとしたら、それは新しい福祉国家の創設だった。もちろん、一九一四年以前のドイツに、福祉制度がなかったというわけではない。とりわけビスマルクが、労働者階級を社会民主党から切り離そうと、健康保険、事故保険、老齢年金といったことに手を着けてからは、格段のことがあった。こうした方面でのビスマルクの事業計画は、ビスマルクが職を退いたあとの時期に精緻化され、拡充されていった。当時としては、先駆的なことであり、単に政府の全体主義を隠すいちじくの葉でしかないと片付けられるものではなかったのである。それらの一部、とくに健康保険制度は、一九一四年までには何百万にものぼる労働者に適用された。多くの労働者が選挙に参加する機会を付与するような、実質的な自治の要素も、制度に組み込まれていたのだ。しかし、かかる事業が社会階層の底辺部に届くことは、まったくなかった。そのような層にあっては、警察が貧民救済を施す一方、参政権を含む市民権を奪い去った。かかる規範は、ヴィルヘルム時代の末まで、正しいこととされていたのである。にもかかわらず、この分野でも、一九一四年までに制度運営が改革・標準化された。ビスマルクの改革を背景として、ソーシャル・ワークという新しい職業が出現し、一般労働者のみならず、貧困者、失業者、困窮者の査定と取り締まりで大忙しとなった[167]。

しかしながら、ヴァイマール共和国は、このプロイセン官僚的家父長主義の近代版を土台として、ずっと精妙で包括的な構造を確立した。緊張がないとまではいかなかったが、一方にあったカトリック社会奉仕とプロテスタント慈善事業という双子の影響と、もう一方の社会民主党の平等主義とを結合したのである[168]。ヴァイマール憲法自体が、家庭生活の重要性、国家による家庭支援の必要性、政府には若者を害悪から守る責務があること、市民の労働権、誰にでもまともな住居を提供する国家の義務といった、おおいに進んだ宣言にみちみちていた[169]。そのような原則にもとづき、青少年福祉（一九二二年）や少年裁判所（一九二三年）を扱う法律から、傷痍軍人に救済と職業訓練を施す規定（一九二〇年）、貧民救済を公共福祉に転じる政令（一九二四年）、そして何よりも、すでにみたような一九二七年の失業給付金の法定給付に至るまでの立法措置多数が、ライヒスタークの舵取りによってなされた。既存の健康保険、年金等々の事業も、さらに精密なものとなり、国民すべてを対象とするものに拡大されていく。大量住宅供給計画（その多くは、社会的な意味で斬新なものだった）が開始され、一九二七年から三〇年のあいだだけで、三十万戸以上の新築ないし改築された住宅が提供された。病院の病床数は戦前より五十パーセント増え、医療専門職に従事する者の数も歩調を合わせて増員された。伝染病は激減した。いまや、診療所と社会福祉組織のネットワークが、シングル・マザーから警察沙汰を起こした青少年に至るまで、社会的弱者を支援していたのである[170]。

あらゆる市民に資格が与えられた、無料の包括的福祉制度の創出は、ヴァイマール共和国の重要な成果の一つだった。後世からみるならば、おそらくはいちばん大事なことであったろう。だが、それが精妙なものであったにもかかわらず、結局、一九一九年にヴァイマール憲法でなされた壮大な約束は果たされなかったのだ。約束と供給のギャップは、共和国の正統性に大きな悪影響を与える結果につながった。多くの市民の眼には、そう映ったのである。第一に、ほとんど、その創設期から共和国が経験することになった経済的困難が、福祉システムに重荷を負わせ、単に維持することすら不可能としていた。大戦の結果、非常に多くの人々が支援を必要とした。およそ一千三百万のドイツ人男性が一九一四年から一九一八年にかけて兵役に就いたが、そのうち二百万以上が戦死した。ある推計に従うなら、ライヒ居住者の三十五人に一人が死亡したということになる。これは、英国における戦死者比率の約二倍だった。英国は、国民の六十六人に一人の割りで戦死者を出していたのだ。この数字は、ロシアのそれのほぼ三倍になる。ロシアでは、国民百十一人につき一人の割合で戦死していたのである。戦争終結までに、五十万人以上のドイツ女性が戦争未亡人となり、百万人以上ものドイツの子供が父親を失った。およそ二百七十万人が負傷し、手足を失い、身体障害者となって、復員してきた。彼らは、絶えることなき不満の源を構成した。政治家が約束した、復員兵士による国家への奉仕の報償が、誰もが満足するようなレベルで実現することはなかったからだ。

政府は富裕層に増税を課して、対応しようとした。実際、実質国民収入に占める税負担の割合は、実際に一九一三年の九パーセントから一九二五年の十七パーセントにはねあがり、ほとんど二倍になった。ただし、この数字は、とあるバイアスがかかっているのが明白な推計に一応従うとすれば、という前提付きになる[171]。それでも、歳出をまかなうには、けっして充分ではなかった。が、賠償の支払いのための増税と非難されることや高額納税者の離反を恐れた政府は、敢えて先に進もうとはしなかったのだ。一九二七年以降、ドイツ経済は失業保険の重荷に耐えねばならなかった。そればかりか、一九二六年の時点になってもまだ、約八十万人もの障害を負った元軍人と三十六万人の戦争未亡人に年金を払い、九十万を超える父親のいない子どもや孤児を扶助していた。これらすべてが、制度として、すでに在った高齢者扶助に上乗せされたのだ。年金支払いは、賠償を措けば、国家支出のなかで何よりも高い割合を占めていた[172]。最後に、かかる福祉システムは、すでに膨らみあがっていたライヒと国を構成する諸州の官僚制度をいっそう肥大させたのである。それは、一九一四年から二三年にかけ、一・四倍の規模になり、その過程でドイツの人口一人当たりの行政コストは約二倍になった[173]。かかる莫大な支出も、好景気であれば、うまく回ったかもしれない。しかし、危機にあえいでいたヴァイマール共和国の経済状況では、一九一九年から一九二三年にかけて行われたごとくに紙幣を印刷してインフレをあおるか、一九二四年以降のように、支払額と州福祉機関の職員数を削減し、給付金請求者にずっと厳しい収入調査を課すといったことをしなければ、それは不可能だったのである。

かくして、多くの請求者たちも、じきに悟るようになった。この福祉制度のもとでは、自分たちが必要とするだけの金は支払われない、と。とりわけ地方行政官は吝嗇《りんしょく》だった。自治体当局における財政負担のかなりの部分は、福祉支出だったからだ。彼らはしばしば、扶助を受ける条件として、預金ないし財産の引き渡しを要求した。また、不正福祉受給調査員は、秘密の収入源を捜し、収入源を明らかにしない人々を密告するよう、その隣人に奨励したのだ。さらに、福祉事務所には、多数の請求を迅速に処理するのに必要な人員が不足していた。そのため、請求者がそれ以前に給付金を受け取っていないかどうかの確認のために、ほかの部局と照合したり、あるいは、彼らに対する支援の負担をよそに回そうとしたりしているうちに、支援申請への対応は遅れに遅れていったのである。こうして、ヴァイマール福祉行政は、たちまち差別と統制の道具になった。受給資格のある者だろうと最低金額しか受け取れないし、かてて加えて、受給できるケースであるかを確認するために、申請者個人の状態を微に入り細に入って調査する、当局が、さように明言したからである。

こうしたことすべてによって、共和国がそもそも助けたいと思っていた人々が、その共和国を好ましく思わないようになっていった。福祉事務所の内と外で、不満、口論、殴り合い、ついにはデモさえもみられるようになり、それらは珍しいことではなくなった。馬具屋兼家具職人だったアドルフ・Gの例をみれば、福祉制度が直面していたその種の問題と、当局がどう取り組もうとしたのかが、よくわかる。[174] アドルフは、一八九二年に生まれ、一九一四年から一九一八年まで大戦に従軍、重傷を負った。ただし、敵との英雄的な戦闘においてではなく、馬に腹を蹴られてのことだった。おかげで、一九二〇年代初期に、六回にものぼる腸の手術を受けることが必要になる。昔、工場で事故に遭ったことに加えて、六人の子供がいる家庭を持っていたから、戦傷によるものとは別に、複数の福祉受給資格があった。大戦後、アドルフは職を見つけられなかったから、国家の扶助を求めるべく、熱心に活動した。ところが、シュトゥットガルトの地方当局は、一九二一年以後も事故保険給付金を受けるのであれば、ラジオとアンテナを引き渡すように要求してきたのだ。彼が住んでいる市営住宅ではラジオが禁止されているというのが、その理由だった。アドルフがこれを拒否すると、家族とともに立ち退きをくらった。これがきっかけとなり、彼は、ベルリンの労働省を含む関係当局に手紙を書きまくることになる。手紙をもっと読みやすくするためにタイプライターを入手し、傷痍軍人にして大家族の父であるという自らの身の上に相応した他の給付金を得ようと試みたのである。が、紛争はエスカレートしていく。一九二四年、アドルフは、中絶の試みを幇助したかどで一か月半投獄された。おそらく、アドルフとその妻が、こんなありさまでは、六人も子供がいれば充分だと考えたためであろう。さらに一九二七年には、彼は侮辱行為で罰金を科せられた。一九三〇年、彼の給付金は削減され、その使途も衣服購入などの特定目的に制限された。住宅手当もまた、直接家主に払われたのである。アドルフは、一九三一年に、福祉給付金詐欺罪で告訴された。内職で廃品回収をやり、小銭を稼ごうとしたからであった。一九三三年にはまた、大道芸で稼ごうとしたかどで訴えられている。彼は、助けを求めて、左右の政治組織に接近した。内臓に傷を負っているため、食べたもののほとんどを消化できず、平均よりも三倍の食物が必要なのだと、当局の説得を試みたりもしている。が、彼の試みは、慇懃《いんぎん》無礼《ぶれい》な調子ではねつけられた。一九三一年、忍耐の限界に達したアドルフは、ベルリンの労働省に手紙を送りつけ、シュトゥットガルトの福祉当局を中世の追いはぎ貴族〔通行税などと称して、旅人から金品を奪った貴族をいう。ライン河畔に領地を持ち、神聖ローマ皇帝の許可を得ることなく、往来する船舶から運上金を取り立てた貴族も含む〕にたとえたのである。[175]

やや強迫観念にとりつかれていたと思われるアドルフ・Gを憤慨させたのは、単に、自分と家族がそのなかで生きていくことを運命づけられた貧困だけではなかった。たとえドイツ社会の下層にいるとはいえ、福祉機関によって、おのれの名誉と立場を侮辱されたことが、彼をいっそう怒らせたのである。アドルフが、自身それに価すると思っていた支援を求めた際、そうした機関は、彼の動機と資格は疑わしいと決めてかかっているように感じられたのだ。無個性で、規則に縛られた福祉担当者の役人根性は、アドルフ個人の尊厳をおとしめた。そんな感情は、福祉請求者のあいだでは、ごくありふれたものだったが、支援要求が大戦中に払った犠牲にもとづく場合には、とくに顕著だったのである。必要性と資格に応じた、純粋な一般福祉制度というヴァイマール共和国の重要な公約と、多くの申請者が福祉事務所で受けた、ちょっとした差別、干渉、侮辱といった、とげとげしい現実のあいだには、大きな溝があった。[176]そのため、福祉の約束を重視していたヴァイマール憲法の正統性が高められることはなかったのだ。

しかし、もっと不吉だったのは、健康衛生・福祉機関が、社会的な貧窮や逸脱、犯罪に対処する、合理的で科学的な知見に従った方法を創造すると決意し、来たるべき数世代のうちにそれらをドイツ社会から根絶するとの最終目標を掲げたことだった。彼らは新しい政策を奨励したが、それは困窮者や障害者の市民的自由を浸食していったのである。社会福祉行政が巨大な官僚機構へと急速にふくらむにつれ、すでに大戦前から福祉専門家に広がっていた人種衛生学と社会生物学の理論が、さらに大きな影響力を持ちはじめた。さまざまな種類の社会的逸脱において、遺伝が一定の役割を果たしているという確信が、凝り固まってドグマになったのだ。そうした社会的逸脱なるものには、精神薄弱や身体障害のみならず、慢性アルコール依存症、軽犯罪常習者、さらには売春婦（実際には、経済状況から性労働を強いられていた者が多かったのだが）のような「道徳的白痴」集団も含まれていた。医学者と社会行政官が、こうした「社会不適格者」（いまや、逸脱した者はこのように呼ばれるのが普通になった）を分類する、精密なカード索引の作成にかかった。自由主義的な刑法改革を唱える者たちも、刑務所にいる受刑者の一部は、正しい教育プログラムで更生され、社会復帰できる可能性があるものの、はるかに多くの部分がまったく矯正不能であると論じた。主として、その人格が遺伝的に退化しているからだというのである。[177] 警察もまた、その役割を果たした。集中監視下に置くため、多数の「職業的犯罪者」と「常習的犯罪者」を指定したのだ。こうした監視と身元確認により、釈放された囚人がまともな仕事に就く見込みはなくなってしまったから、しばしば、予言したことを自ら実行して、あれは正しかったというがごときありさまとなった。両手の指紋十個を捺させたカードの数は、ベルリンだけで一九三〇年までに五十万枚以上におよんだ。[178]

医学、法執行官、刑務所管理官、ソーシャル・ワークといった専門職の世界に、かかる考えが広まっていき、それがまさに現実的影響をもたらした。一九二二年にバイエルン州で武装強盗と殺人のかどで有罪判決を受けた無職の浮浪者フローリアン・フーバーの場合にそうであったように、有罪と宣告された犯罪者の精神衛生状態を評価するように求められた心理学者は、生物学的基準を用いだした。この若者に対する心理学上の評価は、左の結論をだしている。大戦中、戦闘で重傷を負い、鉄十字章を受けたこの青年「フーバーは」……

ほかの点では、遺伝的な障害があるとは証明し得なかったが、肉体的な退化の証拠がいくばくか示されていた。その容貌は、右眼が左眼よりも著しく下に位置している。さように特徴づけられるほど非対称的だ。大声をあげる性癖あり。耳朶《じだ》が細長い。何よりも、青少年期より吃音者である(179)。

これが、証拠として採用された。彼が裁判を受けられる状態にないことではなく、矯正不可能であるがゆえに処刑されるべきだということを証明したのである。事実、フーバーは処刑された。ドイツの多くの地域で、司法官吏たちはいまや犯罪者を示すのに、「害虫」や「厄介者」といった用語を頻繁に使うようになっていた。新しい生物学的なやり方で、社会秩序は一種の人体のようなものであると概念化して、指し示したのである。もし社会が繁栄すべきであるとすれば、有害な寄生虫や異質な微生物は除去されねばならない。医学専門家テオドール・フィーエルンシュタインは、かかる概念を、より精確かつ包括的な方法で定義・応用することを追求した。あらゆる有名な犯罪者、その家族、経歴に関する情報を集め、それによって社会的逸脱が遺伝的に連鎖することを確定するため、一九二三年、バイエルンに「犯罪生物学情報センター」を設立したのだ。一九二〇年代末には、フィーエルンシュタインとその協力者は、大量の犯罪事例に関する厖大な索引データを収集し、彼らの夢の実現へと突き進んでいた。まもなく、類似のセンターが、テューリンゲン、ヴュルテンベルク、プロイセンにも同様に設置された。多くの専門家が、そのような「劣等な」人間の血統がひとたび位置づけられたなら、強制断種こそが、彼らの再生産を防ぐ唯一の手段になろうと考えていたのである(180)。

そうした二人の専門家、法律家カール・ビンディンクと司法精神医学者アルフレート・ホッヘは、一九二〇年、そこからさらに決定的な一歩を踏み出した。二人が著した小冊子において、「生きるに値しない生命」という新語がつくられ、彼らが「バラスト的存在」と称した者、社会にとって重荷でしかない人々は、単に抹殺すべきだという主張がなされたのだ。不治の病人や精神薄弱者には数百万マルクの費用がかかっており、おおいに必要とされている何千もの病床を占拠していると論じ、よって医者は彼らを死に至らしめることを許可されるべきだとしたのである。精神病者、障害者、犯罪者、社会的逸脱者をいかに扱うかの議論に、不吉な新展開が生じたのだった。ヴァイマール共和国ではまだ、その主張は、ほとんどの医療従事者から、激しい敵意を以て迎えられていた。共和国が個人の権利を基本的に擁護していたため、強制的断種の学説でさえ、何ら公的承認は得られなかったし、多くの医師や福祉行政官はなお、かかる政策が倫理的に正当であるか、あるいは社会的な効果があるのかと、疑ってかかっていたのである。非常に大きな影響力を持つカトリック教会とその傘下にある福祉団体も、そんな政策には断固反対するとの方針を取っていた。いつか経済状況が好転し、共和国の社会的な希求を実現できると夢みていられるかぎりは、強制断種と自発的ならざる「安楽死」をめぐる議論は続き、解決をみないままだったのだ(181)。

2

中産階級のドイツ人は、一九一八年の革命とヴァイマール共和国に、さまざまなかたちで反応した。そのうち、誰か一人の対応について得られる、もっとも詳しい叙述といえば、ヴィクトール・クレンペラーの日記のそれである。そのインフレ経験に関しては、すでに記した。彼は、いろいろな点で、教養中産階級に属するドイツ人の一典型だった。人生に折り合いをつけたいと望み、選挙では投票を欠かさず、政治の世界で何が起こっているかについて常に関心を抱いてはいたものの、政治は生活の比較的わずかな一部だけのこととしていたのだ。クレンペラーの経歴は、まったく凡庸でもなく、かといって、著しい成功を収めたというわけでもない。新聞に寄稿して生計を立てたあと、大戦直前に、必須の論文二本、一本目はドイツ語論、二本目はフランス文学について書き上げ、資格を取得して大学の世界に転身した。他と比べれば新参者で、また、それまでアカデミズム以外の世界にいたため、彼は、学者としてのキャリアをナポリ大学ではじめることを余儀なくされた。その地から、危惧を抱きつつ、一九一四年の国際情勢の悪化を観察したのである。クレンペラーは、一九一四年のドイツによる宣戦布告を支持し、ドイツの大義は正しいと考えた。ドイツに戻り、軍隊に加わって、西部戦線で従軍したのち、一九一六年に障害を負って除隊される。戦争終結までは、軍の検閲局で働いていた。

クレンペラーは、ほかの中産階級のドイツ人と同様に、安定した生涯を送りたいとの希望も、ドイツの敗戦によって打ち砕かれたと考えた。かかる人間にとっては、秩序ある政治環境の復活だけが、ドイツの学術機関において、定収入と常雇いの職を得る基盤となり得るのであった[182]。が、一九一八年の最後の二か月に起こったことは、複数の点で、彼を狼狽《ろうばい》させた。クレンペラーの日記には、このように書かれている。

新聞はもう、恥辱、災厄、破局といった、これまではあり得なかったようなことを、たっぷりと伝えてくる。そのおかげで、爆発しそうな気持でいっぱいになっていたから、のろのろと新聞を受け取るだけで、もはや中身は読まぬも同然だった……しかし、結局のところ、見聞はとぎれない。もし、労兵非評議会、この非常識で無知なる者による独裁が、ただちに一掃されないのであれば、ドイツ全土が没落することであろう。それが、わが意見だ。私は、戦場から戻ってくる陸軍の将軍の誰かに希望を託そうと思っている[183]。

ひとまずミュンヘンで働いていたクレンペラーは、一九一九年初頭の革命政権による道化芸に不安を覚えた（「彼らは自由について情熱的に語るが、暴政がひどくなるばかりだ」）。彼は、学術論文を書こうとして図書館にこもっていた数時間のことを記録している。その間、外では、侵入してきた義勇軍の銃弾が唸りをあげていたのである。[184] 常態に復し、安定が得られることこそ、クレンペラーの望むところだったが、それはありそうになかった。すでにみたように、彼はドレスデン工科大学に教授の職を得ている。一九二〇年のことだ。そこで、フランス文学を教え、研究を進めて論文を書き、ある雑誌を編集した。そして、自分より若い者が、もっと良い研究機関で上席の職を得るのをみるにつけ、いよいよ欲求不満を感じるようになっていく。さまざまな意味で、クレンペラーは、当時の典型的な保守穏健派であった。愛国的なブルジョワ、文化的な姿勢とアイデンティティにおいては徹頭徹尾ドイツ人、国民性という概念を信じて疑わない。クレンペラーは、この国民性について、その十八世紀フランス文学史を扱った著作で、えんえんと述べている。

しかし、ある決定的な一点で、彼は異なっていた。ヴィクトール・クレンペラーはユダヤ人だったからだ。彼は、ベルリンのきわめて自由主義的な改革派シナゴーグの説教師の息子だったが、プロテスタントとして洗礼を受けた。ドイツのユダヤ人には、こうして文化変容をとげる者がどんどん増えていたのだけれども、その一人だったのだ。これは、宗教によるというよりは、社会的な決断であったろう。というのは、クレンペラーには、いかなる種類のものであれ、強い宗教的信念などなかったと思われるためである。一九〇六年に、ユダヤ系ではないドイツ人女性、ピアニストのエーファ・シュレンマーと結婚し、彼が文化的に変わったという証明をさらに示した。クレンペラーは、多くの知的・文化的関心、おそらくは映画への格別の熱狂を、彼女とわかちあうようになっていく。子供は授からなかったが、一九二〇年代の変動を通じて、彼の人生に安定を与えたのは、この結婚だったのだ。ただし、二人は、心気症が亢進《こうしん》したことにより、実際以上に誇張されているとは思われるものの、たびたび患うようになっていた(185)。

一九二〇年代のクレンペラーは、生活にすっかり満足しているとはいえなかったし、最初のうちは、内戦の恐怖に悩まされていた。とはいえ、着実な人生を送っていたのである。内戦が現実になることは、けっしてなかったし、一九二三年以降には、そんなことはまず起こりそうにないと思われた(186)。クレンペラーは、自分の仕事、休暇、娯楽、家族・友人・同僚との付き合い、日々のお決まりのことを書いて、日記を埋めていく。一九二七年九月十日には、「なぜ、このような長い日記を書くのだろうか。私は、しばしば自問する」と記載している。その問いかけに対し、本当の答えは持っていなかった。それは、抑えがたい衝動によるものだったのだ。「私には、日記を放り出すことなどできない(187)」。それが出版されるかは疑問である。では、クレンペラーの目的は何だったのか?「ただ、人生を集めることだ。印象、知識、読書、起こったこと、そう、何もかもだ。何故か、あるいは何を、といったことは問うなかれ(188)」。

自分がユダヤ人であることによって、キャリアが閉ざされていると思う。クレンペラーはときに、そう洩らした。フランス文学史に関する学問的な業績をどしどし発表したにもかかわらず、一流学術機関の職に移る見込みもなく、ドレスデン工科大学に留まっていたのだ。一九二六年十二月二十六日、彼は、「反動的大学と自由主義的大学がある。反動的大学は、まったくユダヤ人を受け入れない。一方、自由主義的大学はといえば、もう二人のユダヤ人を受け入れていて、三人目は取らないのだ」と記した(189)。ヴァイマール共和国における反ユダヤ主義の高まりも、クレンペラーの政治的立ち位置に問題を投げかけた。一九一九年九月の記述は、こうなっている。「ことはしだいに明確になりはじめた。私にとって、反ユダヤ主義がいかに新しく、克服できない障害を意味しているかということだ。私は戦争に志願したというのに！　洗礼を受け、国家主義者となっても、いまやあぶはち取らずというわけだ[190]」。政治的な見解が保守的であるという点では、クレンペラーは、知的専門職に就いている中産階級のユダヤ人としては、かなり珍しかった。彼は、ドイツ国家国民党の一般的な政治方針にはむしろ共感を抱いていたのだが、同党は急速に反ユダヤ主義に傾いていった。そのため、大戦前のビスマルクとヴィルヘルムの帝国の時代に郷愁を覚えていたのもかかわらず、国家国民党を支持することはできなくなったのである。多くのドイツ人と同様、クレンペラーも、ヴァイマール共和国の暴力的・政党政治的な対立を考慮した際、自分も「無感動、かつ無関心に」なっていることを悟った[191]。左翼に対して、本能的な敵意を抱いていたものの、一九二〇年三月にベルリンのカップ一揆のニュースを聞いたときには、このように書かざるを得なかった。

私の右派指向は、消え去ろうとしない反ユダヤ主義の結果……手痛い報いを受けた。まったく、今の一揆を起こした者たちが、壁を背に並ばされるのを見てみたいものだ。忠誠宣誓にそむいた軍隊に対しては、一片の感激も起こらない。未熟で無秩序な学生どもにも、いっさい同情しない。とはいえ、「合法的な」エーベルト政権、ましてや急進左翼になど賛成できない。彼らには当惑させられるばかりだ。

「五千ないし八千の兵隊で、ドイツ国をすべてひっくり返せると思うなど、なんと痛ましい悲喜劇だろう」とも、クレンペラーは記している[192]。

彼は、もう一度対仏戦争を実行するとの見解におおいに賛成していた。フランス文学の研究を生涯の仕事とした男の話であるから、なんとも驚かされることだろう。おそらくは、大戦中の西部戦線での経験、さらにはヴェルサイユ条約にあきらかな憤怒を覚えた結果であろうか。しかし、そんなことは、ヴァイマール共和国においては、まず不可能であると思われた。一九二一年四月二十日の日記は、左の通りになっている。

君主制こそ、私の旗じるしだ。ドイツがかつてのような力を持つことを切望し、再びフランスを叩きたいと、いつでも願っている。だが、ドイツの人種主義者との道行きなど、なんともうんざりさせられるようなつきあいではないか！　もしオーストリアが、われわれに加わったら、もっと嫌な目に遭うことだろう。今、われわれが感じているのと同じことを、一八七〇年以降のフランス人も感じていた。とにもかくにも正当化されることではある。ヴィルヘルム二世のもとでは、私が大学教授になることはなかったであろう。そうはいっても……[193]。

早くも一九二五年に、クレンペラーは、ヒンデンブルクの大統領選出は、一九一四年のフランツ・フェルディナント大公の暗殺に比肩し得るような、潜在的災厄だとみなしている。「いたるところにファシズムだ。戦争の恐怖は忘れられてしまい、ロシアのテロがヨーロッパを反動に追いやってい る」[194]。時が経つにつれて、彼は、恒常的な政治的興奮にさらされていることに、うんざりしてしまった。ヴァイマール共和国が最後の動乱期に入った一九三二年八月の日記には、つぎのように述べられている。

それ以上に、自分の時代史を書く必要は、私にはない。私が提供する情報など退屈であろう。なかば不快、残り半分は恐れでいっぱいだ。そうした感情のいずれにも身をゆだねるつもりはない。どの政党にも、まったく情熱が持てぬ。万事が無意味で、威厳を失い、みじめである。誰もおのれの役割を果たそうとせず、誰かのあやつり人形になっている……ヒトラー門前にあり――あるいは、誰か他の者が、そこにいるのか？　私の身の上に何が起こるのだろう。ユダヤ人教授である私に？

その代わりに、クレンペラーは、自分たちの家に迷い込んできて、すぐに夫婦のペットとなった小さな黒猫について、好んで書くようになった[195]。険悪な政治状況のみならず、夫人が深刻な鬱病になり、たびたび病にかかったこともあって、いよいよ日記をつけなくなる。一九三二年末にはもう、日記を書くのをやめる寸前まできていたようだ。

クレンペラーの政治的ペシミズムは、彼が経験していた個人的な悩みに負うところが大きかった。とはいえ、その姿勢は、ヴァイマール共和国の諸対立のさなかで、居心地の悪い思いをしていた多くの愛国的・自由主義保守派的なドイツ・ユダヤ人に共通していたものだ。それ以上に、政治の過激化に対する嫌悪、彼を取り巻く暴力と熱狂への不安は、それぞれの事情がどんなものであったにせよ、なるほど、ドイツ中産階級の多くに特徴的なことであった。クレンペラーは、ユダヤ民族に属したことにより、不都合にはたらくような何らかの差別に苦しめられただけでなく、その的を射た推測通り、不吉な将来を示す政治的展開について、明敏かつ皮肉な洞察を得たのである。もっとも、反ユダヤ主義に不当に苦しめられたというわけではない。クレンペラーは、いかなる暴力も経験していないし、事実、当時の彼の日記には、自身が侮辱を受けたとの記載はいっさいみられないのだ。公式的には、クレンペラーのようなユダヤ人は、ヴァイマール共和国のもとで、それまでになかったほど大きな自由と平等を享受していた。共和国は、政府においてのみならず、公務員、政治方面、専門職の世界でも、ユダヤ人に新たな機会を開いたのである。たとえば、ヴァルター・ラーテナウのごとき、外相を務めるユダヤ人などは、ヴィルヘルム帝国にあっては考えられなかっただろう。報道・出版で、ユダヤ人が所有しているところ、とくに、二人のユダヤ人自由主義者モッセとウルシュタインの会社に支配されていた新聞においては（両者を合わせると、一九二〇年代にベルリンで売られた新聞の半分以上を発行していたことになる）、共和国の民主的制度が強く支持された。芸術が、あらたに検閲と社会的拒否から解放されたことにより、多くのユダヤ人作家・画家・音楽家がモダニスト文化の使徒として重要性を帯びていった。かかる文化においては、彼らは、作曲家パウル・ヒンデミットや詩人にして劇作家のベルトルト・ブレヒト、芸術家マックス・ベックマンやゲオルゲ・グロスのような非ユダヤ系の人物と融合していくのも容易だったのである。ユダヤ人は、とりわけ民主党に、また、そこまでいかなくとも、左翼諸政党に投票することで、共和国支持のしるしとした[196]。

ただし、一部はこうした展開への反動として、一九二〇年代には、ドイツの政治と社会における反ユダヤ主義の潮流の広がりと深化がみられた。大戦前でさえ、ユダヤ人はドイツ国家の基盤を切り崩していると非難するような、全ドイツ主義運動ほかの右翼による宣伝があふれかえっていた。この種の人種主義陰謀論は、ルーデンドルフなどの軍指導者にも、おおいに共有されていたのだ。それは、大戦中の一九一六年十月に、いわゆるユダヤ人調査によって、悪評さくさくたるかたちで示されたのである。それは、戦争が終わったなら、ユダヤ人の将校任官を拒否したい、そのよりどころが欲しいと希望した軍の高級将校たちが命じたものだった。狙いは、人口比の割りに従軍しているユダヤ人は少なく、軍に入った者でさえ、不均衡なまでにデスクワークに就いていることを統計的に示して、ユダヤ人の臆病で不忠な性格を暴露することだった。ところが、事実はその正反対であることがあきらかにされる。ヴィクトール・クレンペラーなどのドイツ・ユダヤ人の多くは、骨の髄まで国家主義者であり、ドイツ帝国への帰属意識が強かったのだ。軍隊、そして前線にいるユダヤ人は、人口比からみれば、過小どころか、むしろ過多であった。反ユダヤ主義者の将校たちの期待も、かくのごとくにくつがえされてしまったから、調査結果は伏せられた。だが、そんな命令が下達されていたことを知ったドイツ・ユダヤ人たちは、たとえ部隊の一般将兵の共感を得られなかったとしても、はなはだしいばかりの憤激を示したのである。[197]

大戦後、ドイツ軍は一九一八年に革命派によって「背後から一突き」されたとする説が右翼のあいだで広く信じられ、それはすぐに反ユダヤ主義デマゴギーに変じた。ルーデンドルフのような男たちが確信したところによれば、「ユダヤ人」こそがこのひと突きをしでかし、共産党のごとき破壊組織を指導、ヴェルサイユ条約に同意して、ヴァイマール共和国を樹立したのであった。ところが、実際には、軍は一九一八年に軍事的に敗北していたのだ。ここまでみてきたように、背後からの一突きなどありはしなかった。マティアス・エルツベルガーのような、条約に調印した指導的政治家たちは、そもそもユダヤ人ではなかったのだ。ローザ・ルクセンブルクのごときユダヤ人が共産党において、また、オイゲン・レヴィーネが一九一八年初頭のミュンヘンにおける革命騒乱において過大なリーダーシップを握っていたとしても、彼らはユダヤ人として振る舞っていたわけではない。革命家として、多くの非ユダヤ人（たとえば、カール・リープクネヒト。多くの右翼人が、その極左の政治観から直感して、リープクネヒトはユダヤ人にちがいないと思っていた）とともに行動したのである。ドイツ・ユダヤ人のほとんどは、革命的な左翼よりも、堅実な自由主義政党である中央党、また、中央党ほどではないにしても社会民主党を支持した。革命左翼の暴力的行動主義は、クレンペラーのような真っ当な市民に衝撃を与え、慄然とさせていたのだ。それにもかかわらず、一九一八年から一九一九年の諸事件によって、右翼の反ユダヤ主義がかきたてられ、動揺した人々の多くは、人種主義者によるユダヤ人陰謀論が結局は正しいのだと納得するようになった。[198]

ユダヤ人を一九一八年から一九一九年の破局に対するスケープゴートとする極右のプロパガンダとならんで、とくに、戦時利得者や、インフレの激痛のなかにありながら、たちまち金持ちになりおおせた少数の金融業者に向けられた、より大衆的なかたちの反ユダヤ主義も出現した。反ユダヤ主義が沸きたつのは、常に経済危機の時代であった。しかも、ヴァイマール共和国の経済危機は、ドイツがそれまでに経験した同様の事態のいずれをも、ささいなことと思わせるようなものだったのである。ロシアの反ユダヤ主義暴力と内戦から逃れるため、困窮したユダヤ人難民が急速なペースで入ってきたことが、あらたな火種となった。第一次世界大戦前のドイツには、おそらく八万の「東方ユダヤ人」がいた。彼らの来着は、ポーランドその他から多数の移民労働者がやってきたことと相俟って、帝国政府にまったく独特の国籍法を導入せしめた。一九一三年のことである。それは、ドイツ系の祖先を有する者にのみ、ドイツ国籍の請求を認めるというものだった。[199] 大戦後になると、ボリシェヴィキ革命がロシアを席巻し、革命に反対するツァーリストによって反ユダヤ主義ポグロムや殺人が促されるにつれて、またしても彼らの流入が生じた。移民たちはすぐに文化的に同化したし、その数も少なかったのだけれど、それにもかかわらず、彼らは、大衆がルサンチマンを向けるのに手頃な標的となったのだ。ハイパーインフレの絶頂期、一九二三年十一月六日にある新聞記者は、東方ユダヤ人移民が高い割合を占めるベルリンのある地区で、深刻な騒乱を目撃している。

横町のどこにも、怒号する暴徒がいた。夜陰に乗じて、略奪が起こっている。龍騎兵《ドラゴーナー》街の角にある靴屋もその対象にされ、通りには窓ガラスの破片が散らばっていた。突然、ホィッスルが鳴り響いた。通りいっぱいに拡がった人間の鎖、警察の非常線が前進する。「道を開けろ！　家に入れ！」と警官が叫ぶ。群集は、のろのろと動き続ける。「ユダヤ人を叩き殺せ！」という同じ喚声が、いたるところから上がった。ずっと前から、扇動家たちが餓えた人々をあやつるようになっていたから、彼らは、龍騎兵街の地下で粗末な品を商っていただけの哀れな者どもに襲いかかったのだ……略奪を引き起こしたのは、燃えさかる人種的憎悪であり、餓えなどではない。若僧たちは、ユダヤ人的な容貌をした通行人があれば、すぐさま尾行する。ここぞというところで襲撃するためだ(200)。

こうした、大衆による暴力の噴出は、反ユダヤ主義者の覚悟を示していた。彼らは、一九一四年よりも前のように言葉だけで満足するのではなく、ドイツ政治の周縁部にいた他の多くの集団同様、その目的を果たすために暴力やテロを煽り、あるいは実際に行使すると決めていたのである。結果として、ユダヤ人とその財産に向けられた個々人の暴力、シナゴーグ襲撃、ユダヤ人墓地に対する冒瀆行為といったことの波が押し寄せた。かかる諸事件の詳細な記録は、今日なお完成していない(201)。

一九一八年以後の反ユダヤ主義を、戦前のそれと明確に分けたものは、強烈な偏見を暴力行為に転化させるという、前代未聞の覚悟だけではなかった。ヴァイマール共和国時代にはまだ、圧倒的多数のドイツ人が、ユダヤ人に対する肉体的暴力の行使を拒否していた。が、その一方で、反ユダヤ主義な話法が、それまでにないほど、政治的言説の奔流に埋め込まれていったのだ。「背後からの一突き」、「十一月の裏切り者」、「ユダヤ人共和国」、「ユダヤ・ボリシェヴィキの陰謀」がドイツを弱体化させているとかいったデマゴギー的なスローガン、もしくは、それに類似した多くの言説は、社説で表明されるのか、それとも、政治事件、演説、裁判の報道に付せられるかにかかわらず、常のごとく、新聞にみられた。議会においても、同様の主張が毎日のように聞かれた。そこでは、共和国中期において、社会民主党につぐ第二の政党だった国家国民党が、反ユダヤ主義的用語を使ったレトリックに侵されていったのである。これらの言葉は、大戦前の保守派よりもずっと過激で、より頻繁に使われ、細分化した右翼の諸集団によって増幅された。こうした集団は、合計すれば、アールヴァルト、ベッケルと同類の反ユダヤ主義諸政党よりも、はるかに大きな支持を集めていたのだ。かかる集団の多くと緊密に連携していたのが、ドイツ・プロテスタント教会であった。同教会は、きわめて保守的で、確信的国家主義を奉じており、反ユダヤ主義を剝き出しにする傾向があったのだ。しかし、カトリックの反ユダヤ主義も、ボリシェヴィズムの挑戦に対する恐れに動かされ、一九二〇年代にあらたな活力を得ることになる。早くも大戦終結時において、ボリシェヴィズムは、ハンガリーやロシアでキリスト教徒への暴力的攻撃を開始していたのだ。

つまり、ドイツの有権者の幅広い層が右派と中道派に与しており、一九一八年以降、ドイツの国家的矜持と栄光の再生をひたすら願っていたのである。その結果、彼らは、多かれ少なかれ、「ユダヤ的」破壊の精神を克服することによって、目的は達成されると確信するようになった。そうした破壊こそ、大戦の終わりにドイツを屈服にみちびいた元凶だと考えたのだ[202]。かかる反ユダヤ主義的レトリックにより、多くのドイツ人の感性は鈍磨していたから、ある新しい政治運動に、どこか普通でないところがあるのを察知できなかった。その運動は、戦争終結後に出現し、反ユダヤ主義を狂信的なまでの信念の中核に据えた。すなわち、ナチ党である。

第3章

ナチズムの勃興

ボヘミアン革命家たち

1

一九一八年十月に布告された大赦令により、クルト・アイスナーが、ミュンヘンのシュターデルハイム刑務所の第七〇房から釈放されたとき、彼がただちにドイツにおける指導的革命家になることを示すようなきざしは、ほとんどみられなかった。彼は、何よりも演劇評論家として有名だったのであり、ミュンヘン市中心部に近いシュヴァービング地区と結びついた、自由奔放なライフ・スタイルの右代表だった。(1) その外見からして、ボヘミアニズムを誇示するものである。小柄で、長いあごひげをたくわえ、黒外套に、つばの広い黒帽子といったいでたちで、散歩してまわったのだ。鼻の上には、鉄ぶちの小さな眼鏡が載っている。

アイスナーは生粋のバイエルン人ではなく、ベルリンからやってきたのだった。一八六七年、かの都市において、ユダヤ人中産階級の家庭に生まれたのである。彼は、社会民主党右派に共鳴したため、一九一〇年代はじめに地方新聞の職を失った。社会民主党がマルクス主義を放棄することを願った「修正主義者」たちに、支持を与えたためであった。しかし、アイスナーは、他の多くの修正主義者同様、戦争に反対した。反戦を唱える独立社会民主党結党の際にも、指導的役割を果たしたのである。ついで一九一八年一月にも、戦争終結のための一連のストライキを組織した。(2)

一九一八年十一月七日に事態が悪化しだすと、天性のレトリックの才と政治的因習への嫌悪ゆえに、アイスナーはミュンヘンで指導者となった。多数派社会民主党は、平和を要求する整然たる示威行動として、ブラスバンドに先導されながら旗を掲げて、バイエルン邦の首都を行進する伝統的政治デモを提案した。が、そのとき、アイスナーは演壇に跳び上がり、陸軍兵営を占拠し、ミュンヘンの支配権を掌握するよう、群集に命じたのである。一群の支持者を従えたアイスナーは、かかる行動をやすやすと進め、兵士の抵抗に遭うこともなかった。アイスナーは、地元の革命的労兵評議会（レーテ）の承認を受けて、バイエルン共和国の成立を宣言した。自らを首班とし、多数派社会民主党と独立社会民主党より構成される革命政権を樹立したのだ。ところが、アイスナー政権は、食糧供給の維持、職の提供、陸軍の動員解除、輸送システムの安定した運行といった、基本的な仕事をまったく実行できなかった。ミュンヘンで起こっていることに激怒した保守的なバイエルン農民が、食糧の出荷を差し控えたのだ。鉄道機関車も、ほとんどが連合軍に徴発されていた。労働者たちは、集会でアイスナーをなじり、やじりたおすようになった。内閣においても、そのメンバーの一人から、「無政府主義者め……君は政治家じゃない。愚か者だよ……お前の稚拙な運営のおかげで、われわれは破滅に追い込まれつつあるんだ」と怒鳴られる始末だったのである。[3] それゆえ、一月十二日に実施された選挙の結果が、多数派社会民主党の圧倒的勝利とアイスナー率いる独立社会民主党の屈辱的敗北で終わったのも、驚くにはあたらないだろう。

アイスナーは、バイエルンの右翼過激派が憎悪したすべてのものを体現していた。彼は、ボヘミアンであり、ベルリンっ子にしてユダヤ人、ジャーナリスト、大戦中に平和運動を繰り広げ、一九一八年一月のストライキに参画したかどで逮捕された扇動家だったのである。事実、彼は、秘書を務めたジャーナリストのフェーリクス・フェッヒェンバッハとともに、バイエルンの邦文書館にあった、戦争勃発に関して開戦責任を証明するような機密文書を公刊するようなことまでもやっていた。要するに、アイスナーは、「背後からの一突き」伝説を投影する対象として、申し分のない存在だったのだ。一九一九年二月二十一日、彼に対する極右の嫌悪は、究極的なかたちで示された。若い貴族の学生、アントン・フォン・アルコ＝ファライ伯爵が、バイエルン議会に向かおうと街を歩いていたアイスナーの背中に、至近距離で二発の銃弾を撃ち込み、即死せしめたのである。(4) この暗殺により、バイエルンの都に暴力の嵐が解き放たれた。アイスナーの護衛は、ただちにアルコ＝ファライを撃ち、怪我を負わせた。怒り狂った群集が、アルコ＝ファライを取り囲む。フェッヒェンバッハがそくざに割って入ったことだけが、その場でリンチされることから、アルコ＝ファライを救った。負傷した暗殺者は、シュターデルハイム刑務所の、ほんの一年前にアイスナーが入っていたのと同じ房に連行される。一方、事件の直後に、アイスナーを信奉する社会主義者が議会に歩み入り、銃を抜いた。議場で、他の議員すべてが環視するなか、アイスナーをもっとも厳しく批判していた多数派社会民主党の指導者エアハルト・アウアーに、二発の銃弾が撃ち込まれたのである。アウアーは負傷したが、かろうじて死を免れた。皮肉なことではあったが、そうこうしているあいだに、アイスナーのポケットから辞表の下書きが発見された。暗殺は、まったく的外れだったのだ。

しかし、さらなる暴力を恐れたバイエルン議会は一時休会の措置を取り、多数派社会民主党が、票決抜きで自ら正統な政権を担うと宣言した。かかる事態にならなければ、無名のままでおわったであろう人物、多数派社会民主党のヨハネス・ホフマンを首班とする連立内閣が組まれたが、アイスナーの葬儀後も大規模な街頭デモが続いたため、秩序を回復することができなかった。このあとの権力の空白期間中に、武器弾薬が労兵評議会に行き渡った。ハンガリーで共産革命勃発とのニュースを受けた極左は、にわかに活気づき、議会をソヴィエト型の体制に入れ換えて、レーテ共和国を樹立すると宣言した。[5] ところが、新しいバイエルン・レーテ共和国の指導者は、レーニンではなかったのである。またしても文学的ボヘミアニズムが前面に出たのだ。ただし、今度は批評家ではなく、劇作家としてのかたちで現れた。エルンスト・トラーは、二十五歳の若さで、詩人兼劇作家としての名声を確立していた。社会主義者というよりも、ずっと無政府主義者の色彩が強かったトラーは、もう一人の劇作家エーリヒ・ミューザム、有名な無政府主義者の作家グスタフ・ランダウアーを含む、思想を同じくする男たちを、自分の政府のメンバーとする。ミュンヘン労兵評議会は、シュヴァービング流の諧謔で、すぐに「コーヒーハウスの無政府主義者による体制」と俗称されるようになった政権に、公然たる支持を与えた。この事態に直面し、ホフマンの多数派社会民主党内閣はバイエルン北部のバンベルクに逃亡した。そのあいだに、トラーは包括的な芸術改革を宣言し、また、ミュンヘン大学は、歴史研究を望む者以外のすべての入学希望者に開かれていると布告した。歴史学講座は文明に敵対するものだとして廃止されたのだ。別の閣僚は、自由貨幣〔徐々に貨幣価値が下がるように定めた通貨。それによって、金利生活を不可能にし、貧富の差をなくしていくことを目的とする〕の発行で資本主義体制の終焉がもたらされるであろうと公言した。フランツ・リップ外務委員は、逃亡したホフマンがわが省のトイレの鍵を持っていってしまったと苦情を述べ立てる電報をモスクワに打ち、「これらの犬畜生どもは、とうとう一度も六十両の機関車を貸してくれなかったから」との理由で、ヴュルテンベルクとスイスに宣戦布告した。さらに、リップは「われわれの勝利を確信する」とつけ加えている。[6]

ホフマン政権は、志願兵によるにわか仕立ての軍勢でレーテ共和国を転覆しようとしたが、労兵評議会の武装メンバーから募兵された「赤軍」により、赤子の手をひねるようにして、撃退されてしまった。さりながら、銃撃戦で二十名が死亡、いまや状況がずっと険悪になっていることがはっきりした。戦闘が生起したのと同じ日に、ロシア・ボリシェヴィキのマックス・レヴィーンとオイゲン・

レヴィーネのもとに組織された共産党員が、「コーヒーハウスの無政府主義者」をぞんざいに押しのけた。彼らは、ドイツ共産党の承認を待たずにミュンヘンにボリシェヴィキ政権を樹立し、レーニンと連絡を取りはじめた。レーニンは、すでに銀行国営化に取りかかったかと、丁重に尋ねたのである。レヴィーンは、一九一四年の第一次世界大戦開戦時に偶然ドイツにあって、ドイツ陸軍に召集された経験を持つ人物だったが、レーニンの指示に従い、貴族と上層中流階級のメンバーを人質として拘留していく。ミュンヘンの主要な教会が「理性の女神」によって治められる革命寺院に変えられる一方、共産主義者は赤軍の増強と訓練にかかった。赤軍はまもなく、充分な武装と給養を受けたメンバー二万人を数えるまでに至る。また、バイエルンはヨーロッパのボリシェヴィキ化において尖兵になるものとした、一連の宣言がなされる。労働者は軍事訓練を受けなければならず、個人所有の武器もすべてを引き渡さなければならぬとされた。違反すれば死刑である。(7)

かかる事態のすべてが、ホフマン政権を震えあがらせた。一週間で終わった、コーヒーハウスの無政府主義者による政権などの比ではない。ブダペシュト、ミュンヘン、そして、おそらくはウィーンを加えた、ボリシェヴィキ革命政権の枢軸連合というおぞましい妖怪の姿がほの見えだしたのだ。バンベルクの多数派社会民主党が、自由に使える本格的な戦闘力を必要としていることはあきらかだった。ホフマンは、バイエルン陸軍大佐の勲爵士フランツ・フォン・エップが率いる三万五千人の義勇軍と契約を結んだ。しかも、この義勇軍は、装甲列車一両を含む陸軍正規部隊の支援を受けていたのである。義勇軍は、機関銃その他の本式の軍隊装備をほどこされていた。ミュンヘンは、ゼネストによる生産マヒ、公共サービスの停止とともに、すでに混乱状態にある。略奪と窃盗が全市に広がっていた。いまや、そこに、義勇軍による封鎖が加わったのだ。一街区たりとも渡しはしない。義勇軍は宣告した。ミュンヘン市内で武器を携行する者はそくざに射殺されるであろう。恐怖にとらわれたミュンヘン労兵評議会は、共産党不信任案を可決した。共産党政権は辞任を余儀なくされ、ミュンヘンは統治機構不在のままに放置される。こうした状況のなかで恐慌におちいった赤軍のある部隊が、市内のルイトポルト古典学校《ギムナジウム》〔ギリシア語・ラテン語など、人文的教養に重点を置く高等学校〕に監禁されていた人質への報復を開始した。これらの人質のなかには、六名のトゥーレ協会員が含まれていたのだ。この協会は、第一次世界大戦の終わりごろに創設された、反ユダヤ・全ドイツ主義を奉じる結社である。その名は、究極的な「アーリア人」の純血があるとされた場所、アイスランド（*'Thule'*）にちなんで付けられたもので、人種的優越性を表すため、「アーリア人」を示す鈎十字をシンボルに用いていた。協会は、大戦前の極右秘密結社「ゲルマン騎士団」をルーツとし、フォン・セボテンドルフ男爵と自称する人物に指導されていた。が、実際には、彼は前科者の偽造師であり、警察には、アダム・グラウアーとして知られていたのである。この協会には、のちに第三帝国において大物となるような人々が多数参加していた(8)。クルト・アイスナーの暗殺者であるアルコ＝ファライも、トゥーレ協会の会員になろうと試みていたことが知られている。復讐心にかられ、自暴自棄となった赤軍将兵は、人質十名を銃殺隊の前に整列させ、射殺した。処刑された者のなかには、トゥルン・ウント・タクシス公、若きフォン・ヴェスタルプ伯爵夫人、さらに二人の貴族、また、革命派のポスターを公衆の面前でけなして逮捕されていた老教授も含まれていた。残りは、進入してきた義勇軍から取った、少しばかりの捕虜であった。

　この射殺の知らせに、兵士たちは尋常でない憤怒を示した。彼らが、ほとんど抵抗を受けることもなく市内に進軍したとき、その勝利は、流血の巷《ちまた》をもたらしたのである。オイゲン・レヴィーネなどの指導的な革命家たちは逮捕され、即刻射殺された。無政府主義者グスタフ・ランダウアーは、シュターデルハイム刑務所に連行され、兵士たちに顔のかたちが変わるまで銃床で殴られたうえ、銃弾を二発撃ち込まれた。それからさらに、刑務所の中庭で、死に至るまで蹴りとばされた。処理されるまでの二日間、ランダウアーの遺体は腐敗するままに放置されたのだ。五月六日、ある義勇軍の部隊が酔っぱらった状態で、カトリック職人組合の会合を見つけた。これを通報した者が、集まっている職人たちは革命家だと述べたため、義勇軍は、彼らを近くの地下室に連行し、さんざんに殴りつけて、合計二十一名もの罪のない男たちを殺した。あまつさえ、死体を探って金品を奪ったのである。他にも、多数の人々が「逃亡を試みて、撃たれ」た。あるいは元共産党員であると通報されて殺され、あるいは武器保有のかどで告発されて抹殺され、あるいは、お前の家から弾丸が飛んできたぞと引きずり出されて、その場で射殺された者がいた。概していえば、当局の推計でさえ、侵入してきた義勇軍によって合計六百名もの人が殺害されたとの結論を出しているし、当局者ならざる観測筋によれば、その数字はとにかく倍以上になるだろうとしている。(9) かかる大虐殺のあとでは、このような行動に加担してはいたものの、ホフマンの社会民主党のごとき穏健派が、ミュンヘンで成功する見込みは少なかった。結局のところ、「白色」反革命政権があとを引き継ぎ、残る革命派の訴追手続きを進め、その一方で義勇軍を自由に振る舞わせた。彼らのうち、ほんの数名だけが虐殺行為により有罪とされたが、量刑はいちばん軽いものだったのだ。しだいに、この都市のあらゆる社会・政治集団が、憎悪、恐怖、復讐の欲求に心を燃やすようになっていく。それにつれて、ミュンヘンは過激な政治セクトの競技場と化した。(10) 公共の秩序は、ほぼ消え失せてしまった。

いまや、旧軍の残骸から正規軍を再建するという課題に直面していた将校たちにとっては、こうしたことすべてが何とも迷惑なことであった。労兵協議会が部隊間でかなりの影響力を持っていたことを考えれば、兵士たちが確実に正しい政治的教化を受けられるようにし、ミュンヘンで芽吹いた多数の小政治集団が革命後のあらたな政治秩序にとって脅威にならないようにしようと、新しい軍隊を運営していた者たちが乗り出してきたとしても驚くにはあたらない。一九一九年六月に政治的教化を受けるために送り出された兵士のなかに、三十歳の伍長〔正確には上等兵〕がいた。彼は開戦時からバイエルン軍に所属し、そこで、社会民主主義、無政府主義、共産主義の有為転変のすべてを経験した。ほかの戦友とともに赤い腕章を着けてデモに参加したこともある。が、数週間前に、進攻に対してミュンヘンを防衛するよう命令されたとき以来、ほとんどの戦友たちとともに、その場から姿を消したのである。彼の名は、アドルフ・ヒトラーという(11)。

2

ヒトラーは、何はともあれ、状況の所産であった。ことのなりゆきがちがっていたら、彼が政治的に頭角を現すことはけっしてなかったかもしれない。バイエルン革命当時、ヒトラーは、いかなる意味でも政治的な役割を演じたことのない無名の一兵卒だった。一八八九年四月二十日に生まれたこの男は、全ドイツ主義運動が抱いていた国民のアイデンティティに関する民族的・文化的概念の生きた見本といえた。生まれも国籍もドイツ人ではなく、オーストリア人だったからだ。その子供時代、青少年期、生い立ちについては、ほとんどわかっていない。彼の初期の人生について書かれてきたことは、大部分がそうであるとはいわぬまでも、非常に多くが推測によるものであり、歪曲されているか、想像に頼っていた。しかしながら、一八三七年にマリア・シックルグルーバーの私生児として生まれた彼の父親アロイスが、一八七六年に母親の姓から継父ヨハン・ゲオルク・ヒードラーないしヒトラーの姓に変えたことは明白である。ヒトラーの先祖にユダヤ人がいたという証拠もない。アロイスは、イン河畔ブラウナウの税関吏、小役人ではあるとしても、オーストリア政府のれっきとした官吏だった。アロイスは三度結婚した。アドルフは彼の三回目の結婚で生まれ、妹のパウラを除けば、幼児期を生きのびた、ただ一人の子どもだった。「心理史学者」は、アドルフが後年、冷淡で厳格、しつけにうるさく、ときには暴力的であった父親と、温かく、深く愛されていた母親について言及したことを重視してきた。が、彼らの結論は推測の域を出ていない(12)。はっきりしているのは、ヒトラーの家族が一八九八年にリンツ郊外に落ち着くまで、数回にわたって転居を繰り返したことだ。それ以降、アドルフはリンツが故郷の町だと考えた。少年ヒトラーの学業成績は劣等で、自分の先生を嫌った。ただ、ほかの点では、同級生のあいだで突出したところはなかった。父親は、彼を官吏にするつもりだったが、役人の規則的な型通りの生活、その仕事の煩忙に向いていないことはあきらかだった。

　父親が一九〇三年初めに死亡したのち、彼はリンツのアパートで、母親クララ、叔母、妹の世話を受けて暮らした。将来は芸術家として身を立てることを夢見て、デッサンや友人とのおしゃべり、オペラ通いや読書にふけっていたのである。しかし、一九〇七年に起こった二つのできごとが、怠惰な夢想の生活に終止符を打った。まず、母親が乳癌で亡くなった。そして、ウィーン芸術大学への入学願書も、絵画とデッサンの点数が充分でないとの理由で拒否されたのだ。が、建築家としてなら立派にやれるだろうとは言われた。たしかに、建築物をデッサンや絵にすることは、その得意とするところであった。ヒトラーはとくに、ウィーンのリング通り〔旧市城壁の跡につくられた環状道路〕に立ち並ぶ公共建造物の重厚で威圧的な歴史主義建築に感銘を受けた。これらは、ハプスブルク王朝の現実の政治基盤が崩れはじめたときに、力と団結の象徴的表現として建設されたのである(13)。きわめて早い時期から、ヒトラーは、権力の表出としての建築に、主たる関心を抱いていたのであった。彼は、生涯を通じて建築物への興味を持ち続けた。しかし、建築家になるための資格は得られなかった。芸術大学に再度出願したが、また不合格となった。失望し、情熱をなくしたヒトラーは、ウィーンに居を移した。彼が、すでにリンツで二つの政治的影響のもとにあり、そのままウィーンに行ったということは、おおいにあり得る

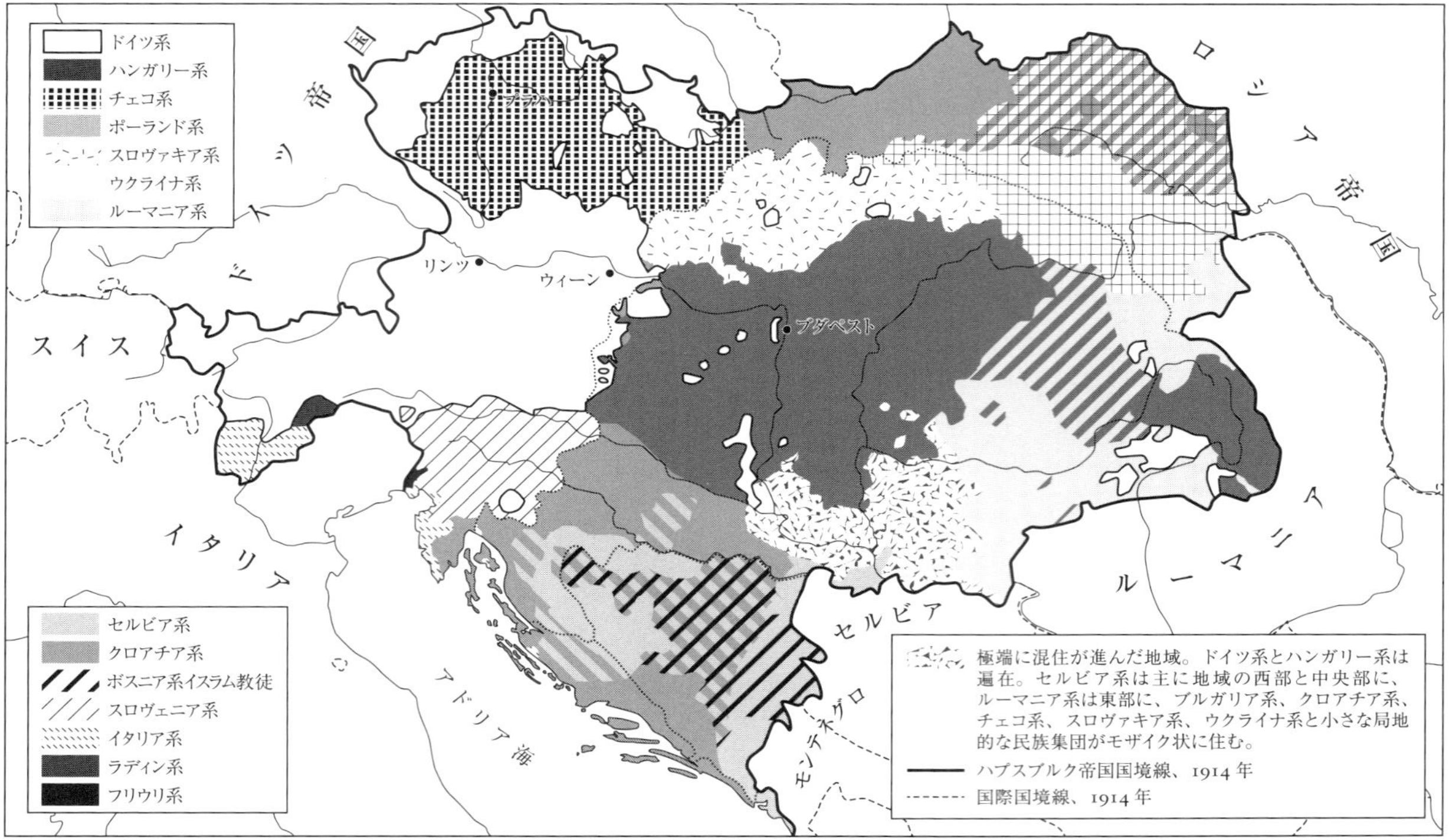

地図 6. ハプスブルク帝国における民族集団分布

ことだ。その一つは、ゲオルク・フォン・シェーネラーの全ドイツ主義運動である。リンツにおけるシェーネラー支持者は、ヒトラーが通っていた学校でとくに多かったように思われる。二つ目は、リヒャルト・ヴァーグナーの音楽に対する、抑えられない熱狂だった。彼は、リンツでヴァーグナーの楽劇をしばしば鑑賞した。楽劇に理想化されたゲルマン神話と伝説、恐れを知らぬ英雄たちの描写に陶酔したのである。かかる信念で武装し、自分は将来、偉大な芸術家になる運命にあるのだと思い込んだヒトラーは、続く五年間をオーストリアの首都で過ごした。[14]

後年のヒトラーが、この時期について書いたことには、後知恵による整合性が付与されている。現実には考えられないような首尾一貫性だ。ここでもまた、彼が何をして、何を考えたかについての信頼に価する証拠はほとんどない。ただし、ごくわずかなことだけは明白になっている。第一に、ヒトラーは芸術大学に入りそこねたという事実と折り合いをつけることができず、ブルジョワ的慣習、支配階級、ルールや規制に激烈な憎悪を抱いていた。また、定職につく訓練を受けたり、求人に応募することもせず、怠惰かつ自堕落なボヘミアン生活を送り、貯金はヴァーグナーの楽劇通いに使ってしまった。金が尽きたときには、野宿するか、安宿を一夜のねぐらとすることを余儀なくされたのだ。叔母から、なにがしかの金をもらい、ほとんどが模写ではあったものの、小さな絵画を売りはじめ、独身者宿舎で暮らす手段を得るようになって、ようやく生活が上向いた。ヒトラーはそこで安い部屋を間借りし、図書館と読書室を利用できるようになったのである。彼はここで三年間を過ごし、ボヘミアン文化のとば口に属するといえる程度の生活を送った。

ヒトラーがリンツで吸収した政治観は、リンツでも大きな影響力を振るっていたシェーネラーの全ドイツ主義に、より直接的なかたちで出会ったことでいっそう強まった。ヒトラーが、ハプスブルク君主制とその首都を嫌っていたことは疑いない。ハプスブルクの制度は、彼の芸術的野心の充足を拒んだのである。結果として、ヒトラーは、オーストリアのドイツ語圏はドイツ帝国に吸収されるべきだとするシェーネラーの要求には、抗しがたい魅力があると考えた。彼にとって、ウィーンにおける人種の混交は拒絶されるべきものだった。人種的に均質な国家だけが成功し得ると思っていたのだ。けれども、シェーネラーには大衆の支持を得る能力がない。彼はそう悟った。それをやってのけたのは、ウィーン市長カール・ルエーガーだった。ルエーガーの反ユダヤ主義的民衆煽動は、人間についての真の理解を示していると、ヒトラーはみなしたのである。ヒトラーは、独身者宿舎の読書室に置かれたそのたぐいの新聞が日々書き立てていた反ユダヤ主義や、彼がこの当時読んでいたとのちに記したような安っぽい反ユダヤ主義パンフレットのそれに対して、まず無縁ではいられなかった。そのころ、ヒトラーは何百回もヴァーグナーの楽劇に通っているが、そのヴァーグナー熱も彼の政治観をいよいよ強めるばかりであった。実際、このときまでに、シェーネラー、ヴァーグナー、ルエーガーの信奉者たちは、すべて反ユダヤ主義者になっていたのだ。彼らの多くは急激に反ユダヤ主義に傾いたのであり、ヒトラーがその例外だったとするような理由はない。彼が、ユダヤ人美術商に絵を売り、独身者宿舎でユダヤ人同宿者から借金したのは事実である。だからといって、ヒトラーは反ユダヤ主義者ではなかったということにはならない。にもかかわらず、この時点での彼の反ユダヤ主義は、抽象的でほとんど空論に近い性格しか有していなかったろう。ヒトラーのユダヤ人憎悪は、第一次世界大戦終結時において初めて、腹の底から身についた極端なものになったのだ。(15)

のちにヒトラーが書いた自伝的著作『わが闘争』(*Mein Kampf*)のなかで、もっとも興味を惹くのは、ウィーンで社会民主党の大衆デモを見たときに経験した、感情の高まりを述べた箇所である。ヒトラーは、社会民主党のマルクス主義は憎むべきものだと感じ、彼らの宣伝は、忌むべき悪しき中傷と嘘にみちていると考えた。だが、そうであるならば、なぜ大衆は、シェーネラーのような人物の教えではなく、マルクス主義を信奉するのだろうか？　ヒトラーの回答は、社会民主党は他の意見を許さず、労働者階級内において極力そうした見解を抑圧し、おのれを単純かつ強力なかたちで投影してみせて、力ずくで大衆を獲得しているのだというものだった。「大衆心理は、すべて中途半端で軟弱なものに対しては感受性が鈍い。……大衆は、哀願する者よりも、指揮を下す者をより好む」と、彼は書いている。「私は、個人や大衆に対する肉体的テロの重要性をひとしく理解した。……仕事場、工場、集会場において、また大衆デモの際にテロを行うことは、同じ程度のテロが迎え撃つというようなことがなければ、常に成功するだろう」とも書き添えられている。社会民主党は「弱虫どもを心と力の両面で支配している。これこそが唯一安寧を保つ方法だという幻想を、いかにすれば醸成できるかも知っているのだ。彼らは、その間に、こっそりと、しかし着実に、一つまた一つと陣地を征服していく。ときには無言の脅迫、また、あるときには実際に泥棒をしでかすのだ……」というのが、ヒトラーの結論である。彼はここで、自分が青年だったころのオーストリアで、いちばんの成功を収めた大衆運動におのれの感情と目的を遡及的に投影しているから、これらの記述すべてが、ある程度まで後知恵によって筋道立てられている可能性がある。しかしながら、一九一四年より前にウィーンに住んだ者なら誰でも、社会民主党が大衆に及ぼした影響力をまぬがれられなかった。それはたしかだ。よって、たとえ社会民主主義者が提示した主義主張を拒絶したとしても、ヒトラーがその力に感銘を受け、それから学んだと仮定することは道理にかなっている[16]。

さりながら、彼がウィーン時代に得た、もっとも重要な政治的教訓はおそらく、国家と法律に対する根深い軽蔑だっただろう。あとになってヒトラーは、シェーネラーの信奉者として、ハプスブルク君主制はゲルマン民族の抑圧者であり、ゲルマン民族と他の人種との混交を強制、帝国のドイツ人に統合される機会を無くしてしまったものとみなしたとしている。このヒトラーの記述を疑う理由はない。「もし種それ自体が抑圧されたり、あるいは根絶されるような危機にあるとき、合法性などという問題は次等のルールでしかない」と、彼は書いている。人種の自己保存は、合法性よりも高度な原則である。そうした合法性なるものは、往々にして、圧政の隠れみのにすぎないということになろう。かかる闘争にあっては、いかなる手段も正当とされる。何よりもハプスブルク「腐敗国家」は、完全に議会主義に支配されていた。オーストリア議会の傍聴席で多くの時間を過ごしたヒトラーは、この政治制度に対し、消えることのない侮蔑を抱くようになった。そこでは、対立する民族が徒党を組んで、喚き、互いに怒鳴りあった。使われたのは、それぞれの言語であり、何ごとも達成されなかった。彼は、とりわけチェコ人に憎しみを覚えた。彼らがとくに混乱を引き起こしたからだ。議会を通じて目的を達成せんとしたのはシェーネラーの誤りである。ヒトラーは、そう思うようになった。国民に直接選ばれた強い指導者だけがすべてをなしとげられたであろうと、結論づけたのだ。[17]

とはいえ、一九一四年より前のヒトラーが、自分こそがその指導者なのだとみなしたり、実際に政治の世界に入ることを考慮したしるしはまったくない。芸術家になるという理想に、いまだ執着していたのだ。この野心を達成できなかったために彼が陥った、みじめな金銭的困窮は、父親の家屋敷の売却による遺産贈与によって、ある程度緩和された(一九一三年四月二十日、二十四歳のときのことである)。ウィーンでのもろもろのことを急ぎ片付けたヒトラーは、ドイツに向かった。そうして、シェーネラーから吸収した全ドイツ主義を実践したのだ。彼はのちに、ミュンヘンに移った際の幸福感を、非常にもっともらしく述べ立てている。オーストリアの首都の色彩に富んだ、しかし、彼にとっては拒否感の対象である人種的コスモポリタニズム、ハプスブルク政治体制の特徴となっていた政治的混乱と衰退の感覚は、もう捨てられたというのだ。そんな政治体制には、そのために闘うだけの価値がない。ヒトラーはそう思ったし、何よりも彼がオーストリアを去った理由は、兵役適応年齢に達するのが間近であったから、それを免れるためだったのである。いまや、彼はドイツにいて、家郷にあるかのごとくに感じていた。

彼はシュヴァービング地区のはずれに部屋を借り、ウィーンと同様の生活を再開した。ミュンヘンの有名な建築物の絵はがきを模写した水彩画を描き、つましい生活を送るには充分な程度にそれらを売った。また、シュヴァービングのほかのボヘミアンと同じく、ほとんどの時間をコーヒーハウスやビール酒場で、ぶらぶらと過ごしたのだ。しかし、彼はまともな社会だけでなく、本物のボヘミアンの世界でもよそ者だった。アイスナー、トラー、ランダウアー、ミューザムのような男たちは、演劇に熱中したかと思うと、無政府主義者のユートピアを議論し、あるいは詩人や作家として名をあげたものだった。ところが、ヒトラーは、従来のままの無目的な生活を続け、ウィーンで拒まれた芸術的訓練をミュンヘンで得ようと試みることもしなかったからだ。公的な既成芸術が彼に門戸を閉ざす一方、公式ならざるアヴァンギャルド、ワシリー・カンディンスキー、パウル・クレー、フランツ・マルク、アウクスト・マッケらの「青騎士」グループが、時代の最先端を行くシュヴァービングのコーヒーハウスに多大な興奮を巻き起こした。既成概念と決別し、表現主義と抽象に入ったのである。だが、こうした前衛派も、ヒトラーにとっては、不可解さと反発を喚起するだけだった。彼自身の芸術の実践法は、生命なき建築物をせっせと写生するだけに限られていたのだ。ヒトラーその人の芸術嗜好は、彼がウィーンで入学したがった芸術大学のお決まり、ありきたりで伝統に基づくたぐいの表現を越えることはけっしてなかった(18)。けれども、ヒトラーは、ブルジョワによる因習とルールに対する心奥での侮蔑、芸術は世界を変えられるとする信念を、シュヴァービングのボヘミアンたちと共有していたのである。

ヒトラーは、文化的な営みの片隅にいるボヘミアンという存在にすぎなかった。そこから彼を救いだしたのは、第一次世界大戦の勃発だった。宣戦布告を祝うため、八月二日にミュンヘン中心部に集まった群衆に混じったヒトラーを撮った写真があり、その顔は興奮で輝いている。三日後、彼はバイエルン軍に志願した。戦争が開始され、厖大な数の人間が志願した、無秩序と混乱のときに際して、ヒトラーがドイツの市民権を持っているかどうかをチェックすることなど、誰も考えなかったようだ。八月十六日に入隊すると、ただちに西部戦線に送られた。ヒトラーはあとになって、これで「青年時代の苦渋から救われた」と記している。初めて、正しいと信じて従うことができる使命、そして、おのれを同一化できる、緊密な紐帯で結ばれた戦友集団が得られたのである。いまや自分はドイツのために戦っているのだという事実により、その心は「誇らしい喜びにみちあふれて」いた。[19]続く四年間、ヒトラーはずっと同じ連隊にとどまり、伝令として働いた。伍長〔正確には上等兵〕に進級し、勇敢な行為を示したことで二度勲章を受けた。皮肉なことに、二度目は、ユダヤ人将校の推薦を受けて一級鉄十字章を受けたのである。この受勲の直後に、ヒトラーは毒ガス攻撃に遭った。戦争後期には、両軍ともに、頻繁に毒ガスを使用するようになっていたのだ。彼は一時的に失明し、回復をはかるために、ドイツ北東部ポンメルンにあるパーゼヴァルク陸軍病院に送られた。ここで、ドイツの敗戦、休戦、革命を知ることになったのである。[20]

ヒトラーは、『わが闘争』で、こうしたことは「今世紀最大の悪行」、おのが希望の全否定であり、自分が捧げた犠牲のすべてを無駄にするものだったと述べている。そのニュースを知らされたとき、彼は「目の前が真っ暗になり」、よろめきながら相部屋の病室に戻り、すすり泣いたという。それが、ヒトラーにとって大変なトラウマになったことを疑う理由はない。一九一八年の記憶は、これ以降の彼の思想と行動において中心的役割を果たすことになった。どうして、こんな災厄が起こったのか？その答えを求めるうちに、ヒトラーは、急速に広まっていた「背後からの一突き」論に飛びつき、熱狂した。自分がすでに疑いと嫌悪の念を以てみるようになっていたあのユダヤ人、彼らこそが責められるべき存在であるにちがいないと考えたのだ。これまでにシェーネラー、ルエーガー、ヴァーグナーなどからたくわえてきた、未熟で混乱した理念のすべてが今、ふいに、首尾一貫し、整然としているが、偏執的な思考パターンにおさまったのである。ヒトラーは、政治の主要な動力としてのプロパガンダに注目した。つまり、外からは敵の戦時宣伝がドイツの意志を弱体化させ、内からはユダヤ人と社会主義者のプロパガンダが懐疑と敗北主義を広めたというのだ。彼がこの大惨事から省察したところによれば、宣伝は常に大衆に向けられていなければならないのであった。

あらゆるプロパガンダは大衆的であらねばならず、その知的レベルは、宣伝が向けられる対象のうちでも、最低の知能しか持たない者に合わせなければならない。従って、流布させようとする相手の規模が大きくなればなるほど、その知的レベルの正味は低くならざるを得ないであろう。……無数の大衆の受容能力は非常に限られており、知能も低い。ものを忘れてしまうこともはなはだしいのだ。かかる事実ゆえに、効果的なプロパガンダは、ごくわずかな論点に絞らなければならないし、それらはスローガンとして繰り返し訴えなければならぬ。諸君がそのスローガンによってわからせたいと思うことが、社会のメンバー、その最後の一員に理解されるまで続けるのだ。

また、プロパガンダは理性よりも情緒に訴えるものでなければならない。なぜなら、「国民の圧倒的多数は、その本質と姿勢において非常に女性的であるから、分別のある論理的思考よりも、情緒や感情のほうが、彼らの思考や行動を決定しているのである」。とどのつまり、プロパガンダを行うにあたってのメッセージは、継続的で不変のものでなければならない。そのメッセージは、自らの主張について、いささかの疑念も覚えさせてはならないし、対立する主張については、ほんのわずかな正当性も認めるべきではない[21]。

ヒトラーは、こうした思想（というよりも、おそらくは、ずっと初期的で未発達な段階のそれ）をひっさげて、上官たる将校の命に従い、一九一九年六月に政治教育講習に出席した。それによって、政治の道へと歩みだすことになったのである。正しく時機を得たといえよう。多くの保守主義者からみれば、ミュンヘンは上下さかさまの世界であり、それを正道に戻すときが来ていたのだ。プロイセンが失敗したところで、バイエルンは手本を示すことができた。共産主義転覆後のミュンヘンでは、国家主義者のスローガン、反ユダヤ主義的な文句、反動のキーワードが、政治の言葉遣いすべてに浸透していた。それらが、反革命感情の性急な表現をもたらしたも同然だったのである。ヒトラーも、言葉の抑揚を自在に操り、秩序の敵という紋切り型のイメージを情動的・暴力的な急進主義の表現に動員することを心得ている点では、人後に落ちなかった[22]。

3

ヒトラーが出席した政治講習は、バイエルン正規軍から、なお残存している社会主義者的な感情を根絶やしにし、極右の信念を注入するように組み立てられていた。講師のなかには、保守的な歴史家でミュンヘン大学教授のアレクサンダー・フォン・ミュラーならびに全ドイツ主義者の経済理論家ゴットフリート・フェーダーがいた。フェーダーは、ユダヤ人は資本を非生産的に浪費し、勤勉な「アーリア人」の生計を破壊していると糾弾し、経済学に反ユダヤ主義の色彩を加えた人物である。ヒトラーが、このような男たちの理念をたちどころに吸収したことから、上官に選ばれ、一九一九年八月に同様の講習の講師として派遣された。そこで初めて、自分には多くの聴衆に語りかける才能があることに気づいたのである。彼の講義を聴いた者は、その情熱と献身、単純な普通の人々にものを伝える能力を称賛する感想を寄せた。彼らはまた、ヒトラーが強烈な反ユダヤ主義を抱いていることにも注目している。九月十六日付の書簡で、ヒトラーはユダヤ人についての信念を詳しく述べた。以後、多数の演説や著述で繰り返されることになるようなたぐいの生物学的比喩を使い、ユダヤ人は「諸民族に人種的結核」をもたらしたとしたのである。彼は、ポグロムにつながっていく「純粋に感情的な理由からの反ユダヤ主義」を拒否し、「理性による反ユダヤ主義」に与した。かかる反ユダヤ主義は、「計画的な立法により、ユダヤ人特権と戦い、それを剝奪する」ことをめざさなくてはならない。「不動の最終目標は、ユダヤ人をまとめて排除することでなければならぬ」[23]。

義勇軍が暴力的にミュンヘン革命を鎮圧したあとの数か月間にたちまち広がった、報復的・超国家主義的な空気のもとでは、こうした情動もごく普通のものだった。このときまでに、ヒトラーは、軍に信頼される政治スパイになっている。当時、ミュンヘンには、きわめて多様な政治集団が叢生《そうせい》していたが、彼は、政治スパイとして、その一つに派遣された。それが危険であるか、あるいは、反革命の大義に召すことができるかどうかを判断するためである。相手は、一九一九年一月五日にアントン・ドレクスラーなる人物が創立したドイツ労働者党だった。彼は錠前屋で、かつて祖国党に属しており、自分は、働かざる資本、搾取、不当利得に反対する社会主義者にして労働者だと主張した。もっとも、これは国家主義が撚《よ》り込まれた社会主義であった。ドレクスラーは、自分が闘ってきた諸悪の根源をユダヤ人の陰謀に帰している。彼らはまた、ボリシェヴィズムという有害なイデオロギーをひねくりだしたのだ。ドレクスラーのアピールは、工業労働者ではなく、「生産者階級」、実直に働いて生きているすべての者たちに向けられた[24]。一言でいえば、これは下層中産階級を意味している。

だが同時に、一八八〇年代のアドルフ・シュテッカーによるキリスト教社会運動にまでさかのぼる伝統、さらには、大戦前、また、とくに大戦直後に、ドイツとオーストリアの両国において顕著となった同様の国家主義的な動きの多くを反映させた伝統のなかにあった。そのなかで、ドレクスラーの党は、長期的に労働者階級をマルクス主義から改宗させて味方につけ、全ドイツ主義の大義に奉仕させることを追求した。

創生期にあったこの政党は、実のところ、異常に活動的な集団であるトゥーレ協会のつくりだした、もう一つの団体だった。革命が敗れたのちのミュンヘンという極右の温床においては、ドレクスラーやその小さな政党は、ごくありふれたものであった。普通でなかったのは、一九一九年九月十二日に労働者党の集会に参加したヒトラーが注目を集めたことである。バイエルンのライヒからの分離を唱える演説がなされた直後に、ヒトラーはフロアより、その演者に断固反対する旨の弁論を振るったのだ。のちにまた軍の上官の命令に従い、ヒトラーが入党を申し込んだとき、強い印象を受けていたドレクスラーは、異議なしとばかりに承認した。実際には七番目の入党者にすぎなかったと、ヒトラーはあとになって主張しているけれども、党員番号第五五五号として登録されたのは事実である。この話は額面通りには受け取れない。ドイツ労働者党の党員番号は、周縁的な小政治集団で昔からお決まりになっていた通りに、第一号ではなく、第五〇一号よりはじまっていたのだ。このことは、ドイツ労働者党が、数名ではなく、百人単位の党員数を誇っていたことを示唆している。[25]

ヒトラーはまだ軍の上官から督励されていたのだが、たちまち党の花形演説家になった。その成功をもとに、それまでになかったような大衆集会を開催させるところまで、党を押し上げたのだ。そうした集会はほとんどがビヤホールで開催され、あらかじめ派手なポスターで宣伝され、しばしば乱闘騒ぎをともなった。いまや党にとって不可欠の人物となったヒトラーが、一九二〇年三月末までに、おのが将来をこの政党にかけると決断したのはあきらかである。彼にしてみれば、デマゴギーこそが、ドイツの敗北とともに失われたアイデンティティーを回復してくれるのであった。ヒトラーは軍を除隊し、専従の政治アジテーターになった。反革命の都ミュンヘンにおいて、過激な反ユダヤ主義が訴求力を持っていたことは明白であり、それは同じ見解を持つものの、はるかに大きな組織「ドイツ人種防衛・抵抗同盟」にも利用されていた。この組織は、鈎十字を主要な政治シンボルとした、もう一つの極右集団である。「同盟」は本部をハンブルクに置き、ドイツ全土におよそ二十万という党員数を誇っていた。祖国党の元党員、復員兵士の不満分子、国家主義志向の学生・教員・事務労働者を引き入れたのだ。「同盟」は、洗練された宣伝機構を運営し、何百万ものリーフレットを乱発、数千の大衆が集まるような大規模集会を実施した。一方、ドレクスラーの組織は数百名しか集められなかったのである。[26]とはいえ、「同盟」はこの種の極右運動で唯一無二の存在というわけではなかった。技師のアルフレート・ブルンナーが率いるもう一つの政党「ドイツ社会主義者党」は、規模はずっと小さかったものの、いくつものドイツの都市に支部を持っていた。ただし、その党員数は「連盟」の十分の一程度の規模にすぎない。だが、この両政党ともに、どうにかヒトラーに太刀打ちできるような吸引力を持った演説家を擁してはいなかったのである。[27]

旧来の右翼政治家は、講釈を垂れるか、おおげさでもったいぶった調子、あるいは、荒っぽい野卑な声音で演説したものだった。ところが、ヒトラーは、アイスナーのような社会民主党の雄弁家や左翼煽動家に倣った。後者については、ウィーン時代に学び取ったものだと、のちに主張している。彼は、聴衆が耳にしたいと思っていることを語り、それによって演説で多くの成功を得た。普通の人が理解できるような単純で率直な言葉遣い、短いセンテンス、力強く感情に訴えるスローガンを用いたのだ。その演説は、聴衆の注意を集めるために、ごく静かな調子ではじめられることが多く、しだいにクライマックスに達していく。ヒトラーの低く、しゃがれがちな声の抑揚が急になって、クレシェンドで高まっていき、ついには、喚きたてるような甲高い響きの終幕に達する。綿密なリハーサル済みの、劇的なジェスチャーも添えられた。聴衆が熱狂的情動に煽られていくにつれ、彼の額は汗に輝き、まっすぐな黒髪が垂れ落ちて、顔を覆う。ヒトラーが話すことには留保がなかった。すべてが絶対であり、妥協がなく、待ったなし、逸脱も変更もない最終的なことだった。初期の演説を聴いた多数の人々の証言によれば、彼は心から率直に語りかけ、聴衆自らの最深奥にある深い不安と欲求を表現してくれているものと感じられたという。加えて、ヒトラーはまた、自信、攻撃性、おのれの党が最後に勝つという信念、ついには宿命意識をも発散していたとされる。彼の演説はしばしば、貧困に打ちひしがれた過去の自分の生活を語ることからはじまった。第一次世界大戦後におけるドイツの、意気消沈し、虐げられた絶望的な状態に、それとなくなぞらえたのである。しかるのちに、声が大きくなり、自らの政治的覚醒を語り、ドイツも将来、同様に回復し、栄光を取り返すと指摘してみせる。必ずしもあからさまに宗教的な言葉を使うこともなしに、受難、屈辱、贖《あがな》いと再生という、聴衆の魂の深層に宿っていた宗教の原型に訴えたのだ。大戦と革命を経たのちのバイエルンにおいては、たちどころに反応が得られた[28]。

ヒトラーの演説は、複雑な社会・政治・経済問題を、単一の公倍数に通分した。その公倍数とは、ユダヤ人の邪悪な陰謀である。『わが闘争』でユダヤ人破壊活動分子がいかにして一九一八年にドイツの戦争努力を台無しにしてしまったかを、彼の視点から述べたヒトラーは、つぎのように宣言している。

開戦時、そして戦時中に、国民のなかにいた一万二千ないし一万五千のヘブライ人破壊分子を、戦場でドイツ最良の労働者数十万の身の上に起こったのと同様に、毒ガスのもとに置いてやったなら、前線における数百万の犠牲が空しくなることはなかっただろう。それどころか、こうしたやくざども一万二千が適当な時機に始末されていたなら、将来有為なドイツ人数百万の生命が救われたかもしれないのだ。ところが、ブルジョワ「政治家」の線でなされたことといえば、まばたき一つしないまま、数百万の人々に戦場における血まみれの死を課しておきながら、一万から一万二千もの裏切り者、利得者、高利貸し、詐欺師を聖なる国民の宝と尊重し、彼らは不可侵であると公に宣言することだったのだ。[29]

このような妥協を許さぬ過激性は、ヒトラーの大衆集会に信仰復興論者〔十八世紀ないし十九世紀の英米で生じた、再び厳密なキリスト教信仰によって人生を律するべきだとする議論〕的情熱を帯びさせた。それは、デマゴーグ的性格がより少ない政治家には模倣しにくいことだった。ヒトラーが得た社会的な認知は、左翼を引き寄せるため、ポスターに赤を使う戦術によって拡大された。そうしてやってきて、聴衆に加わった社会主義者は抗議を浴びせかけ、往々にして殴り合いや口論を引き起こす結果となった。

大戦後の反革命、「背後からの一突き」論への国民の執着、急速に発展したハイパーインフレーションの張本人は戦時利得者と商人だという強迫観念。かようなことがもたらした雰囲気のなか、ヒトラーは、商品価格を高騰させているとされた「ユダヤ人」商人に、とくに攻撃を集中し、民衆を煽動した。支持を表明する聴衆の喚声に応え、ユダヤ商人全員を吊るし首にするべきだと述べたのである。[30] おそらくは、かかる反資本主義という焦点を強調し、オーストリアとチェコスロヴァキアの類似グループと提携をはかるため、党は、一九二〇年二月に「民族社会主義ドイツ労働者党」と改称した。これより前に、社会民主党は敵から「ゾチ」〔Sozial-isten の略〕と短縮されて呼ばれていたが、民族社会主義ドイツ労働者党の敵たちも、すぐに彼らを「ナチ」〔ナチ党の正式名称はNationalsozialistische Deutsche Arbeiterpartei。これを縮めて、「ナチ」と俗称された〕と略称するようになった。もっとも、名前を変えたからといって、ナチズムを社会主義の一形態、あるいは、その派生物とみるのは間違いだろう。一部の人々が指摘するように、なるほど、そのレトリックはしばしば平等主義的で、個人の要求よりも公共の必要性を優先することを強調し、大企業と国際金融資本に反対すると、頻繁に宣言してはいる。また、反ユダヤ主義がかつて「愚者の社会主義」と呼ばれていたことも、よく知られていよう。しかし、ヒトラーはごく初期から、自分は情け容赦なく社会民主主義に反対すると公言し、最初のうちはそれほど激烈ではなかったにせよ、共産主義にも異を唱えた。何よりも、休戦協定、のちにはヴェルサイユ条約に署名した「十一月の裏切り者」は、共産党員ではなく、社会民主主義者とその仲間だったからだ(31)。

「民族社会主義者」〔ナチス〕は、ユダヤ人がドイツ国民を操ったのだという彼らの主張によって、左右二つの陣営を統合せんと欲した。統合の基礎になるのは人種の概念だった。階級を基礎とする社会主義のイデオロギーからは、はるかにかけ離れた概念だ。ナチズムは、ある意味で、社会主義に対する極端なまでの対抗イデオロギーであった。その形成過程で、政党であるよりも運動体であるという自己イメージから、彼らが誇示したブルジョワ的因習や保守の小心さへの軽蔑に至るまで、社会主義のレトリックを多数取り込んでいたのである。「政党」という理念は、定着した民主的政治形態のなかで着実に機能している議会制民主主義への忠誠を連想させる。しかし、ヒトラーとその信奉者は、総じて「民族社会主義運動」と称することを好んだ。ちょうど社会民主党が「労働者運動」と語ったようにだ。その点でいえば、女権解放論者が「女性運動」を説き、大戦前に十代の反逆の使徒たちが「青少年運動」と述べたこととも同様であった。かかる用語は、ダイナミズムと不断の前進運動を思わせたばかりか、究極の目標を示唆していた。従来の政治の終わることなき妥協よりも、ずっと壮大で最終的なものをめざして進む絶対の目標である。ナチズムは、あたかも労働運動であるかのごとく、自らを「運動体」として提示することによって、旧態依然たる政治に反対する。当初は体制の枠内で働くことを余儀なくされるけれども、それを転覆し、最終的には打倒するつもりだと宣伝したのだ。

階級を人種に、またプロレタリア独裁を指導者独裁にと代替することで、ナチズムは、通常の社会主義イデオロギーの語法を逆転させた。左右両翼の止揚は、一九二〇年代中頃にヒトラーが自ら選んだ正式な党旗にも、しかと象徴されていた。地は、社会主義の色である鮮やかな赤、旗の中心には白い円があしらわれ、その真ん中に人種論的国家主義のしるしである鉤十字が黒々と描かれていたのだ。そのため、全体の配色は、ビスマルク帝国の国旗の色、黒・白・赤の組み合わせということになる。一九一八年の革命の結果、これらの色はヴァイマール共和国とそれを支持する者すべてに対する拒絶を象徴するようになった。しかし、デザインを変え、戦後のさまざまな極右民族主義運動や義勇軍部隊においてすでに使用されていた鉤十字を加えたことにより、ナチスはまた、彼らが置き換えたいと望んでいるものは、旧ヴィルヘルム時代の現状を回復することではなく、新しい全ドイツ的な人種主義国家なのだと宣言したのである[32]。

ヒトラーは初期にユダヤ資本主義攻撃に重点を置いていたが、それは一九二〇年末までに修正された。「マルクス主義」、あるいは、社会民主主義やボリシェヴィズムといった、別の呼び方がなされているものへの攻撃が持ち込まれたのだ。内戦とレーニンのロシアにおける「赤色テロ」の残忍さが衝撃をおよぼしていたから、ヒトラーも、極右に一般的だった見解を強調するために、それを利用することができた。一九一八年から一九一九年のミュンヘン騒乱の陰には、ユダヤ人の陰謀があったとするものである。もっとも、共産主義の脅威がなくとも、ナチズムが存在しつづけることは可能だった[33]ろう。ヒトラーの反ボリシェヴィズムは、彼の反ユダヤ主義の所産であり、その逆ではなかった。その主たる政治的標的は、いつでも社会民主党、さらには、もっと漠然とした「ユダヤ資本主義」という妖怪だった。ヒトラーはさまざまな演説において、大戦前から存在していた、ありふれた反ユダヤ主義論を拝借し、ユダヤ人は、ほかの国民、とりわけ、あらゆる人種の中でも至高かつ最優秀であるアーリア人を蝕むことでのみ、生きていくことができる寄生人種だと決めつけた。ゆえに、ユダヤ人は、アーリア人種を分裂させ、その資本主義的搾取を組織する一方、アーリア人種を相争わせたのだというのである。[34]一九二〇年四月六日の演説で、ヒトラーは、ユダヤ人は「絶滅されるべきだ」と述べている。同年八月七日には、聴衆に向かって語りかけた。「原因を絶たず、また細菌を根絶することもなしに病気と闘えるとか、国民が人種的な結核菌という原因から解放されるように配慮せずして、人種的結核に抗することができる」などと信じるべきではないとしたのだ。根絶とは、いかなる手段を用いてでも、ユダヤ人をドイツから力ずくで排除することだった。一九二一年四月、ヒトラーは、ラジオの聴取者に対して、「ユダヤ人問題の解決」は「残酷な力」によってのみ解決可能であると述べた。一九二三年一月にはまた、「ユダヤ人が権力につけば、われわれの首が砂に転がるであろうことは承知している。だが、われわれが権力を握れば、何が起こるかもわかっているのだ。『さあ、神がお前たちに慈悲を垂れてくれますように！』」と発言したのである。[35]

ビヤホール一揆

1

第一次世界大戦が終わったとき、この戦争において、過去およそ二年にわたり軍事独裁を振るっていたエーリヒ・ルーデンドルフ将軍は、政治の舞台からしばらく遠ざかることが賢明だと考えた。新しく組閣された、カイザーの最後の政府にして、かつ自由主義的な政権と激論を交わしたのち、彼は、一九一八年十月二十五日に解任された。しばらくベルリンに滞在したのち、黒眼鏡をかけ、頬に付けひげを貼っての変装をほどこし、バルト海を越えてスウェーデンに逃れた。そこに、革命が終わるまで滞在していたのである。一九一九年二月、ルーデンドルフは、どうやら最悪の事態は終わったとみて、ドイツに戻った。大戦中に得た威光がきわめて大きかったため、彼はすぐに急進的右翼の表看板になった。一九一四年から一九一八年まで、全ドイツ主義的な併合論を唱え、講和についても激しく反対した人物であったルーデンドルフは、新しい共和国の体制を転覆すべく、ただちに陰謀に取りかかったのである。周囲に元部下の一団を集めた彼は、一九二〇年三月にヴォルフガング・カップと義勇軍がベルリン政府に対して起こした短命な一揆を支持した。その一揆が失敗に終わると、より自分の性分に合った場所であるミュンヘンに去った。ルーデンドルフはこの地ですぐに、今までは無名だったアドルフ・ヒトラーなる人物の周辺に集まった超国家主義者グループと接触することになる(36)

両者がついに出会うところまでに、ヒトラーは、最初の献身的な信者の一党を獲得していた。彼らは。ナチ党の成長と第三帝国の建設において、何らかの能力を以て枢要な役割を果たすことになる、なかでも全身全霊を捧げていたのは、当時、学生だったルドルフ・ヘスである。彼は、ミュンヘン大学の地政学理論家カール・ハウスホーファーの弟子だった。実業家の父親は専制的で、大戦前には、ルドルフが大学へ進むことを拒絶した。その息子たるヘスは、無条件に忠誠を誓えるような強い指導者を探し求めていたようだ。彼は、のちに重要人物となった何人かのナチと同じく、ドイツ帝国外部の出身者だった。一八九四年にアリグザンドリア〔エジプト〕で生まれ、第一次世界大戦に従軍、陸軍航空隊の少尉として敗戦を迎えたのである。軍で勤務したことにより、ヘスは、他者の服従をもたらす権威を得たし、また、ハウスホーファーのもとで学べるようになった。だが、自らの権威、あるいはハウスホーファーとの研究も、義勇軍やトゥーレ協会（ヘスも会員であった）同様に、ヘスの望みを満たしてはくれなかった。やがて、一九二〇年に知り合ったヒトラーにより、願った充足が与えられることになる。情熱的な反ユダヤ主義が二人の共通点であった。ヘスは、一九一八年にドイツを裏切ったものと、自分がみなしていた「ユダヤ人の徒党」を非難した。そもそも、ヒトラーに出会う前から、一隊を率いてミュンヘンの労働者地区に遠征し、数千部もの反ユダヤ主義リーフレットを労働者アパートの玄関ドアの下から滑り込ませるということをやっていたのである[37]。以後、ヘスは、心底からの英雄崇拝をヒトラーに捧げる。彼はだまされやすく、理想主義的で、個人的野心や欲がなく、ハウスホーファーによれば、あまり聡明でもなかったし、占星術などの不合理で神秘的な教義を信じる傾向があった。そのヒトラーへの献身は飼い犬のようで、熱烈であるということにかけては宗教的だったといえる。ヘスは、ヒトラーこそ一種の救世主であるとみなしたのだ。これよりのち、彼は、ヒトラーの寡黙で控えめな奴隷となった。毎日のように、いつものカフェ・ヘックで主人の言葉に聞き惚れ、しだいに日常的な雑務を引き受けるようになった。ヒトラーはその種の仕事を憎んでいたのだが、ヘスのおかげで、そういったことを肩から下ろしたのである。さらに、ヘスは、「生存圏」(*Lebensraum*)という全ドイツ主義者に共有されていた議論を精密なかたちでヒトラーに手ほどきした。この理論を使って、ハウスホーファーは東欧征服を求めるドイツの主張を正当化したのだ。また、小説家ハンス・グリムは、一九二六年のベストセラー『土地なき民』(*Volk ohne Raum*)で、それを一般に広めていた。[38]

別の面でヒトラーに役立ったのは、元医学生で、人種主義詩人・劇作家をめざして挫折したディートリヒ・エッカートだった。彼は、早くも一九一八年十二月に極右サークルで活動していた。その当時、エッカートは、バイエルンの実業家数名の後援と国防軍の政治資金を得て、政治週刊誌『平易なドイツ語で』(*Auf gut deutsch*)の発行をはじめたのである。自分の戯曲が上演されなかったのは、彼が信じるところのユダヤ人の文化支配のせいだとし、ヒューストン・ステュアート・チェンバレンなどの他の人種主義者や「アーリア人」優越主義者の知己を得た。エッカートは、チェンバレンの著作を大衆になじませるのに、おおいに貢献したのだ。多くの反ユダヤ主義者と同じく、エッカートは、「破壊的」、もしくは「物質主義的」な者は、誰でも「ユダヤ的」であると定義した。そのなかには(彼の見解によれば)、レーニンやカイザー・ヴィルヘルム二世もとくに含まれていたのだ。つてに恵まれ、裕福だったエッカートは、ヘスと同様にトゥーレ協会員でもあり、友人たちや軍からナチ党のために資金を集めてやった。それによって、ナチ党は一九二〇年十二月に、経営不振のトゥーレ協会機関紙、『フェルキッシャー・ベオーバハター』(*Völkischer Beobachter*)〔『民族主義的観察者』の意〕を買収できたのである。エッカートは自ら編集長になり、この、週二回発行される新聞に、おおいに必要とされていたジャーナリスティックな経験知をもたらした。一九二三年初頭には、同紙を日刊紙に成長させたのである。だが、結局のところは、彼の相対的な自律性や、ヒトラーに対して庇護者として振る舞ったことが災いして、両者の関係は冷えこんだ。一九二三年三月、エッカートは『フェルキッシャー・ベオーバハター』編集長を解任され、その年のうちに死亡した。[39]

けれども、エッカートがトゥーレ協会からナチ党に引き連れて来た二人の仲間は、よりヒトラーに忠実に、ずっと長く仕えた。一人目は、バルト・ドイツ人の建築家アルフレート・ローゼンベルクだった。彼もまた帝国外出身のナチ指導者の一人で、一八九三年にエストニアのレヴァル〔現タリン〕で生まれた。ロシア革命を逃れてきたことから、ボリシェヴィズムに強烈な憎しみを抱いており、大戦終結時にミュンヘンに流れついた人物である。彼はそこで、エッカートのささやかな雑誌の寄稿者になった。ローゼンベルクは、一九一四年よりも前に反ユダヤ主義者になっていた。十六歳のときに、ヒューストン・スチュアート・チェンバレンの著作を読んだことの帰結である。ツァーリの警察によって捏造され、文明の転覆をはかるユダヤ人の国際的陰謀を証明するものと称されていた『シオンの賢者の議定書』に夢中になったローゼンベルクは、また、ゴビノーとニーチェを読み、大戦後には、ユダヤ人とフリーメイスンを攻撃する挑発的な小冊子を書いた。

彼のおもな欲求は、知識人、文化理論家として、重きを置かれることだった。一九三〇年、ローゼンベルクは、おのが偶像であるヒューストン・スチュアート・チェンバレンの主要著作へのオマージュとして、『二十世紀の神話』という書名の代表作を上梓《じょうし》した。これは、ナチ党に基本的な理論書を提供することを意図していた。同書は一九四五年までに百万部以上を売り上げ、その理論の一部はいくばくかの影響力を持った。ところが、ヒトラーその人は『二十世紀の神話』など、ほんの数か所しか読んでいないと述べている。彼は、その筆致は疑似宗教的であると考え、それを嫌ったのである。実際、ローゼンベルクの大仰な散文を、なんとか最後まで読み通すことができたのは、おそらく、ごく少数のもっとも献身的な読者だけだったろう。とはいえ、ミュンヘンのカフェでしばしば会話を交わすうちに、ローゼンベルクは他の誰よりも、共産主義の脅威、また、それがユダヤ人の陰謀によってつくりだされたものと推察されることに、ヒトラーの眼を向けさせた。さらに、彼がソヴィエト・ロシア政体の脆弱性とみたことについて、ヒトラーの注意を喚起したのである。ローゼンベルクを通じて、極端な陰謀論と絶滅的な推力を持つロシアの反ユダヤ主義は、一九二〇年代初めのナチ・イデオロギーに入り込んだ。「ユダヤ・ボリシェヴィズム」は、いまやヒトラーの憎しみが向けられる、主たる標的となったのだ[40]。

エッカートがナチ党に入党させた二人目の男は、ハンス・フランクだった。彼は、一九〇〇年にカールスルーエで法律家の息子に生まれ、最初は父親同様の人生を歩もうとした。まだ法学生だったころ、一九一九年にトゥーレ協会に入会し、ミュンヘン強襲時にエップの義勇軍に参加した。フランクはすぐにヒトラーの魅力に捉えられたのだけれども、取り巻きの一人になったというわけではない。が、一九二〇年一月にヒトラーの演説を聞いて、ほかの者同様にヒトラーの言葉は心の底から出ているものだと感銘を受けた。「彼は、出席者全員の意識のなかにあるものを言い表した」と、フランクはのちに述べている。フランクは生涯を通じて、暴力というポルノグラフィに魅了され、残虐な行動人を称賛した。ナチの指導者たちと自分は同様の人種なのであると感じたいがために、彼らの誰もがかなわないような直裁さと攻撃性を備えた暴力的な言辞をしばしば用いた。しかし、彼は法学的な訓練と経験を得ていたから、消しがたい法への信頼が残っていた。それは、彼の粗野な言葉遣いや殺人行為の弁護と同じく、居心地悪くではあったが、心中に収まっていたのである。一九二四年、フランクは博士号とともに、法曹資格を取得した。彼の法律についての専門知識は、たとえ限られたものであっても、ナチ党にはきわめて有用であることが証明された。フランクは、一九三三年までにナチ党員が被告となった二千四百件以上の裁判で（ほとんどが、あれやこれやの暴力事件だった）、党の代理人となった。初めて数人のナチのならず者を法廷で弁護した直後に、彼の恩師の一人であった先輩法曹家は言ったものだ。「後生だから、こんなやつらは放っておきたまえ！　そんなことをしても信用などつかないぞ。刑事裁判ではじまる政治運動は、刑事裁判で終わるのだ！」[41]

こうした男たちや、さらに多くの同類の者たちが党のメンバーとなるころまでに、生成期のナチ運動は正式の綱領を持つようになっていた。ヒトラーとドレクスラーが、「人種経済学者」ゴットフリート・フェーダーからいくばくかの助力を得て作成し、一九二〇年二月二十四日に承認されたのである。その二十五か条のなかには、「全ドイツ人の大ドイツへの統合」、一九一九年の平和条約取り消し、「国民を扶養するための国土と領土（植民地）」、「非ドイツ系移民」の防止、「公共に対する犯罪者、高利貸し、不当利得者など」に対する死刑の要求といったことが含まれていた。ユダヤ人には市民権が与えられず、外国人として登録されることになり、ドイツの新聞を所有する、もしくは、それに寄稿することを禁じられた。疑似社会主義的な調子は、不労所得の撤廃、戦時利得の没収、企業トラストの国有化、利益分配制度の導入といった要求に反映されている。綱領は、「ライヒを統《す》べる強力な中央集権的国家権力を確立」し、連邦制州議会を、階級と職業に基づく団体へと実効的に入れ換えるという要求で結ばれていた。当時の極右文書の典型である。[42] 実際のところ、本綱領にはさしたる意味はなく、一八九一年の社会民主党のエルフルト綱領と同じく、日々の政治闘争では往々にして、避けて通るか、無視された。もっとも、綱領が党内の不一致が向けられる焦点になるのを防ぐため、すぐにそれは「不変」であると宣言されている。[43]

しかしながら、党内不和は、ほかの大義から生じた。主だったものとしては、ドレクスラーがナチ党をバイエルンの首都にあった他の極右組織と合併しようと努めだしたことがある。ドレクスラーはとくに、ナチスのそれと事実上同じ目標を掲げる、似たり寄ったりの規模の集団「ドイツ社会主義党」に眼をつけた。ナチ党と異なり、この党は北部に勢力を持っていた。合併が実現すれば、フェーダーのように、ヒトラーの煽動演説につきまとう卑俗さをよしとしない人々に対して、影響があっただろう。けれども、新しい運動に埋没してしまうことを恐れたヒトラーは、一九二一年四月に党を辞めると恫喝し、その交渉をつぶした。だが、『フェルキッシャー・ベオーバハター』の資金集めのため、ヒトラーがエッカートとともにベルリンに滞在していたときに、もう一つの危機が勃発した。彼の留守中に、またしても合併話が持ち上がったのである。今度は、アウクスブルクを根拠地とし、オットー・ディッケルという男に率いられた第三の反ユダヤ主義小政党も含まれていた。このディッケルは、ほぼヒトラーに匹敵するほど、大衆演説家としての能力が高いと、一部には評価されていた。ナチ党がディッケルの企《たくら》みに沿って合併を進め、「西洋同盟」(ディッケルの神秘主義的な色彩を帯びた人種主義の小冊子『西洋の復活』にちなんで名付けられた)を創設しようとするのを、ヒトラーは阻止できなかった。彼は、かんしゃくを起こして、党といっさいの縁を切った。それによって危機がもたらされ、ドレクスラーは後戻りして、ヒトラーに復党の条件を挙げるように求めることとなったのである。結局のところ、過去数か月間に党が成長した理由は、唯一ヒトラーのデマゴギーにあったのだから、その人物なしでやっていく覚悟がある者はごくわずかしかいなかった。合併計画は放棄された。まったく譲歩するところがないヒトラーの復党条件も、七月二十九日の臨時党大会において、喝采とともに承認されたのだ。彼の条件のなかでもきわめつけは、ヒトラーを「独裁権力」を備えた党議長とし、党は「現在、内部に浸透している異分子」を粛清すべし」というものだった(44)。

ナチ党を完全に掌握したヒトラーは、急ぎ展開した宣伝キャンペーンにおいて、党の全力支援を享受した。すぐに、それは挑発から暴力に堕していく。一九二一年九月十四日、若いナチの一団がヒトラーとともに、バイエルン分離主義者の組織である「バイエルン同盟」の演説会に繰り出し、演説者オットー・バラーシュテットを黙らせようと演壇の上まで行進した。誰かが、すべての照明を消す。再び明るくなったときには、「ヒトラー」と連呼する声が続き、バラーシュテットは演説を続けられなくなった。聴衆が抗議すると、ヒトラーのならず者青年たちの一党は、分離主義者のリーダーであるバラーシュテットに襲いかかり、叩きのめすと、演壇からフロアへと乱暴に突き落とした。彼は、頭に負った傷から大量の血を流し、床に倒れたままであった。まもなく警察が現れて、演説会を中止させる。バラーシュテットはヒトラーの起訴を要求した。当然のことながら、ヒトラーは、ミュンヘンのシュターデルハイム刑務所で一か月の刑期をつとめることとなったのである。警察は、彼がこんなやり方を続けるなら、外国人としてオーストリアに送還すると警告した。が、その警告は、ほとんど効果がなかった。釈放直後の一九二一年十一月初頭、またしてもビヤホールで暴力沙汰が生じ、ナチスと社会民主党員が殴り合い、ビール・ジョッキが飛び交うというありさまになる。ヒトラーは、その騒ぎの中心にいたのだ。まもなくナチスは、メリケンサック、ゴム製警棒、ピストル、さらには手榴弾で武装するようになった。一九二二年の夏にエーベルト大統領がミュンヘンを訪問した際には、一群のナチスが彼に向かって喚き、口笛を吹いては唾を吐きつけた。一九二二年十月にコーブルクで行われた国家主義者集会に出かけたときのクライマックスは、社会民主党員との大乱闘だった。結局のところ、この争いで、ナチスはゴム製警棒にものを言わせ、対立する者たちを街頭から追い払ったのである。(45) まもなく、ドイツ諸州のほとんどでナチ党が禁止されたのも、驚くにはあたらない。とくに一九二二年六月にラーテナウ外相が殺害され、ベルリン政府が暗殺への関与の如何《いかん》を問わず、極右過激派の弾圧を試みたあとには、禁止の動きも顕著になった。しかしながら、右翼が強いバイエルンにあっては、ナチ党禁止には至らなかったのだ。(46)

ナチの宣伝キャンペーンに、肉体的暴力というあらたなきざしが現れたことは、何よりも党傘下の準軍事団体の急成長に反映されていた。一九二〇年初めごろに「ホール警護」班として設立され、すぐに「体操・スポーツ部門」と改称された団体である。褐色のシャツ、乗馬用ズボン、乗馬用長靴《ちょうか》、帽子（この制服は、一九二四年にようやく最終的なかたちに収まった[47]）を身につけたそのメンバーは、まもなくミュンヘンの街頭では、普通に見られるようになった。彼らは路上で対立する者をぶちのめし、ユダヤ人とみなした相手なら、誰にでも襲いかかった。それを、いじめっ子の小集団から、大規模な準軍事的運動に変えたのは、ヒトラーとはほとんど関係ない一連の事件であった。彼らが比較的警察に介入されずに済んでいたのは、第一に勲爵士グスタフ・フォン・カール率いるバイエルン政府が、一九一九年から二〇年の反革命「白色テロ」の一部を構成していた極右の準軍事運動にずっと同情的だったためである。かかる空気を背景として、元義勇軍旅団長のヘルマン・エアハルト海軍大佐は、政治的殺人を遂行する暗殺隊の精密なネットワークをドイツ全土に構築していた。そうした殺害の犠牲者には、共和国の政治指導者数名、そして、彼らが二重スパイの嫌疑をかけた者多数も含まれていたのだ[48]。カール自身は、共和国はプロイセンの所産であるとみなし、反共和国「秩序」の中心としてバイエルンを維持することによって、それに対抗すべきだと考えた。この目的のため、彼は、一九一九年春に共産党レーテ共和国を粉砕した直後に設立された、大規模な「住民防衛隊」を維持した。だが、それは重武装と軍隊式の装備を有しており、ヴェルサイユ条約に違反しているのはあきらかだったから、一九二一年初頭に強制的に解散させられたのである。この解体は、バイエルン極右の再編と暴力事件急増の合図となった。住民防衛隊のメンバーが、さまざまな武装団体に再構成されたからだ。彼らの多くは、バイエルン分離主義を志向し、また全員が反ユダヤ主義者だった[49]。

一九二一年八月、エアハルトは、自らの義勇軍の復員将兵を引き連れ、ナチの「体操およびスポーツ部門」に加入した。講和条約によって、新しく建国されたポーランドに与えるため、大戦前にドイツが保有していた領土を割譲されたシュレージェンでは、ドイツ人多数が遺恨を覚えるようになっていた。エアハルトらは、そのシュレージェンで、ポーランド人その他と暴力的衝突を繰り返し、鍛えあげられた完成品だったのだ。エアハルトとの交渉で仲介役となったのは、エルンスト・レームだった。やはり、義勇軍に入っていた復員軍人であり、一九一九年早春のミュンヘン攻撃にも参加した人物である。一八八七年にバイエルンの鉄道官吏の息子として生まれ、一九〇六年に陸軍に入隊、二年後に士官になった。大戦では前線で戦ったが、榴散弾で鼻の一部を失って、顔にひどい傷を負った。さらに、ヴェルダンで重傷を受けたレームは、傷病兵として送還されたのだ。その後、バイエルン陸軍省に勤務し、最初はカールの住民防衛隊、また、住民防衛隊がばらばらになってできた後継小団体群への武器供給を手配する責任を担っていた。レームは、そのような人々に「機関銃王」として知られ、極右に広範なつながりがあることを誇った。何よりも、彼は参謀将校であり、軍において、大きな声望を享受していた。レームは、準軍事団体との連絡将校として行動した。組織の才があったのは、あきらかである。とはいえ、その本当の関心は、実のところ、政治にはなかった。エルンスト・レームは、前線世代という、それ自体神話であることを信奉するようになった世代の一典型だったのだ。(50)

レームの嗜好は政治的陰謀ではなく、無情な暴力にあった。彼が書いたものを分析すると、「慎重な」、「知的な」、「ブルジョワ」、「中産階級」などの言葉は、ほぼ変わることなく、軽蔑の意味で使われている。一方、肯定的な称賛の表現には、「たくましい」、「向こう見ずな」、「容赦ない」、「忠実な」などの言葉が含まれていたことがわかる。一九二八年にミュンヘンで出版された自叙伝の最初の言葉も、「私は軍人である」だった。彼はおのれを「意固地な」者として描き、「ドイツ人は憎み方を忘れた。女々しい嘆きが、雄々しい憎悪にとって代った」と不平を洩らした。[51]「自分は未熟で意地の悪い人間だから、お行儀のよいブルジョワ秩序よりも、戦争と騒擾に魅力を感じたのだ」とも、レーム独特の率直さで記している。[52]理念にはまったく興味が無く、信条と行動の両面において、軍人の荒っぽく粗暴な生活スタイルを持ち上げた。民間人に対しては軽蔑あるのみ。戦時の無法な生活に耽溺していたのだ。酒を飲んでのどんちゃん騒ぎ、喧嘩・口論は、彼が居場所を見つけた仲間たちの、兄弟のごとき紐帯を固めていった。また女性は見下される。レームの世界にあっては、軍隊生活を知らない人々など、よそ者だったのだ。

レームは、ヒトラーこそ、おのが欲望を実現するうってつけの道具だと考えた。ヒトラー自身、自分の目標に進むために、肉体的暴力を使いたがる傾向があるのは明々白々だったのだ。レームは、ナチ党の一翼である準軍事団体による運動の育成を指導した。一九二一年十月、それは「突撃隊」(*Sturmabteilung*、ないしSA)と改称される。レームが有していた、軍上層部、バイエルン警察の高級幹部、他の準軍事団体とのつながりは、生成期の組織にとって、はかりしれないほど貴重だった。しかし、レームは、常にヒトラーに対して一定程度の独立性を維持していたし、その人格に心底魅了されるということもなかった。突撃隊を無条件に党の意のままになるものとするのではなく、おのれの止むことなき暴力的行動主義崇拝のために、ヒトラーの運動を利用しようとしたのだ。それゆえ突撃隊は、正式には別組織のままだった。レームとナチ党指導者の関係も、常に不穏な底流を隠していたのである。レームを指導者に戴いた突撃隊は、みるみる数を増やしはじめた。もっとも、その隊員は、一九二二年八月までで八百名強を数えるにすぎなかった。「ドイツ戦旗団」や「バイエルンならびにライヒ同盟」(三万人を下らぬメンバーを擁しており、全員が武装していた)といった、忘れ去られて久しいその他の準軍事運動のほうが、ずっと有力だったのだ。ナチスとその準軍事運動がバイエルン政治において主導権を掌握するには、エアハルトとレームの影響力、ヒトラーのデマゴギー以上の力が必要だった。[53]

2

一九二二年十月二十八日、ベニート・ムッソリーニは「ローマ進軍」を実行、それによって、このファシスト指導者はただちにイタリア首相に任命された。このニュースが飛びこんでくると、ナチスの望みは急激に高まった。イタリア人が成功したところで、ドイツ人の党が後れを取ることなどあるはずがなかろう。ムッソリーニに関してよくみられたことだが、彼のイメージは実体以上のものだったのである。彼は一八八三年に生まれ、前半生においては、傑出した社会主義ジャーナリストだった。だが、イタリアの第一次世界大戦参戦運動を繰り広げているうちに、その政治信条は劇的に変わった。戦争が終わったとき、彼は、講和条約で切望したものを得られず、プライドを傷つけられたと感じるイタリア人の代弁者となっていたのだ。ムッソリーニは、一九一九年にファシスト運動を開始した。当時、ファシストと対立していた左翼は、生産手段の共有を追求して工場を占拠するなどの政策によって、産業資本家、雇用主、実業家のあいだに恐慌を引き起こしていた。その彼らに対して、ファシスト運動は、暴力的な戦術、テロ、脅迫を用いたのである。地主層もまた、農村部の政情不安から、ファシスト民兵〔いわゆる「黒シャツ隊」〕のもとに飛び込むことになった。一九二〇年から一九二一年にかけて、状況が悪化するとともに、ムッソリーニは自らの運動のダイナミズムに流されていった。ムッソリーニが著名になったことは、大戦後の対立、市民間のいさかい、殺人、戦争がドイツに限定されたものではなかったという事実を示している。それらは、東欧、中欧、南欧に広がっていたのだ。そのなかには、一九二一年になってようやく終結したロシア・ポーランド戦争、ハプスブルク帝国の後継諸国における領土回復主義者による武装闘争、スペインとギリシアにおける、短命に終わった独裁政権樹立が含まれている。

ムッソリーニのお手本は、さまざまな面でナチ党に影響をおよぼした。顕著な例は、一九二二年後半から一九二三年初めに、運動の先頭に立つ男の完全な権威を表す「指導者」（イタリア語では *Duce* ドイツ語では *Führer*）の称号を採用したことであろう〔ドイツのそれには慣例的に「総統」、イタリアの指導者には「頭領」、あるいは「統帥」の定訳がある〕。イタリアの先例に力を得て、ナチ党内でのヒトラーに対する個人崇拝も高まる。それは、ほかの誰か、いまだ出現していないような人物ではなく、自分こそが、将来におけるドイツの国家再生を導くように運命づけられているのだと、ヒトラーその人に確信させることにも与っていた。かかる信念は、一九二三年秋の事件で消しがたいほどに固められたのだ(54)。このころまでにナチスはまた、イタリアのファシストから、右腕をしかと差しのばす敬礼を借用しだした。イタリア・ファシストは、ローマ帝国の儀礼を真似た礼式で、彼らの指導者に挨拶していたのである。指導者側も自分の右手を上げて礼を返すが、ひじのところで後ろに曲げ、開いた掌《てのひら》を上に向けている。答礼のジェスチャーだ。ナチスが党旗を掲げる際の手の込んだ教範も、イタリア・ファシストのやりようから受け継いだものだった。しかし、ムッソリーニがこの時期のヒトラーに与えた実際的影響の主たるものは、首都への進軍という戦術こそ、権力を握るためのもっとも手っ取り早い方法だと確信させたことだった。ファシスト民兵が北部イタリアの主要都市と町の支配権を掌握しはじめるにつれて、ムッソリーニは、六十年以上も前のイタリア統一期における革命家ジュゼッペ・ガリバルディの有名なお手本を参考にして、それらの都市を「ローマ進軍」の根拠地に使うと宣言した。イタリア国王と指導的な政治家たちは、流血を回避するために降伏し、ムッソリーニを首相に任命した。彼は非情さをいや増しつつ、一九二〇年代の終わりまでに一党独裁国家を樹立するため、この地位を利用したのである(55)。

ムッソリーニのファシスト運動は、多くの重要な特徴において、ナチズムばかりでなく、ほかの急進的右翼運動（たとえば、ジュラ・ゲンベシュが、早くも一九一九年に「国民社会主義者」と自称していたハンガリー）と共通していた。イタリア・ファシズムは、暴力的で常に行動的であり、議会制度を軽蔑した。それは、軍国主義的で、闘争と戦争を称揚した。共産主義ばかりか、さらに重要なことに、社会主義や自由主義にも激しく反対したのである。社会を有機的にみることを好み、そのなかで階級利害と国民代議制は、階級を横断し、国民を統合するような指名式の機関にとって代わられることになるだろうともしている。男性至上主義・反女性解放論を奉じ、男が統治し、女の主たる機能は出産と育児に限られるような国家を追求したのだ。指導者は、ゆるぎない権威を有する地位に押し上げられた。青年崇拝が支持され、古い制度と伝統を一掃し、強靭で知的なものに反対し、現代的・世俗的で、何よりも、おのれの国家と人種の大義に献身する新しいタイプの人間を創りだすとの企図が宣言された[56]。イタリア・ファシズムは、あらたに台頭しつつあったナチズムに、あらゆる面での模範と類例を提供したのである。

従って、初期ナチズムは、大戦直後の時代に競い合った多種多様な極右運動と同様に、こうしたヨーロッパにおけるファシズム興隆という広範な文脈に、確実に所属していた。かねてヒトラーは、見習うべきお手本として、ムッソリーニを称賛のまなざしで見ていた。およそ六十年前、ガリバルディのローマ進軍とその後のイタリア統一は、ヨーロッパの国民主義運動を活気づかせた。ムッソリーニによる「ローマ進軍」も、それに負けず劣らず、ヨーロッパにおける萌芽期のファシスト運動を刺激したのだ。歴史の潮流は、ヒトラーの方向に流れているようにみえた。民主主義の余命はいくばくもない。一九二二年から二三年にかけて、ドイツの情勢悪化が加速するにつれ、ヒトラーはこう考えはじめた。ムッソリーニがイタリアでやったのと同じことを、自分もドイツでやれるのではないか。ドイツ政府が賠償金の支払いを履行せず、フランス軍がルール地方を占領したとき、ドイツの国家主義者たちは憤怒と屈辱にいきり立った。共和国が正統性を喪失した度合いは、はかりしれぬほどだった。政府としては、何らかのかたちで占領に抵抗しているように見せかけねばならない。市民による不服従運動がドイツ政府によって奨励され、広まっていったが、それは、逮捕、投獄、追放など、フランス側のさらなる報復を招いた。フランスによる数多くの弾圧の一例として、国家主義者が忘れなかったものに、ある復員軍人の鉄道労働者のことがある。彼は、戦争記念碑の前でドイツを支持する演説をぶったかどで解雇され、家族とともに他所へ強制的に移されたのだ。また、学校教師だった別の男性は、フランス軍が行進した際に、生徒たちに背を向けさせたため、同様の目に遭わされた。(57) 悪童生徒らは、「恥知らずにもフランス人と付き合っている」とみなされた女性の髪を丸坊主にしてしまった。一方、ずっと地味ではあるものの、フランス人が運営する鉄道に乗らず、何マイルも徒歩で通学することによって、自らの愛国心を示した者もいる。少数ながら、占領軍に対して、積極的に破壊工作を試みた労働者もいた。彼らの一人、元義勇軍兵士アルベルト・レオ・シュラーゲターは、その活動ゆえに処刑されたのだ。ナチスに率いられた右翼国家主義者は、フランスの暴虐とベルリン政府の弱腰の一例として、この事件を取り上げた。その過程で、シュラーゲターは、おおいに宣伝され、国家主義の殉教者に仕立て上げられたのである。産業は停止に追い込まれ、すでに惨憺《さんたん》たる状態にあったドイツの財政問題はいっそう悪化した。(58)

占領軍のなかに、フランス軍の黒人植民地部隊がいたことで、国家主義者は強力なプロパガンダの武器を持つことになった。両大戦間期に、人種主義はヨーロッパのあらゆる社会に蔓延していた。合衆国や世界のほかの地域においても、まったく同様である。ヨーロッパ人は一般に、黒い肌の人々は劣った人間であり、野蛮人を馴致《じゅんち》することこそ白人の使命だと考えていたのだ。(59) 第一次世界大戦中、英仏が植民地部隊を使ったことは、ドイツにおいて、一定の批判的な論評を巻き起こした。だが、毒々しいまでの人種主義プロパガンダに対して、本当に水門を開いたのは、一九二三年当時、短期間ではあれフランス軍がルール地方に進駐した際に、ドイツ本土、何よりもラインラント占領地域に植民地部隊が入ってきたことだったのだ。ラインラントとザール地方に住んでいた多くのドイツ人は屈辱を感じた。ゆえに、その一人はあとになって、「シャム人、セネガル人、アラブ人が、われらが祖国の主人になった」と述べている[60]。漫画家たちはすぐに、獣のような黒人兵が無垢なる白人ドイツ女性をかどわかして、死よりも恐ろしい運命に追いやるといった、粗雑な半ポルノ的スケッチを描き、人種主義的・国家主義的情動を煽った。これは、右翼にとって、ヴァイマール時代にドイツが被った国家的侮辱を表す有力なシンボルとなった。フランス植民地部隊によるドイツ女性の大量強姦という神話があまりにも強烈であったため、一九三〇年代初めにドイツでみられた数百の混血児はおおむね、そのような事件の所産であるとみなされた。実際には、彼らの圧倒的多数が、同意による結びつき、たいていの場合は、大戦前・大戦中のドイツ植民地におけるドイツ人植民者と現地アフリカ人の結びつきの結果として生まれた子供だったと思われる[61]。

ナチス、そして、彼らに類似した思考様式を持つ多くの人々は、こうした恐怖や遺恨を全面的に利用しだした。それとともに、ベルリン政府は、かかる事態に何の対策も取れないぐらい無力な存在なのだと思われはじめたのである。密計や謀略がはびこった。ヒトラーだけが、ベルリン進軍をたくらんだ唯一の人物だったわけではない。「民族ボリシェヴィスト」、ハンス・フォン・ヘンティッヒ（一九四五年よりのち、ドイツでもっとも傑出した犯罪学者になった人物である）もまた、暴力による権力奪取に際して、共産党を同盟者として利用するという、とっぴな計画のもと、武器と人員を集めだしていた。ドイツにヴェルサイユ条約を否認させるのが、その狙いだ[62]。誰が実行しようと、そんな考えはまったく非現実的だった。ドイツの連邦構造と憲法のもとでは、イタリアで起こったことを再現するなど、とうていあり得ることではなかったのだ。にもかかわらず、その発想はたちまち根を張っていった。ヒトラーは大規模なプロパガンダ攻勢に乗り出し、ベルリンの「十一月の犯罪者たち」の弱腰を叱りとばす。しだいに、反フランス大衆デモを盛り上げていったのである。

この時期、ナチ運動にとって、きわめて有用な支持者の一群が、あらたに得られていた。それが、ヒトラーの展望を広げていたのだ。そうした支持者のなかに、エルンスト・「プッツィ」・ハンフシュテングルがいた。長身で、一部アメリカ人の血をひく社交界の名士、美術商・出版の世界で成功した裕福な家の出身だった。ハンフシュテングルは、その上流意識ゆえに、ヒトラーにすっかり魅惑されしまうようなこともなかったのであるが、一方、ヒトラーのプチブル的素朴さ（ひどい芸術趣味、ワインについての無知、ぎこちないテーブル・マナー）は、彼の専売特許である誠実さを強調するだけのことだともみなしていた。ヒトラーが洗練されていないことは、大衆と結びつく上での気味が悪いほどの能力を得る不可欠の前提なのだ。ほかの多くのヒトラー崇拝者同様、ハンフシュテングルが初めて彼と知り合うに至ったのは、その演説会の一つに出席したことだった。ヒトラーのほうは、ハンフシュテングルの趣味の良い応接間に圧倒された。彼がピアノでヴァーグナーを演奏するのを楽しんで聴きながら、部屋をぐるぐる回り、巨匠の旋律が鳴り響くのに合わせて、両腕で指揮してみせた。ただし、より重要だったのは、ハンフシュテングルが、ミュンヘン上流社会の有力者にヒトラーを紹介してやれたことだ。そのなかには、出版人、実業家、陸軍将校が含まれていた。そうした人士はヒトラーのパトロンになるのは愉快だと思い、彼が優雅なパーティーに軍隊の外套を着て、犬鞭を持って現れるのを面白がった。ピアノ製造業者ベヒシュタインの夫人のように、融資を保証したり、ほかのさまざま方法で彼を援助したりするまでに、ヒトラーの考えに共鳴した者もいる。とはいえ、多額の金をヒトラーに与えたのは、実業家クルト・リューデッケなどのもっとも献身的な人々だけだった。それ以外となると、ナチ党は、ルーデンドルフのために集められた事業資金の一部を回してもらうため、元外交官マックス・エルヴィン・フォン・ショイプナー＝リヒターのような、身分の高い党友に頼らなければならなかった。また、ナチ党はなお、歳入のほとんどを、メンバーが納める党費によっていたのである。[63]

一九二二年十月、まったく別の種類の後ろ盾が得られることになった。やはり復員軍人で、鉄十字章受章を誇り、大戦後にドイツ社会主義党の創立メンバーとなった人物、ユリウス・シュトライヒャーが、ニュルンベルクからその信奉者を引き連れて、ナチ党大会を訪れたのである。ヒトラーの発展ぶりに感銘を受けたシュトライヒャーは、彼の支持者から、非常に多くの人々をナチ党に入れたから、党の規模は一夜にしてほぼ二倍になった。プロテスタント圏のフランケン〔シュトライヒャーの地盤〕は、ナチズムにとっては理想的な草刈り場だった。不満を抱く自作小農民がいて、反ユダヤ主義の訴えを受け入れやすく、優勢な既成政党も存在しない。シュトライヒャーの参入によって、党の北部〔バイエルン北部〕への影響力はさらに大きくなった。だが、ナチ党にとって、シュトライヒャーを得たことはすなわち、凶暴なまでの反ユダヤ主義者を抱えることであった。彼の、ユダヤ人に対する極端な憎悪は、ヒトラーのそれに匹敵するほどだったのだ。シュトライヒャーは、公衆の面前で重い鞭を持ち歩き、いったん権力の座に就くや、無力な反対者を自ら打ちのめすような暴力的人間だったのである。一九二三年、彼は、扇情的な通俗新聞『シュテュルマー』（*Der Stürmer*）〔『突撃者』〕を創刊した。同紙は、すぐにその地位を確立した。派手な見出しのもと、きわめて激しいユダヤ人攻撃を広め、性的な暗示、人種主義的風刺漫画、儀式のための殺人を捏造し、告発した記事、ユダヤ男が無垢なるドイツ人少女を誘惑するといった、情欲をくすぐる半ポルノ話が満載された場として、だ。この新聞はあまりにも極端であり、その編集長、残忍そうな面差しで、頭を剃り上げた人物〔シュトライヒャー〕が強迫観念に囚われていることは明々白々だったから、シュトライヒャーがナチ運動内で大なる影響力を持つことはなかった。運動の指導者たちは、程度の差はあれ、彼を嫌っていたし、第三帝国下においては、『シュテュルマー』が一時期発禁にされたことさえあったのである。

　とはいえ、シュトライヒャーはただの悪漢ではなかった。元小学校教師で詩人、その叙情詩は「非常に魅力的である」と評された。彼の場合は趣味にすぎなかったが、ヒトラー同様、水彩画も描く。シュトライヒャー自身も、芸術家のつもりでいたのだ。教育もないわけではなく、専業ジャーナリストであった。つまり、彼も、ある意味では、ヒトラーのごときボヘミアンだった。その理念は極端なかたちで表現されているけれど、当時の右翼の世界にあっては特異なものではなく、彼自身が認めているように、大戦前の反ユダヤ主義、とりわけテオドール・フリッチュの影響に負うところが大きい。また、シュトライヒャーの反ユダヤ主義は、いかなる点においても、ナチ運動の舞台脇にあったわけではなかった。シュトライヒャーは、いわば「ユダヤ人を理想化した。ユダヤ人は、シュトライヒャーが描くよりも卑しく残忍で悪魔的である」と、のちにヒトラーが論評したのも事実である。ヒトラーは、彼は有能な実務家ではなかったかもしれないと不承不承認めたし、シュトライヒャーは、その性的嗜好から、あらゆる種類の問題を起こしたものだと認めた。だが、ヒトラーはずっと彼を信頼しつづけたのである。ナチズムが上品な顔を見せることが重要となった場合、『シュテュルマー』は、ときに厄介の種になることもあったが、それは戦術上の問題にすぎず、原則や信念にかかわることではなかったのだ[64]。

3

一九二三年には、とくに容儀ぶってみせる必要など、ヒトラーとナチ党にはなかった。暴力こそが、はっきり権力獲得に至る道だと思われていたのだ。準軍事団体に共感を寄せていた勲爵士グスタフ・フォン・カールのバイエルン極右政権は、一九二一年九月に倒れた。そのとき以来、カールと彼の友人たちは、オイゲン・フォン・クニリングとそのバイエルン人民党が率いる新政権に対する陰謀に巻き込まれていた。のちの穏健保守派の多くがやはりそうしたように、クニリングとその味方は、ナチを脅威と考え、彼らの暴力を嫌悪したものの、ナチスの心情は正しく、彼らの理想主義を、より生産的で健康的なやり方で使う必要があるだけだとみなした。ゆえに、クニリングらも、ナチの活動に比較的寛容だったのだ。さらに、一九二三年一月末、ナチ党集会が暴力的になることを怖れた政府が、それを禁じて、取り締まりにかかろうとした際も、バイエルン地域の軍司令官ヘルマン・フォン・ロッソウ将軍は、レームの接触を受け、後者によって、党集会が平和的に挙行されるとの保証がなされることを条件に、ヒトラーが党大会を開催する権利を支持することに同意した。当時、上バイエルン総督になっていたカールも、ロッソウ将軍を支持したため、バイエルン州政府は引き下がったのである。[65]

いまや事態は、急速にクライマックスに向かっている。そのほとんどの期間において、ヒトラーにとっては手に負えない展開が進んだ。とくにレームは、ヒトラーとはまったく別個に動き、バイエルン州の主要準軍事団体を「祖国的闘争同盟協働団」に糾合することに成功したのである。それには、ナチの突撃隊よりもはるかに大きい数団体が含まれていたのだ。これらの団体は、武器を正規軍に引き渡していた。その正規軍のうち、バイエルンに駐屯する部隊はフォン・ロッソウ将軍の麾下《きか》にあり、しきりに噂されていたベルリン進軍とルール地方でのフランス軍との武装衝突に備えていることはあきらかだったのである。彼らは、準軍事団体を補助部隊として組み入れ、その訓練にかかっていた。この準軍事団体による謀略という魔女の秘薬に、今度はルーデンドルフ将軍が割り込んできた。ヒトラーは、突撃隊員の武器を返してくれと軍に要求し、主導権を握ろうと試みたが、すげなく拒絶される。九月初旬、準軍事団体がニュルンベルクにおいて、十万人にのぼる制服を着た男たちが参加する巨大な軍事パレードを実施したときには、ヒトラーも陰謀の御神輿としてのルーデンドルフに屈服することを余儀なくされていた。ヒトラーは準軍事団体の政治指導者に指名されたが、状況を掌握するというには程遠く、それどころか、情勢に押し流されていったのである。[66]

　再編された準軍事団体の運動におけるレームの役割はきわめて重要であり、その任に専念するため、小さなナチ突撃隊組織の隊長職などはもう辞任することになった。後任となったのは、ヘルマン・ゲーリング。以後のナチ運動と第三帝国の発展において、枢要な役割を果たすことになる男だ。一八九三年にバイエルンのローゼンハイムに生まれたゲーリングは、やはり行動の人であったが、レームとはまったく異なる種類の人間だった。彼は、バイエルンの上層中産階級の出身で、その父親は、大戦前にナミビアをドイツの植民地とする上で重要な役割を果たした人物で、帝国主義を信奉していた。ゲーリングは、一九〇五年から一九一一年まで陸軍幼年学校・士官学校に在学し、士官学校時代はベルリンで過ごした。それ以降、自分は、バイエルンというよりも、プロイセンの軍人であるとみなすようになったのである。戦時中、彼は有名な空のエースとなり、「赤い男爵《レッド・バロン》」フォン・リヒトホーフェン〔男爵であり、乗機を真っ赤に塗っていたことから、「レッド・バロン」とあだ名された〕が築きあげた戦闘機中隊の長として終戦を迎えた。操縦士としての戦功により、ドイツ最高の軍事勲章、プール・ル・メリート章を授与され、命知らずの暴れん坊として、名声と人気を得たのだ。戦闘機乗りは、甲冑騎士の現代版と一般に認められており、その大胆不敵な行動は、塹壕での単調な機械による殺戮と著しい対照をなしていたのである。ゲーリングは貴族のサークルで名士扱いされ、一九二二年二月にはスウェーデンの女男爵カリン・フォン・カンツォと結婚、それによって、上流階級人士との交際を広めた。大戦中に操縦士だった多くの者同様、彼もまた、戦争が終わったあとも、行動の人生を追求しつづける。ごく短期間ではあったが義勇軍に属し、それからスカンジナヴィアで曲芸飛行士となり、ついには、その夫人の影響によって、一九二二年末ごろにヒトラー運動に足を踏み入れることになったのである。かかる事情から、当時のゲーリングは、颯爽《さっそう》としたハンサムでロマンチックな人物とされ、彼の偉功は、無数の大衆的な本や雑誌記事により、へつらいを交えた称賛を受けたのだった。

ナチ運動は、ゲーリングの行動への渇望を満たした。ゲーリングは、非情で精力的、極端なぐらいに自分のことしか考えない人物だったが、それでも、初手からすぐにヒトラーのとりこになった。忠誠と誠実は、彼にとって最高の美徳だった。レームと同じく、ゲーリングも、政治は武力による戦い、武装闘争の一形態だと考えていた。そこでは、正義も道徳も演ずるべき役割を持たない。強者が勝ち、弱者が滅びる。法律は、必要とあらば破られるために存在する「杓子定規《しゃくしじょうぎ》な」規則の束にすぎなかった。ゲーリングにとっては、目的は常に手段を正当化するものであった。そして、目的とはいつでも、彼がドイツの国益とみなしたことだったのだ。彼の考えでは、その国益は一九一八年に、ユダヤ人、民主主義者、革命家によって売り渡されたのである。ゲーリングの貴族との縁故、彫りの深いハンサムな顔立ち、国際人として、フランス語、イタリア語、スウェーデン語をマスターしていること、騎士的な戦闘機パイロットとしての名声といったことから、多くの人々が、彼は穏健であり、外交家であるとさえ信じるようになった。ヒンデンブルク、さらには、多数のヒンデンブルクと同質の人々が、ゲーリングはナチズムの受け入れ可能な面を表しており、自分たちと同様の権威主義的保守派だと考えた。ところが、そうした見かけは、人を欺くものだった。ゲーリングは、どのナチ指導者にも負けず劣らず、暴力的で過激だったのだ。かかる多様な資質と、ヒトラーの前ではいよいよ自分の意志を引っ込めるようになったことが相俟って、一九二三年初頭には、ゲーリングがレームの後を襲って、新突撃隊長の地位に就くことが理想的な選択だとされたのである。(67)

ゲーリングが責任者になったことで、突撃隊はいまや再びナチスの方針に従うものと期待できた。広範な準軍事団体の運動と合同し、準備が進む。それらの運動は、一九二三年の春から初夏にかけて、レームが全力をあげて、蜂起へと舵を切らせていたのだ。ベルリンのライヒ政府が八月十三日に辞職を余儀なくされたとき、とうとう危機が訪れた。社会民主党を含む幅広い連立による後継政権は、グスタフ・シュトレーゼマンに率いられていた。右翼自由国家主義に属する人物だ。彼は来るべき数年間に、自分が共和国のもっとも熟練した精妙かつ現実主義的な政治家であると証明することになる。シュトレーゼマンは、フランスのルール地方占領に対する消極的抵抗運動を終わらせなければならず、加速する超インフレを統御することが急務であると認識していた。彼は「履行」政策にかかる。ドイツは、賠償金の支払いを含む講和条約の条件を満たしていく一方、舞台裏でそれらの改正をはかってロビー活動を行うことになった。その政策は、つぎの六年間、彼が外務大臣の地位にあった時期に重要な成功を収めた〔シュトレーゼマンは、わずか百二日間で首相職をしりぞかねばならなかったが、それ以降も外相を務めた〕。しかし、急進国家主義者にとって、シュトレーゼマンの政策は、国家に対する裏切りにすぎなかった。彼らが蜂起に踏み切らんとしている可能性が高いと認識したバイエルン州政府は、カールを秩序維持のための全権を有する州総督に任命する。カールは、ロッソウと州警察長官ハンス・フォン・ザイサーの支援を受け、九月二十七日、ナチスが計画していた一連の集会を禁止する一方、ベルリン政府を転覆するための自分たちの計画を推進した。あらゆる陣営において、行動への圧力が高まった。ヒトラーが繰り返し警告したように、準軍事団体の一般メンバーのあいだでは、蜂起への衝動は、ほとんど抗しがたくなっていたのである。(68)

ベルリンでは、陸軍の指導者ハンス・フォン・ゼークト将軍が、ロッソウ、ザイサー、カールの計画の線に乗ることを拒否していた。舞台裏の陰謀により、シュトレーゼマン政府を倒すほうがよいとしたのである。事実、結果的にゼークトは政権打倒に成功したのだが、あとを引き継いだのは別の連立政権であり、シュトレーゼマンも外相として留任していた。ミュンヘンの交渉も熱を帯びてきたものの、ロッソウ麾下のバイエルン陸軍、ザイサー指揮下の警察、準軍事団体（政治的に代表したのはもちろんヒトラーである）のあいだで意見が一致しない。これ以上逡巡していれば、準軍事団体の支持を失うと認識し、また、カール自身が蜂起を考えているのではと懸念したヒトラーは、いまやルーデンドルフの支持を得て、一揆敢行を決めた。バイエルン政府の閣僚は逮捕されることになり、カールとその同盟者たちも、準軍事団体のベルリン進軍に加わらざるを得なくなるであろう。一揆の決行は十一月九日とされた。カイザー体制を転覆した一九一八年の革命勃発の象徴的な日付を好んで選んだというよりも、情勢進展の圧力に押されてのことであった。十一月八日の晩、ヒトラーと重武装した突撃隊の一団は、ミュンヘンの中心街から少し離れた地下ビヤホール「ビュルガーブロイケラー」で開催されていたカールの演説集会に乱入する。ヒトラーは、聴衆を静めるため、部下の一人にピストルを天井に向けて撃つよう命令し、ついで、このホールは包囲されていると宣言した。さらに、バイエルン政府退陣も告げられる。ゲーリングが聴衆を落ち着かせているあいだに、ヒトラーは、カール、ロッソウ、ザイサーを隣室に連れて行き、自分はベルリンに進軍し、新ライヒ政権の首相に就任すると説明した。ルーデンドルフは、全陸軍の指揮を引き受けるだろう。彼ら三人も、自分を支持すれば、重要な地位を得て、報われることになる。その後、ヒトラーは演説を行うために群集のもとに戻り、彼のいわゆる「一九一八年十一月の犯罪者たち」に向けた反対行動を支持してくれるよう、芝居気たっぷりに懇願し、彼らを味方につけた。カールとその取り巻きも演壇に戻り（もうルーデンドルフも合流していた)、自分たちも支持するとの宣言を行うほかなかった。[69]

しかし、演劇的な示威行動を政治的な力に転じることは、そう簡単ではなかった。ナチスの一揆計画は中途半端だったのである。レームはミュンヘンの陸軍司令部を占拠し、ナチの諸隊も警察本部を乗っ取った。ところが、重要な陸軍兵営を含む他の建物は、州政府の手に握られていたのだ。また、ヒトラーが市中に戻って事態の掌握をはかっていたあいだに、ルーデンドルフは、カールほかの捕らえられていた者たちを釈放してしまった。彼らは、おどかされて陰謀支持を受諾したまでのことだと、ただちにそれを撤回し、ヒトラーの行動を非難するため、陸軍、警察、報道機関に急ぎ連絡を取る。地下ビヤホールに戻ったヒトラーは、ルーデンドルフとともに市の中心部に向けて行進することに決めた。二人は、武装した支持者およそ二千人を集めた。彼らのそれぞれに二兆マルク(この日の相場で三ドル強に相当)が支払われた。ヒトラーの命令で突撃隊の数班が実行した襲撃により、二人の銀行券印刷業者(彼らはユダヤ人だということにされていた)から「没収した」一京四千兆マルク以上の資金から出された金だ。十一月九日正午、彼らの縦隊が出発し、支持者の喝采に励まされながら市の中心街を通り、陸軍省に向かう。通りの端に来たところで、武装した警官隊が布いた非常線にぶつかった。公式の報告によれば、彼らは安全装置をはずしたピストルを警察官の胸に押しつけ、唾を吐き、彼らのいる方向に、小銃に装着済みの銃剣を突きつけた。そのとき、いずれかの側の誰かが(どちらがやったかについては主張が対立している)、一発撃ったのだ。およそ三十秒ほどのあいだ、あたりは両陣営が放った銃弾の唸りにみたされた。ゲーリングは、脚を撃たれて倒れた。ヒトラーもくずおれて、あるいは押されて、地面に倒れこみ、肩を脱臼した。ヒトラーの友人である外交官、上流階級のパトロンたちに縁故を持つショイプナー=リヒターは即死した。合計で、行進に参加した者十四人、警察官四人が射殺された。警察が、ルーデンドルフ、シュトライヒャー、レーム、その他多くの逮捕に乗り出したとき、ゲーリングはかろうじて脱出した。スウェーデンに落ち着くまで、最初はオーストリア、それからイタリアに逃亡したのだ。その間に、ゲーリングは、傷の痛みを和らげるために服用したモルヒネの中毒になった。包帯で腕を吊ったヒトラーは、ハンフシュテングルの別荘に連れて行かれたが、そこで十一月十一日に逮捕される。一揆は屈辱的な結末を迎えた。(70)

運動の再建

1

一九二三年十一月九日の事件ののち、ヒトラーが意気を取り戻すまでに、そう長い時間はかからなかった。バイエルンの著名な政治家の大多数をこの一揆の試みに巻き込むことができたし、また、ベルリン進軍に向けた準軍事団体の訓練に陸軍が関与していたことを暴露するのも可能だと知っていたのである。ヒトラーの尋問中、すでにそうした恐れがあることがわかっており、それに気づいたバイエルン州政府は、ライプツィヒのライヒ裁判所ではなく、より事態に対応しやすいミュンヘンにおいて、特別に構成された「人民裁判所」で裁くよう、あれやこれやの手を使って、ベルリン当局を説得した。[71] ヒトラーが責めを負うことに同意するのと引き換えに、寛大な措置を取ってやろうと、州政府が彼に申し出たという可能性もあり得るものと思われる。裁判長に選ばれたのは、有名な国家主義者ゲオルク・ナイトハルト。一九一九年にバイエルン州の反動的法務相フランツ・ギュルトナーに任命された人物で、それ以前、一九二二年の初めごろにも、ヒトラーに対する公判で裁判長を務めたことがあった。裁判は一九二四年二月二十六日に開始された。その際、ヒトラーは、民間人の服装に鉄十字章を佩用《はいよう》し、法廷では、さえぎられることなく何時間もぶっ続けで弁論を展開することを許されたのである。ナイトハルトは、ヒトラーに検察側証人を恫喝させ、侮辱させた。一方、国側の検察官は、枢要な証人多数を召喚することができなかった。彼らの証言は弁護側に重大なダメージを与えるはずだったのだ。法廷は、ルーデンドルフ関与の証拠を隠蔽し、オーストリア市民であるヒトラーを国外追放せよとの申し立ても却下した。彼はドイツ軍で兵役を務め、おのれがドイツの愛国者であることを証明したからだというのが、その理由であった。[72] ヒトラーは自分で全責任をかぶり、ドイツの国益に奉仕したことは大逆罪に成り得ないと宣言した。「歴史という永遠の法廷が、われわれは……国民と祖国のため、最善を望んだドイツ人だと判定するであろう」と言い放ったのである。[73]

一揆参加者は四人の警察官を射殺し、正統的に結成された政府に対し、武力により、真っ当な法の規定のいずれに照らしても叛逆とみなされる暴動を起こした。この二つの罪は、どちらも死刑に処し得る。かかる事実にもかかわらず、人民裁判所が反逆のかどでヒトラーに宣告したのは、わずか五年の禁錮刑にすぎなかった。ほかの被告たちも、それと同程度、もしくは、もっと軽い訴因で起訴されていた。ルーデンドルフは、予想されたように、無罪放免となった。宣告文によれば、法廷が情状酌量の根拠としたのは、一揆参加者が「純粋な愛国精神ともっとも気高い意志のもと、かような行動に導かれていった」という事実であった。こんな判決は、ヴァイマール司法の偏向した基準に照らしても言語道断で、右翼のあいだでさえ広く非難されたのである。ヒトラーは、ミュンヘン西部、古来要塞があるランツベルク・アム・レヒに送られた。そのときまで、クルト・アイスナーを暗殺したアルコ＝ファライ伯爵が入っていた独房を引き継ぐことになったのだ。これは「城塞禁錮」と呼ばれる措置で、たとえば、大戦前、決闘で相手を殺した名誉ある紳士のような、尊敬すべき動機から罪を犯したとみなされる者に対する、ゆるやかなかたちの監禁であった。ヒトラーの独房は広く、風通しも良好で、心地好い家具が据え付けられていた。訪問も自由で、彼の在監中に五百名以上の者がやってきたという。彼らは、贈り物、花、外部の支持者からの手紙や電報を持ってきて、ヒトラーに渡した。

読書も可能であった。実際、訪客がいなければ他にすることがなかったから、フリードリヒ・ニーチェ、ヒューストン・スチュアート・チェンバレンといった著者による、さまざまな書物を読み進めた。主として自らの視座を固めるために、それらを渉猟したのである。また、さらに重要なことは、ナチの出版業者マックス・アマンにうながされ、ヒトラーは、この時点までの人生遍歴とおのが見解を述べ、同じく収監されていた、お抱え運転手エミール・モーリスと従者のルドルフ・ヘスに書き取らせた。この文章は、一年後に『わが闘争』という書名（マックス・アマンの提案によると推測される）で出版された[74]。

『わが闘争』こそ、ヒトラーがその後の行動を示した一種の青写真、危険で悪魔的な本だったのであるが、不幸にも、その内容をもっと知っておくべきだった人々に無視された。一部の歴史家は、そうみている。だが、『わが闘争』は、そんな書物ではない。アマン、ハンフシュテングルや他の多くの人々が初稿の散漫な内容を大幅に編集し、読みやすく、一貫性のあるものに仕立てた。にもかかわらず、『わが闘争』は、大仰かつ冗長なしろもので、ナチスが一九三〇年の選挙で画期的な成功を収めるまでは、少部数しか売れなかった。『わが闘争』がベストセラーになったのは、それ以降のことだ。とりわけ、同書を一部も持っていなければ、ほぼ叛逆行動であるとみなされた第三帝国時代には、大量に売れた。とはいえ、『わが闘争』を買っても、それを読んだという人々は、かなり少なかっただろうと思われる。さりながら、そうした読者といえど、自伝的回想と事実を曲げた上での政治的宣言の支離滅裂な寄せ集め《メランジュ》から、何か一貫したものを見つけるのは難しいという感想を持ったにちがいない。ヒトラーの人心掌握の才能は文章ではなく、大衆演説にあったのだ。とはいえ、同書を読んだ者は、以下のごときヒトラーの考えは事実であると信じて疑わなかったであろう。人種闘争は、歴史の原動力、真髄であり、ユダヤ人はゲルマン民族の絶対の敵である。ゲルマン人の歴史的使命は、ナチ党の導きのもと、ユダヤ人の国際的な力を打破・覆滅することなのだ。ヒトラーはまた、「大衆の国民化は、わが民族の魂のためのあらゆる前向きな闘争を措けば、かかる国際的な毒の散布者を根絶したときにのみ、初めて成功する」とも宣言している。[75]

ヒトラーの頭のなかではもう、ユダヤ人は「ボリシェヴィズム」ならびに「マルクス主義」と分かちがたく結びついていた。それらは、『わが闘争』において、通貨インフレ期に彼の強迫観念となっていた金融資本主義よりも、はるかに大きな存在感を得たのである。というのは、ロシアこそ、ドイツの「生存圏」獲得がなされ、同時に、ヒトラーがソヴィエト国家の支配者とみなした「ユダヤ人＝ボリシェヴィキ」が絶滅されるべき地であると予定されていたからだ。一九二五年に構成され、翌年に出版された本書の第二巻では、かかる構想がさらに詳細に展開されている。このとき以来、こうした考えは、ヒトラーのイデオロギーの核心となった。「ドイツ国民の将来にとって、一九一四年の国境は何の意味もない」と、彼は公言している。アレクサンドロス大王が東方で広大な領土を征服したことを引き合いに出し、「ロシアにおけるユダヤ人支配の終結はまた、国家としてのロシアの終結でもあるだろう」と告げたのだ。現在、「ロシアとそれに隷属する周辺国家」に押さえられている地は、いずれ「ドイツ人の鋤《すき》による勤勉な労働」に譲り渡されることになろう。[76]

理解したいと望みさえすれば誰にでもわかるほど、ヒトラーの信念は、明快に『わが闘争』に示されていた。本書を読み込んだ者なら、ヒトラーが望んだのはヴェルサイユ条約の改正、一九一四年時点のドイツ国境の回復、中央ヨーロッパのドイツ語をしゃべるマイノリティの民族自決であるというような感想など、持ちようがなかったであろう。また、ヒトラーの反ユダヤ主義が、本能的かつ狂信的、現実の殺戮を念頭に置いているような性格を有していることは疑い得なかったはずだ。ただし、信念と意図がイコール青写真や計画案というわけではない。こうした発想をいかに現実に移すかを策定する段になると、当然のことながら、ヒトラーの文章も、それが書かれた特定の時期の政治を反映するようになる。当時、フランスはごく最近ルール地方から撤退したばかりの敵だった。それとは対照的に、イギリスはわずか数年前にロシアにおける内戦で「白軍」を支持したこともあり、反ボリシュヴィズム闘争の同盟者になる可能性があると思われた。少しあとに、ヒトラーは似たような別の本の草稿を書いているが、こちらは、彼の存命中は未刊行に終わった。その執筆時期には、南チロルをめぐる独伊の角逐が国際的な課題となっていたから、ヒトラーは本問題に集中している。(77) しかしながら、かかる戦術的紆余曲折のすべてを貫き、中心にあったのは、東方における「生存圏」を確保するとの長期にわたる動因と、ユダヤ人根絶という強烈な欲求だったのである。ただし、これらもまた、けっして、すぐになし得ることではない。この段階のヒトラーには、いかにしてそれを達成するか、もしくは、いつ行うかに関する明確な構想などなかった。それはあきらかだ。ここにおいても、実現の途上で戦術的なマヌーヴァーがなされ、さまざまな暫定的解決が示されることになる。けれども、そのいずれも、ヒトラーのユダヤ人憎悪が持っていたジェノサイド的特質、あるいは、ドイツの病弊の責任はすべてユダヤ人にあり、長期にわたり効果的な解決は唯一、彼らの生物学的存在を完全に絶滅することであるとの偏執的な確信に影響を与えることはなかった。それは、『わが闘争』の言葉遣いのみならず、演説で用いられた単語や語句、それらがかもしだす信仰復興論者的な不寛容な空気から、容易に読み取ることができる信念だったのだ。(78) ユダヤ人は「ペスト」であり、「黒死病より悪質」、「ドイツという腐敗する遺体に巣くううウジ虫」であって、彼らは、ヒトラーが権力ある地位と考えたところから引きずりおろされる。しかるのち、必要とあらば力ずくでこの国から追い出すのだ。ひとたびドイツが東欧に生存圏を獲得したならば、そこに住むユダヤ人に何が起こるのかについて、ヒトラーは語ることができる状態になかった。だが、彼の用語法における殺人嗜好の暴力性をみれば、ユダヤ人の運命が幸福なものになるはずがないことは疑い得なかったのである。[79]

本の執筆、裁判で得た知名度の高さ、一揆を試みた直後より右翼国家主義者が捧げたお追従。これらすべてが、かかる意見を現実のものとするのは自分であるというヒトラーの確信を固める（それ以前に、彼がそう思っていなかったと仮定してのことだが）のに与った。準軍事団体の暴力に頼っていたのでは、ドイツの最高権力を獲得するという最初の一歩さえも踏み出せない。一揆の失敗が、ヒトラーにそう教えた。「ローマ進軍」はドイツでは問題外だったのだ。宣伝、そしてヒトラーが自分の強みだと知っていた大衆遊説活動によって、一般的な支持を取り付けることが不可欠だった。レームはまだ権力の革命的奪取を推奨していた。が、たとえ、それに踏み切ったとしても、軍の支持がなければ、とにかくうまくいかないだろう。一九二三年十一月に、はっきり欠けていたことである。ヒトラー自身でさえ、あとになって折々に発言している通り、一揆失敗の直後に彼が「法律遵守」の道に踏み出すことはなかった。しかし、一九二三年のごとき、最高の危機の年が訪れたとしても、ヴァイマール「体制」の転覆には、明後日《あさって》の方向を狙った銃撃数発以上のものを要するだろう。ヒトラーは、そのことを、しかと認識していたのだ。権力の座に就くには、既成有力層の枢要な人物が協力することが必要であるのは、はっきりしていた。一九二三年においても、そうした人々の多少の支援は得られたけれども、それでは不充分だと証明されたのである。十年をへだてずに起こることとなった、つぎの危機に際して、ヒトラーは、軍と国家の中枢機関が中立化されるか、積極的に自分に協力しているることを確認していた。一九二三年とは異なるありようであった。[80]

さりながら、同じころのナチ党の状況は、ヒトラー逮捕と投獄の余波を受けて、ほぼ回復不可能にみえた。準軍事団体は四分五裂におちいり、武器は政府に没収された。他方、一揆に大きく妥協した、カール、ロッソウ、ザイサーは、バイエルン人民党の指導者ハインリヒ・ヘルトの新内閣に押しのけられた。バイエルン分離主義と超国家主義による陰謀は、もっと普通の地方政治に道を譲ったのだ。ハイパーインフレが終わり、ベルリンにおいて「履行」政策が足場を得るとともに、情勢も鎮静化した。「履行」政策は、「ドーズ案」で賠償返済スケジュールが再確定されると、たちまちのうちに実を結んだのである。指導者を奪われたナチスは、再び、いがみあう小派閥に分裂した。レームは、ルーデンドルフに忠誠を誓う準軍事組織の残党を再統合しようと努力しつづけた。ヒトラーは、アルフレート・ローゼンベルクをナチ党の責任者に据えた。彼は事実上、いまだ逮捕されずに国内に残っている、ただ一人の指導的人物だったのだ。ところが、ローゼンベルクでは、まったく運動に睨みをきかせられないことがあきらかになったのである。(81)

ナチ党も突撃隊も、もう非合法組織だった。が、彼らには、陰の存在になるつもりなど毛頭なかったのだ。将来、取るべき戦術については、大きく意見が分かれていた。準軍事団体によるのか、それとも、議会を通じて動くのか。また、シュトライヒャーやルーデンドルフのような者たち、さらには、ナチスを継ぐのは自分たちだと要求して、浮かび上がってきた寄せ集めの超国家主義集団のあいだの競合は、運動再生の試みを台無しにしかねないほどの打撃を与えた。ヒトラーはおおむね、こうした小競り合いには超然としており、自らの著書執筆のために政治からは手を引くと宣言していた。一九二四年十二月二十日、州検察局の反対にもかかわらず、バイエルン州最高裁判所はヒトラーの仮釈放を決定したが、事態はあまり好転しなかった。彼には、まだ約四年の刑期が残っており、その期間中は保釈条件を破らないように気を使わなければならなかったのである。ヒトラーは、一九二七年まで、ドイツのほとんどの地域において、公の場で演説することを許されなかった。一九二八年になっても、ヴァイマール共和国の国土の半分以上を占め、人口では過半数を有するプロイセン州では、彼の演説はなお御法度《ごはっと》だったのである。一九二四年の国会選挙で、右翼超国家主義者は屈辱を喫した。闇に差

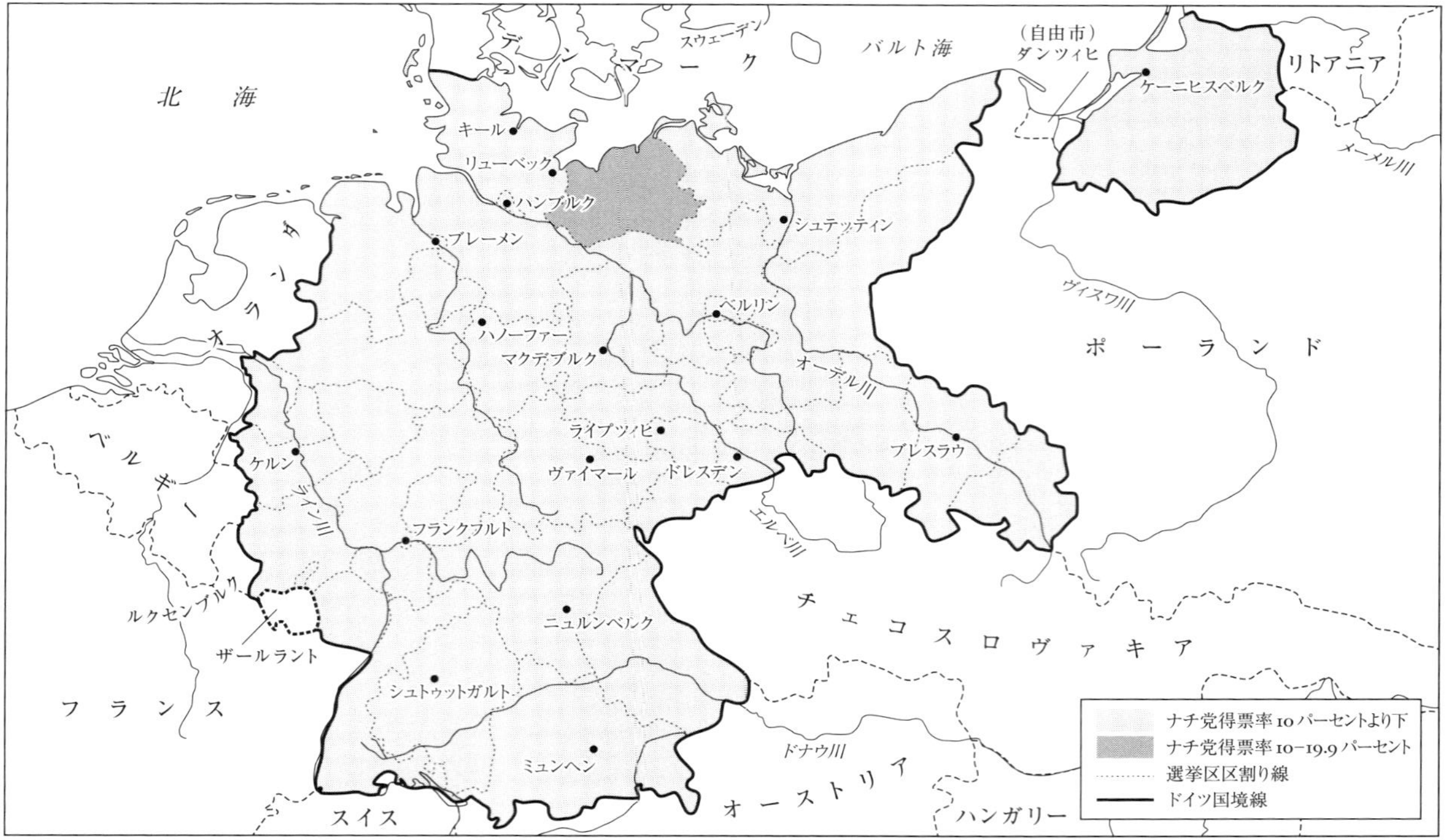

地図 7. 1924 年ライヒスターク第 2 回選挙におけるナチ党地域別得票率

否し込む一条の陽光といえば、オーストリア政府の措置だけだった。同政府がヒトラーの受け入れを拒否したため、彼を本国に送還しようとする公式の試みは潰えたのだ。[82]

2

とはいえ、ヒトラーは、若干の高位の友人を持っていた。鍵を握る人物が一人、それはバイエルン州法務相フランツ・ギュルトナーだった。彼は、ヒトラーの国家主義的理念に共感を寄せていたのである。一九二五年二月十六日にバイエルンにおける戒厳状態が最終的に解除されたとき、ギュルトナーは、ナチ党とその機関紙『フェルキッシャー・ベオーバハター』の禁止を解くことに同意した。[83] 一揆とそれに続く裁判における国家主義者の英雄として、あらたに獲得した名声と自信を武器としたヒトラーはたちまちナチ党を再創設し、元の支持者たちに入党し、無条件で彼に指導に従うよう（新しい重要なポイントである）求めた。ユリウス・シュトライヒャー、ゴットフリート・フェーダー、党のジャーナリストにして宣伝マンのヘルマン・エッサーや他の者たちは、団結を誇示し、表向きのところでは、彼らが抱いていた異見を隠した。

ヒトラーは、もっとも深刻なライバルを政治の周辺に追いやるために動いた。第一に、突撃隊の再建が合法化されたのであるから、突撃隊は党に従属すべきだと主張し、ほかの準軍事団体組織との連携を絶った。かかる意見を拒否したエルンスト・レームは追放された。レームは政治をやめ、ボリビア軍に西洋式の戦法を指導するため、同国に招聘されるまでは、セールスマン、ついで工場労働者になることを強いられたのである。[84] 第二に、ルーデンドルフが今なお保持している勢威を打ち消すべく、ヒトラーは着々と手を打っていった。ルーデンドルフは、重大な競争相手であるばかりか、急速に極端な思想を抱くようになっていたのだ。ルーデンドルフは、一九二六年に結婚したマチルデ・フォン・ケムニッツの影響を受け、「タンネンベルク同盟」を設立した。この団体は、ユダヤ人だけでなく、イエズス会とカトリック教会を攻撃する陰謀論の図書を出版したのである。バイエルン州やドイツ南部のほかのカトリック信者が多い地域では、選挙の大敗をもたらすことが確実なやりようだった。一九二五年の選挙でルーデンドルフがナチ党大統領候補者として立候補し、わずか一・一パーセントの得票しか得られなかったときに、彼の命運は尽きた。ルーデンドルフが立候補すれば、その名声は回復できないほどに損なわれることを承知の上で、ヒトラーその人が、選挙に立つよう彼を説得したとする証拠もある。(85) このときから一九三七年に死去するまで、ルーデンドルフと彼のタンネンベルク同盟は、政治の片隅に追いやられたままで、まったく場違いな存在であるとされ、大衆の支持もいっさい得られなかった。この件以上に、ドイツの急進的国家主義の情勢が様変わりしたことを、明瞭に示した例はあるまい。第一次世界大戦において全能の軍事独裁者だった男は、成り上がりのナチ政治家によって、政治の周縁に押し込まれてしまった。伍長〔上等兵〕が将軍に取って代ったのだ。

　無事にルーデンドルフを退場させてしまうと、ヒトラーのまともなライバルは、極右陣営にはもういなくなった。いまや彼は、他に残っている超国家主義運動を服従させることに専念できた。南部では、てんでんばらばらの集団がナチ党の軌道に引き込まれていったが、ドイツ北部と西部においては、さまざまなナチ党の支部が、大なり小なりの再興に入っていた。それを推し進めた主役は、やはりバイエルン人でランツフート出身の薬剤師、グレゴール・シュトラッサーだった。一八九二年、シュトラッサーは、政治に積極的だった弁護士の息子に生まれた。豊かな教育を受けた読書家であり、その中産階級の育ちと物腰は、ナチ運動の潜在的なシンパである多くの者の眼には魅力的に映った。だが、同時にシュトラッサーには、その世代のドイツ・ブルジョワジーがそうであったように、一九一四年の経験、あらゆるドイツ人のあいだに再生される必要があると彼が信じた団結精神が刻印されていたのである。中尉で大戦従軍を終えたシュトラッサーは、かかる経験の再現を求め、自分がドイツの誤謬と思い込んだものを正そうとした。大戦終結時にミュンヘンで義勇軍とともに戦い、その後に自身の準軍事団体を築いたのである。それを通じて、ヒトラーとの接触も生じたのだ。シュトラッサーにとって大事なのは、指導者ではなく大義だった。一九二三年十一月九日、彼は、あらかじめ決められた通りに、川に架かる要衝となる橋を確保するため、その突撃隊を引き連れてミュンヘンに入った。一揆が失敗すると、自分の部隊を再びランツフートに連れ帰ったが、当然、そこで逮捕された。(86)

もっとも、シュトラッサーの一揆への参加ぶりは、結局のところは端役にすぎず、当局も、格別に厳しい扱いをするいわれはないと思ったようだ。それゆえ、ほかのナチ指導者は逃亡するか、刑務所送りになったのに、彼はずっと自由の身だった。一九二四年四月、シュトラッサーはバイエルン州議会に選出され、粉砕された極右の残片を糾合し、自らが有能な実務家であることを証明したのだ。いったんナチ党が再合法化されると、ヒトラーは彼の能力を買って、ドイツ北部における党再建のために彼を派遣した。シュトラッサーは倦《う》まずたゆまず党員獲得に努め、一九二五年末までに党支部数をおよそ四倍に増やしてみせた。その際、ナチ・イデオロギーの社会主義的側面をはっきりと強調し、ルール地方などの地域で工業労働者階級の支持を取り付けようとしたのである。シュトラッサーは、「反ユダヤ主義という原始的解決で充分だ」と考えている他の極右集団を軽蔑していた。一九二五年七月には、ナチズムはドイツ型社会主義を通じて「ドイツ革命」を追求しているゆえに違いがあるのだと、オスヴァルト・シュペングラーに述べている。(87)しかしながら、その社会主義には、主要産業では五十一パーセント、ほかのあらゆる企業にあっては四十九パーセントの株を国家が取得するという構想が入る一方で、ギルドへの回帰と賃金を金銭ではなく物品で支払うという考えも含まれていた。この種の「社会主義的」理念は、ドイツ北部のさまざまな地方にできた新しい党支部の指導者多数と結びついたシュトラッサーにより、発展をみた。当時、そうした党の支部が、ヒトラーのリーダーシップのおかげを被るということは、ほとんど、あるいは、まったくなかった。実際、党はミュンヘンの本部から独立して、おおむね自生的に再建されていたのだ。おそらくは必然的なことであったろうが、シュトラッサーとその仲間たちはまもなく、ヘルマン・エッサーに従う党本部の腐敗した独裁的な連中であると彼らがみなした者たちに対し、疑いの声を上げていく。エッサーは、ヒトラーが『わが闘争』第二巻を執筆しているあいだ、ミュンヘンの党本部を運営していたのだ。彼らの多くはヒトラーと直接会ったことがなかった。そのため、いよいよ増しつつあったヒトラーその人のカリスマに、魅惑されることもなかったのである。彼らは、とくに、そのときのナチ綱領を嫌悪し、もっと自分たちの意図に沿った綱領に取り替えるつもりだと公言していた[88]。

こうした動きのなかで、とりわけ目立っていたのは、もう一人の新人党員、若きイデオローグのヨーゼフ・ゲッベルスだった。彼は一八九七年にライン川下流域の工場町ライトで、事務員の息子として生まれた。古典学校《ギムナジウム》で教育を受け、ボン大学に進んで、古代言語学、ドイツ語、歴史を学び、ハイデルベルク大学においてロマン派文学の研究により博士号を取得した。それによって「ゲッベルス博士」と呼ばれる資格を得、以後そのように呼ばれるようになったのである。しかし、博士号を持ったにもかかわらず、彼は、学問の世界に進むさだめにはなかった。やはり、ある種のボヘミアンで、すでに学生時代において、戯曲を書くことに余暇を費やし、芸術家としての未来を夢見ていた。一九二〇年代を通じて、彼は、ある小説を書いては推敲していた。一九二九年、それは、最終的に『ミヒャエル――日記が語る、あるドイツ的運命』として出版された〔池田浩士編訳『ドイツナチズム文学集成1 ドイツの運命』、柏書房、二〇〇一年に収録〕。この小説は主として、狂信的な忠誠と未来への信念（主人公はそのために、結局自らを犠牲にするのだ）にもとづく、ゲッベルス自身の漠として、また混乱した認識を伝えている。そのような手段によって、彼は、自らのはっきりした身体障害、内反足に支配される人生に意義を与えることを追求したのだ。この障害のため、足をひきずって歩かなければならず、それが原因となって、学校では容赦のないいじめにさらされた。実のところ、ゲッベルスは生涯を通じて、そのことに苛まれていたのだ。第一次世界大戦では、兵役不適格とされた。彼は、おそらく代償を求めて、自分は偉大なることをなすよう運命づけられていると信じるようになったのである。日記を書き、異常な精力で女性ならびに情事を追い求め、驚くほどの成功を収めた。ゲッベルスは、普通の手段で生計を立てることをはねつけた。その代わりに、ドストエフスキー、ニーチェ、シュペングラー、とりわけヒューストン・スチュアート・チェンバレンを貪《むさぼ》るように読んだ。チェンバレンは、シュペングラーが予言した西洋の再生はユダヤ人の排除によってのみ成し遂げられると、ゲッベルスに確信させたのであった[89]。

ゲッベルスはいくつかの点で、他の指導的なナチと異なっていた。彼の知性と気質は、しばしば「ラテン的」だと評された。おそらく、あいまいな哲学的・修辞的な長広舌を避け、代わりに、きわめて明晰で率直、ときには皮肉なユーモアを交えて語り、また、そのような文章を綴ったからであろう[90]。さりながらゲッベルスも、ほかの多くの者同様に、第一次世界大戦におけるドイツの敗戦に大きな衝撃を受けた。一九一九年から一九二〇年の冬学期をミュンヘンで過ごしたゲッベルスは（ドイツの大学生は、在学中に少なくとも一度は大学を変えるのが常である）、それによって、極度に右翼的な雰囲気の学生生活にさらされた。当該の数か月のうちに、この都市の急進国家主義的な反革命の空気を吸い込んだのである。ゲッベルスは、アルコ＝ファライ伯爵のような男たちに共感を寄せ、彼がクルト・アイスナー暗殺によって投獄されたことに非常に動揺した。だが、一九二四年までは、本当の意味で、政治に関与したり、自らの政治能力を見出すことはなかった。この年、ゲッベルスは、超国家主義者のいくつかの集団と接触するようになった。その後、昔の学友の一人にナチ党を紹介されたのである。

ゲッベルスがナチ党内で頭角を現すにつれ、ライン地方のナチ党員で、対仏抵抗運動のなかでも、もっとも暴力的な一派の元メンバーだったエーリヒ・コッホと知り合った。ユリウス・シュトライヒャーとも邂逅している。ゲッベルスは、シュトライヒャーのことを「狂戦士」で、「たぶん、何かの病気である」と、日記に描いたのであった。[91] ルーデンドルフにも強い印象を受けた。もともとゲッベルスは、第一次世界大戦でもっとも偉大な将軍であるとして、彼を崇拝していたのだ。ゲッベルスは、すぐにラインラントのナチ党オルグになり、有能な演説家に成長した。わかりやすく、大衆的で、野次をとばされても機転を利かせて応じるゲッベルスは、ヒトラーを除けば、おそらくナチの演説家のなかでも、もっとも印象的な人物であったろう。彼は、ナチ系新聞の記事で文学的才能を政治に転用しはじめ、ナチの主張に似非《えせ》社会主義的なひねりを加えた。ついにゲッベルスは、自分の天職《メティエ》を見出したのである。数か月と経たぬうちに、彼はラインラントで最高の人気を博する演説家の一人になった。同地域の党指導者の注目を集め、政策決定で重要な役割を演じだしたのだ。ドイツ北部のナチ党が一九二五年にミュンヘンの党指導部に異議を申し立てたとき、その背後には、グレゴール・シュトラッサーだけでなく、ヨーゼフ・ゲッベルスもいた。ところが、ゲッベルスもまた『わが闘争』を読んで夢中になり（「この男はだれなのだろう？　なかば平民で、なかば神だ！」と、彼は書いている）、すぐにヒトラーの魅力に屈していったのである。[92] 一九二五年十一月六日、ゲッベルスはヒトラーと直接会った。彼に会うのは、ほんの二度目のことだったが、このときゲッベルスは、ヒトラーの「星のような青い目」に印象づけられた。ヒトラーの演説を聞いたあとには、「生まれついての護民官、来るべき独裁者」だと思ったのだ。[93]

しかし、ゲッベルスとヒトラーは多くの中心的問題で意見を異にしていた。ヒトラーは、ドイツ北部のナチ党が自己主張を強めていることに警戒心を抱き、一九二六年二月十四日、フランケン地方のバンベルクで会合を開いて、彼らを召喚した。このあたりは、ユリウス・シュトライヒャーが大きな支持を集めていたところである。ナチ党指導者であるヒトラーは、二時間にわたり演説して彼らの見解を退け、東ヨーロッパに「生存圏」を獲得することが未来のドイツ外交政策の中心であるとの信念を再確認した。シュトラッサーとゲッベルスが、ドイツ諸侯の財産没収運動（彼らは、一九一八年の革命で公的地位を失ったのちも、国内に莫大な資産を保持していた）にナチスも参加するよう求めたのに対して、ヒトラーは、そんな運動は私有財産の侵害であると非難した。ゲッベルスは、「ぞっとする！　きっと、僕の人生でも最大の失望の一つだろう。もはやヒトラーに全幅の信頼を置くことはできない」と日記に書いた。[94] ただし、このときこそゲッベルスも、ヒトラーは反動ではなかろうかといぶかしんだものの、会議の席上で、はっきりと彼に反対することはなかった。ヒトラーの強硬な姿勢に衝撃を受けたシュトラッサーは、完全に降参して、自分の提案を取り下げた。その見返りとして、ヒトラーも、ヘルマン・エッサーをミュンヘンの職から解任し、北部ドイツの者たちをなだめた。彼らは、エッサーの腐敗ぶりに、いたく憤激していたのである。[95]

一九二六年四月、ヒトラーは、ゲッベルスをミュンヘンに連れて来て演説させた。車を用意するなど、おおむね赤絨毯を敷いてもてなすような扱いだった。ナチ党本部で、ヒトラーは、ゲッベルスならびにヴェストファーレン地域の党を共同で代表した二人と対決した。共同代表者の一人は、北部ドイツのナチ党を率いるフランツ・プフェッファー・フォン・ザーロモンで、多くのナチ指導者同様、元軍人・義勇軍隊員だった。もう一人はカール・カウフマン。ルール占領中のフランス軍に対する暴力的な抵抗を組織し、名を挙げた人物である。ヒトラーは、彼らがイデオロギー問題で恣意専横の振る舞いをしたことを厳しく叱りつけ、党の政策に関するおのが見解を講義した。しかるのちに、無条件に自分の指導に服するなら、過去の事は水に流そうと申し出たのである。ゲッベルスはその場で転向した。彼は日記で、ヒトラーは「素晴らしかった」と告白している。一九二三年の一揆のことを思い、「アドルフ・ヒトラー、僕はあなたを愛す。あなたは偉大であると同時に素朴であるからだ。人が天才と呼ぶものなのだ」とも記している。[96] このときより、彼はヒトラーの魔力に完全に服したのであった。しかも、一部のナチ指導者とちがって、最後までずっとそのままだったのである。ヒトラーは、ゲッベルスを地区の司令塔である大管区指導者《ガウライター》に任命し、ちっぽけで内部分裂したナチ党ベルリン支部を任せることで、彼に報いた。プフェッファー・フォン・ザーロモンは、褐色シャツの準軍事団体〔突撃隊〕の指揮官に就任した。グレゴール・シュトラッサーは、党の全国宣伝部長になったのだ。同じころ、ナチ党大会において、一九二〇年の党綱領が再確認され、ヒトラーが運動を完全に支配していることが強調された。[97] すべての重要な党職、とくに大管区指導者の任命権も、ヒトラーが握ることになったのである。

この大会は、法律によって必要とされた。また、法的必要に従い、正式にヒトラーを党首に再選した。しかし、党内運営の本質は、一九二六年七月に開かれた党大会によって明示されることになる。八千名にものぼる突撃隊員と党員が参加し、ほとんどの時間が、ヒトラーへの服従を示す儀式、すなわち、彼に対する個人的忠誠の宣誓と、一九二三年十一月の不幸な結果に終わったミュンヘン進軍で高く掲げられていた「血染めの旗」のパレードを含む大行進と勢力誇示に費やされたのだ。[98] それは、ささやかなものではあったが、将来のはるかに壮大な党大会に向かう基調をつくったのである。ただし、この時点では、ヒトラーの絶対的なリーダーシップのもとに統一され、規律正しくなったとはいえ、ナチ党はいまだ弱小政党だった。続く三年間、一九二九年までの発展は、のちに党が成功する基盤をつくることになる。だが、ヒトラーがいまや追い求めるようになった大衆の支持をナチスが得よ

うとするなら、指導力や組織以上のものが必要となるであろう。(99)

3

全国レベルでのナチ党の新しい基本的な構造は、一九二七年から二八年にかけて築かれた。一九二八年、ナチ党の大管区は、ライヒスターク選挙区の地域割に合わせて再調整された。選挙機能重視のしるしである。そのうち、三十五の大管区はすべて非常に広く、ヴァイマールの政党立候補者名簿による比例代表制度に適合するようになっていた。一年かそこらのうちに、地域と地方支部のあいだに、中間組織である管区《クライス》(Kreis)がつくられた。若き新世代のナチ活動家は、このレベルで、もっとも顕著な役割を果たしたのである。彼らは、大戦前の全ドイツ主義的陰謀組織の残余である旧世代を脇に押しやった。義勇軍やトゥーレ協会、あるいはその類似団体で積極的役割を果たした者たちよりも数で上回っていたのだ。しかし、より年長の世代のナチ指導者たちといえども、いまだ若かったことに留意することが大事である。本流の政党を率いた中年以上の指導者と比べれば、それは顕著であった。一九二九年には、ヒトラーはなお四十歳にすぎず、ゲッベルスは三十二歳、ゲーリングは三十六歳、ヘスは三十五歳、グレゴール・シュトラッサーは三十七歳だった。彼らの役割は、とりわけ、より若い世代を指導し、鼓舞する上で重要だった。

たとえばゲッベルスは、何よりもベルリン大管区指導者として名声を築いた。熱烈な演説、飽くなき行動、ナチの反対者に対する常軌を逸した挑発、街頭での計算された乱闘の企て、集会場における報道陣の注目を集めるための論争によって、あらたに多数の信奉者を勝ち取ったのだ。ベルリン警察副本部長のベルンハルト・ヴァイスのごとき人物に対する、ナチ党の攻撃的で極端な誹謗中傷を含んだキャンペーンは、いよいよベルリンの耳目をそばだてるようになった。ゲッベルスは、ヴァイスを

「イジドール」と呼ぶことで、そのユダヤの出自をきわだたせた。これは、まったく架空の名で、反ユダヤ主義者が、ユダヤ人一般を指すのに使っていたが、この場合は皮肉なことに共産主義者の新聞から拝借したのである[100]。ゲッベルスの暴力と過激性のため、ベルリンのナチ党は一九二七年から一九二八年にかけて、社会民主党の統治下にある市当局から十一か月の活動禁止処分を受けた。だが、そうしたことによって、ゲッベルスは、十九歳のホルスト・ヴェッセルのような、若い活動家の忠誠と称賛を得ることになった。ヴェッセルは牧師の息子で、大学で法学を学んでいたが、それを振り捨てて、準軍事団体、最近では突撃隊に参加していた。一九二九年に、彼は「われらがゲッベルス」についていて、こう書いている。「この男が弁論の才と組織能力において示したものはユニークである……突撃隊も、彼のためなら、ずたずたに切り刻まれてもよしとしただろう[101]」。

また、地区・地域レベルの党組織の枢要なポストをめぐって、党内闘争が多々生起した。しかし、一九二五年末ごろにマックス・アマンがある地方の活動家に語ったように、おおむねヒトラーは……

原則として、支部の指導者を「任命」することは、本部の仕事ではないと考えている。ナチズム運動のもっとも有能な闘士は、自らの指導者としての実績をもとに、わが道を押し進んでいくような人物である。現在のヒトラー氏は、以前よりもずっと、そうした見解を抱くようになっているのだ。貴君は自分でハノーファーの党員ほぼすべての信頼を享受していると書いてよこしたが、それなら、党支部の指揮を引き受ければよかろう[102]。

このようにヒトラーは、もっとも容赦なく、もっとも活動的で、そして、もっとも有能な人物こそが、運動内で権力の地位に昇るはずだとみなしていた。のちに彼は、第三帝国の運営においても、同じ原則を適用することになる。かかる原則は、あらゆるレベルでナチ党が不断に活動的であることを保証するのに与った。いつでも、行進、乱闘、デモ、大衆動員である。ただし、それがすぐに報われたわけではなかった。一九二七年末まで、ナチ党はなお約七万五千名の党員を擁するのみで、ライヒスタークにもわずか七名の議員を当選させただけにすぎなかった。シュトラッサーやゲッベルスのような者たちの、労働者階級を味方につけられるだろうとの希望は、幻想だったことが証明されたのだ。(103)

ナチスは、社会民主党と共産党の牙城に割り込む難しさを認識して、代わりにドイツ北部のプロテスタント圏農村部に目を向けた。そこでは、農民の不満があふれかえり、デモや抗議キャンペーンになだれこんでいた。インフレーションとその安定化が農村社会におよぼした諸矛盾が、一九二〇年代末までに一般的な農業危機に結びついたのである。大土地所有者と農民は分割払いで機械類を購入したから、実際の費用を低く抑えたままで近代化できた。一方、小農民は貯金にまわして、結局は無くしてしまうか、家財の購入に使ってしまう傾向があり、自分たちの稼業で利益を得ることはなかった。インフレ後、政府は農業復興を援助するために融資緩和策を取ったが、それも事態をさらに悪化させただけだった。小農民は、つぎのインフレがめぐってくることを期待して、損失を埋めるために多額の金を借りたのだ。ところが、物価は上がるどころか、下落していったから、借金を返済できないということになった。早くも一九二〇年代の終わりに向かって、破産と抵当権流れの件数が増加していく。小農民は絶望し、極右に走った。(104) 大農と大土地所有者は農業価格の下落に苦しみ、税金を払えなくなった。彼らは、ヴァイマール福祉国家を支えるため、はなはだ高い税金を払わされていると考えていたのだ。(105) プロイセン州とライヒの政府は、関税、補助金、輸入制限等によって事態を緩和しようとしたが、これらすべてをひっくるめても、当時の状況に対するには足りなかった。(106)

あらゆるタイプの農民が、一九二〇年代初頭からの農業不況に対処するため、近代化や機械化、合理化を行っていたものの、それは充分ではなかったのである。農業団体が、食料品に高い輸入関税をかけることこそ、おのが収入を守る唯一の方法と考えだすにつれ、その措置を求める圧力は、いっそう執拗になった。かかる情勢下、ほとんどの外国食料品を輸入禁止にするとの策をともなう、ナチの自給自足する「アウタルキー」ドイツという公約は、いよいよ魅力的に感じられるようになっていったのである。[107]

さして努力もしていないのに、北部のプロテスタント農村部で支持を獲得しつつあることを識ったナチスは、都市の労働者階級からほかの国民層へと、プロパガンダの対象を急ぎシフトさせた。いまや党は、その関心を農村部に向け、シュレースヴィヒ＝ホルシュタインやオルデンブルクなどの党員募集に力こぶを入れて真剣に取り組むようになったのだ。[108] ヒトラーは、ドイツ北部のナチ党の「社会主義」的方針をさらに後退させた。また、一九二八年四月十三日には、「自治体公益のため、無賠償で土地を没収する」という党綱領第一七条は、「土地に投機しているユダヤ人の会社」にだけ適用するのだと、小農民たちに納得させるため、同条項を「明確化」した。言い換えれば、修正したのである。[109] 一九二八年五月のライヒスターク選挙で、ナチスは前回より十万票を減らし、わずか二・六パーセントの得票率しか得られなかったから、立法府に送り出せた代表は十二名だけだった。そのなかには、ゴットフリート・フェーダー、ヨーゼフ・ゲッベルス、ヘルマン・ゲーリング、グレゴール・シュトラッサーがいた。さりながら、北部プロテスタント圏北部のいくつかの農村部では、ナチスはより健闘していたのだ。たとえば、ベルリンでは、かろうじて一・四パーセント、ルール地方で一・三パーセントしか得票できなかったのに、シュレースヴィヒ＝ホルシュタインの二つの郡で、それぞれ一八・一パーセントと一七・七パーセントにも上る得票率をはじきだしていたのである。しかも、不満を抱くプロテスタント系小農民が住むもう一つの地域、フランケンにおいては、八・一パーセントの票を取っている。そのことは、ナチ党機関紙が五月三十一日に述べているように、「とりわけ農村部における選挙結果は、大都市で費やすよりも、ずっと少ないエネルギー、資金、時間の支出によって、さらに良い結果が得られることを証明した」という気分を強めたのであった(110)。

ナチ党は、ただちに農村社会に対する宣伝アピールを改良した。第三帝国においては、農民に特別な地位が与えられることになるであろうと語りかけたのである。どんな種類の農民であれ、彼らは自らの「職能代表団体」にあるものと認められ、そのなかで国家の全面的支援を受けつつ、協調して働くことになる。御しがたい農場労働者(多くは、社会民主党で活動していた)も服従させられ、労働コストは最終的に厳しい統制下に置かれる。シュレースヴィヒ＝ホルシュタインの農民は、何年にもわたって、ときには暴力に訴えるような抗議を続けながらも、不首尾に終わっていた。彼らが、ナチ党のもとに結集したのである。局地的には、それぞれの土地で農民社会のメンバーが党を指導したことも、また、小農民が国民のアイデンティティの中核であるとする「血と土」イデオロギーが明白に強調されたことも、ナチ運動を傷つけることはなかった。伝統的に国家国民党と同一視されていたような、大規模土地所有者の一部でさえも説得されたのだ。中規模、ないし小規模土地所有者のあいだで、ナチ党支持者が急上昇した。まもなく、農民の息子たちは、大都市で共産党と闘うために派遣される突撃隊の人的資源となっていく(111)。

こうして、新戦略はまもなく実を結びはじめた。党員数は一九二八年十月の十万人から、一年後に十五万人に増えた。一方、市町村・州選挙でも、急激に票が得られるようになってくる。ザクセン州で五パーセント、メクレンブルク州で四パーセント、バーデン州で七パーセントである。プロテスタント圏ザクセン州のいくつかの農村部では、得票率をほぼ倍にした。たとえば、シュヴァルツェンベルク地区では、一九二八年の五・九パーセントから一九二九年の十一・四パーセントに上昇したので

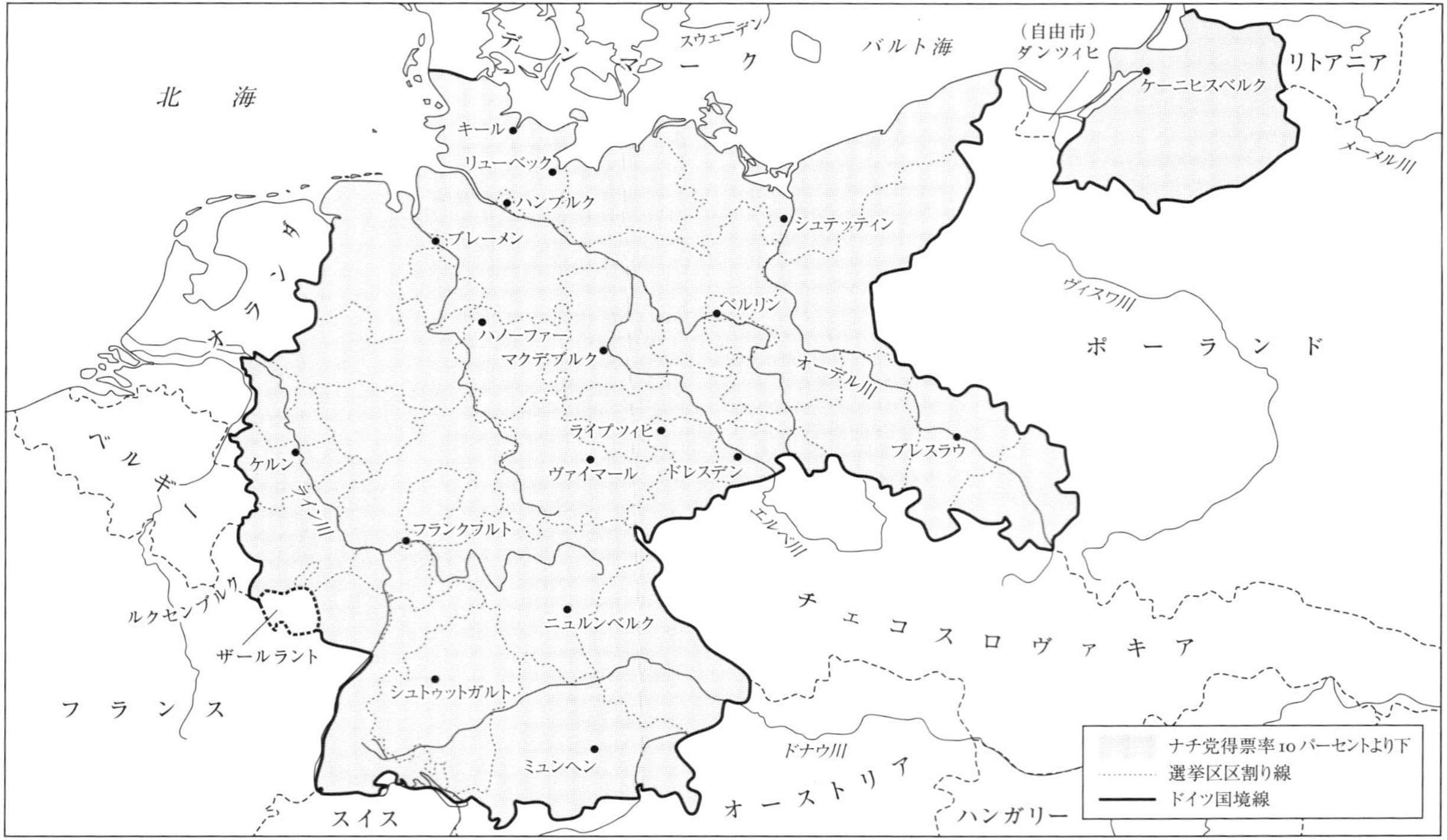

地図 8. 1928 年ライヒスターク選挙におけるナチ党地域別得票率

フランケン地方のコーブルクでのことだ。一九二九年六月、ナチ党は初めて市政当局となった。そこでは、前市議会が、反ユダヤ主義演説を行ったかどで、地元ナチ指導者である市職員を解雇していた。その事件を受けて、ナチ党は市議会解散を求めるキャンペーンを行い、成功したのであった。直後に実施された市議会選挙で、ナチ党は二十五議席中十三議席を獲得した。この勝利は、ナチ党が同選挙に注いだ大きな努力を一部反映していた。ヘルマン・ゲーリング、さらにヒトラーその人などの最高の演説家が演壇に登場したのだ。しかし、それはまた、地方政治には、選挙において勝ち取ることができる力の源泉があることを明示した。いまや、ナチ党は従来以上に、地方政治に対して積極的になった。(113)

また一九二九年秋には、国家国民党によって組織された、ヤング案（賠償金支払額の削減と支払い期日の再調整を含んではいたものの、賠償自体の廃止は含まれていなかった）への反対運動というかたちで、選挙上のさらなる余録がナチ党にもたらされた。反対運動の指導者アルフレート・フーゲンベルクは、ヤング案を拒否し、それに署名した閣僚であればみな訴追するという、彼が提案した法案が国民投票で認められるように努め、その過程でナチ党とほかの極右団体に支持・協力を求めたのである。ナチスは、この運動で知名度を上げげた。それればかりか、ハインリヒ・クラースや鉄兜団のフランツ・ゼルテ、テオドール・デュスターベルクといった全ドイツ主義に凝り固まった者と並んで、ヒトラーが組織委員会に加わったことにより、右翼本流から一定の尊敬を勝ち取ったのである。国民投票そのものは、わずか五百八十万の賛成票しか得られず、失敗に終わった。しかしながら、この反対キャンペーンは、国家国民党のフロックコートと山高帽の指導者たちよりも、褐色シャツと長靴のナチスのほうがずっと活動的であることを、前者の支持者多数に暴露したのだ。(114)

この間に、ヒトラーはまたしても、たちまち民衆の熱狂をかき立て、ナチ党内、彼の周辺で高まっていた指導者崇拝により、おのがカリスマ性を強化していた。それが象徴的に示されたという点で重要だったのは、ヒトラーがその場にいるか否かを問わず、右腕を外に伸ばし、「ハイル・ヒトラー！」と声を上げる「ドイツ式挨拶」の使用だった。これは、一九二六年に運動参加者の義務とされ、「ハイル・ヒトラー！」は手紙を結ぶ際の言葉としても、しだいに使われるようになった。かかる慣習は、ナチ運動のヒトラーに対する全面的な依存を深めたのだ。いまやヒトラーのまわりに集まっていた次席クラスの指導者たちも、グレゴール・シュトラッサーのように党の団結を固めるための戦術的理由からであれ、あるいは、ルドルフ・ヘスのごとく、当時ヒトラーが一般にそう呼ばれるようになっていた「総統」の人格への盲目的・宗教的信仰からであれ、さような決まりごとを熱心に広めていったのである。[115] 一九二九年八月にニュルンベルクで持たれた党大会は、その種の集会としては一九二七年以来初ということになったが、ナチ党が確立した自信と団結が、これ見よがしの巨大なプロパガンダによって誇示された。警察発表によれば、四万人にもおよぶ人々が参加した。彼らはすべて、指導者賛美にまとめあげられていたのである。[116]

このころまでに、ナチ党は侮りがたい組織に成長していた。その管区・地区・地元レベルには、忠実で精力的な党職員が配置され、その多くが充分な教育を受けた、行政的に有能な人々だった。専門家機関のネットワークを通じて流される彼らの宣伝アピールは、特定の選挙区有権者を狙っていたのだ。[117] ヒトラーが政治は男性の問題であると繰り返し主張していたにもかかわらず、ナチの女性組織もすでに存在していた。一九二三年にエルスベト・ツァンダーによって創設された自称「ドイツ婦人社」が、ナチ党の外郭団体に編入されたのである。警察の推定によれば、その構成員は二〇年代末までに四千人に達し、女性ナチ党員の総数七千六百二十五名のほぼ半数となった。公の仕事から女性を排除することを公然かつ積極的に行ったという意味では、ドイツ婦人社も逆説的な女性団体の一つだった。戦闘的に、反社会主義、反フェミニズム、反ユダヤ主義を唱えたのである。その実際的な活動には、突撃隊のための給食施設の運営、宣伝活動の手伝い、ナチ準軍事団体が警察に家宅捜索された場合の武器・装備の隠匿、下部組織の「赤色鉤十字団」、すなわちナチ版の赤十字を通じて、負傷した活動家を看護することなどが含まれていた。[118]

ツァンダーは、いずれの面から見ても有能な演説家だったけれど、たいしたオルガナイザーではなかった。一九三一年初めに、告発合戦が渦巻くなか(そのなかで、もっとも深刻だったのは、金銭的腐敗をめぐるものだった)、ドイツ婦人社は瓦解した。婦人社は大きな負債を抱えていたため、ツァンダーその人も破産に直面する。しかも、ツァンダーがドイツ婦人社の専用運転手と関係を持っていたとする下卑た報道がなされる一方、突撃隊員がドイツ婦人社の集会の一部に女装して現れるという事態も生じた。今では、党全国組織指導者になっていたグレゴール・シュトラッサーは、ナチ党のあらゆる女性下部組織を解散することで応えた。丁重に、しかし、手際よく、ツァンダーを権威ある地位から排除したシュトラッサーは、一九三一年七月六日、女性下部組織をナチ婦人団(*NS-Frauenschaft*)に代えたのである。当初、この組織は最小限のものにとどまり、その地方の指導者たちが地区支部を監督する、分権化された団体だった。だが、すぐに全国的に認知されるほど成功を収め、自らの女性向け機関誌を持つようになる。それぞれの支部の指導者も非常に大きな自治権を得、そればかりか、各支部の指導者間できわめて密接な協力がはかられるようになったのである。[119]けれども、ナチ女性にとっての根本的な問題は、党の消しがたい男性優越主義、女性の役目は政治参加ではなく、家庭にとどまって育児にいそしむことにあるという信念にあった。当面、ナチ党は、女性有権者を獲得するため、主義主張において譲歩しなければならなかった。いよいよナチが政権を取ったなら、その反フェミニストによる婦人運動は、役割を終えたと自ら納得することを宿命づけられていたように思われる。

　女性の要求に応える組織と並んで、十四歳から十八歳の青少年を対象にしたものも、一九二二年に創設されていた。この組織には、民族社会主義ドイツ労働者党青少年同盟なる、長ったらしく、難しい名前がつけられていたが、一九二六年にヒトラー青少年団《ユーゲント》と改称された。突撃隊の募集機関として発足したそれは、一九二九年にクルト・グルーバーのもとで、ヴァイマールの舞台にあった無数の青少年団体（そのほとんどが共和国に反対していた）に匹敵する組織とすべく、再編されたのである。当初、ヒトラー・ユーゲントも、ほとんど成功していなかった。一九三二年一月の時点でさえ、ベルリン全体で一千名ほどのメンバーしかいなかったのだ[120]。そのヒトラー・ユーゲントを後押ししていたのは、一九二九年に創設されたナチス学童団と翌年に発足したドイツ少女団だった[121]。だが、まもなく両団体とも、ヴィルヘルム・テンペルが一九二六年にナチス学生同盟を創立したことによって、規模と意義の点で影が薄くなった。もっとも学生同盟も、バルドゥーア・フォン・シーラッハが一九二八年に引き継ぐまでは、比較的小さなものだった。

　シーラッハはしだいに、自らがナチ運動に長く従事していくであろう重要人物であることを証明していった。伝統主義者で元軍人、ヴァイマール市にあった劇場支配人を務めていた父親は、裕福なアメリカ人女性と結婚していた。シーラッハはその息子として、一九〇七年にベルリンに生まれ、ヴァイマール市の、文化的には保守的で反ユダヤ主義的なサークルのなかで育っていく。寄宿学校で教育を受けたのであるが、その校長は学問的教育よりも人格形成を強調していた。一九一九年十月に兄が自殺したことに、若きシーラッハは大きな衝撃を受けた。兄の家族宛の手紙により、その死は「ドイツの不運」に対する回答であると告げられたのである。一九二〇年代中頃までに、彼は、ヒューストン・スチュアート・チェンバレンを読んでおり、しかるのちに『わが闘争』を見出して、ナチズムに転向した。一九二五年には、自分の住む町でヒトラーが演説するのを聞いて、いよいよ真の英雄崇拝に献身するとの意志を強める。シーラッハはすぐに、ナチ運動とその指導者を賛美する詩を、いつ終わるともしれぬと思われるほどのペースで量産し、総統の関心を惹いた。それらは、「他の人種主義詩人による作品よりも優れている」と評されて、一九二九年に一冊にまとめられ、出版された。[122]

ミュンヘンで学んでいたあいだに(シーラッハは卒業せずじまいだった)、ナチスのドイツ学生同盟に参加、たちまちミュンヘン大学を本拠にする支部長にのし上がる。彼は、ミュンヘン大学で学業を続けるよう、ヒトラーに忠告されていたのだ。支部長として成功したことにより、シーラッハは一九二八年に学生同盟の全国指導者に昇りつめ、ヴィルヘルム・テンペルに取って代わることとなった。彼は、同盟から社会主義革命分子を排除し、個々の大学の学生自治会における議席を確保するキャンペーンへとみちびいていく。同盟は、伝統的、というよりも、むしろ古風といえる決闘好みの学生組合や友愛会〔いずれもドイツの学生団体〕を押しのけ、挑発的な行動で名を挙げた。過密講義の縮小(ユダヤ人聴講生を制限する手段を取る)、平和主義者の教授を解雇すること、人種研究や軍事科学等の科目の講座新設、大学を知識それ自体の追求という目的から切り離して国益に結びつけるといった問題について、キャンペーンを行ったのだ、一九三二年の夏までに、彼らはすでに、右翼教授や地元政治家と連繫して成功を収め、それをおおいに吹聴するようになっていた。ユダヤ人で社会主義者、司法の右翼的偏向に反対する運動家として、とりわけ憎まれていた人物、エミール・ユリウス・グンベルをハイデルベルク大学の講座から追い落としたのである。この一件に刺激された、あるフランクフルトの雑誌は、「かくてハイデルベルクは、大学という分野において第三帝国時代の幕を開いた」と宣言した。[123]

シーラッハは、友愛会との敵対を注意深く避けながら、学生自治会選挙で学生同盟の得票を急速に増やしていった。一九三一年七月、同盟は、同調する他の右翼団体の支援を受けて、全国組織であるドイツ学生会連合を掌握することができた。一九三二年には、そうした学生たちがドイツ学生会連合を通じて「指導者原理」を可決し、すべての選挙を廃止した。ナチ学生同盟所属者の総数は、全国の友愛会会員の十パーセントにも達していなかったにもかかわらず、ナチスは、ドイツにおける学生の代表権を乗っ取ったのである。かかる成功に感銘を受けたヒトラーは、一九三一年十月三日、シーラッハをヒトラー・ユーゲントの指導者に任命した。[124]

一九二〇年代末までに、女性、青年、学生、学童だけでなく、ドイツ社会の多くの領域に対して、それぞれに合わせてつくられたナチ組織が提供されていた。公務員、傷痍軍人、農民など、国民のさまざまな分子を対象とした団体があり、個々に独自の対象を絞って、プロパガンダに努めたのだ。「ナチ工場細胞組織」という、しっくりしない名称をつけられた、ある種の労働運動さえ存在していた。それは工業労働者を組織しようとしたが、きわだった成功は得られなかった。工業労働者はすでに、社会主義系、カトリック系、共産党系の組合に組織されているか、失業していたから、別の労働組合など必要としなかったのである。[125]だが、この時点で、ナチスは、職人、商店主、自営業者といった下層中産階級に対して、格別の訴求力を持っていた。他の類似の運動から、そのような人々を集めてくることもしばしばだったのだ。たとえば、ドイツ国家主義商業従業員組合は多くの青年を政治化し、ナチズムに向かわせる上で重要な役割を果たした。[126]この組合はヴィルヘルム時代に創設され、これまでにないほど大量の女性が秘書や同様の職に進出した世界における男性事務員の怨みや不満を、はっきりと代表していた。そこでは、銀行、金融会社、保険会社などの大雇用主は、宗教や人種的出自、あるいは、単に性格によって、ユダヤ人とみなされていたのである。大戦よりもずっと前から、同組合は、組合員のプロレタリア化を仕組んだ者はユダヤ人であるとして、猛烈な攻撃をはじめていた。[127]一八八六年生まれのある下級官吏は、一九一二年にこの組合に加入したが、カイザーのもとでさえ、政府はユダヤ人に支配されていると考えていた。のちに、そう書き留めているのである。結局、彼は、一九三二年にナチ党大会に参加したのち、国家国民党を脱して、ナチスに入党した。そのときには、「これこそ、私が一九二二年から探し求めていたものだ」と記している。[128] 古参ナチの多くについても、事情は同様だったにちがいない。

シュトラッサーは、ヒトラー・ユーゲントや工場細胞組織のような、さまざまな分枝《ぶんし》機関がごくわずかな構成員しか有しておらず、どこでもそう早くは育たないのではないかと思われたとしても、極度に特化した下部組織を党内に設立することを奨励した。長期的な目標を念頭に置いていたからだ。それらの下部組織はすべて、ヒトラーが権力の座に就いたあかつきに、ナチ化された社会制度によって運営される社会を築くための基盤とすることを企図したものだったのである。シュトラッサーは、このナチ社会体制の萌芽をつくることに、絶大なエネルギーと術策を尽くした。それは、短期的には、ナチ党が、ドイツ社会のほとんどすべての構成員に対して選挙アピールを向ける上での助けとなり、そのときまで、自分たちはおおむね非政治的な性格を持っていると考えていた社会団体の政治化を進めた。かかる経緯は、ふいにナチ党に新メンバーが殺到してきたとしても、党を拡大するのは容易であるということを意味していたのである。こうした機構のすべてが、一人の指導者への無条件の忠誠によって、まとめあげられていた。その指導者は、いまや絶対の権力を有していた。また、彼のカリスマ性は、ごく近しい取り巻き集団の称賛一辺倒の振る舞いをもとに、日々増大していたのであった。[129]

献身の根源

1

一九二〇年代末までのナチ運動の発展は、党の活動的メンバーの精力と熱狂に頼っていた。彼らがいなければ、単に、もう一つ政党ができた程度のことでおさまっていただろう。第三帝国を創りだしたのはまさに、ありふれた街頭レベルの突撃隊員・党員だったのだ。では、若者をナチ運動に結びつけ、そうした、脇目も振らぬ、恐ろしいまでの献身の意識を持たせたものは、いったい何だったのだろうか？　突撃隊の暴力の源泉は、どこにあったのか？　ヒトラーのカリスマ性が、ある一定の役割を果たしたことは明白だ。しかし、ナチ党の大部分は、とりわけ北部ドイツにおいては、ヒトラー抜きで出現したも同然だった。運動のダイナミズムには、深い根があったのだ。ナチ指導者のさまざまな自叙伝や日記からは、いくつかの手がかりが得られる。また、ナチ活動家の精神状態について、独特な洞察を与えてくれる、同時代の素晴らしい史料が存在しているのである。一九三四年、ニューヨーク州コロンビア大学教授だった社会学者セオドア・エイベルは、ナチ党の協力を得て、小論文のコンテストを行った。一九三三年三月一日以前にナチ党や突撃隊に加入した人々に、短い証言を書くように求めたのである。数百通の応募があった。ナチ党とその回答者たちは、このコンテストは、運動に対する自分たちの誠実さと傾倒をアメリカ人に印象づける好機であるとみなしていたのだけれども、エイベルは、もっとも率直で信用できる記述が優勝するのだと力説した。そのため、少なくともチェックし得る証言に関しては、相当程度の正確さが確保されたと思われる。[130]

草の根のナチ党活動家にとって、ローゼンベルク、チェンバレン、シュペングラーその他のインテリによる精妙な理論は、不可解なしろものであった。ラガルド〔ポール・ド・ラガルド。ドイツの文化哲学者にして東洋学者。反ユダヤ主義を唱えた〕やラングベーンのような通俗的な著述家でさえ、主に教養中産階級にアピールしたにすぎない。もっと重要だったのは、テオドール・フリッチュのように、継続的に反ユダヤ主義を訴える、大衆的な宣伝家たちだった。一八八八年にフリッチュが上梓した著書『ユダヤ人問題の手引き』は、一九三三年までに四十版を重ねたのである。フリッチュの本を出した版元、ハンマー出版社は、第一次世界大戦を生きのびて、ナチスの一般党員のあいだで広範囲に読まれた大衆的パンフレットや小冊子を出版しつづけた。[131] ある突撃隊員は、一九三四年に左のごとく記している。

大戦後に私は、政治に対して大なる関心を抱くようになった。あらゆる政治的色彩を帯びた新聞を、熱心に吟味したものだ。一九二〇年に、ある右翼新聞に出ていた反ユダヤ主義定期刊行物の広告を初めて見て、テオドール・フリッチュの『ハンマー』を予約購読するようになった。この雑誌のおかげで、ユダヤ人が国民と国家、経済におよぼしている破滅的な影響を知ったのである。今日なお、私にとっては、この雑誌こそ、アドルフ・ヒトラーの偉大な運動への架け橋となったことを認めなければならない。[132]

とはいえ、ずっと重要だったのは、ナチ・プロパガンダの基本要素、すなわち、ヒトラーとゲッベルスの演説、デモ行進、旗、パレードが備えていた感化の力であった。このレベルではおそらく、真面目なイデオロギー的小冊子よりも、ナチの新聞雑誌、選挙パンフレット、壁のポスターを通じて、理念が伝えられたことであろう。一九二〇年代ならびに一九三〇年代初期において、普通の党活動家のあいだでは、ナチ・イデオロギーのもっとも重要な側面は、社会の団結（あらゆるドイツ人による有機的人種共同体という概念）の強調だった。それよりも、だいぶあとに、急進的国家主義とヒトラー崇拝がくる。対照的に、反ユダヤ主義は、ごくわずかな者だけが重きを置いていただけだったし、そうした人々にしても、多くが、それは枝葉にすぎないと考えていたのだ。活動家が若いほど、いよいよイデオロギーの重みは後退した。より大切だったのは、ドイツ文化とヒトラーの指導的役割の強調といった特徴だったのである。それに対して、イデオロギー的反ユダヤ主義は、ナチの年長世代のあいだでいちばん強かった。大戦前に活動していた反ユダヤ主義団体、そして、彼らの多くが育った家庭の国家主義的雰囲気がおよぼした潜在的影響の証左であろう[133]。

　男性についていえば、多数の者が一九一四年から一九一八年に前線で兵役に就いたあと、トゥーレ協会や義勇軍などの極右組織と関わり、しかるのちにナチ党の準軍事団体に入っていた[134]。たとえば、若きルドルフ・ヘス〔既出のルドルフ・ヘスとは別人。カナ表記してしまえば、同名異人ということになるが、原綴では、前者がRudolf Hess、後者がRudolf Höss〕、未来のアウシュヴィッツ所長も、そのようにして入党した。ヘスは一九〇一年にバーデン＝バーデンで生まれ、ドイツ南西部のカトリック家庭に育った。セールスマンだった父親は、ヘスを聖職者にするつもりだったという。ヘスによれば、彼は自分に責任と服従の意識を強く植えつけたのである。その一方で、父親はまた、自らがアフリカで兵士だった時代や伝道団の無私と勇気の話を語り、ヘスを陶酔させた。だが、ヘスは、聴罪司祭におのが告解の内容を洩らされたため、信仰を失ったとも、のちに書いている。戦争が勃発すると赤十字に入り、その後、一九一六年に、昔、父親がいた連隊に入隊し、中東で兵役に就く。両親は、大戦終結時に、ともに亡くなった。彼は、バルト地方で義勇軍に加わり、内戦の惨酷《さんこく》さをじかに経験したのである。

ドイツに戻ったヘスは、自らが属していた義勇軍の後継地下組織に入った。一九二二年、彼は、自分と同志たちが組織内にひそんだ共産主義者のスパイと信じた男に対する残忍な殺害に加わる。棍棒で殴りつけて血まみれにしてから、ナイフで喉を切り裂き、回転式拳銃でとどめを刺したのである。ヘスは逮捕され、ブランデンブルク州刑務所に投獄された。刑務所では、犯罪者精神の救い難い本性を学んだと、のちにヘスは記している。仲間の受刑者の「汚く横柄な言葉」にショックを受け、刑務所が矯正の場所ではなく、犯罪者の学校になっている実態に震え上がったのだ。ヘスは、清潔、整頓好き、きちょうめんで、規律に慣れていたので、すぐに模範囚になった。彼は、乱暴ないじめと一部看守の腐敗をみて、囚人に対して、もっと誠実で人間的な対処をすれば、良い結果を得られるだろうと思うようになった。ただし、囚人仲間のうち、かなり多数の者については絶対に矯正の見込みがないとも結論づけている。[135] 逮捕される数か月前に、ヘスはナチ党に入っていた。一九二〇年代の残りは、ほとんど刑務所で過ごすことになったのだが、極右と極左の議員が協定を結び、ライヒスタークで政治犯の大赦を可決した結果、そうした囚人の多くと同様に、刑期満了のずっと前に釈放された。[136] 獄を出たヘスに、ナチ党が、規律、秩序、献身という、彼が人生においてあきらかに必要としていたものを与えたことは、はっきりしている。

この殺人事件でヘスの共犯者となった一人に、やはりロスバッハ義勇軍のメンバーだったマルティン・ボルマンがいる。一九〇〇年に郵便局事務員の息子として生まれ、農場管理人の訓練を受けた。大戦中、陸軍に入隊したが、ある守備隊に配置され、実戦経験はなかった。しかし、ボルマンもヘスと同じく、民間人の生活におさまることなどできないと思った。よって、彼が働いていたメクレンブルクの地所に根拠地を提供することによって、義勇軍と接触するようになったのだ。この義勇軍参加に加えて、「ユダヤ人の傲慢に反対する会」にも入った。ちっぽけで、その他大勢でしかなく、重要性のない極右周縁団体の一つである。ボルマンは、ヘスほどには深く殺人事件に関わっていなかったから、刑務所で刑期を一年勤めることを余儀なくされるだけで済んだ。一九二五年二月に釈放されたボルマンは、一九二六年末にナチ党の専従職員になった。最初はヴァイマール、ついでミュンヘンにおいて、さまざまな実務をこなす。演説家としては無能でその方面の見込みはなく、ヘスとちがって、肉体的な暴力を志向する気質でもなかったから、ボルマンは党と党員のための保険専門家になった。困窮している突撃隊員に対する金銭その他の支援を組織し、徐々にではあるけれども、運動にとって不可欠な人物になりおおせていったのである。だが、ボルマンが格別に実務家ぶりを示したという事実も、彼の政治的献身が熱狂的な性格を帯びていることを隠せなかった。ボルマンは、ヘスやほかの多くの人々同様、復讐心にみちた国家主義、狂信的反ユダヤ主義、議会制民主主義に対する憎悪の極端なかたちに向かうことによって、第一次世界大戦でドイツが敗れたという事実に対応したのだ。彼はすぐにヒトラーと接触し、完全に彼のとりこになった。ナチ指導者ヒトラーの側も、まもなく、ボルマンの無限かつ無条件の崇拝と忠誠を印象づけられることになる。けれども、ボルマンは、党ヒエラルキーのなかにある他の者、とくに下っ端には、まったく異なる側面を示すことができた。かかる過程のなかで、彼の残忍な野心が露呈する。その野望こそがやがて、ボルマンを、第三帝国、とくにその戦争期の最終段階において、枢要な人物に押し上げていくのであった。[137]

こうした者たち、さらには、大戦の中心的な戦場に現役兵として従軍し、軍隊経験を得た、やや年長の人々が義勇軍に入った。従来からいわれているように、義勇軍こそ、まさしく「ナチズムの前衛」であり、一九二〇年代中ほどのナチ党を指導していた幹部のほとんどを形成していたのである。[138]しかし、このころまでに、若い世代、いまや伝説となった前線兵士の業績を真似ようとやっきになっている戦後世代が入党しつつあった。政治的過激主義、行動主義、イデオロギーとは無関係の暴力に惹かれて、共産主義から転向してきた者も、少数ながら存在した。ある者は、「一九二九年に共産党を辞めた。もはやソ連からの命令に同意できなかったからだ」と書いている。しかしながら、この特殊な活動家にとって、暴力とは生きることだった。地元ナチ指導者がある役職を提供するまで、彼はあらゆる種類の共産党集会に参加し、元同志とともに街頭の乱闘に加わりつづけたのだ。[139] ルドルフ・ヘスにおいてあきらかだったように、そうした男たちにとっては、暴力は麻薬のごときものであった。何のために闘っているのかについてさえ、漠然とした観念しか持っていないことがしばしばだったのである。ある若いナチ党員は、党の目標を知る以前に、反対派がナチの集会をぶちこわしにしようとするのを目撃しただけで、「本能的に民族社会主義者になった」と記した。[140] 一九二三年にナチ運動に加わった別の一人は、自伝的小論文で詳細に物語っている。十年ものあいだ、いちばん良いときを、ほとんど絶えることなく、暴力行動主義のもと、殴打、刃傷沙汰、逮捕に苦しみながら暮らしていた、と。運動の実際の理念よりも、これらの衝突こそが彼の人生に意義を与えてくれたのだ。一九〇六年に社会民主党員の家庭に生まれたある若者にとって、その献身の核にあったのは、共産党への敵意だった。「ひと殺しの強襲隊」として知られた、ある突撃隊の一隊において自分が経験した時間は「あまりに素晴らしく、またおそらくは筆紙《ひっし》に尽くしがたいものであった」と、彼はのちに書いている。[141]

ある教師は、とりわけ生々しい話を提供しているが、それも、けっして特殊なことというわけではない。彼は一八九八年に生まれ、大戦に従軍した。一九二〇年代初頭の極右活動を経験したのち、一九二九年にナチ党に入党している。ある夕べに、彼は、近くの町で開かれるナチ集会を「アカども」から守るため、自分の属する突撃隊グループとともに招集された。

われわれ全員が街の入り口に集合して、白い腕章を巻いた。それから、われら、およそ二百五十名が組んだ縦列の行進の音が響き渡る。武器もステッキもなし、拳だけを握りしめ、厳格な秩序と鉄の規律を守って、集会ホールの前で野次を飛ばし、喚き散らしている群集のなかに突入する。やつらは、ステッキと柵板を手にしていた。夜の十時だった。通りの真ん中で少しばかり牽制をしかけながら、群集を壁際に排除し、街路を開放する。ちょうどそのとき、一人の大工が、黒い棺を載せた小型トラックを運転して、通りに入ってきた。彼が行き過ぎるにつれ、仲間の誰かが「よし、あの中に誰を突っ込んでやれるか、見せてやろうぜ」と言った。悲鳴、喚声、口笛、呻き声が、いっそう大きくなった。

われわれの二列縦隊は、じっと立ったままでエネルギーを充電した。合図があり、ホールに行進していく。そこでは、数百人の暴徒が、われわれの弁士を黙らせようとしていた。間に合ったのだ。歩調を取って壁沿いに行進し、やつらを囲む輪をつくる。開いているのは、玄関のほうだけだ。口笛が響く。十分後……われわれは、やつらを新鮮な空気のなかに押し出した。集会は続けられ、一方、外では大混乱が生じていた。そのあと、われわれは弁士を護衛し、密集隊形で、もう一度、渦を巻いている群集のあいだを抜けていったのだ。

この突撃隊員にとっては、「マルクス主義者」は敵だった。戦争犠牲者の棺からたちのぼる煙のなかから生じた、彼がいうところの「前線の戦友精神」は、目覚めたドイツ国民の心に入り込んだ、そのもとで闘う復員兵士の多数にとっても、同様に「マルクス主義者」は敵だったのである。(142)

2

かかる「古参闘士」は、敵の手によって受けた傷や侮辱を誇らしげに列挙する。「迫害、嫌がらせ、軽蔑、嘲笑」を受けなければならなかったのだが、それも彼らの決意を固めただけだった。[143] 一九〇五年に生まれた党活動家によれば、イダー＝オーバーシュタインでの、ある集会には、彼自身を含めて、四百名もの突撃隊員が現れた。

われらが四人の弁士は、激しいわめき声や野次にさえぎられながらも、つぎからつぎへと演説した。だが、つぎの討論の際、論者の一人が「俺たちの美しい町に、褐色の疫病など望まんぞ」と悪罵されたときに、騒動が起こった。陶製のビヤジョッキや椅子などを使った乱闘が続き、二分後にはビヤホールはめちゃめちゃになり、全員が立ち去っていた。その日、われわれは、重傷を負った同志七名を連れ帰らねばならなかったのである。警察が警備していたにもかかわらず、投石がなされ、ときには襲撃してくる者もいた。[144]

ナチの突撃隊員たちが、共産党と並んで、社会民主党に抱いた憎悪と怨みの深さは、彼らが社会民主党の下部組織である準軍事団体「国旗団《ライヒスバナー》」のみならず、多くの地域で、警察からも絶え間ない攻撃にさらされていたという感情の点からしか理解できないであろう。少なくともプロイセン州においては、カール・ゼーフェリングやアルベルト・クシェジンスキのような社会民主党の大臣〔内務相〕が警察を牛耳っていたのである。ある突撃隊員が述べているように、「われわれに対する警察と政府のテロ」は、共和国に対するもう一つの遺恨の源だった。[145]

そういう男たちは、彼らがドイツの敵とみなした者を殴ったり、殺したりしたことによって逮捕されれば、激怒した。ときに禁錮刑に処せられると、「マルクス主義者司法当局」とヴァイマール共和国の「腐敗」を非難したのである。[146] 彼らの「アカ」に対する憎悪は、はかりしれなかった。一九三四年になってもなお、ある若いナチ党員は、「アカの洪水……赤い傭兵の群れが暗闇に潜んでいる」と罵った。また、別の突撃隊員は「アカの人殺し集団、……耳ざわりな金切り声を上げる一群……犯罪学者が研究する価値のある、憎しみにみちた凶暴な面持ち」と述べている。[147] 一九二七年三月二十七日、ベルリン゠リヒテンフェルス間の列車上で、共産党員と突撃隊員の悪名高い銃撃戦が勃発した。かくのごとき、恐ろしい事件に至るような衝突がずっと続き、それらが突撃隊員の憎悪を煽りたてたのだ。突撃隊は、共産党の犯罪性と、自分たちが無私の理想主義と考えたことを対照させた。ある突撃隊員は、誇らしげに記している。一九二〇年代後半の闘争は、「あらゆる同志に、金銭的・心理的犠牲を強いた。毎晩のように、われわれ自身が代金を払わねばならないパンフレットを割り当てられたのだ。月ごとに集会があった……宿屋の主人は前金を払わねばホールを貸してくれなかったので、五人ないし十人程度のメンバーしかいない、小さな地方支部には、党集会費用で借金ができた[148]」。隊員の多くは、突撃隊が無料の食事、酒、住居、そして、いうまでもなく、興奮させてくれるような暴力的娯楽を与えてくれるから、入隊したにすぎないという主張が、しばしば繰り返されている。だが、それは、突撃隊員多数の動機となっていたファナティシズムを、およそ正しく評価していない。就職や金銭的支援を期待して加わったのは、最古参の活動家ぐらいである。若者にとって、そんなことはたいした問題ではなかったのだ。[149] ナチの学生指導者は往々にして、ポスターやパンフレットの代金を自分で支払い、大きな借金を背負った。[150] ほかの多くの者についても、同様のことがあったにちがいない。

もちろん、このような証言は、アメリカの社会学者に宛てられたものであるから、その筆者たちの自己犠牲や献身の強調とは切り離せない[151]。それでもなお、彼らの多くは、本当に大義のために犠牲を払っていると考えていた。そう認めなければ、突撃隊員のファナティシズムと憎悪を十二分に理解することは難しいのである。ヒトラーその人も、一九三二年一月、聴衆に対して、以下のように注意を喚起している。

今日、何十万ものナチズム運動に従う男たちが、毎日トラックに乗り込んで、集会を守り、行進を繰り広げ、夜ごとに犠牲を払って、夜明けになってようやく帰宅していることを忘れてはならない。彼らは、それから仕事場や工場に戻るか、失業者として、わずかな手当てを受け取りにいく。制服、シャツ、徽章、さらには交通費まで、なけなしの金から払うのである[152]。私を信じてくれたまえ。こうしたことは、すでに理想、そう、偉大なる理想の力の表出なのだ!

ナチ党は、かくのごとき献身に頼っていた。その力とダイナミズムの多くは、左の事実より生まれてきたのだ。ナチ党は、「ブルジョワ」諸政党や社会民主党のように、程度の差こそあれ、大企業や労働組合のような官僚的組織に依存するようなことをしていなかった。ましてや、モスクワに資金を給与された共産党に倣って、外国勢力の秘密補助金を当てにすることもなかったのである[153]。

多数の人々が、ヒトラーのデマゴギーによってナチズムに引き込まれた。もう、劇的に演出された大衆集会、大規模な野外集会などが行われるようになっていたから、一九二〇年代末のヒトラーの演説は、それまで以上に大きな力を持つことになったのだ。一九〇八年生まれのある若い国家主義者は、以前はフーゲンベルクやルーデンドルフのような極右の有名人が演説する集会に参加していた。だが、彼が最終的な霊感を得たのは……

総統アドルフ・ヒトラーの演説をじかに聴いたときだった。これ以降、私には、ただ一つのことしかなかった。アドルフ・ヒトラーとともに勝利するか、さもなくば、彼のために死ぬか、だ。総統の人格は、すっかり私をとりこにしてしまった。純真な誠の心を以て、ヒトラーに接する者は、全身全霊を傾けて、彼を愛するようになるだろう。物質主義ではなく、ドイツのためにヒトラーを愛することになるのだ。[154]

一九二七年のヒトラー集会で、「わが総統は、われわれみんなを強くする力を放っている」ことを見出した一九〇三年生まれの反ユダヤ主義者の金属工から、一九二九年のニュルンベルクでヒトラーに魅了されたと告白した一九〇七年生まれの突撃隊員まで、その種の証言は多数存在する。その突撃隊員は、このように語った。「松明の光に照らしだされながら、突撃隊がヒトラーの前を通り過ぎたとき、彼の青い目が火花を放ち、終わることのない炎の海が、古代のライヒ首府の街路を引き裂いていった[155]」。

ナチスの訴求力の多くは、ヴァイマール共和国を通じてずっとドイツを苦しめてきた政治的分裂を終わらせるという公約にあった。一九二九年の州議会選挙の集会に参加した十八歳の事務員は、ナチスの弁士に感銘を受けた。

彼は、ドイツ国民のすべてに誠実に身を捧げている。ドイツ国民の最大の不幸は、かくも多くの政党と階級に分裂していることにあるのだ。とうとう国民再生のための現実的な提案がなされた！　政党をつぶしてしまえ！　階級など放り出せ！　真の民族共同体を！　そこには、いっさいの留保なしに献身できる目標があった[156]。

最後に、比較的少数ではあるが、政治的・イデオロギー的冊子を読んで運動に積極的に参加、転向した者も存在していた。なるほど重要なのは、口から出る言葉だった。とはいえ、全員がヒトラーの演説によって催眠術にかけられたわけではない。たとえば、メリタ・マシュマンのような、真面目で理想主義者である、若い中産階級のナチ党員は、無名から身を起こした「国民を代表する男」としてヒトラーを称賛した。が、彼女は、のちに書いている。毎年の党大会でさえ、あまりにも多忙だったため、「恍惚と歓喜という『放蕩』にひたることができなかった」と。マシュマンは、行進や威力誇示など、退屈で無意味だと思った。彼女にしてみれば、ナチズムは、指導者への個人崇拝というよりも、愛国の理想だったのである[157]。中産階級のナチズム支持者、なかでも女性にとってはおそらく、街頭での暴力は往々にして、不本意ながらも大目にみるべき、あるいは、強いて無視されるべきことだったのだ。

かかる人々の多くは、遅疑逡巡しながらナチズムに至ったにすぎない。党に入ることとさえも、セオドア・エイベルがインタビューした若い突撃隊員のそれに比べれば、ずっと低いレベルの関与でしかなかったことが、ここに示されている。相当の割合の一般党員が、比較的わずかな時間在籍しただけで、離党していったのだ。それでもなお、一九三〇年代初頭までに、ナチ党の訴求力は、創立以来その脊柱《せきちゅう》となっていた下層中産階級を超えて、広がりはじめていた。ナチ党当局は、いつでも労働者階級の支持を受けていると主張したがっていたから、実際には、どこか別の階層にいる党員であろうと、労働者に分類することがしばしばであった。地域的に詳細な調査を加えてみると、一九三五年の党勢に関する内部調査をもとにした、党員に関する標準的な記載は、労働者階級に属する分子を、実際のおよそ二倍以上にしていたことが判明したのである。つまり、分析の対象となったドイツ第二の都市ハンブルクでは、党勢調査の十年前、一九三三年の時点で労働者の党員は約十パーセントにすぎなかったのだ[158]。賃金労働者もまた、離党傾向が顕著な社会集団だったようである。従って、たいていの党勢算定の根拠となっている一九三五年の数字には、ほとんど反映されていないということもあり得る。ただし、ハンブルクは労働運動の伝統的な中心地であり、その力はナチ党が食い込んでいくのを難しくしていた。労働運動が弱く、伝統的小規模産業が盛んだったザクセン州の一部では、経済が、ベルリンやルール地方のような合理化された近代的産業の中心地とはまったく異なる様相を帯びていた。そこでは、賃金暮らしの肉体労働者が、ナチ党員のなかで大きな割合を占めていたのである。失業していたために労働組合に加わっていなかった若年労働者は、ザクセン州のナチ党のアピールにとりわけ影響を受けやすかった。一九二〇年代後半、この地域では、ナチ党員の三分の一が、初歩的な経済学の解釈においても労働者とされる階級に属していたのだ。都市や農村部の下層中産階級は、全体の人口比からすると、過剰な割合を占めていた。しかしながら、一九三〇年代初めにナチ党がより体裁を整えていくにつれて、ザクセン州のナチ党においても、中流・上流階級が党員内に占める割合が増大してきた。ナチスは、その中間層的な低い出自から抜け出して、しだいにドイツ社会のエリート層を惹きつけだしていたのである[159]。

3

一九二〇年代中頃に、運動に加わった新世代のナチ指導者のなかから、ある一人の男が、第三帝国において、とくに顕著な役割を果たすことになった。ひと目見ただけでは、一九〇〇年十月七日にミュンヘンに生まれたハインリヒ・ヒムラーが、何らかのかたちで傑出した存在になるとは、誰も思わなかっただろう。彼の父親は、一八九〇年代の一時期に、バイエルンの若い王族の家庭教師を務めるにふさわしいとみなされたほど、保守的な考えを持ったカトリックの教師だった。ハインリヒは、立派な教養ある中産階級の出身者だったが、視力が弱く、病弱な子どもで、何度も転校を繰り返した。しかしながら、ミュンヘンとランツフートのギムナジウムで、堅実な学問的教育を受けたものと思われる。級友の一人、のちに有名な左翼歴史家になったゲオルク・ハルガルテンが、彼の知能と能力について証言している。通知表のヒムラーに関する記載は、良心的で努力家、大志を持った、有能で行儀の良い生徒、あらゆる点で模範生だとされている。だが、愛国心あふれる父親は、ヒムラーを陸軍に入隊させようと、倦まずたゆまず尽力し、そのために息子を中退させることも厭わないと公言したほどであった。若きハインリヒの日記と読書ノートは、彼がいかに深く、一九一四年の神話、すなわち、戦争という理念は人類の偉業の頂点であり、闘争なる概念は人類の歴史と存続の原動力だとする考えを受容したかを示している。ところが、ヒムラーは陸軍幼年学校で訓練を受けるにとどまり、前線での戦闘は経験しなかった。ここに、ポスト前線世代に属する男の一典型がある。彼らは、大戦で戦い得なかったことを痛切に悔やみ、青少年期の深刻な欠落を埋め合わせることに、後半生の多くの時間を費やしたのである。[160]

みごとに大学入学資格試験〔アビトゥーア（Abitur）。ギムナジウム卒業時に、この試験を受け、合格すれば大学入学資格が得られる〕に合格したヒムラーは、父親の助言に従って農業を学ぶため、ミュンヘン工科大学に進学した。彼はここでも優等生で、一九二二年に「優秀」の評定を受けて卒業している。ヒムラーはまた決闘を行う学生組合にも入っていた。真面目に彼の相手をしてくれるような剣士を探すのに一苦労したが、型通りに必須の傷跡を顔に残すことになった〔ドイツの伝統的な学生組合では、男らしさを示すために剣による決闘がしばしば行われ、その際、顔についた傷は名誉のあかしとされた〕。同じころ、カールの住民防衛隊に加わったが、のちにエルンスト・レームの影響を受けるようになった。ヒムラーは、レームの軍事に対する熱情に感銘を受けたのである。彼は極右ミリューに身を投じ、それによって、革命的反ユダヤ主義へと導かれていく。ヒムラーは一九二四年までに、「ユダヤ人とカトリシズム、フリーメイソンとイエズス会、商人根性と臆病なブルジョワの無政府主義・共産主義インターナショナルという多頭の怪物」を痛烈に非難するようになっていた[161]。ヒムラーの風貌は、大きな頭、後ろと横を刈り上げた、お椀状の髪型に、丸い眼鏡をかけ、あごは細く、鉛筆のような口ひげと、父親の職業であった校長を思わせるものだった。狂信的な国家主義者を奉じる街頭の闘士には、とても見えなかったのである。数か月後、十一月八日から九日にかけての、死産に終わったミュンヘン一揆の初期段階で、バイエルン陸軍省を短時間ながら占拠したレームの「ライヒ戦闘旗団」の一部隊に加わったときも、ヒムラーが振りまわしていたのは、ピストルではなく、団旗であった[162]。

ヒムラーは一揆から逃げ出し、逮捕されずに済んだ。が、それによって、ヒトラーが投獄され、あるいは演説を禁止されて、ナチ党が混乱していた時期に、運動内で頭角を現す機会も逸したのである。彼は、昇り調子だったグレゴール・シュトラッサーに野望を託した。この時期としては、賢明な判断であった。ヒムラーは最初、シュトラッサーの秘書になり、続いて二つの異なる地区の管区副指導者を経て、ライヒ宣伝副指導者になった。しかし、彼はシュトラッサーの信奉者にはならなかった。『わが闘争』の読書体験、さらには、その職掌上、個人的に接触したこと（むろん演説会に参加することも含まれている）によって、ヒムラーは、この時期までにヒトラーに夢中になっていたからである。ただし、ヒムラーは、『わが闘争』については、「彼の青年時代に関する第一章には多くの弱点がある」といった、いくつかの批判的なメモを残している。が、まだ二十代なかばで、一揆後の、準軍事団体をめぐる三角波が立つ海を望みもなく漂流していた若きヒムラーにとって、ヒトラーは、確信と讃仰すべき指導者、従うべき大義を与えてくれた。一九二五年以降、あらたに再建されたナチ党に参加したときには、ヒムラーはもう、ナチ指導者ヒトラーへの際限ないまでの英雄崇拝を育んでいた。彼は、ヒトラーの肖像画を執務室の壁に掛けておくのが常で、ときには、その絵に話しかけたといわれている。(163)

一九二六年に結婚した六歳年上の妻は、夫を、オカルティズム、薬草学、ホメオパシーほかの普通でない信仰にみちびき、強い影響を与えた。ヒムラーはのちに、そのいくつかを試し、部下に押しつけることになる。ヒムラーの結婚はうまくいったとはいえないが、かような思考のほうは強められていった。彼はしだいに、青年時代に抱いていた普通のカトリックへの信心を捨て、「血と土」に熱狂、ヘスも所属していた国家主義的移住推進団体「アルタマーネン」に加わったのだ。ここでヒムラーは、リヒャルト・ヴァルター・ダレェ、すなわち「北方」人種思想の狂信者の影響を受けた。ダレェは一八九五年にアルゼンチンに生まれ、イギリスのウインブルドンで教育を受けた（このあたりの経歴には、やや矛盾した部分がある）。大戦中は、ドイツ陸軍で兵役に就く。その後、家畜の選択的繁殖の専門家になった。その仕事が「血と土」の政治にダレェをみちびいたのであるが、ただちにナチ党につながることはなかったのだ。北方人種の宿命、その血がスラヴのそれに優越していること、かかる血統の純粋性を守る必要、ゲルマン民族の未来を保証する上で強固なドイツ自作小農民が果たす中心的役割といった、ダレェが固執していた信念を、ヒムラーもまた吸収した。この自作小農民という強迫観念に突き動かされ、ヒムラーは一時、自ら農業に取りかかったこともあったほどだ。しかし、その仕事は、さして成功しなかった。あまりにも多くの時間を政治運動に費やしていたからである。いずれにせよ、時勢も農業経営には良くなかった。(164)

一九二九年一月六日、ヒトラーは、ヒムラーを自分の個人警護隊（*Schutzstaffel*）〔親衛隊〕の長に任命した。この隊は、頭文字を取って、すぐにSSとして識られるようになる。その起源は、ヒトラーの個人警護と党本部守備に当てるため、一九二三年に編成された小部隊であった。ヒトラーは、レームの指揮下にあった突撃隊が、彼の必要とする無条件の忠誠を示さないことを察し、一九二五年に親衛隊を再創設したのである。最初の親衛隊長は、ヒトラーが投獄される前に、突撃隊「襲撃班」の指揮官だったユリウス・シュレックだった。誰でも受け入れる大衆準軍事運動組織である突撃隊とは対照的に、親衛隊は発足当初からエリート部隊として構想されていた。一九二〇年代なかばに党内で陰謀がめぐらされるなか、何度か、隊長が交代する。彼らは、親衛隊を、厳しく訓練され、強固な団結を誇る男たちの集団に鍛え上げた。だが、その隊長たちの誰一人として、ますます力を増していく突撃隊に対する親衛隊の独立性を確立することはできなかったのである。ヒムラーは、彼らが失敗したところで、親衛隊を引き継いだのだった。

最初に志願した集団がかたちづくった粗野な要素を軽蔑していたヒムラーは、自覚的に親衛隊を真のエリートに仕立て上げる仕事に着手した。ポンメルン貴族エーリヒ・フォン・デム・バッハ＝ツェレウスキーなどの元陸軍士官や、男爵フリードリヒ・カール・フォン・エーベルシュタインら義勇軍のベテランを入隊させたのだ。ヒムラーは、わずか二百九十名の隊を受け継ぎ、一九二九年末までに親衛隊員の数を一千名に、さらに一年後には三千名にまで拡張したのである。一九三〇年、ヒムラーは、突撃隊指導部の反対を押しきって、親衛隊を完全に独立させるよう、ヒトラーを説得した。親衛隊は、褐色に代わる黒の新しい制服と、厳格なヒエラルキーを持つ、新たな疑似軍隊的機構を与えられた。突撃隊に不満と焦燥感が高まり、彼らが単独行動を取る恐れが増すにつれ、ヒトラーは、親衛隊を一種の党内警察に変えていった。親衛隊の秘密主義は色濃くなり、ナチ党の敵のみならず、突撃隊の指導者たちについても同様に、秘密裡に情報を集めはじめたのである。[165]

親衛隊の創設とともに、ナチ運動の基本構造が完成した。一九二〇年代末までに、ヒトラーは頭角を現した。あるいは情勢により、あるいは自らの演説能力と容赦なさで、またあるいは、極右にとって、無条件に運動を牛耳る強力な指導者、急速に高まっていた個人崇拝の対象を得ることが喫緊の要であったためであった。とはいえ、運動内にはまだ緊張が残っている。それは、以後、一九三四年までの数年間において、劇的な形で表面化することになったのだ。指導的な地位にはなお、ヒトラーを批判し、必要とみなせば別の路線を取る覚悟を持つシュトラッサーやレームのような人物がいた。しかし、ヒトラーは、自分に完全かつ無条件に献身する男、ゲッベルス、ゲーリング、ヘス、ヒムラー、ローゼンベルク、シーラッハ、シュトライヒャーといった者たちによって、決定的な側近集団を形成したのである。彼らの指導のもと、またシュトラッサーの組織の才のおかげで、ナチ運動は一九二九年なかばまでには、巧緻で優れた組織を持つ政治団体になっていた。そのアピールは、あらゆる国民階層に向けられているも同然だったのだ。党の一翼を担う準軍事団体は、街頭で、共産党の赤色戦線戦士同盟や社会民主党の国旗団を対手としていた。党警察であるSSは、内部の異論を唱える者や服従しない者を取り締まった。ナチ運動は、極端な国家主義、憎悪にみちみちた反ユダヤ主義、ヴァイマール民主主義への憎悪を中心とするイデオロギーを熱狂的に奉じていた。その多くは、粗雑で、オリジナルなものではなかったにせよ、ナチ党によって修正・精緻化され、さようなかたちで獲得されていたのである。ナチ運動は方針を定めていた。選挙における大衆の支持と街頭での荒々しい暴力をもとにして権力を獲得し、しかるのちに一九一九年の講和条約を破棄して再軍備を行い、東部と西部の失った領土を回復、民族ドイツ人〔中・東欧に住むドイツ系住民〕による中欧と東欧の植民地化のために「生存圏」を創出するのだ。

　運動の核心には、とくに義勇軍に由来する暴力崇拝があった。一九二九年まで、街頭での暴力の行使は日常的に見られた。ナチ運動は法律を軽蔑し、力こそ正義であるという信念を隠さなかった。さらに、突撃隊や運動内のほかのメンバーが犯した暴力行為と無法に対して、党指導部に法的責任がおよばないようにする方法も進歩していったのだ。ヒトラー、ゲッベルス、大管区指導者その他は、暴力的ではあるが、あいまいでもあるレトリックに隠したかたちで命令を出した。彼らの部下たちは、何がほのめかされているのかをはっきり理解し、ただちに行動を起こしたのである。この戦術は、突撃隊による街頭での流血、バーや騒々しい集会での乱闘について、ヒトラーとその側近には責がないとすることで納得する中産階級、さらには一部の上流階級出身のドイツ人の数を、どしどし増やしていくことに与った。突撃隊の指導者が、自分たちはナチ党のボス連中から独立して行動していると、繰り返し主張したことによって、そうした印象が強められていたのだ。一九二九年までに、ヒトラーは、一定数の有力な縁故を持つ人々による支持、共感、ついには、ある程度の財政的な後ろ盾さえ得た。とりわけバイエルンでは、その傾向が顕著だった。ヒトラーの運動は、その活動を全国に広げ、選挙で多数の支持を集めた。とくにドイツ北部とフランケンのプロテスタント圏の、危機に疲弊した自作小農民のあいだでは、強い支持を得たのである。

　ただし、こういったことも、一九二九年の秋には、ナチ党はいまだ政治の舞台の端にいただけだという事実を覆い隠せるものではなかった。ナチ党には一握りのライヒスターク議員しかおらず、ほかのいくつかの周縁的な右翼グループとも競合しなければならなかったのだ。それらの一部、たとえば「経済党」と称した政党〔ドイツ・ライヒ中間層党。一九二〇年から二五年までは、ドイツ中間層経済党なる党名を用いた〕は、ナチ党よりも大きく、いっそう多くの支持を得ていた。だが、かかる周辺政党のすべてでも、国家国民党と鉄兜団のような右翼主流派と比較すると影が薄かった。その上、もはや有権者の過半数の支持を集められなくなっていたとはいえ、ヴァイマール民主主義の大黒柱である三政党、社会民主党、中央党、民主党がなお政権を握っていた。長年ドイツに奉仕し、穏健で、大きな成功を収めた外相グスタフ・シュトレーゼマンの党を含む「大連合」である。共和国は、インフレ、フランスによる占領、武装闘争、社会混乱といった一九二〇年代初期の嵐を乗り切り、穏やかな海に入ったように思われた。ナチスなどの急進政党が大衆の支持を得るには、大規模な破局が必要であったろう。一九二九年、ニューヨーク証券取引所での暴落を受けて、突如経済が崩壊するとともに、それがやってきたのである。

（下巻へつづく）

監修者：大木毅（おおき・たけし）
一九六一年東京生まれ。立教大学大学院博士後期課程単位取得退学。DAAD（ドイツ学術交流会）奨学生としてボン大学に留学。大学講師を経て、現在著述業。
主要著書
『ドイツ軍事史　その虚像と実像』、『第二次大戦の〈分岐点〉』（以上、作品社）など多数。
主要編・訳書
イエルク・ムート『コマンド・カルチャー　米独将校教育の比較文化史』（中央公論新社）、マンゴウ・メルヴィン『ヒトラーの元帥マンシュタイン　上・下』（白水社）、ドイツ国防軍陸軍統帥部陸軍総司令部『軍隊指揮　ドイツ国防軍戦闘教範』、エーリヒ・フォン・マンシュタイン『マンシュタイン元帥自伝　軍人の生涯より』、エルヴィン・ロンメル『「砂漠の狐」回想録　アフリカ戦線１９４１～４３』、ヘルマン・ホート『パンツァー・オペラツィオーネン　第三装甲集団司令官「バルバロッサ」作戦回顧録』（以上、作品社）など多数。

訳者：山本孝二（やまもと・こうじ）
一九四六年兵庫県生まれ。神戸市外国語大学英米学科卒業、都立高等学校勤務。退職後、翻訳に従事。

第三帝国の歴史　全6巻
第三帝国の到来　上
二〇一八年一一月二〇日　印刷
二〇一八年一二月一〇日　発行

著者　リチャード・J・エヴァンズ
監修者 ©　大木　毅
訳者 ©　山本孝二
装丁者　日下充典
発行者　及川直志
印刷所　株式会社　理想社
発行所　株式会社　白水社
東京都千代田区神田小川町三の二四
電話　営業部〇三（三二九一）七八一一
　　　編集部〇三（三二九一）七八二一
振替　〇〇一九〇‐五‐三三二二八
郵便番号　一〇一‐〇〇五二
www.hakusuisha.co.jp
乱丁・落丁本は、送料小社負担にてお取り替えいたします。

株式会社松岳社

ISBN978-4-560-09664-2
Printed in Japan

原註

序文

（1） Michael Luck, *Bibliographie zum Nationalsozialismus*（2 vols., Darmstadt, 2000［1995］）.

（2） Norbert Frei, *Nationalsocialist Rule in Germany: The Führer State 1933–1945*（Oxford, 1993［1986］〔ノルベルト・フライ『総統国家――ナチスの支配 1933–1945年』、芝健介訳、岩波書店、一九九四年。ドイツ語原書、Norbert Frei, *Der Führerstaat: Nationalsozialistische Herrschaft 1933 bis 1945*, München, 1987 よりの邦訳〕; Ludolf Herbst, *Das nationalsozialistische Deutschland 1933–1945*（Frankfurt am Main, 1996）. 他の多くの短い概史のうち、Hans-Ulrich Thamer, *Verführung und Gewalt: Deutschland 1933–1945*（Berlin, 1987）は、平易な総合像を示している。Jost Dülffer, *Nazi Germany 1933–1945: Faith and Anihilation*（London, 1996［1992］）と Bernd-Jürgen Wendt, *Deutschland 1933–1945: Das Dritte Reich. Handbuch zur Geschichte*（Hannover, 1995）は、明解な入門書である。

（3） Detlef Peukert, *Volksgenossen und Gemeinschaftsfremde - Anpassung, Ausmerze, Aufbegehren unter dem Nationalsozialismus*（Cologne, 1982）; English edn., *Inside Nazi Germany: Conformity, Opposition and Racism in Everyday Life*（London, 1989）.〔デートレフ・ポイカート『ナチス・ドイツ――ある近代の社会史』、木村靖二／山本秀行訳、新版、三元社、二〇〇五年。ドイツ語原書からの邦訳〕。

（4） Jeremy Noakes and Geoffrey Pridham（eds.）, *Nazism 1919–1945*（4 vols., Exeter, 1983–98［1974］）.

（5） William L. Shirer, *The Rise and Fall of the Third Reich: A History of Nazi Germany*（New Yok, 1960）〔ウィリアム・L・シャイラー『第三帝国の興亡』、松浦伶訳、新版、全五巻、東京創元社、二〇〇八～二〇〇九年〕; *Review of Politics*, 第二三巻（一九六一年）, 一三〇～一四五頁所収のクラウス・エプシュタインの書評。

（6） Karl Dietrich Bracher, *The German Dictatorship: The Origins, Structure, and Consequences of National Socialism*（New York, 1970［1969］）.〔K・D・ブラッハー『ドイツの独裁　ナチズムの生成・構造・帰結』、山口定／高橋進訳、新版、全二巻、岩波書店、二〇〇九年。ドイツ語原書、Karl Dietrich Bracher, *Die deutsche Diktatur: Entstehung, Struktur, Folgen des Nationalsozialismus*, Köln 1969 より

の邦訳〕。

(7) Ian Kershaw, *Hitler*, I: *1889–1936: Hubris* (London, 1998), Idem, *Hitler*, II: *1936–1945: Nemesis* (London, 2000)〔イアン・カーショー『ヒトラー』、石田勇治監修、川喜多敦子／福永美和子訳、全二巻、白水社、二〇一五年〕。

(8) Michael Burleigh, *The Third Reich: A New History* (London, 2000).

(9) ここで念頭に置いているのは、Orlando Figes, *A People's Tragedy: The Russian Revolution 1891–1924* (London, 1996) や Margaret Macmillan, *Peacemakers: The Paris Conference of 1919 and its Attempt to End War* (London, 2001)〔マーガレット・マクミラン『ピースメイカーズ——一九一九年パリ講和会議の群像』、稲村美貴子訳、全二巻、芙蓉書房、二〇〇七年〕である。

(10) マルティン・ブロシャートの *Der Staat Hitlers: Grundlegen und Entwicklung seiner inneren Verfassung* (Munich, 1969) をはじめ、繰り返しての再読に耐える本は他にもある。代表的なのはハンス・モムゼンの素晴らしい諸論文で、*Der Nationalsozialismus und die deutsche Gesellschaft: Ausgewählte Aufsätze* (Reinbek, 1991) と *From Weimar to Auschwitz: Essays in German History* (Princeton, 1991) にまとめられている。

(11) これは、私の初期の著作、*Death in Hamburg: Society and Politics in the Cholera Years 1830–1910* (Oxford, 1987) および *Rituals and Retribution: Capital Punishment in Germany 1600–1987* (Oxford, 1991) の手法を継承したものである。

(12) Karl Marx, *The Eighteenth Brumaire of Louis Bonaparte* (1852), in Lewis Feuer (ed.), *Marx and Engels: Basic Writings on Politics and Philosophy* (New York, 1959)〔カール・マルクス「ルイ・ボナパルトのブリュメール十八日」、大内兵衛／細川嘉六訳『マルクス・エンゲルス全集』、第八巻、大月書店、一九六二年〕、三六〇頁。

(13) L. P. Hartley, *The Go-Between* (London, 1953), 序文。

(14) Richard J. Evans, 'History, Memory, and the Law: The Historian as Expert Witness', *History and Theory*, 第四一巻（二〇〇二年）、二七七〜二九六頁ならびに Henry Rousso, *The Haunting Past: History, Memory, and Justice in Contemporary France* (Philadelphia, 2002 [1998] をみよ。

(15) Ian Kershaw, *Popular Opinion and Political Dissent in the Third Reich: Bavaria 1933–1945* (Oxford, 2002 [1998]), vii 頁。

(16) Konrad Heiden, *Geschichte des Nationalsozialisumus: Die Karriere einer Idee* (Berlin, 1932); 同、*Adolf Hitler: Das Zeitalter der Verantwortungslosigkeit. Eine Biographie* (Zürich, 1936); Ernst Fraenkel, *The Dual State* (New York, 1941)〔エル

ンスト・フレンケル『二重国家』、中道寿一訳、ミネルヴァ書房、一九九四年〕; Franz Neumann, *Behemoth: The Structure and Practice of National Socialism*（New York, 1942）〔フランツ・ノイマン『ビヒモス　ナチズムの構造と実際』、岡本 友孝／小野 英祐／加藤 栄一訳、みすず書房、一九六三年〕。

(17)　Friedrich Meinecke, *Die deutsche Katastrophe*（Wiesbaden, 1946）〔フリードリヒ・マイネッケ『ドイツの悲劇』、矢田俊隆訳、中公文庫、一九七四年〕は、滑稽なほどの逐語訳ではあるが、シドニー・B・フェイにより英訳されている。*The German Catastrophe: Reflection and Recollections*（Cambridge, Mass., 1950）. きわめて批判的な議論として、Imanuel Geiss, 'Kritischer Rückblick auf Friedrich Meinecke', 同著者による *Studien über Geschichte und Geschichtswissenschaft*（Frankfurt am Main, 1972）, 八九〜一〇七頁を参照のこと。弁護論については、Wolfgang Wippermann, 'Friedrich Meineckes "Die Deutsche Katastrophe": Ein versuch zur deutschen Vergangenheitsbewältigung', in Michael Erbe（ed.）*Friedrich Meinecke heute: Bericht über ein Gedenk-Colloquium zu seinem 25. Todestag am 5. und 6. April 1979*（Berlin, 1981）, 一〇一〜一二一頁をみよ。

(18)　カール・ディートリヒ・ブラッハーほか編による *Die nationalsozialistische Machtergreifung: Studien zur Errichtung des totalitären Herrschaftssystems in Deutschland 1933/ 34*（Frankfurt am Main, 1974［1960］）の第一巻、カール・ディートリヒ・ブラッハーの古典である *Stufen der Machtergreifung* の冒頭でこのような疑問が列挙された。

(19)　ナチズムと第三帝国の研究史には、多くの優れた論考があるが、なかでも簡便な概観である Jane Caplan, 'The Historiography of National Socialism'in Michael Bentley（ed.）, *Companion to Historiography* of National Socialism, 五四五〜五九〇頁ならびに、もっと長文の研究、Ian Kershaw, *The Nazi Dictatorship: Problems and Perspectives of Interpretation*（4th edn., London, 2000［1985］）を参照されたい。

(20)　Mark Mazower, *Dark Continent: Europe's Twentieth Century*（London, 1998）〔マーク・マゾワー『暗黒の大陸　ヨーロッパの20世紀』、中田瑞穂／網谷龍介訳、未来社、二〇一五年〕。

(21)　マルクス主義者の諸解釈を同時代の政治的文脈に置いてまとめた、優れた概観として、Pierre Ayçobery, *The Nazi Question: An Essay on the Interpretation of National Socialism*（*1922–1975*）（New York, 1981［1979］）をみよ。

(22)　東ドイツの業績に関しては、Andreas Dorpalen, *German History in Marxist Perspective: The East German Approach*（Detroit, 1988）における議論を参照のこと。代表的な研究を選り抜き、よろしきを得たコメントを付した論集に、Georg

G. Iggers（ed.）, *Marxist Historiography in Transformation: New Orientations in Recent East German History*（Oxford, 1992）がある。第三帝国に関する、もっとも卓抜で精妙なマルクス主義の歴史家は、ティム・メイソンである。とくに、*Nazism, Fascism and Working Class: Essay by Tim Mason*（ed. Jane Caplan, Cambridge, 1995）と *Social Policy in the Third Reich: The Working Class and the 'National Community'*（ed. Jane Caplan, Providence, RI, 1993［1997］）をみよ。

（23） Shirer, *The Rise and Fall*; Allan J. P. Taylor, *The Course of German History*（London, 1945）〔A・J・P・テイラー『近代ドイツの辿った道——ルターからヒトラーまで』、井口省吾訳、ミネルヴァ書房、一九九二年〕; Edmond Vermeil, *Germany in the Twentieth Century*（New York, 1956）.

（24） Ayçobery, *The Nazi Question*, 三〜一五頁。

（25） Rohan d'Olier Butler, *The Roots of National Socialism 1783–1933*（London, 1941）は，かかる戦中のプロパガンダの古典的な典型である。また、Fossey J. C. Hernshaw, *Germany the Aggressor throughout the Ages*（London, 1940）のごとき書もあった。同時代の賢明なる応答としては、Harold Laski, *The Germans—are they Human?*（London, 1941）を参照のこと。

（26） これらの問題を巡る一般的考察として，Richard J. Evans, *Rethinking German History: Nineteenth-Century Germany and the Origins of the Third Reich*（London, 1987），とくに一〜五四頁を参照。G. G. Röhl（ed.）, *From Bismarck to Hitler: The Problem of Continuity in German History*（London, 1970）には、解説を付した、素晴らしい小文書選が収められている。私は、学部学生だったころ、John L. Snell（ed.）, *The Nazi Revolution—Germany's Guilt or Germany's Fate?*（Boston, 1959）における簡便な概要抜粋によって、これらの論争の手ほどきを受けた。

（27） かかる解釈は、第三帝国によって亡命を強いられたドイツ人の比較的洗練された著作にさえみられる。Hans Kohn の著作、とくに *The Mind of Germany: The Education of a Nation*（London, 1961）や Peter Viereck, *Metapolitics: From the Romantics to Hitler*（New York, 1941）〔ピーター・ヴィーレック『ロマン派からヒトラーへ——ナチズムの源流』、西城信訳、紀伊國屋書店、一九七三年〕などである。

（28） Keith Bullivant（ed.）, *Culture and Society in the Weimar Republic*（Manchester, 1977），二四〜三八頁所収の同筆者による 'Thomas Mann and Politics in the Weimar Republic'; Taylor, *The Course*, 九二〜九三頁。

（29） Maurice Beaumont *et al.*,（eds.）, *The Third Reich: A Study Published under the Auspices of International Council for Philosophy and Humanistic Studies with the Assistance of UNESCO*（New York, 1955），三八一〜四一六頁所収の Charlie Ritter, 'The

Historical Foundations of the Rise of National-Socialism'; 同筆者による *Europa und die deutsche Frage: Betrachtungen über die geschichtliche Eigenart des deutschen Staatsgedankens*（Munich, 1948）; Christoph Cornelissen, *Gerhard Ritter: Geschichtswissenschaft und Politik im 20. Jahrhundert*（Düsseldorf, 2001）; リッターの主張は一九三七年までさかのぼれるが、その当時は、むしろ否定的な意味合いが少ない用語で構成されていた。ほかのさまざまな見解については、Hans Kohn（ed.）, *German History: Some New German Views*（Boston, 1954）を参照。こうした型をこわそうとしたドイツ人歴史家による初期の試みとして、Ludwig Dehio, *Germany and the World Politics*（London, 1959［1955］）があるが、部分的にしか成功していない。それはまた国際的な要因の優位〔いわゆる歴史における「外政の優位」〕を強調していたのである。

(30) 他の多くの文献がこの論題を扱っているが、なかでも Karl Dietrich Bracher, *Die totalitären Erfahrung*（Munich, 1987）と Leonard Shapiro, *Totalitarianism*（London, 1972）〔レナード・バートラム・シャピロ『全体主義』、河合秀和訳、福村出版、一九七七年〕を参照せよ。この基本理論を展開した古典的著作で、おおいに批判されたものとして、Carl J. Friedrich and Zbigniew K. Brzezinski, *Totalitarian Dictatorship and Autocracy*（New York, 1963）。Hannah Arendt, *The Origin of Totalitarianism*（New York, 1958）〔ハンナ・アーレント『全体主義の起源（新装版）』全三巻、大島道義／大島かおり／大久保和郎訳、みすず書房、一九九四年〕は、哲学からのパイオニア的文献である。

(31) Eckard Jesse（ed.）, *Totalitarismus im 20. Jahrhuderts*（Baden-Baden, 1996）および Alfons Söllner（ed.）, *Totalitarismus: Eine Ideengeschichte des 20. Jahrhunderts*（Berlin, 1997）.

(32) とくに Ian Kershaw and Moshe Lewin（eds.）, *Stalinism and Nazism: Dictatorship in Comparison*（Cambridge, 1997）における実りの多い比較と Kershaw, *The Nazi Dictatorship*, 二〇～四六頁の有益かつテーマに精通した考察を参照。

(33) こうした議論の分析については、Jürgen Steinle, 'Hitler als "Betriebsunfall in der Geschichte"', *Geschichte in Wissenschaft und Unterricht* 45（1994）, 二八八～三〇二頁をみよ。

(34) Karl Dietrich Bracher, *Die Auflösung der Weimarer Republik: Eine Studie zum Problem des Machtverfalls in der Demokratie*（3rd edn., Villingen, 1960［1955］）; 同著者ほかによる *Die nationalsozialistische Machtergreifung.*

(35) Broszat, *Der Staat Hitlers*; 同著者とその他の筆者による共編、*Bayern in der NS-Zeit*（6 vols., Munich, 1977–83）; Peukert, *Inside Nazi Germany*; さらにノルベルト・フライの概史、*Der Führerstaat: Nationalsozialistische Herrschaft 1933 bis 1945*

(Munich, 2001［1987］）最新ドイツ語版における研究の発展についての有益な論評を参照。最近、ブロシャートが、彼の世代のほかのドイツ人歴史家と同様、青少年期にヒトラー青少年団《ユーゲント》に所属していたこと、ほかの多くの人々とともに（本人は知らなかったのだが）ナチ党員として登録されたここと根拠に、その業績の権威を失墜させようとする試みがなされた。が、何よりもブロシャートが歴史家として実際に書いたことに言及していないのだから、説得力がなかった（Nicholas Berg, *Der Holocaust und die westdeutschen Historiker: Erforschung und Erinnerung*（Cologne, 2003）, とくに六一三～六一五頁）。

（36） 多数の研究や論集があるが、そのなかから例を挙げるなら、Robert Gellately and Nathan Stoltzfus（eds.）, *Social Outsiders in Nazi Germany*（Princeton, 2001）; Michael Burleigh and Wolfgang Wippermann, *The Racial State: Germany 1933–1945*（Cambridge, 1991）〔マイケル・バーリー／ヴォルフガング・ヴィッパーマン『人種主義国家ドイツ――1933–45』、柴田敬二訳、刀水書房、二〇〇一年〕; Henry Friedlander, *The Origins of Nazi Genocide: From Euthanasia to the Final Solution*（Chapel Hill, NC, 1995）; Wolfgang Ayass, *'Asoziale' in Nationalsozialismus*（Stuttgart, 1995）; Peter Longerich, *Politik der Vernichtung: Eine Gesamtdarstellung der nationalsozialistischen Judenverfolgung*（Munich, 1998）; Ulrich Herbert, *Hitler's Foreign Workers: Enforced Foreign Labor in Germany under the Third Reich*（Cambridge, 1977［985］）などを参照。

（37） Richard J. Evans, *In Hitler's Shadow: West German Historians and the Attempt to Escape from the Nazi Past*（New York, 1989）; 同著者による *Rituals.*

（38） Richard J. Evans, *Telling Lies About Hitler: The Holocaust, History, and the David Irving Trial*（London, 2002）.

（39） Peter Longerich, *Der ungeschriebene Befehl: Hitler und der Weg zur 'Endlösung'*（Munich, 2001）, 九～二〇頁。

（40） Victor Klemperer, *LTI: Notizbuch eines Philologen*（Leipzig, 1985［1946］）〔ヴィクトール・クレンペラー『第三帝国の言語〈LTI〉」―ある言語学者のノート』、羽田洋／赤井慧爾／藤平浩之／中村元保訳、法政大学出版局、一九七四年〕。

第1章◆過去の遺産

（1） 以下の著書は、ビスマルク帝国から第三帝国の到来までの連続性を中心テーマとしている。 Hans-Ulrich Wehler, *Deutsche Gesellschaftsgeschichte*, III: *Von der 'Deutschen Doppelrevolution' bis zum Beginn des Ersten Weltkrieges 1849–1914*（Munich,

1995）および Heinrich August Winkler, 1: *Deutsche Geschitche vom Ende des Alten Reiches bis zum Untergang der Weimarer Republik*（Munich, 2000）〔ハインリヒ・アウグスト ヴィンクラー『自由と統一への長い道　I　ドイツ近現代史 1789–1933 年』、後藤俊明／奥田隆男／中谷毅／野田昌吾訳、昭和堂、二〇〇八年〕。

（2） Friedrich Meinecke, *Preussen und Deutschland in 19, und 20. Jahrhundert*（Munich, 1918）, 五一〇〜五三一頁所収の 'Bismarck und das neue Deutschland'. Edgar Feuchtwanger, *Bismarck*（London, 2002）, 七頁の英訳引用による。

（3） Elizabeth Knowles（ed.）*The Oxford Dictionary of Quotations*（5th edn., Oxford, 1999）, 一一五頁。

（4） Alan J.P. Taylor, *Bismarck: The Man and the Statesman*（London, 1955）, 一一五頁の典拠なしの引用による。

（5） 当時ならびに、それに続く時代の簡潔な概史として、以下をみよ。David Blackbourn, *The Fontana History of Germany 1780–1918: The Long Nineteenth Century*（London, 1997）. より詳しいものは、James J. Sheehan, *German History 1770–1866*（Oxford, 1989）および Thomas Nipperdey, *Germany from Napoleon to Bismarck*（Princeton, 1986［1983］）, さらに Hans-Ulrich Wehler, *Deutsche Gesellschaftsgeschichte*, II: *Von der Reformära bis zur industriellen und politischen 'Deutschen Doppelrevolution' 1815–1845/49*（Munich, 1987）を参照。

（6） Taylor, *The Course*, 六九頁。

（7） この問題に関する論争については、とくに以下の文献を参照せよ。Geoff Eley, *From Unification to Nazism: Reinterpreting the German Past*（London, 1986）; David Blackbourn and Geoff Eley: *Peculiarities of German History: Bourgeois Society and Politics in Nineteenth-Century Germany*（Oxford, 1984）〔デーヴィッド・ブラックボーン／ジェフ・イリー『現代歴史叙述の神話　ドイツとイギリス』、望月幸男訳、晃洋書房、一九八三年〕; Evans, *Rethinking German History*, 九三〜一二二頁 ; Richard J. Evans（ed.）*Society and Politics in Wilhelmine Germany*（London, 1978）〔リチャード・J・エヴァンズ編『ヴィルヘルム時代のドイツ―「下から」の社会史』、望田幸男／若原憲和訳、晃洋書房、一九八八年〕; Jürgen Kocka, 'German History before Hitler: The Debate about the *German Sonderweg*', *Journal of Contemporary History*, 第二三巻（一九八八年）、三〜一六頁 ; Robert G. Moeller, 'The Kaiserreich Recast? Continuity and Change in Modern German Historiography', *Journal of Social History*, 第一七巻（一九八四年）、六五五〜六八三頁。

（8） ビスマルクは、伝記作者に恵まれている。叙述形式のものとしては最良

の二書、Ernst Engelberg, *Bismarck*（2 vols., Berlin, 1985 and 1990）〔エルンスト・エンゲルベルク『ビスマルク—生粋のプロイセン人・帝国創建の父』、野村美紀子訳、海鳴社、一九九六年〕および Otto Pflanze, *Bismarck*（3 vols., Princeton, 1990）をみよ。

(9) Heinrich August Winkler, *Der lange Weg nach Westen*, II: *Deutsche Geschichte vom 'Dritten Reich' bis zur Wiedervereinigung*（Munich, 2000）〔ハインリヒ・アウグスト ヴィンクラー『自由と統一への長い道 II ドイツ近現代史 1933–1990年』、後藤俊明／奥田隆男／中谷毅／野田昌吾訳、昭和堂、二〇〇八年〕、六四五～六四八頁。

(10) Heinrich August Winkler, *The Long Shadow of the Reich: Weighing up German History*（The 2001 Annual Lecture of German Historical Institute, London; London, 2002）. Karl H. Bohrer（ed.）, *Mythos und Moderne*（Frankfurt am Main, 1983）, 二六二～二八九頁所収の Lothar Kettenacker, 'Der Mythos vom Reich'.

(11) Karl Marx, Friedrich Engels, *Ausgewählte Schriften*（2 vols., East Berlin, 1968）, 第二巻、一一～一二八頁所収の Karl Marx, 'Randglossen zum Programm der deutschen Arbeiterpartei'（Kritik des Gothaer Programms, 1875）. 引用は二五頁より。

(12) Otto Büsch, *Militärsystem und Sozialleben im alten Preussen 1713–1870: Die Anfänge der sozialen Militarisierung der preussisch-deutschen Gesellschaft*（Berlin, 1962）.

(13) Horst Kohl（ed.）, *Die politischen Reden des Fürsten Bismarck*（14 vols., Stuttgart, 1892–1905）, 第二巻、二九～三〇頁。

(14) Lothar Gall, *Bismarck: The White Revolutionary*（2 vols., London, 1986［1980］）〔ロタール・ガル『ビスマルク——白色革命家』、大内宏一訳、創文社、一九八八年〕は、ビスマルクを分析した、傑出した研究である。

(15) 徴兵の歴史は Ute Frevert, *Die kasernierte Nation: Militärdienst und Zivilgesellschaft in Deutschland*（Munich, 2001）をみよ。より広い文脈でドイツ軍国主義を押さえているのは、Volker R. Berghahn, *Militarism: The History of an international debate 1861–1979*（Cambridge, 1984［1981］）〔フォルカー・R. ベルクハーン『軍国主義と政軍関係——国際的論争の歴史』、三宅正樹訳、南窓社、一九九一年〕ならびに、同著者が編纂した *Militarismus*（Cologne, 1975）; Martin Kitchen, *A Military History of Germany from the Eighteenth Century to the Present Day*（London, 1975）; Gordon A. Craig の古典、*The Politics of the Prussian Army 1640–1945*（New York, 1964［1955］）; Geoff Eley, *From Unification to Nazism*, 八五～一〇九頁所収の同著者による独創的な考察, 'Army, State and Civil Society: Revisiting the Problem of German Militarism' などである。

(16) Martin Kitchen, *The German Officer Corps 1890–1914*（Oxford, 1968）; Karl Demeter, *Das deutsche Offizierkorps in Gesellschaft und Staat 1650–1945*（Frankfurt am Main, 1962）、絶え間ないクーデターの脅威については、Volker R. Berghahn, *Germany and the Approach of War in 1914*（London, 1973）, 一三〜一五頁を参照せよ。

(17) Richard J. Evans, *Rethinking German History*, 二四八〜二九〇頁ならびに、同著者による *Rereading German History: From Unification to Reunification 1800–1996*（London, 1997）, 六五〜八六頁をみよ。

(18) David Blackbourn and Richard J. Evans（eds.）, *The German Bourgeoisie: Essay on the Social History of the German Middle Class from the Late Eighteen Century to the Early Twentieth Century*（London, 1991）, 二五五〜二九二頁所収の Ute Frevert, 'Bourgeois Honour: Middle Class Duellists in Germany from the Late Eighteenth Century to the Early Twentieth Century' と同著者による *Ehrenmänner: Das Duell in der bürgerlichen Gesellschaft*（Munich, 1991）を参照せよ。

(19) Eley, *From Unification to Nazism*, 八五〜一〇九頁 ; Wehler, *Deutsche Gesellschaftsgeschichte*, 第三巻、八七三〜八五頁。

(20) Hans-Ulrich Wehler（ed.）, *Die moderne deutsche Geschichte in der internationalen Forschung 1945–1975*（Göttingen, 1978）, 二五六〜二八六頁所収の Michael Geyer, 'Die Geschichte des deutschen Militärs von 1860–1956: Ein Bericht über die Forschungslage（1945–1975）'; Helmut Bley, *Namibia under German Rule*（Hamburg, 1966［1968］）.

(21) Gesine Krüger, *Kriegsbewältigung und Geschichtsbewusstein: Realität, Deutung und Verarbeitung des deutschen Kolonialkrieges in Namibia 1904 bis 1907*（Göttingen, 1999）; Mark Levene and Penny Roberts（eds.）, *The Massacre in History*（New York, 1999）, 二〇五〜二二二 所収の Tilman Dedering, '"A Certain Rigorous Treatment of all Parts of the Nation": The Annihilation of the Herero in German Southwest Africa 1904'.

(22) David Schoenbaum, *Zabern 1913: Consensus Politics in Imperial Germany*（London, 1982）; Nicholas Stargardt, *The German Idea of Militarism 1866–1914*（Cambridge, 1994）; Wehler, *Deutsche Gesellschaftsgeschichte*, 第三巻、一一二五〜一一二九頁。

(23) Ulrich von Hassel, *Die Hassell-Tagebücher 1938–1944*（ed. Friedrich Freiherr Hiller von Gaertringen, Berlin, 1989）, 四三六頁。

(24) Wolfgang J. Mommsen, *Das Ringen um den nationalen Staat: Die Gründung und der innere Ausbau des Deutschen Reiches unter Otto von Bismarck 1850–1890*（Berlin,

1993), 四三九〜四四〇頁 ; David Blackbourn, *Marpingen: Apparitions of the Virgin Mary in Bismarckian Germany*（Oxford, 1993）.

(25) Vernon Lidtke, *The Outlawed Party: Social Democracy in Germany, 1878–1890*（Princeton, 1996）; Evans, *Rituals*, 三五一〜三七二頁。

(26) 社会民主党の漸進的変化に関して、さまざまな著作があるが、なかでも、Susanne Miller and Heinrich Potthoff, *A History of German Social Democracy: From 1848 to the Present*（Leamington Spa, 1986［1983］）を参照されたい。現在のドイツ社会民主党の視点から見た有益な入門書としては、Detlef Lehnert, *Sozialdemokratie zwischen Protestbewegung und Regierungspartei 1848–1983*（Frankfurt am Main, 1983）があり、簡潔で優れた記述をなしている。最近の概史として、Stefan Berger, *Social Democracy and the Working Class in Nineteenth-and Twentieth-Century Germany*（London, 2000）が挙げられる。

(27) Alex Hall, *Scandal, Sensation and Social Democracy: The SPD Press and Wilhelmine Germany 1890–1914*（Cambridge, 1977）; Klaus Saul, 'Der Staat und die "Mächte des Umsturzes": Ein Beitrag zu den Methoden antisozialistischer Repression und Agitation vom Scheitern des Sozialistengesetzes bis zur Jahrhundertwende', *Archiv für Sozialgeschichte*, 12（1972）, 二九三〜三五〇頁 ; Alex Hall, 'By Other Means: The Legal Struggle against the SPD in Wilhelmine Germany 1890–1900', *Historical Journal*, 17（1974）, 三六五〜三八六頁。

(28) 便利な概観としては、Gerhard A. Ritter, *Die deutschen Parteien 1830–1914: Parteien und Gesellschaft im konstitutionellen Regierungssystem*（Göttingen, 1985）をみよ。Gerhard A. Ritter（ed.）, *Die deutschen Parteien vor 1918*（Cologne, 1973）, 五六〜八〇頁所収の M. Rainer Lepsius, 'Parteisystem und Sozialstruktur: Zum Problem der Demokratisierung der deutschen Gesellschaft' は、このテーマに関する古典というべき論文である。

(29) Gerhard A. Ritter, *Wahlgeschichtliches Arbeitsbuch: Materialien zur Statistik des Kaiserreichs 1871–1918*（Munich, 1980）, 四二頁。

(30) Stanley Suval, *Electoral Politics in Wilhelmine Germany*（Chapel Hill, NC, 1985）; Margaret L. Anderson, *Practicing Democracy: Elections and Political Culture in Imperial Germany*（Princeton, 2000）.

(31) Kurt Koszyk, *Deutsche Presse im 19. Jahrhundert: Geschichte der deutschen Presse*, 第二巻、（Berlin, 1966）.

(32) Richard J. Evans（ed.）, *Kneipengespräche im Kaiserreich: Die Stimmungsberichte der Hamburger Politischen Polizei 1892–1914*（Reinbek, 1989）.

(33) 簡潔な入門的概観として Wehler, *Deutsche Gesellschaftsgeschichte*, 第三巻、九

六一〜九六五頁を参照。より詳しくは、William W. Hagen, *Germans, Poles, and Jews: The Nationality Conflict in the Prussian East, 1772–1914*（Chicago, 1980）をみよ。

（34） Evans（ed.）, *Kneipengespräche*, 三六一〜三八三頁。

（35） Volker R. Berghahn, *Der Tirpitz-Plan: Genesis und Verfall einer innenpolitischen Krisenstrategie unter Wilhelm II*（Düsseldorf, 1971）.

（36） 皇帝の個性と影響力に関する、最近の目配りが行きとどいた評価として、Christopher Clark, *Kaiser Wilhelm II*（London, 2000）を参照せよ。

（37） Geoffrey Hosking, *Russia: People and Empire 1552–1917*（London, 1997）.

（38） George L. Mosse, *The Nationalization of the Masses: Political Symbolism and Mass movements in Germany from the Napoleonic Wars through the Third Reich*（New York, 1975）〔ゲオルゲ・L・モッセ『大衆の国民化　ナチズムに至る政治シンボルと大衆文化』佐藤卓己／佐藤八寿子訳、柏書房、一九九四年〕。

（39） Alan Milward and Samuel B. Soul, *The Development of the Economics of Continental Europe 1850–1914*（London, 1977）, 一九〜二〇頁。

（40） 全般的なことは、Hubert Kiesewetter, *Industrielle Revolution in Deutschland 1815–1914*（Frankfurt am Main, 1989）をみよ。

（41） Volker Ullrich, *Die nervöse Grossmacht 1871–1918: Aufstieg und Untergang des deutschen Kaiserreichs*（Frankfurt am Main, 1997）; Joachim Radkau, *Das Zeitalter der Nervosität: Deutschland zwischen Bismarck und Hitler*（Munich, 1998）.

（42） August Nitschke *et al.*（eds.）, *Jahrhundertwende: Der Aufbruch in die Moderne 1880–1930*（2 vols., Reinbek, 1990）.

（43） これらの議論についてはBlackbourn and Eley, *The Peculiarities* を参照されたい。

（44） Peter Pulzer, *The Rise of Political Anti-Semitism in Germany and Austria*（New York, 1964）, 一一二〜一一三頁 ; Rosemarie Leuschen-Seppel, *Sozialdemokratie und Antisemitismus im Kaiserreich: Die Auseinandersetzung der Partei mit den konservativen und völkischen Strömungen des Antisemitismus 1871–1914*（Bonn, 1978）, 一四〇〜一四二頁 ; Richard S. Levy, *The Downfall of the Anti-Semitic Political Parties in Imperial Germany*（New Heaven, 1975）.　先駆的著作としては、Paul W. Massing, *Rehearsal for Destruction*（New York, 1949）をみよ。

（45） ここでは、完全な文化的アイデンティティーの喪失をともなう「同化」〔assimilation〕と多文化ミリューのなかでなんらかの二重のアイデンティティーを創出する「文化的適応」〔acculturation〕に関するマリオン・カプランの有益な区別を採用した。Marion A. Kaplan, ‘The Acculturation, Assimilation,

and Integration of Jews in Imperial Germany', *Year Book of the Leo Baeck Institute*, 第二七巻（一九八二年）、三～三五頁を参照されたい。

(46) Till van Rahden, *Juden und andere Breslauer: Die Beziehungen zwischen Juden, Protestanten und Katholiken in einer deutschen Grossstadt von 1860 bis 1925*（Göttingen, 2000）, 一四七～一七九頁 ; Peter J.G. Pulzer, *Jews and the German State: Political History of a Minority, 1848–1933*（Oxford, 1929）, 六～七頁 ; Shulamit Volkov, *Die Juden in Deutschland 1780–1918*（Munich, 1994）; Usiel O. Schmelz, 'Die demographische Entwicklung der Juden in Deutschland von der Mitte des 19. Jahrhunderts bis 1933', *Bulletin des Leo Baeck Instituts*, 第八三巻（一九八九年）、一五～六二頁。当該箇所は三九～四一頁 ; Jacob Toury, *Soziale und politische Geschichte der Juden in Deutschland 1847–1871: Zwischen Revolution, Reaktion und Emanzipation*（Düsseldorf, 1977）, 六〇頁 ; Monika Richarz, *Jüdisches Leben in Deutschland, II: Selbstzeugnisse zur Sozialgeschichte im Kaiserreich*（Stuttgart, 1979）, 一六～一七頁 ; Anthony Kauders, *German Politics and the Jews: Düsseldorf and Nuremberg 1910–1933*（Oxford, 1996）, 二六頁 ; Kerstin Meiring, *Die christlich-jüdische Mischehe in Deutschland, 1840–1933*（Hamburg, 1998）.

(47) Pulzer, *Jews*, 一〇六～一二〇頁。

(48) Dietz Bering, *The Stigma of Names: Anti-Semitism in German Daily Life, 1812–1933*（Cambridge, 1992［1987］）.

(49) Pulzer, *Jews*, 五、一一頁。

(50) Niall Ferguson, *The World's Banker: The History of the House of Rothschild*（London, 1998）; Fritz Stern, *Gold and Iron: Bismarck, Bleichröder and the Building of the German Empire*（New York, 1977）.

(51) Robert Gellately, *The Politics of Economic Despair: Shopkeepers and German Politics, 1890–1914*（London, 1974）, 四二～四三頁 ; Richarz, *Jüdisches Leben*, 第二巻、一七、二三～三五頁。

(52) 同、三一～四〇頁。

(53) *Year Book of the Leo Baeck Institute*, 第四一巻（一九九六年）、一九九～二一四頁所収の Peter Pulzer, 'Jews and Nation-Building in Germany 1815–1918'.

(54) とくに以下の文献をみよ。Werner E. Mosse, *Jews in the German Economy: The German-Jewish Economic Élite 1820–1935*（Oxford, 1987）; 同著者による *The German-Jewish Economic Élite 1820–1935: A Socio-Cultural Profile*（Oxford, 1989）. これらは優れた学術研究であるばかりでなく、モッセ自身がそのなかで生を受けた社会集団が達成したことを郷愁とともに称賛している。

(55) Pulzer, *The Rise*, 九四～一〇一、一一三頁 ; Shulamit Volkov, *Jüdisches Leben*

und Antisemitismus in 19. und 20 Jahrhundert（Munich, 1990）.

（56） ベッケルとその反ユダヤ主義運動については、より全般的なものとして、Herbert A. Strauss（ed.）, *Hostages of Modernization: Studies on Modern Antisemitism 1870–1933/39: Germany-Great Britain- France*（Berlin, 1993）, 一二八～一四九頁所収の David Peal, 'Antisemitism by Other Means? The Rural Cooperative Movement in Late 19th Century Germany'; James N. Retallack, *Notables of the Right: The Conservative Party and Political Mobilization in Germany, 1876–1918*（London, 1998）, とくに九一～九九頁 ; Hans-Jürgen Puhle, *Agarische Interessenpolitik und preussischer Konservatismus im wilhelminischen Reich 1893–1914: Ein Beitrag zur Analyse des Nationalismus in Deutschland am Beispiel des Bundes der Landwirte und der Deutsch-Konservativen Partei*（Hanover, 1967）, とくに一一一～一四〇頁をみよ。

（57） Pulzer, *The Rise*, 五三～五五、一一六頁 ; Wehler, *Deutsche Gesellschaftsgeschichte*, 第三巻、九二四～九三四頁 ; Thomas Nipperdey, *Deutsche Geschichte 1866–1918, II; Machtstaat vor der Demokratie*（Munich, 1992）, 二八九～三一一頁。

（58） Jacob Katz, *From Prejudice to Destruction: Anti- Semitism, 1700–1933*（Cambridge, Mass. 1980）は、古典的な概説である。ドイツにおけるカトリック反ユダヤ主義については、Olaf Blaschke, *Katholizismus und Antisemitismus im Deutschen Kaiserreich*（Göttingen, 1997）; *Central European History*, 第二七巻（一九九四年）、三一五～三二八頁所収の Helmut Walser Smith, 'The Learned and the Popular Discourse of Anti-Semitism in the Catholic Milieu in the Kaiserreich' をみよ。Werner Jochmann, *Gesellschaftskrise und Judenfeindschaft in Deutschland 1870–1945*（Hamburg, 1988）, 三〇～九八頁は、優れた入門の一章になっている。James F. Harris, *The People Speak! Anti-Semitism and Emancipation in Nineteenth-Century Bavaria*（Ann Arbor, 1994）は、社会・経済的要因をあまりにも安易にしりぞけている。反ユダヤ主義の歴史は、別の面からの説明がなされていない、漠然とした言説の影響などに矮小化され得るようなものではない。

（59） Pulzer, The Rise, 五〇頁に引用された Wilhelm Marr, *Vom jüdischen Kriegsschauplatz: Eine Streitschrift*（Berne, 1879）, 一九頁。加えて、Marr のパンフレット *Der Sieg des Judenthums über das Germanenthum vom nicht konfessionellen Standpunkt aus betrachtet*（Berlin, 1873）を参照せよ。

（60） Moshe Zimmermann, *Wilhelm Marr: The Patriarch of Anti-Semitism*（New York, 1986）, 八九、一五〇～一五一、一五四頁 ; Daniela Kasischke-Wurm, *Antisemitismus im Spiegel der Hamburger Presse während des Kaiserreichs*（*1884–1914*）（Hamburg, 1997）, 二四〇～二四六頁。

(61)　同、七七頁。

(62)　Wehler, *Deutsche Gesellschaftsgeschichte*, 第三巻、九二五〜九二九頁。

(63)　Evans（ed.）, *Kneipengespräche*, 三一七頁。

(64)　同、三一三〜三二一頁。

(65)　Leuschen-Seppel, *Sozialdemokratie*, とくに、三六、九六、一〇〇、一五三、一七一頁 ; Evans（ed.）, *Kneipengespräche*, 三〇二〜三〇六、三一八〜三一九頁。これらの論点は、Daniel J. Goldhagen, *Hitler's Willing Executioners: Ordinary Germans and the Holocaust*（New York, 1996）〔ダニエル・J・ゴールドハーゲン『普通のドイツ人とホロコースト——ヒトラーの自発的死刑執行人たち』、望田幸男監訳、ミネルヴァ書房、二〇〇七年〕の包括的主張に応えて強調されたもので、Evans, *Rereading*, 一一九〜一四四頁により、全般的にたどることができる。

(66)　Stefan Scheil, *Die Entwicklung des politischen Antisemitismus in Deutschland zwischen 1881 und 1912: Eine wahlgeschichtliche Untersuchung*（Berlin, 1999）.

(67)　とくに、Harris, *The People Speak!* および Helmut Walser Smith, *The Butcher's Tale: Murder and Anti-Semitism in a Great German Town*（New York, 2002）をみよ（後者では素晴らしく詳細な描写がなされているが、プロイセン東部の僻遠の地にある小都市での「儀式殺人」告発の意義を誇張している）。さらに、Christoph Nonn, *Eine Stadt sucht einen Mörder: Gerücht, Gewalt und Antisemitismus im Kaiserreich*（Göttingen, 2002）も参照。初期の儀式殺人告発に対する新聞の敵対的反応については、Kasischke-Wurm, *Antisemitismus*, 一七五〜一八二頁をみられたい。

(68)　David Kertzer, *Unholy War: The Vatican's Role in the Rise of Modern Anti-Semitism*（London, 2001）を典拠としているが、著者のこの資料の重要性をめぐる主張は粗放にすぎる。ドイツ・カトリックの反ユダヤ主義（それが広まっていたことは疑う余地がない）についての社会・文化的研究については Blaschke, *Katholizismus und Antisemitismus*; Michael Langer, *Zwischen Vorurteil und Aggression: Zum Judenbild in der deutschsprachigen katholischen Volksbidung des 19. Jahrhunderts*（Freiburg, 1994）; Walter Zwi Bacharach, *Anti-Jewish Prejudices in German-Catholic Sermons*（Lewiston, Pa., 1993）; Paul Kennedy and Anthony Nicholls（eds.）, *Nationalist and Racialist Movements in Britain and Germany before 1914*（London, 1981）, 一〇六〜一二九頁所収の David Blackbourn, 'Roman Catholics, the Centre Party and Anti-Semitism in Imperial Germany' を参照。国際比較の次元に関しては、Olaf Blaschke and Aram Mattioli（eds.）, *Katholischer Antisemitismus im 19. Jahrhundert: Ursachen und Traditionen im internationalen Vergleich*（Zurich, 2000）を

みよ。カトリックのコミュニティにおける小作農民の抗議と反ユダヤ主義については、Evans（ed.）, *Society and Politics*, 一三六〜一五九頁所収の Ian Farr, 'Populism in the Countryside: The Peasant Leagues in Bavaria in the 1890s' を参照。

(69) たとえば、Norbert Kampe, *Studenten und 'Judenfrage' im deutschen Kaiserreich: Die Entstehung einer akademischen Trägerschicht des Antisemitismus*（Göttingen, 1988）をみよ。

(70) Stephen Wilson, *Ideology and Experience: Antisemitism in France at the Time of the Dreyfus Affair*（New York, 1982［1980］）; John D. Klier and Shlomo Lambroza（eds.）, *Pogroms: Anti-Jewish Violence in Modern Russian History*（Cambridge, 1992）.

(71) David Blackbourn, *Populists and Patricians: Essays in Modern German History*（Cambridge, 1987）, 二一七〜二四五頁（'The Politics of Demagogy in Imperial Germany'）.

(72) Julius Langbehn, *Rembrandt als Erzieher*（38th edn., Leipzig, 1891［1890］）, 二九二頁。同著者の *Der Rembrandtdeutsch: Von einen Wahrheitsfreund*（Dresden, 1892）, 一八四頁。両箇所とも、Pulzer, *The Rise*, 二四二頁の引用による。また、Fritz Stern, *The Politics of Cultural Despair: A Study in the Rise of the German Ideology*（New York, 1961）も参照せよ。

(73) レッシングの戯曲は一七七九年に初めて出版されたが、宗教的寛容、とくに，特にユダヤ人へのそれを願ったものである。引用については、Cosima Wagner, *Die Tagebücher*（ed. Martin Gregor-Dellin and Dietrich Mack, Munich, 1977）〔コジマ・ワーグナー『リヒャルト・ワーグナーの妻　コジマの日記』、三光長治／池上 純一／池上 弘子訳、全十二巻（予定）、東海大学出版会、二〇〇七年〜〕, 第二巻、八五二頁（一八八一年十二月十八日の条）、また一五九、三〇九頁をみよ。Jacob Katz, *The Darker Side of Genius: Richard Wagner's Anti-Semitism*（Hanover, 1986）は、この議論になりがちなテーマを見通す、良識ある手引き書である。

(74) George L. Mosse, *The Crisis of German Ideology: Intellectual Origins of the Third Reich*（London, 1964）〔ジョージ・L・モッセ『フェルキッシュ革命　ドイツ民族主義から反ユダヤ主義へ』、植村和秀／大川清丈／城達也／野村耕一訳、柏書房、一九九八年〕、八八〜一〇七頁 ; Annette Hein, '*Es ist viel "Hitler" in Wagner': Rassismus und antisemitische Deutschtumsideologie in den 'Bayreuther Blättern' (1878–1938)*（Tübingen, 1996）.

(75) Winfried Schüler, *Der Bayreuther Kreis von seiner Entstehung bis zum Ausgang der wilhelminischen Ära*（Münster, 1971）; Andrea Mork, *Richard Wagner als politischer Schriftsteller: Weltanschauung und Wirkungsgeschichte*（Frankfurt am Main, 1990）;

Houston Stewart Chamberlain, *Die Grundlagen des XIX. Jahrhunderts*（2 vols., Munich, 1899）〔H・S・チエムバーレン『近代ヨーロッパの生成』、堀眞琴訳、二見書房、一九四三年として抄訳されている〕; Geoffrey G. Field, *Evangelist of Race: The Germanic Vision of Houston Stewart Chamberlain*（New York, 1981）.

（76） Ludwig Woltmann, *Politische Anthropologie*（ed. Otto Reche, Leipzig, 1936［1990］）, 一六〜一七、二六七頁。Mosse, *The Crisis*, 一〇〇〜一〇二頁の引用による。

（77） Woodruff D. Smith, The Ideological Origins of Nazi Imperialism（New York, 1986）, 八三〜一一一頁 ; Karl Lange, 'Der Terminus "Lebensraum" in Hitler's *Mein Kampf*', *Vierteljahrshefte für Zeitgeschichte*（以下, *VfZ*）第一三巻（一九六五年）, 四二六〜四三七頁。

（78） Paul Crook, *Darwinism, War and History: The Debate Over the Biology of War from the 'Origin of Species' to the First World War*（Cambridge, 1994）, とくに三〇、八三頁 ; Imanuel Geiss（ed.）, *July 1914: The Outbreak of the First World War. Selected Documents*（London, 1967）, 二二頁 ; Holger Afflerbach, *Falkenhayn: Politisches Denken und Handeln in Kaiserreich*（Munich, 1994）. ドイツの社会ダーウィニズムの歴史に関する一般的な考察と研究史については、Evans, *Rereading,* 一一九〜一四四頁を参照されたい。

（79） 全般にわたるものとして Paul Weindling, *Health, Race and German Politics between National Unification and Nazism 1870–1945*（Cambridge, 1989）ならびに Peter Weingart *et al.,* *Rasse, Blut, und Gene: Geschichte der Eugenik und Rassenhygiene in Deutschland*（Frankfurt am Main, 1992［1988］）をみよ。

（80） Sheila F. Weiss, *Race Hygiene and National Efficiency: The Eugenics of Wilhelm Schallmayer*（Berkeley, 1987）; Evans, Rituals, 四三八頁 ; Roger Chickering, *Imperial Germany and a World without War: The Peace Movement and German Society 1892–1914*（Princeton, 1975）, 一二五〜一二九頁。

（81） Roger Bullen *et al.*（eds.）, *Ideas into Politics: Aspects of European History 1880–1950*（London, 1984）, 七五〜九四頁所収の先駆的論考、Jeremy Noakes, 'Nazism and Eugenics: The Background to the Nazi Sterilization Law of 14 July 1933' はいまだ、こうしたさまざまな思想家たちに関する必須の手引きである。

（82） Karl Heinz Roth（ed.）, *Erfassung zur Vernichtung: Von der Sozialhygiene zum 'Gesetz über Sterbehilfe'*（Berlin, 1984）, 三一〜五六頁所収の Karl Heinz Roth, 'Schein-Alternativen im Gesundheitswesen: Alfred Grotjahn（1869–1931）- Integrationsfigur etablierter Sozial- medizin und nationalsozialistischer "Rassenhygiene". より一般的なものとして、Mark B. Adams（ed.）*The Wellborn Science: Eugenics in*

Germany, France, Brazil, and Russia（New York, 1990), 八〜六八頁所収の Sheila Weiss, 'The Race Hygiene Movement in Germany' がある。

(83) 本名はアドルフ・ランツだが、押し出しをよくすることを狙って、イェルク・ランツ・フォン・リーベンフェルスと自称した〔ドイツ語で、「フォン」を含んだ姓は、貴族の出身であることを意味する〕。Hans-Walter Schmuhl, *Rassenhygiene, Nationalsozialismus, Euthanasie: Von der Verhütung zur Vernichtung 'lebensunwerten Lebens', 1890–1945*（Göttingen, 1987); Wilfried Daim, *Der Mann, der Hitler die Ideen gab: Die sektiererischen Grundlagen des Nationalsozialismus*（Vienna, 1985［1958］).

(84) Weiss, 'The Race Hygiene Movement', 九〜一一頁。

(85) Max Weber, *Gesammelte politische Schriften*（ed. J. Winckelmann 3rd edn., Tübingen, 1971）〔マックス・ヴェーバー『政治論集』、中村貞二／山田 高生／林道義／嘉目克彦（第一巻）。中村貞二／山田高生（第二巻）訳、全二巻、みすず書房、一九八二年〕所収、同著者による 'Der Nationalstaat und die Volkswirtschaftpolitik', 二三頁。

(86) Richard Hinton Thomas, *Nietzsche in German Politics and Society 1890–1918*（Manchester, 1983), とくに八〇〜九五頁を参照のこと。こうした一般的文脈において、ニーチェの著作を評価しようとする最近の試みとして、Bernhard H. F. Taureck, *Nietzsche und der Faschismus: Ein Politikum*（Leipzig, 2000）をみよ。

(87) Steven E. Aschheim, *The Nietzsche Legacy in Germany 1890–1990*（Berkeley, 1992).

(88) Mosse, *The Crisis*, 二〇四〜二〇七頁; Walter Laqueur, *Young Germany: A History of the German Youth Movement*（London, 1962）〔ウォルター・ラカー『ドイツ青年運動――ワンダーフォーゲルからナチズムへ』、西村稔訳、人文書院、一九八五年〕; Jürgen Reulecke, *'Ich möchte einer werden so wie die.... Männerbünde im 20. Jahrhundert*（Frankfurt am Main, 2001); Daim, *Der Mann*, 七一〜七二頁。

(89) Alastair Thompson, *Left Liberals, the State, and Popular Politics in Wilhelmine Germany*（Oxford, 2000).

(90) Stefan Breuer, *Ordnungen der Ungleichheit-die deutsche Rechte im Widerstreit Ihrer Ideen 1871–1945*（Darmstadt, 2001）は、このテーマの研究に関する概観を提供しており、ナチズム到来前には効果的な統合がなされなかったことを強調している（三七〇〜三七六頁）。

(91) Andrew G. Whiteside, *The Socialism of Fools: Georg von Schönerer and Austrian Pan-Germanism*（Berkeley, 1975), とくに七三頁。

(92)　John W. Boyer, *Political Radicalism in Late Imperial Vienna: the Origins of the Christian Social Movement, 1848–1897* (Chicago, 1981).

(93)　Pulzer, *The Rise*, 二〇七頁。

(94)　Brigitte Hamann, *Hitler's Vienna: A Dictator's Apprenticeship* (Oxford, 2000), 二三六〜二五三頁は、シェーネラーと当時のウィーンのイデオローグたちに関する包括的な概観となっている。

(95)　Carlile A. Macartney, *Habsburg Empire 1700–1918* (London, 1968), 六三二〜六三五、六五三〜六五七、六六六、六八〇、七九七頁 ; Pulzer, *The Rise*, 一四九〜一六〇、一七〇〜一七四、二〇六〜二〇九頁 ; Carl E. Schorske, *Fin-de-Siècle Vienna: Politics and Culture* (New York, 1980), 一一六〜一八〇頁 ; Massing, *Rehearsal*, 二四一頁 ; Hellmuth von Gerlach, *Von rechts nach links* (Hildesheim, 1978 [1937]), 一一二〜一一四頁 ; Andrew G. Whiteside, *Austrian National Socialism before 1918* (The Hague, 1962).

(96)　Woodruff D. Smith, *The German Colonial Empire* (Chapel Hill, NC, 1978); Fritz Ferdinand Müller, *Deutschland-Zanzibar-Ostafrika: Geschichte einer deutschen Kolonialeroberung 1884–1890* (Berlin, 1990 [1959]).

(97)　Gerhard Weidenfeller, *VDA: Verein für das Deutschtum im Ausland: Allgemeiner Deutscher Schulverein (1881–1918). Ein Beitrag zur Geschichte des deutschen Nationalismus und Imperialismus im Kaiserreich* (Berlin, 1990 [1959]).

(98)　Geoff Eley, *Reshaping the German Right: Radical Nationalism and Political Change after Bismarck* (London, 1980), 三六八頁 ; Roger Chickering, *We Men Who Feel Most German: A Cultural Study of the Pan-German League 1886–1914* (London, 1984), 二四〜七三頁 ; Wilhelm Deist, *Flottenpolitik und Flottenpropaganda: Das Nachrichtenbüro des Reichsmarineamts 1897–1914* (Stuttgart, 1976); Evans (ed.), *Society and Politics*, 七一〜八九頁所収の Richard Owen, 'Military-Industrial Relations: Krupp and the Imperial Navy Office'; Marilyn Shevin Coetzee, *The German Army League: Popular Nationalism in Wilhelmine Germany* (New York, 1990); Richard W. Tims, *Germanizing Prussian Poland: The H-K-T Society and the Struggle for the Eastern Marches in the German Empire 1894–1919* (New York, 1941); Adam Galos *et al.*, *Die Hakatisten: Der Deutsche Ostmarkenverein 1894–1934* (Berlin, 1996).

(99)　Chickering, *We Men*, 一二八、二六八〜二七一頁 ; Coetzee, *The German Army League*, 一九〜二三頁 ; Ute Planert, *Antisemitismus im Kaiserreich: Diskurs, soziale Formation und politische Mentalität* (Göttingen, 1998), 一一八〜七六頁。

(100)　Chickering, *We Men*, 一〇二〜一二四頁。

(101)　同、二八四〜二八六頁 ; Wehler, *Deutsche Gesellschaftsgeschichte* 第三巻、一

〇七一〜一〇八一頁 ; Roderick Stackelberg and Sally A. Winkle（eds.）, *The Nazi Germany Sourcebook: An Anthology of Texts*（London, 2002）, 二〇〜二六頁所収の英語抄訳。

（102） Chickering, *We Men*, 七四〜九七、二八四〜二八六頁。

（103） 同、一二二〜一三二頁 ; さらに Klaus Bergmann, *Agrarromantik und Grosstadtfeindschaft*（Meisenheim, 1970）.

（104） Chickering, *We Men*, 二五三〜二九一頁 ; Eley, *Reshaping*, 三一六〜三三四頁 ; Dirk Stegmann, *Die Erben Bismarcks: Parteien und Verbände in der Spätphase des Wilhelminischen Deutschlands: Sammlungspolitik 1897–1914*（Cologne, 1970）, 三五二〜三四八頁 ; Fritz Fischer, *War of Illusion: German Politics from 1911 to 1914*（London, 1975［1969］）.

（105） Iris Hamel, *Völkischer Verband und nationale Gewerkschaft: Der Deutschnationale Handlungsgehilfenverband, 1893–1933*（Frankfurt am Main, 1967）; Planert, *Antifeminismus*, 七一〜七九頁。

（106） 覚書の抜粋とカイザーの反応は、Röhl, *From Bismarck to Hitler*, 四九〜五二頁と Stackelberg and Winkle（eds.）, *The Nazi Germany Sourcebook*, 二九〜三〇頁でみられる。

（107） ハルトムート・ポッゲ・フォン・シュトラントマン〔Hartmut Pogge-von Strandmann〕とイマヌエル・ガイス〔Imanuel Geiss〕の共著、*Die Erforderlichkeit des Unmöglichen: Deutschland am Vorabend des ersten Weltkrieges*（Frankfurt am Main, 1965）, 七〜四五頁所収のシュトラントマン論文、'Staatsstreichpläne, Alldeutsche und Bethmann Hollweg' ; ベートマンとカイザーによる回答のテクストは、三二〜三九頁に翻刻されている。カイザーとチェンバレンの関係については、Röhl, *From Bismarck to Hitler*, 四一〜四八頁の交渉に拠った。

（108） 戦争が継続される期間はどの程度になるかという点についての同時代の見解に関する優れた議論としては、Hew Strachan, *The First World War, I: To Arms*（Oxford, 2001）, 一〇〇五〜一〇一四頁をみよ。

（109） Martin Kitchen, *The Silent Dictatorship: The Politics of the German High Command under Hindenburg and Ludendorff, 1916–1918*（London, 1976）. 最近の概説のうち、最良のものは Roger Chickering, *Imperial Germany and the Great War, 1914–1918*（Cambridge, 1998）である。

（110） このテーマに関しては、厖大な数の文献があるが、Figes, *A People's Tragedy* は、最近の概観中、もっとも優れたものとして屹立している。

（111） 標準的な伝記として、Robert Service, Lenin: *A Political Life*（3 vols.,

London, 1985–95)〔ロバート・サーヴィス『レーニン』、河合秀和訳、上下巻、岩波書店、二〇〇二年〕がある。ドイツにおいて革命を鼓吹しようとしたレーニンの試みがもっともうまく進んだのは、ソヴィエトの密使カール・ラーデクの活動を通じてであった。Marie-Luise Goldbach, *Karl Radek und die deutsch-sowjetischen Beziehungen 1918–1923*（Bonn, 1973）および Warren Lerner, *Karl Radek: The Last Internationalist*（Stanford, Calif., 1970）をみよ。

(112) Heinrich August Winkler, *Von der Revolution zur Stabilisierung: Arbeiter und Arbeiterbewegung in der Weimarer Republik 1918 bis 1924*（Bonn, 1984）, とくに一一四〜三四頁および四六八〜五五二頁。

(113) 全般的な背景については、Arno J. Mayer, *Politics and Diplomacy of Peacemaking: Containment and Counterrevolution at Versailles 1918–1919*（2nd edn., New York, 1969［1967］）；この事件についての同時代文献としては、Oszkár Jászi, *Revolution and Counter-Revolution in Hungary*（London, 1924）.

(114) David Welch, *Germany, Propaganda and Total War, 1914–1918: The Sins of omission*（London, 2000）, 二四一頁に引用された一九一八年八月一日付『ベルリン日報』〔*Berliner Tageblatt*〕。また、Aribert Reimann, *Der grosse Krieg der Sprachen: Untersuchungen zur historischen Semantik in Deutschland und England zur Zeit des Ersten Weltkriegs*（Essen, 2000）.

(115) 最近における簡潔な概観のうち、最良のものとして、Chickering, *Imperial Germany*, 一七八〜一九一頁を参照せよ。

(116) Welch, *Germany*, 二四一〜二四二頁 ; Jean-Jacques Becker and Stéphane Audoin-Rouzeau（eds.）, *Les Sociétés européennes et la guerre de 1914–1918*（Paris, 1990）, 一九九〜二一〇頁所収の Wilhelm Deist, 'Censorship and Propaganda in Germany during the First World War; Alice Goldfarb Marquis, "Words as Weapons: Propaganda in Britain and Germany during the First World War', *Journal of Contemporary History*, 第一三巻（一九七八年）、四六七〜四九八頁。

(117) Fritz Fischer, *Germany's Aims in the First World War*（London, 1967［1961］）の随所で指摘されている。

(118) Bullitt Lowry, *Armistice 1918*（Kent, Ohio, 1966）; Hugh Cecil and Peter Liddle（eds.）, *At the Eleventh Hour: Reflections, Hopes and Anxieties at the Closing of the Great War, 1918*（Barnsley, 1998）.

(119) *Stenographischer Bericht über die öffentlichen Verhandlungen des 15. Untersuchungsausschusses der verfassungsgebenden Nationalversammlung*, 第二巻、(Berlin, 1920), 七〇〇〜七〇一頁（一九一九年十一月十八日の条）。さらに、Erich Ludendorff, *Kriegführung und Politik*（Berlin, 1922）ならびに Paul von

Hindenburg, *Aus meinem Leben*（Leipzig, 1920）〔パウル・フォン・ヒンデンブルク『わが生涯より』、尾花午郎訳、白水社、一九四三年〕、四〇三頁を参照。より広範なものとしては、Waldemar Besson and Friedrich Freiherr Hiller von Gaertringen（eds.）, *Geschichts- und Gegenwartsbewusstein*（Göttingen, 1963）, 一二二～一六〇頁所収の Friedrich Freiherr Hiller von Gaertringen, '"Dolchstross-Diskussion" und "Dolchstosslegende" im Wandel von vier Jahrzehnten' をみよ。また、さらに最近の文献として、Jeffrey Verhey, *The Spirit of 1914: Militarism, Myth and Mobilization in Germany*（Cambridge, 2000）および Chickering, *Imperial Germany*, 一八九～一九一頁を参照されたい。

（120） William II, *My Memoirs* 1878–1918（London, 1922）, 二八二～二八三頁。より広範に扱ったものとして、Wilhelm Deist, 'The Military Collapse of the German Empire: The Reality behind the Stab-in-the-back Myth', *War in History*, 第三巻（一九六六年）, 一八六～二〇七頁をみよ。

（121） Friedrich Ebert, *Schriften, Aufzeichnungen, Reden*（2 vols., Dresden, 1936）, 第二巻、一二七頁。エーベルトは続けて、敗戦の理由は「人員・物資において敵が優勢だった」からであるとした（一二七頁）。

（122） Gerhard A. Ritter and Susanne Miller（eds.,）, *Die deutsche Revolution 1918–1919–Dokumente*（Frankfurt am Main, 1968）における収録史料の選択は秀逸である。Francis L. Carsten, *Revolution in Central Europe 1918–1919*（London, 1972）も、優れた叙述をなしている。

（123） 多数の文献があるが、とくに Harold Temperley（ed.）, *A History of Peace Conference of Paris*（6 vols., London, 1920–24）を参照。また、Manfred F. Boemeke *et al.*（eds.）, *The Treaty of Versailles: A Reassessment after 75 Years*（Washington, DC, 1998）は、戦争終結八十周年に出された学術論文を集めたものである。

（124） Mayer, *Politics and Diplomacy.*

（125） Arthur S. Link（ed.）, *The Papers of Woodrow Wilson*（69 vols., Princeton, 1984）, 第四〇巻、五三四～五三九頁；より全般的には、Lloyd E. Ambrosius, *Wilsonian Statecraft: Theory and Practice of Liberal Internationalism during World War I*（Wilmington, Del., 1991）, Thomas J. Knock, *To End All Wars: Woodrow Wilson and the Quest for a New World Order*（New York, 1992）および Arthur Walworth, *Wilson and his Peacemakers: American Diplomacy at the Paris Peace Conference, 1919*（New York, 1986）を参照せよ。

（126） Winkler, *Von der Revolution*, 九四～九五頁；Carsten, *Revolution*, 二七一～二九八頁。

（127） John Horne and Alan Kramer, *German Atrocities 1914: A History of Denial*

(London, 2001), 三四五〜三五五、四四六〜四五〇頁 ; Gerd Hankel, *Die Leipziger Prozesse: Deutsche Kriegsverbrechen und ihre strafrechtliche Verfolgung nach dem Ersten Weltkrieg* (Hamburg, 2003).

(128) Bruce Kent, *The Spoils of War: The Politics, Economics and Diplomacy of Reparation 1918–1932* (Oxford, 1989).

(129) Alan Sharp, *The Versailles Settlement: Peacekeeping in Paris, 1919* (London, 1991).

(130) 典拠は Fischer, *Germany's Aims* の随所にみられる。

(131) ヴェルサイユ条約に対する優れた弁明論として、Macmillan, *Peacemakers* を参照せよ。

(132) Peter H. Merkl, *Political Violence under the Swastika: 581 Early Nazis* (Princeton, 1975), 一九一頁所収の「エイベル証言集」〔Abel Testimony. 一九三〇年代のドイツにおいて、アメリカの社会学者セオドア・エイベルが、ドイツ人を対象に行ったナチズムに関するインタビュー記録〕(以後 AT)、一一四番。

(133) AT 三三四番、同書、一九二〜一九三頁。

(134) AT 二四八番、同書、一九四〜一九五頁。

(135) 古典的で、今なお標準となっている研究として、Fischer, *Germany's Aims* をみよ。

(136) Eley, *Reshaping*, 三三三、三三九〜三四二頁 ; *Archiv für Sozialgeschichte*, 第一二巻(一九七二年)、三五一〜四三二頁所収、Dirk Stegmann, 'Zwischen Repression und Manipulation: Konservative Machteliten und Arbeiter- und Angestelltenbewegung 1910–1918: Ein Beitrag zur Vorgeschichte der DAP/NSDAP'.

(137) Heinz Hagenlücke, *Die deutsche Vaterlandspartei: Die nationale Rechte am Ende des Kaiserreiches* (Düsseldorf, 1997); Verhey, *The Spirit of 1914*, 178–85; Mosse, *The Crisis*, 二一八〜二二六頁。

(138) Ernst Jünger, *In Stahlgewittern: Aus dem Tagebuch eines Stosstruppführers* (Hanover, 1920)〔エルンスト・ユンガー『鋼鉄のあらし』、佐藤雅雄訳、先進社、一九三〇年〕. 新しい英訳版として、同著者による *Storm of Steel* (London, 2003) がある。

(139) Richard Bessel, *Germany after the First World War* (Oxford, 1993), 二五六〜二六一頁。

(140) Theodore Abel, *Why Hitler Came to Power* (Cambridge, Mass., 1986 [1938]), 二一頁に引用された、一九一八年十一月二七日付『フランクフルト新聞』〔*Frankfurter Zeitung*〕.

(141) Abel, *Why Hitler*, 二四頁、証言四・三・四および二・三・二。

(142)　同、二六頁、証言四・一・二。
(143)　Merkl, *Political Violence*, 一六七頁 所収の AT 一九九番。
(144)　Abel, *Why Hitler*, 二七〜二八頁所収の証言二・八・五。
(145)　Christoph Jahr, *Geswöhnliche Soldaten: Desertion und Deserteure im deutschen und britischen Heer 1914–1918*（Göttingen, 1998）; Benjamin Ziemann, 'Fahnenflucht im deutschen Heer 1914–1918', *Militärgeschichtliche Mitteilungen*, 第五五巻（一九九六年）、九三〜一三〇頁。
(146)　Wolfgang Kruse, 'Krieg und Klassenheer: Zur Revolutionierung der deutschen Armee im Ersten Weltkrieg', *Geschichte und Gesellschaft*, 第二二巻（一九九六年）、五三〇〜五六一頁。
(147)　Merkl, *Political Violence*, 一五二〜一七二頁。
(148)　Robert W. Whalen, *Bitter Wounds: German Victims of the Great War, 1914–1939*（Ithaca, NY, 1984）; Deborah Cohen, *The War Come Home: Disabled Veterans in Britain and Germany, 1914–1918*（Berkeley, 2001）; Bessel, *Germany*, 二七四〜二四九頁。
(149)　Volker R. Berghahn, *Der Stahlhelm: Bund der Frontsoldaten 1918–1935*（Düsseldorf, 1966）, 一三〜二六、一〇五〜一〇六、二八六頁 ; *Stahlhelm und Staat*（一九二七年五月八日付）は、Anton Kaes *et al*（eds.）, *The Weimar Republic Source Book*（Berkeley, 1994）, 三三九〜三四〇頁に抄訳されている。
(150)　Bessel, *Germany*, 二八三〜二八四頁。また、Ulrich Heinemann, *Die verdängte Niederlage: Politische Öffentlichkeit und Kriegsschuldfrage in der Weimarer Republic*（Göttingen, 1983）をみよ。
(151)　Frevert, *Die kasernierte Nation*; Geoff Eley, *From Unification to Nazism*, 八五〜一〇九頁所収の同著者による 'Army, State and Civil Society' を参照。より全般的には，Berghahn（ed.）, *Militarismus* をみよ。
(152)　Evans, *Kneipengespräche*, 三一〜三二、三三九頁。
(153)　Bessel, *Germany*, 二五六〜二七〇頁。
(154)　Sebastian Haffner, *Defying Hitler: A Memoir*（London, 2002）〔セバスチァン ハフナー『ナチスとのわが闘争——あるドイツ人の回想 :1914-1933』、中村牧子訳、東洋書林、二〇〇二年。ドイツ語原書 Sebastian Haffner, *Geschichte eines Deutschen. Die Erinnerungen 1914–1933*, Stuttgart/ München,2000 よりの邦訳〕、一〇〜一五頁。
(155)　Michael Wildt, *Generation des Unbedingten: Das Führungskorps des Reichssicherheitshauptamtes*（Hamburg, 2002）, 四一〜五二頁。
(156)　Berghahn, *Der Stahlhelm*, とくに六五〜六六頁 ; Karl Rohe, *Das Reichsbanner Schwarz Rot Gold: Ein Beitrag zur Geschichte und Struktur des politischen Kampfverbände*

zur Zeit der Weimarer Republik（Düsseldorf, 1975）; Kurt G. P. Schuster, *Der Rote Frontkämpferbund 1924–1929: Beiträge zur Geschichte und Organisationsstruktur eines politischen Kampfbundes*（Düsseldorf, 1975）.

（157） James M. Diehl, *Paramilitary Politics in Weimar Germany*（Bloomington, Ind., 1977）は、準軍事団体の錯綜した関係について、明快な手引きを示している。また、Martin Sabrow, *Der Rathenaumord: Rekonstruktion einer Verschwörung gegen die Republik von Weimar*（Munich, 1994）は、武装せる陰謀組織の事情に関する、優れた調査研究である。

（158） Erhard Lucas, *Märzrevolution in Ruhrgebiet*（3 vols., Frankfurt am Main, 1970–78）は、政治的にコミットした歴史研究の古典である。George Eliasberg, *Der Ruhrkrieg von 1920*（Bonn, 1974）はより冷静だが、詳細な記述が少なく、社会民主党穏健派に同情的である。

（159） この種の文献に関する古典的研究である、Klaus Theweleit, *Male Fantasies*（2 vols., Cambridge, 1987 and 1989［1978］）をみよ。その留意すべき点については、Evans, *Rereading*, 一一五〜一一八頁を参照されたい。

（160） 義勇軍《フライコーア》については、Robert G. L. Waite, *Vanguard of Nazism, The Free Corps Movement in Postwar Germany 1918–1923*（Harvard, 1952）〔ロバート・G・L・ウェイト『ナチズムの前衛』、山下貞雄訳、新生出版、二〇〇七年〕が、英語によるものとしては、今日でも最良の研究書である。また、Hagen Schulze, *Freikorps und Republik 1918–1920*（Boppard, 1969）ならびに Emil J. Gumbel, *Verschwörer: Zur Geschichte und Soziologie der deutschen nationalistischen Geheimbünde 1918–1924*（Heidelberg, 1979［1924］）もみよ。

（161） Volker Ullrich, *Der ruhelose Rebell: Karl Plättner 1893–1945. Eine Biographie*（Munich, 2000）; Manfred Gebhardt, *Max Hoelz: Wege und Irrwege eines Revolutionärs*（Berlin, 1983）.

第2章◆民主主義の失敗

（1） Winkler, *Vom der Revolution* , 三九頁の引用。有益な研究である Dieter Downe and Peter-Christian, *Friedrich Ebert 1871–1925: Vom Arbeiterführer zum Reichspräsidenten*（Bonn, 1987）、また、展示会の図録である Walter Mühlhausen, *Friedrich Ebert: Sein Leben, seine Werk, seine Zeit*（Heidelberg, 1999）も参照されたい。情報に富んだ伝記である Georg Kotowsky, *Friedrich Ebert: Eine Politische Biographie*, I: *Der Aufstieg eines deutschen Arbeiterführers 1871 bis 1917*（Wiesbaden, 1963）は、未完のままとなった。

(2)　Anthony J. Nicholls, *Weimar and the Rise of Hitler*（4th edn., London［1968］）〔A・J・ニコルズ『ヴァイマール共和国とヒトラーの台頭』、関口宏道訳、太陽出版、一九八三年〕は、これらの事件についての信頼できる簡潔な手引き書となっている。. 最近の全般的な政治史のなかでは、Hans Mommsen, *The Rise and Fall of Weimar Democracy*（Chapel Hill, NC, 1996［1989］）〔ハンス・モムゼン『ヴァイマール共和国史―民主主義の崩壊とナチスの台頭』、関口宏道訳、水声社、二〇〇一年。ドイツ語原書 Hans Mommsen, Die verspielte Freiheit. Der Weg der Republik von Weimar in den Untergang 1918 bis 1933, Frankfurt a.M.et al., 1989 よりの邦訳〕ならびに Heinrich August Winkler, *Weimar 1918–1933: Die Geschichte der ersten deutschen Demokratie*（Munich, 1993）が傑出している。

(3)　この議論については、Theodor Escheburg, *Die Improvisierte Demokratie*（Munich, 1963）をみよ。ほかの古典的研究で、今日なお一読に値するものとして、自由主義的視点から書かれた、豊かな実証的叙述である Erich Eyck, *A History of the German Republic*（2 vols., Cambridge, 1962–4［1953–6］）〔エーリッヒ・アイク『ワイマル共和国史』、救仁郷繁訳、全四巻、一九八三～一九八六年。ドイツ語原書、Erich Eyck, *Geschichte der Weimarer Republik*, 2 Bde., Erlenbach, 1954–56 からの邦訳〕ならびに、社会主義者 Arthur Rosenberg による二巻本 *The Birth of the German Republic*（Oxford, 1931［1930］）〔アルトゥール・ローゼンベルク『ヴァイマル共和国成立史―1871–1918』、足利末男訳、新版、みすず書房、二〇〇〇年。ドイツ語原書、Arthur Rosenberg, *Die Entstehung der deutschen Republik 1871–1918*, Berlin, 1928 よりの邦訳〕と *A History of the German Republic*（London, 1936［1935］〔アルトゥール・ローゼンベルク『ヴァイマル共和国史』、吉田輝夫訳、改訂増補版、東宝出版社、一九七〇年。ドイツ語原書、Arthur Rosenberg, *Geschichte der deutschen Republik*, Karlsbad, 1935 よりの邦訳〕がある。後者の二点は、とくにヴィルヘルム時代からの継続性に関する、刺激的で論争を呼ぶテーゼを満載している。

(4)　Heinrich Hannover and Elisabeth Hannover-Drück, *Politische Justiz 1919–1933*（Frankfurt am Main, 1966）, 七六～七七、八九頁。

(5)　憲法第四八条に関する、さまざまな見解については、Nicholas, *Weimar*, 三六～三七頁 ; Detlev J. K. Peukert, *The Weimar Republic: The Crisis of Classical Modernity*（London, 1911［1987］）〔デートレフ・J・K・ポイカート『ワイマル共和国―古典的近代の危機』、小野清美／田村栄子／原田一美訳、名古屋大学出版会、一九九三年。ドイツ語原書、Detlev J. K. Peukert, *Die Weimarer Republik: Krisenjahre der Klassischen Moderne*, Berlin et al., 1987 よりの邦訳〕、

Michael Stürmer（ed.）, *Die Weimarer Republic: Belagerte Civitas*（Königstein im Taunus, 1980）, 二八八〜三〇九頁所収の Harald Boldt, 'Der Artikel 48 der Weimarer Reichsverfassung: Sein Historischer Hintergrund und seine politische Funktion' を参照。ヴァイマール憲法全般に関する標準的な著作は、Ernst Rudolf Huber, *Deutsche Verfassungsgeschichte seit 1789*, 五〜七巻（Stuttgart, 1978–84）である。また、Eberhard Kolb（ed.）, *Vom Kaiserreich zur Weimarer Republik*（Cologne, 1972）, 二一八〜二四三頁所収、Reinhard Rürup, 'Entstehung und Grundlagen der Weimarer Verfassung' もみられたい。なお、エーベルトによる第四八条の濫用はすでに同時代人に批判されていた。Ernst Fraenkel（ed.）, *Der Staatsnotstand*（Berlin, 1965）, 三九〜七一頁所収の Gerhard Schulz, 'Artikel 48 in politisch-hisorischer Sicht' を参照せよ。Eberhard Kolb（ed.）*Friedrich Ebert als Reichspräsident: Amtsführung und Amtsverständnis*（Munich, 1997）, 二〇七〜二五八頁所収の Ludwig Richter, 'Das präsidiale Notverordnungsrecht in dem ersten Jahren der Weimarer Republik: Friedrich Ebert und die Anwendung des artikels 48 der Weimarer Reichsverfassung' は弁護論を試みている。

（6） Dowe and Witt, *Friedrich Ebert*, 一五五〜一五七頁。

（7） Werner Birkenfeld, 'Der Rufmord am Reichspräsidenten: Zur Grenzformen des politischen Kampfes gegen die frühe Weimarer Republik 1919–1925', *Archiv für Sozialgeschichte*, 第一五巻（一九六五年）、四五三〜五〇〇頁。

（8） Heinrich August Winkler, *Der Schein der Normalität: Arbeiter und Arbeiterbewegung in der Weimarer Republik 1924 bis 1930*（Bonne, 1985）, 二三一〜二一四頁。

（9） Victor Klemperer, *Leben sammeln, nicht fragen wozu und warum, II: Tagebücher 1925–1932*（Berlin, 1996）, 五六頁（一九二五年五月十四日の条）。

（10） John W. Wheeler-Bennett, *Hindenburg: The Wooden Titan*（London, 1936）〔J・W・ウィーラー・ベネット『ヒンデンブルクからヒトラーへ——ナチス第三帝国への道』、木原健男訳、東邦出版社、一九七〇年〕、二五〇〜五一頁。ウィーラー＝ベネットの人物描写は鋭く、かつ多くの情報を含んでおり、ヒンデンブルクの側近や同時代のドイツにおいて指導的であった保守政治家との長年にわたるやり取りに基づいている。ウィーラー＝ベネットは、北部ドイツにあった種牡馬牧場を経営する上流階級のイギリス人として、彼らと個人的に懇意にしていたのである。また、Walter Hubatsch, *Hindenburg und der Staat: Aus den Papieren des Generalfeldmarschalls und Reichspräsidenten von 1878 bis 1934*（Göttingen, 1966）も参照。

（11） Andreas Dorpalen, *Hindenburg and the Weimar Republic*（Princeton, 1964）は、ヒンデンブルクを非政治的人物と考え、彼個人にまとわりついていた伝説の

力により、不本意ながら政治に引き込まれたとしている。

（12） Nicholls, *Weimar*, 三九～四〇頁 ; Jürgen Falter, *Hitlers Wähler*（Munich, 1991）, 一三〇～一三五頁。

（13） Eberhard Kolb（ed.）, *Vom Kaiserreich zur Weimarer Republic*（Cologne, 1972）, 二一八～二四三頁所収の古典的論考, 'Kontinuität und Umformung des deutschen Parteiensystems 1918–1920' をみよ。

（14） Vernon L. Lidtke, *The Alternative Culture: Socialist Labor in Imperial Germany*（New York, 1985）.

（15） Horstwalter Heitzer, *Der Volksverein für das katholische Deutschland im Kaiserreich 1890–1918*（Mainz, 1979）; Gotthard Klein, *Der Volksverein für das katholische Deutschland 1890–1933: Geschichte, Bedeutung, Untergang*（Paderborn, 1996）; Dirk Müller, *Arbeiter, Katholische Deutschland und die katholischen Arbeiterorganisationen in der Weimar Republik*（Bonn, 1996）; Doris Kaufmann, *Katholisches Milieu in Münster 1928–1933*（Düsseldorf, 1984）.

（16） Wilhelm L. Guttsman, *Workers' Culture in Weimar Germany: Between Tradition and Commitment*（Oxford, 1990）.

（17） Lynn Abrams, *Workers' Culture in Imperial Germany: Leisure and Recreation in the Rhineland and Westphalia*（London, 1992）.

（18） Bracher *et al.*, *Die nationalsozialistische Machtergreifung*, 第一巻、四一、五八～五九頁は、こうした趣旨でマックス・ヴェーバーの予言を引用している.

（19） Bracher, *Die Auflösung*, 二一～二七、六四～九五頁。

（20） Huber, *Deutsche Verfassungsgeschichte*, 第六巻、一三三頁および Eberhard Kolb, *Weimar Republic*（London, 1988）〔エーベルハルト・コルプ『ワイマル共和国史　研究の現状』、柴田敬二訳、刀水書房、一九八七年。ドイツ語原書、Eberhard Kolb, Die Weimarer Republik, München, 1986–Ausgabe より邦訳〕、一五〇～一五一における議論を参照せよ。比例代表制の批判については、とくに Eberhard Schanbacher, *Parlamentarische Wahlen und Wahlsystem in der Weimar Republik: Wahlgesetzgebung und Wahlreform im Reich und in den Ländern*（Düsseldorf, 1982）をみよ。Falter, *Hitlers Wähler*, 一二六～一三五頁は、いくばくかの情報を含んだ考察を展開しているが、おしなべてみると否定的見解を支持している。

（21） Christoph Gusy, *Die Weimarer Reichsverfassung*（Tübingen, 1997）, 九七～九八頁。

（22） Hagen Schulze, *Weimar: Deutschland 1917–1933*（Berlin, 1982）の見返しに掲載されている便利な一覧表をみられたい。

（23） たとえば、Klaus Reimer, *Rheinlandfrage und Rheinlandbewegung*（*1918–1933*）:

Ein Beitrag zur Geschichte der regionalistischen Bewegung in Deutschland（Frankfurt am Main, 1979）を参照せよ。

（24） Nicholls, *Weimar*, 三三〜三六頁は、それによって生起した問題を誇張している。プロイセンについては、Hagen Schulze, *Otto Braun oder Preussens demokratische Sendung*（Frankfurt am Main, 1977）ならびに Dietrich Orlow, *Weimar Prussia 1918–1925: The Unlikely Rock of Democracy*（Pittsburgh, 1986）, また Hans Peter Ehni, *Bollwerk Preussen? Preussen-Regierung, Reich-Länder-Problem und Sozialdemokratie 1928–1932*（Bonn, 1975）をみよ。

（25） 詳細は Alfred Milatz, *Wähler und Wahlen in der Weimar Republik*（Bonn, 1965）と Jürgen Falter *et al.*, *Wahlen und Abstimmungen in der Weimarer Republik: Materialen zum Wahlverhalten 1919–1933*（Munich, 1986）に記載がある。

（26） Schulze, *Weimar*, 見返し部分。

（27） Winkler, *Von der Revolution*; 同 *Der Schein*, 同 *Der Weg in die Katastrophe: Arbeiter und Arbeiterbewegung in der Weimarer Republik 1930 bis 1933*（Bonn, 1987）等々は、包括的な調査を行った労作で、社会民主党に同情的である。Bracher *et al.*, *Die Nationalsozialistische Machtergreifung*, 第一巻、五八〜五九頁は、同党を厳しく批判している。Richard N. Hunt, *German Social Democracy 1918–1933*（New Haven, 1964）, とくにその二四一〜二五九頁は、「中年に達した」社会民主党にはびこっていった小心さを強調した。

（28） Larry Eugene Jones, *German Liberalism and the Dissolution of the Weimar Party System, 1918–1933*（Chapel Hill, NC, 1988）, 六七〜八〇頁。

（29） Erich Matthias and Rudolf Morsey（eds.）, *Das Ende der Parteien 1933: Darstellungen und Dokumente*（Düsseldorf, 1960）, 二九〜九七頁所収の Matthias and Morsey, 'Die Deutsche Staatspartei', 三一〜五四頁 ; Werner Schneider, *Die Deutsche Demokratische Partei in der Weimarer Republik, 1924–1930*（Munich, 1978）; Diehl, *Paramilitary Politics*, 二六九〜二七六頁 ; Jones, *German Liberalism*, 369–74; Klaus Hornung, *Der Jungdeutsche Orden*（Düsseldorf, 1958）.

（30） Defter Junker, *Die Deutsche Zentrumspartei und Hitler: Ein Beitrag zur Problematik des politischen Katholizismus in Deutschland*（Stuttgart, 1969）; Rudolf Morsey, *Der Untergang des politischen Katholizismus: Die Zentrumspartei zwischen christlichem Selbstverständnis und 'Nationaler Erhebung' 1932/33*（Stuttgart, 1977）; Karsten Ruppert, *Im Dienst am Staat von Weimar: Das Zentrum als regierende Partei in der Weimarer Demokratie 1923–1930*（Düsseldorf, 1992）. バイエルン人民党については、Klaus Schönhoven, *Die Bayerische Volkspartei 1924–1932*（Düsseldorf, 1972）をみよ。ヨーロッパ全般の背景については、Eric Hobsbawm, *Age of Extremes: The*

Short Twentieth Century 1914–1991（London, 1994）〔エリック・ホブズボーム『20世紀の歴史――両極端の時代――』、大井由紀訳、上下巻、ちくま学芸文庫、二〇一八年〕、一一四～一一五頁を参照されたい。

(31)　Matthias and Morsey（eds.）, *Das Ende*, 二七九～四五三頁所収、Rudolf Morsey, 'Die Deutsche Zentrumspartei', 二九〇～二九一頁の引用による。

(32)　Max Miller, *Eugen Bolz*（Stuttgart, 1951）, 三五七～三五八頁。Morsey, 'Die Deutsche Zentrumspartei', 二九二頁の引用による。また、Joachim Sailer, *Eugen Bolz und die Krise des politischen Katholizismus in der Weimarer Republik*（Tübingen, 1994）も参照せよ。

(33)　John Cornwell, *Hitler's Pope: The Secret History of Pius XII*（London, 1999）, とくに、九六～九七、一一六～一一七、一二〇～一五一頁 ; Klaus Scholder, *The Churches and the Third Reich*（2 vols., London, 1987–8［1977, 1985］）に、おおいに依拠した。ヴァチカンによる圧力についてはMorsey, 'Die Deutsche Zentrumspartei' , 三〇一頁による。

(34)　Werner Angress, *Stillborn Revolution: The Communism in Germany under the Weimar Republic*（London, 1984）, 一四八、一六一頁 ; Eric D. Weitz, *Creating German Communism, 1890–1990: From Popular Protest to Socialist State*（Princeton, 1997）, 一〇〇～一三一頁 ; Hermann Weber, *Die Wandlung des deutschen Kommunismus: Die Statlinisierung der KPD in der Weimarer Republik*（2 vols., Frankfurt am Main, 1969）は、とくに参照すべし。

(35)　多数の例があるなかの一つとして、Evans, *Rituals*, 五〇七～五〇九、五七四頁。

(36)　Maximilian Müller-Jabusch（ed.）, *Handbuch des öffentlichen Lebens*（Leipzig, 1931）, 四四二～四四五頁は、Kaes *et al.*（eds.）, *The Weimar Republic Sourcebook*, 三四八～三五二頁に抄訳されている。より全般的なものとしては、Mommsen, *The Rise and Fall*, 二五三～二六〇頁をみよ。

(37)　Bracher, *Die Auflösung*, 三〇九～三三〇頁 ; Matthias and Morsey（eds.）, *Das Ende*, 五四一～六五二頁所収、Friedrich Freiherr Hiller von Gaertringen, 'Die Deutschnationale Volkspartei', 五四三～五四九頁。

(38)　Henry Ashby Turner, Jr., *Gustav Stresemann and the Politics of the Weimar Republic*（Princeton, 1965［1963］）, 二五〇～二五一頁 ; Jonathan Wright, *Gustav Stresemann: Weimar's Greatest Statesman*（Oxford, 2002）.

(39)　Broszat, *Der Staat Hitlers*, 一九～二〇頁。

(40)　Diehl, *Paramilitary Politics*, 二〇九～二四三頁 ; Berghahn, *Der Stahlhelm*, 一〇三～一三〇頁。

（41） Francis L. Carsten, *The Reichswehr and Politics 1918–1933*（Oxford, 1966）, 三〜四八頁；Wolfram Wette, *Gustav Noske: Eine politische Biographie*（Düsseldorf, 1987）, 三九九〜四五九頁。

（42） Carsten, *The Reichswehr*, 一〇六〜一〇七頁；Johannes Erger, *Der Kapp-Lüttwitz-Putsch: Ein Beitrag zur deutschen Innenpolitik 1919/20*（Düsseldorf, 1967）; Erwin Könnemann *et al.*（eds.）, *Arbeiterklasse siegt über Kapp und Lüttwitz*（2 vols., Berlin, 1971）.

（43） Carsten, *The Reichswehr*, 四〇一頁の引用による。

（44） Thilo Vogelsang（ed.）, 'Neue Dokumente zur Geschichte der Reichswehr, 1930–1933', *VfZ* 2（一九五四年）, 三九七〜四三六頁。

（45） Friedrich von Rabenau, *Seeckt—aus seinem Leben 1918–1936*（Leipzig, 1940）, 三五九〜三六一頁ならびに Otto-Ernst Schüddekopf, *Das Heer und die Republik-Quellen zur Politik der Reichswehr- führung 1918 bis 1933*（Hanover, 1955）, 一七九〜一八一頁。さらに John W. Wheeler-Bennett のより古い研究、*The Nemesis of Power: The German Army in Politics 1918–1945*（London, 1953）〔ウィーラー・ベネット『国防軍とヒトラー　1918〜1945』山口定訳，新装版、みすず書房、二〇〇二年〕は、今ではほとんどの点で時代遅れになっているが、その軍に対するきわめて批判的な見解を参照のこと。Harold J. Gordon, *The Reichswehr and the German Republic 1919–26*（Princeton, 1957）は、ゼークトに同情的である。基本的な事実関係の詳細は、Hans Meier-Welcker and Wolfgang von Groote（eds.）, *Handbuch zur deutschen Militärgeschichte 1648–1939, VI*（Frankfurt am Main, 1970）, 一一〜三〇四頁所収の Rainer Wohlfeil, 'Heer und Republik' で得られる。

（46） Carsten, *Reichswehr*, 二七六頁；Ernst Willi Hansen, *Reichswehr und Industrie: Rüstungswirtschaftaftliche Zusammenarbeit und wirtschaftliche Mobilmachungsvorbereitungen 1923–1932*（Boppard, 1978）; Manfred Zeidler, *Reichswehr und Rote Armee 1920–1933: Wege und Stationen einer ungewöhnlichen Zusammenarbeit*（Munich, 1993）. より全般的には、Michael Geyer, *Aufrüstung oder Sicherheit: Reichswehr in der Krise der Machtpolitik, 1924–1936*（Wiesbaden, 1980）ならびに Karl Nuss, *Militär und Wiederaufrüstung in der Weimarer Republik: Zur politischen Rolle und Entwicklung der Reichswehr*（Berlin, 1977）を参照せよ。

（47） Carsten, *The Reichswehr*, 一五九〜一六〇、一六八〜一六九、二二六頁。

（48） Richard Bessel and Edgar Feuchtwanger（eds.）, *Social Change and Political Development in Weimar Germany*（London, 1981）, 七七〜一三三頁所収の Michael Geyer, 'Professionals and Junkers: German Rearmament and Politics in the Weimar Republic'.

(49)　クレイグ〔Craig〕による古典的研究 *The Politics of the Prussian Army*, 三八二〜四六七頁をみよ。

(50)　Lothar Gall and Manfred Pohl (eds.), *Die Eisenbahn in Deutschland: Von den Anfängen bis zur Gegenwart* (Munich, 1999), 一〇九〜一六四頁所収の Eberhard Kolb, 'Die Reichsbahn vom Dawes-Plan bis zum Ende der Weimarer Republik', 一四九〜一五〇頁。

(51)　Jane Caplan, *Government without Administration: State and Civil Service in Weimar and Nazi Germany* (Oxford, 1988), 八〜一八、六〇〜六一頁。

(52)　Gerhart Fieberg (ed.), *Im Namen des deutschen Volkes: Justiz und Nationalsozialismus* (Cologne, 1989), 八頁。

(53)　Bracher, *Die Auflösung*, 一六二〜一七二頁。

(54)　Caplan, *Government*, 三〇〜三六頁。

(55)　同、三三〜五七頁 ; Wolfgang Runge, *Politik und Beamtentum im Parteienstaat: Die Demokratisierung der politischen Beamten in Preussen zwischen 1918 und 1933* (Stuttgart, 1965); Albertin and Werner Link (eds.), *Politische Partei auf dem Weg zur parlamentarischen Demokratie in Deutschland: Entwicklungslinien bis zur Gegenwart* (Düsseldorf, 1981), 一九五〜二〇七頁所収の Anthony J. Nicholls, 'Die höhere Beamtenschaft in der Weimarer Zeit: Betrachtungen zu Problemen ihrer Haltung und ihrer Fortbildung'; *Demokratie und Verwaltung: 25 Jahre Hochschule für Verwaltung Speyer* (Berlin, 1972) 一一七〜一三六頁所収 Hans Fenske, 'Monarchisches Beamtentum und demokratischer Rechtsstaat: Zum Problem der Bürokratie in der Weimarer Republik'; Karl Dietrich Erdmann and Hagen Schulze (eds.), *Weimar: Selbstpreisgabe einer Demokratie* (Düsseldorf, 1980), 一五一〜一六八頁所収の Rudolf Morsey, 'Beamtenschaft und Verwaltung Zwischen Republik und "Neuem Staat"'; , *VfZ* 第六巻（一九五八年), 一一九〜一三七頁所収 Eberhard Pikart, 'Preussische Beamtenpolitik 1918–1933'.

(56)　Broszat, *Der Staat Hitler*, 二七〜二九頁。

(57)　Merkl, *Political Violence*, 五一三頁、AT 二八番。

(58)　Rainer Fattmann, *Bildungsbürger in der Defensive: Die akademische Beamtenschaft und der 'Reichsbund der höheren Beamten' in der Weimarer Republik* (Göttingen, 2001) を参照せよ。

(59)　ドイツの経済その他の戦争目的全体をテーマとした研究としては、もはや戦争の起源を論じていないものの（実際、ごく簡単にしか扱われていない)、Fischer, *Germany's Aims* が、なおスタンダードとなっている。

(60)　大戦中ならびに戦争直後のインフレ過程については、記念碑的な史書、

Gerald D. Feldman, *The Great Disorder: Politics, Economics, and Society in the German Inflation, 1914–1924*（New York, 1993）の冒頭百五十頁ほどにおいて、きわめて詳細に語られている。当該時期すべてにわたる交換レートは、同書五頁の表一に示されている。このフェルドマンの著書は、Constantino Bresciani-Turroni, *The Economic of Inflation: A Study of Currency Depreciation in Post-war Germany*（London, 1937）や Karsten Laursen and Jürgen Pedersen, *The German Inflation 1918–1923*（Amsterdam, 1964）といった古典的研究に代わるものとなっているのだ。Theo Balderston, *Economic and Politics in the Weimar Republic*（London, 2002）, 三四〜六〇頁には、簡潔な研究史が記されている。Stephan B. Webb, *Hyperinflation and Stabilization in Weimar Germany*（Oxford, 1989）は、インフレーションの過程と賠償問題の関連を論じるもの。

（61） Feldman, *The Great Disorder*, 五頁（表一）。より全般的には、多くの引用と実例を含む同書の一章から八章、さらに、Kent, *The Spoils of War*, 四五〜四六、一四二〜一五八頁。

（62） Feldman, *The Great Disorder*, 八三七〜八三九頁；より否定的な見方をしたものとして、Niall Ferguson, *Paper and Iron: Hamburg Business and German Politics in the Era of Inflation, 1879–1927*（Oxford, 1995）, とくに四〇八〜四一九頁。

（63） Feldman, *The Great Disorder*, 五頁（表一）。ルール占領については、Conan Fischer, *The Ruhr Crisis 1923–1924*（Oxford, 2003）; Herman J. Rupieper, *The Cuno Government and Reparations 1922–1923: Politics and Economics*（The Hague, 1979）; Klaus Schwabe（ed.）*Die Ruhrkrise 1923: Wendepunkt der internationalen Beziehungen nach dem Ersten Weltkrieg*（Paderborn, 1985）.

（64） *Berliner Morgenpost* 第二五一号（一九二三年十月二十一日）、'Zahlen-Wahnsinn, von Bruno H. Bürgel'.

（65） Norman Angell, *The Story of Money*（New York, 1930）, 三三二頁；Haffner, *Defying Hitler*, 四九〜五〇頁。

（66） Fritz Blaich, *Der schwarze Freitag: Inflation und Wirtschaftskrise*（Munich, 1985）, 一四、三一頁。

（67） Carl-Ludwig Holtfrerich, *The German Inflation 1914–1923; Causes and Effects in International Perspective*（New York, 1986［1980］）, 二六一頁に引用された、Wirtschaftskurve, 第二巻（一九二三年）第一号、二九頁ならびに同第四号（一九二三年）、二一頁。ここでは、中程度の給料を得、子供が一人いる家庭の支出が例としてあげられている。

（68） *Berliner Morgen Post*〔ベルリン朝報〕、第二二〇号（一九二三年九月十五日）、'Zurückgehaltene Ware: Weil der "morgige" noch nicht bekannt ist'.

(69)　Feldman, *The Great Disorder*, 七〇四〜七〇六頁。

(70)　Holtfrerich, *The German Inflation*, 二六二〜二六三頁。

(71)　Klemperer, *Leben sammeln*, 第一巻、二三九頁（一九二〇年二月二十六日の条）。

(72)　同、二五七頁（一九二〇年三月二十八日の条）。

(73)　同、二六二頁（一九二〇年四月一日の条）。

(74)　同、六九七頁（一九二三年五月二十三日の条）ならびに七〇〇〜七〇一頁（一九二三年六月一日ならびに二日の条。投機への熱狂については、Haffner, *Defying Hitler*, 四六〜四七頁もみよ。

(75)　Klemperer, *Leben sammeln*, 第一巻、七一七頁（一九二三年七月二十四日の条）、七二九頁（一九二三年八月三日の条）。

(76)　同、七四〇頁（一九二三年八月二十七〜二十八日の条）。

(77)　同、七五二頁（一九二三年十月九日の条）。

(78)　同、七五一頁（一九二三年十月九日の条）。

(79)　同、七五七頁（一九二三年十一月二日の条）。

(80)　同、七五八頁（一九二三年十一月七日および十六日の条）。

(81)　*Berliner Morgen Post*, 第二一三号（一九二三年九月七日）: ‘Nur noch dreissig Strassenbahn-Linien’.

(82)　Kent, *The Spoil of War*, 七四一〜七四七頁。

(83)　Feldman, *The Great Disorder*, 七四一〜七四七頁。

(84)　同、七七八〜七九三頁。

(85)　同、七五四〜八三五頁。

(86)　Derek H. Aldcroft, *From Versailles to Wall Street 1919–1929*（London, 1977）, 一二五〜一五五頁。

(87)　Feldman, *The Great Disorder*, 八五四〜八八八頁。

(88)　Klemperer, *Leben sammeln*, 第一巻、七六一頁（一九二三年十二月四日の条）、七六三頁（一九二三年十二月二十日の条）。

(89)　Nikolaus Wachsmann, *Hitler's Prisons: Legal Terror in Nazi Germany*（二〇〇四年刊行予定）〔二〇〇四年に刊行〕, 第二章。

(90)　Richard J. Evans (ed.), *The German Working Class（1888–1933）: The Politics of Everyday Life*（London, 1982）, 五四〜七九頁所収の Michael Grüttner, ‘Working-Class Crime and the Labour Movement: Pilfering in Hamburg Docks, 1888–1923’.

(91)　Hans Ostwald, *Sittengeschichte der Inflation: Ein Kulturdokument aus den Jahren des Marksturzes*（Berlin, 1931）, とくに三〇〜三一頁。

(92)　Martin Geyer, *Verkehrte Welt: Revolution, Inflation, und Moderne. München 1914–*

1924（Göttingen, 1998）の随所に典拠がある。

（93） Bernd Widdig, *Culture and Inflation in Weimar Germany*（Berkeley, 2001）, 一一三〜一三三頁。

（94） Geyer, *Verkehrte Welt*, 二四三〜三一八頁 ; より全般的には Gerald D. Feldman（ed.）, *Die Nachwirkungen der Inflation auf die deutsche Geschichte 1924–1933*（Munich, 1985）所収のさまざまな研究を参照されたい。

（95） そのような衝突に関する、魅力的な研究として、Charles Medalen, 'State Monopoly Capitalism in Germany: The Hibernia Affair', *Past and Present*, 第七八号（一九七八年二月号）、八二〜一一二頁。

（96） Henry Ashby Turner, Jr., *German Big Business and the Rise of Hitler*（New York, 1985）, 三〜一八頁 ; 同著者による 'The Origins of Stinnes-Legien Agreement: A Documentation', *Internationale Wissenschaftliche Korrespondenz zur Geschichte der deutschen Arbeiterbewegung*, 第一九／二〇号（一九七三年）、四五〜一〇四頁。

（97） インフレーション期間中の企業投資の性質と規模に関する議論の要約として、Harold James, *The German Slump: Politics and Economics, 1924–1936*（Oxford, 1986）, 一二五〜一三〇頁をみよ。

（98） Peter Hayes, *Industry and Ideology: I.G. Farben in Nazi Era*（Cambridge, 1987）, 一六〜一七頁 ; Gerald D. Feldman, *Hugo Stinnes: Biographie eines Industriellen 1870–1924*（Munich, 1998）.

（99） Mary Nolan, *Visions of Modernity: American Business and Modernization of Germany*（New York, 1944）.

（100） Peukert, *The Weimar Republic*, 一一二〜一一七頁。

（101） Robert Brady, *The Rationalization Movement in Germany: A Study in the Evolution of Economic Planning*（Berkeley, 1933）; James, *The German Slump*, 一四六〜一六一頁。

（102） Feldman, *The Great Disorder*, 八四三〜八四四頁 ; Ian Kershaw（ed.）, *Weimar: Why Did German Democracy Fail?*（London, 1990）, 三〇〜五七頁所収の Harold James, 'Economic Reasons for the Collapse of the Weimar Republic', 三三〜三四頁。また、以下の文献もみよ。Dieter Hertz-Eichenröde, *Wirtschaftskrise und Arbeitsbeschaffung: Konjunkturpolitik 1925/26 und die Grundlagen der Krisenpolitik Brünings*（Frankfurt am Main, 1982）; Fritz Blaich, *Die Wirtschaftskrise 1925/26 und die Reichsregierung: Von der Erwerbslosenfürsorge zur Konjunkturpolitik*（Kallmünz, 1977）; Klaus-Dieter Krohn, *Stabilisierung und ökonomische Interessen: Die Finanzpolitik des deutschen Reiches 1923–1927*（Düsseldorf, 1974）.

（103） Bern Weisbrod, *Schwerindustie in der Weimarer Republik: Interessenpolitik zwischen*

Stabilisierung und Krise（Wuppertal, 1978）, 四一五～四五六頁 ; James, *The German Slump*, 一六二～二二三頁。

（104） Kershaw（ed.）, *Weimar*, 一二〇～一五二頁所収の Richard Bessel, 'Why did the Weimar Republic Collapse?', 一三六頁 ; Wolfgang J. Mommsen（ed.）, *The Emergence of Welfare State in Britain and Germany, 1850–1950*（London, 1981）, 一八八～二〇四頁所収、Bernd Weisbrod, 'The Crisis of German Unemployment Insurance in 1928/29 and its Political Repercussion'; Richard J. Evans and Dick Geary（eds.）, *The German Unemployed: Experience and Consequences of Mass Unemployment from the Weimar Republic to the Third Reich*（London, 1987）, 一～二二頁所収、J. Evans, 'Introduction: The Experience of Mass Unemployment in Weimar Republic', 五～六頁 ; Evans and Geary（eds.）, *The German Unemployed*, 四四～七二頁所収の Merith Niehuss, 'From Welfare Provision to Social Insurance: The Unemployed in Augsburg 1918–27'.

（105） Turner, *German Big Business*, 一九～四六頁 ; Weisbrod, *Schwerindustrie*; また、Panikos Panayi（ed.）, *Weimar and Nazi Germany: Continuities and Discontinuities*（London, 2001）, 一七三～一九八頁所収、J. Adam Tooze, 'Big Business and the Continuities of German History, 1900–1945' の簡潔なスケッチを参照せよ。

（106） バルマートのスキャンダルについては、Bernhard Fulda, 'Press and Politics in Berlin, 1924–1930'（ケンブリッジ大学に提出された博士論文、二〇〇三年）、六三～七一、八七～一一七ページをみよ。

（107） Kershaw（ed.）*Weimar*, 九二～一一九頁所収、Dick Geary, 'Employers, Workers, and the Collapse of the Weimar Republic'.

（108） Karl Rohe, *Wahlen und Wählertraditionen in Deutschland*（Frankfurt am Main, 1992）, 一二四頁。

（109） Falter, *Hitlers Wähler*, 三二七～三二八頁 ; Kurt Koszyk, *Deutsche Presse 1914–1945: Geschichte der deutschen Presse*, 第三巻（Berlin, 1972）.

（110） Babette Cross, *Willi Münzenberg: Eine politische Biographie*（Stuttgart, 1967）.

（111） Erich Schairer, 'Alfred Hugenberg', *Mit anderen Augen: Jahrbuch der deutschen Sonntagszeitung*（1929）, 一八～二一頁は、Kaes *et al.*（eds.）, *The Weimar Republic Sourcebook*, 七二～七四頁に引用・翻訳されている。Dankwart Guratzsch, *Macht durch Organisation: Die Grundlegung des Hugenbergschen Presseimperiums*（Düsseldorf, 1974）, 一九二～一九三、二四四、二四八頁。

（112） Fulda, 'Press and Politics', 表 1。

（113） Morris Eksteins, *The Limits of Reason: The German Democratic Press and the Collapse of Weimar Democracy*（Oxford, 1975）, 一二九～一三〇、二四九～二五〇

頁。

（114） Fulda, 'Press and Politics', 表 1、より全般的には第一章をみよ。

（115） Falter, *Hitlers Wähler*, 三二五～三二九頁。

（116） Oswald Spengler, *Der Untergang des Abendlandes: Umrisse einer Morphologie der Weltgeschichte*, 第一巻 ; *Gestalt und Wirklichkeit*（Vienna, 1918）〔オスヴァルト・シュペングラー『西洋の没落 第一巻 形態と現実（世界史の形態学の素描』、村松正俊訳、新装版、五月書房、二〇一五年〕、七三～七五頁。

（117） Arthur Moeller van den Bruck, *Das Dritte Reich*（3rd edn., Hamburg, 1931［Berlin, 1923］), とくに三〇〇、三二〇頁 ; Gary D. Stark, *Entrepreneurs of Ideology: Neo-Conservative Publishers in Germany, 1890–1933*（Chapel Hill, NC 1981）; *Modern Language Review*, 第三四号（一九三四年）、一五六～一七二頁所収の Agnes Stanfield, 'Das Dritte Reich: A Contribution to the Study of the "Third Kingdom" in German Literature from Herder to Hegel'. メラー・ファン・デン・ブルックは、当初、その保守革命によるユートピア論を「第三の道」と称していた。Mosse, *The Crisis*, 二八一頁を参照。

（118） Kaes *et al.*,（eds.）, *The Weimar Republic Sourcebook*, 三五二～三五四頁に抄訳されている *Deutsche über Deutschland*（Munich, 1932）所収の Edgar Jung, 'Deutschland und die conservative revolution'.

（119） Jünger, *In Stahlgewittern*; さらに *Journal of Contemporary History*, 第三三号（一九九八年）、五七三～五八九頁所収の Nikolaus Wachsmann, 'Marching under the Swastika? Ernst Jünger and National Socialism, 1918–33' をみよ。

（120） Theweleit, *Male Fantasies*.

（121） Kurt Sontheimer, *Antidemokratisches Denken in der Weimarer Republik*（Munich, 1978［1962］）〔クルト・ゾントハイマー『ワイマール共和国の政治思想 ドイツ反民主主義思想』、河島幸夫・脇圭平訳、ミネルヴァ書房、一九七六年〕は、こうした、あれこれ同様の思想潮流についての古典的研究である。

（122） James M. Richie, *German Literature under National Socialism*（London, 1938）, 一〇～一一頁 ; さらに、Jan Berg *et al.*（eds.）, *Sozialgeschichte der deutschen Literature von 1918 bis zur Gegenwart*（Frankfurt am Main, 1981）, 三六一～四一六頁所収の Peter Zimmermann, 'Literature im Dritten Reich', もみよ。また、Jost Hermand and Frank Trommler, *Die Kultur der Weimarer Republik*（Munich, 1978）, 一二八～一九二頁もとくに参照されたい。

（123） 優れた概観として Nitschke *et al.*（eds.）, *Jahrhundertwende* を参照せよ。ヴィルヘルム時代の「モラル・パニック」については、Richard J. Evans, *Tales from German Underworld: Crime and Punishment in the Nineteenth Century*（London,

1988), 一六六〜二一二頁 ; Gary Stark, 'Pornography, Society and the Law in Imperial Germany', *Central European History*, 第一四号（一九八一年）、二〇〇〜二二〇頁 ; Bram Dijkstra, *Idols of Perversity: Fantasies of Female Evil in Fin-de-Siècle Culture*（New York, 1986）; Robin Lenman, Art, Society and the Law in Wilhelmine Germany: The Lex Heinze', *Oxford German Studies*, 第八号（一九七三年）、八六〜一一三頁 ; Matthew Jefferies, *Imperial Culture in Germany, 1871–1918*（London, 2003）をみよ。ヴァイマール文化については, Peukert, *The Weimar Republic*, 一六四〜一七七頁を参照。

（124） Hermand and Trommler, *Die Kultur*, 一九三〜二六〇頁。

（125） Richard A. Etlin（ed.）, *Art, Culture and Media under the Third Reich*（Chicago, 2002）, 二八七〜三一五頁所収の Karen Koehler, 'The Bauhaus, 1919–1928: Gropius in Exile and the Museum of Modern Art, N.Y., 1938', 二八八〜二九二頁 ; Barbara Miller Lane, *Architecture and Politics in Germany, 1918–1945*（Cambridge, Mass., 1968）, 七〇〜七八頁 ; Shearer West, *The Visual Arts in Germany 1890–1936: Utopia and Despair*（Manchester, 2000）, 一四三〜一五五頁 ; Hans Wingler, *The Bauhaus—Weimar, Dessau, Berlin, Chicago 1919–1944*（Cambridge, Mass., 1978）; Frank Whitford, *The Bauhaus*（London, 1984）.

（126） Christian Jansen *et al.*（eds.）, *Von der Aufgabe der Freiheit: Politische Verantwortung und bürgerliche Gesellschaft im 19. und 20. Jahrhundert: Festschrift für Hans Mommsen zum 5. November 1995*（Berlin, 1995）, 二一九〜二三〇頁所収の Gerald D. Feldman, 'Right-Wing Politics and the Film Industry: Emil Georg Strauss, Alfred Hugenberg and UFA, 1917–1933'; Siegfried Kracauer, *From Caligari to Hitler: A Psychological History of German Film*（Princeton, 1947）〔ジークフリート・クラカウアー『カリガリからヒットラーまで』、平井正訳、せりか書房、一九七一年〕、二一四〜二一六頁。

（127） Andrew Kelly, *Filming All Quiet on the Western Front—'Brutal Cutting, Stupid Censors, Bigoted Politicos'*（London, 1889）は、*All Quiet on the Western Front: The Story of a Film*（London, 2002）として、ペーパーバック版で再版された。ヴァイマール文化をより包括的にみるには、古典的な論考である Peter Gay, *Weimar Culture: The Outsider as Insiders*（London, 1969）〔ピーター・ゲイ『ワイマール文化』、亀嶋庸一訳、改訳版、みすず書房、一九八七年〕を参照せよ。Walter Laqueur, *Weimar: A Cultural History 1918–1933*（London, 1974）〔ウォルター・ラカー『ワイマル文化を生きた人びと』、脇圭平／八田恭昌／初宿正典訳、ミネルヴァ書房、一九八〇年〕は、保守的多数派と同様に、前衛的少数派についても充分に扱っている。また、視覚芸術については Hermand and

Trommler, *Die Kultur*, 三五〇～四三七頁をみよ。

（128） Erik Levi, *Music in the Third Reich*（London, 1994）〔エリック・リーヴィー『第三帝国の音楽』、望田幸男監訳、田野大輔／中岡俊介訳、名古屋大学出版会、二〇〇〇年〕、一～一三頁 ; Hermand and Trommler, *Die Kultur*, 二七九～三五〇頁。

（129） Michael H. Kater, *Different Drummers: Jazz in the Culture of Nazi Germany*（New York, 1992）, 三～二八頁 ; Peter Jelavich, *Berlin Cabaret*（Cambridge, Mass., 1993）, 二〇二頁。

（130） Peukert, *The Weimar Republic*, 一七八～一九〇頁。

（131） Merkl, *Political Violence*, 一七三頁所収の AT 四三番。

（132） Abrams, *Workers' Culture*, とくに第七章。

（133） Richard J. Evans, *The Feminist Movement in Germany 1894–1933*（London, 1976）, 一二二、一四一頁 ; Rudolf Binion, *Frau Lou: Nietzsche's Wayward Disciple*（Princeton, 1968）, 四四七頁。

（134） James D. Steakley, *The Homosexual Emancipation Movement in Germany*（New York, 1975）; John C. Fout, 'Sexual Politics in Whilhelmine Germany: The Male Gender Crisis, Moral Purity, and Homophobia', *Journal of the History of Sexuality*, 第二号（一九九二年）、三八八～四二一頁。

（135） Renate Bridenthal *et al.*,（eds.）*When Biology Became Destiny: Women in Weimar and Nazi Germany*（New York, 1984）〔レナード・ブライデンソールほか『生物学が運命を決めたとき――ワイマールとナチスドイツの女たち』、近藤和子訳、社会評論社、一九九二年〕、三三～三六五頁所収の先駆的論考、Renate Bridenthal and Claudia Koonz, 'Beyond *Kinder, Küche, Kirche*: Weimar Women in Politics and Work' をみよ。

（136） Planert, *Antifeminismus.*

（137） Evans, *The Feminist Movement*, 一四五～二〇一頁 ; Klaus Höhnig, *Der Bund Deutscher Frauenvereine in der Weimarer Republik 1919–1923*（Egelsbach, 1995）.

（138） Atina Crossmann, *Reforming Sex: The German Movement for Birth Control and Abortion Reform 1920–1950*（New York, 1995）, 一六頁 ; Steakley, *The Homosexual Emancipation Movement*; Fout, "Sexual Politics'; Charlotte Wolff, *Magnus Hirschfeld: A Portrait of a Pioneer in Sexology*（London, 1986）.

（139） James Woycke, *Birth Control in Germany 1871–1933*（London, 1986）, 一一三～一一六、一二一、一四七～一四八頁 ; Grosmann, *Reforming Sex*: Cornelie Usborne, *The Politics of the Body in Weimar Germany: Women's Reproductive Rights and Duties*（London, 1991）.

(140)　Clifford Kirkpatrick, *Nazi Germany: Its Women and Family Life*（New York, 1938), 三六頁; Larry Eugene Jones and James Retallack（eds.), *Elections, Mass Politics, and Social Change in Modern Germany: New Perspective*（New York, 1992), 二〇一～二二二頁所収、Elizabeth Harvey, 'Serving the Volk, Saving the Nation: Women in the Youth Movement and the Public Sphere in Weimar Germany'; Jutta Dalhoff *et al.*（eds.), *Frauenmacht in der Geschichte*（Düsseldorf, 1986), 三九〇～四〇〇頁所収の Irene Stoehr, 'Neue Frau und alte Bewegung? Zum Generationskonflikt in der Frauenbewegung der Weimarer Republik'; Judith Friedlander *et al.*（eds.) *Women in Culture and Politics: A Century of Change*（Bloomington, Ind., 1986), 六二～八〇頁所収の Atina Grossmann, '"Girlkultur" or Thoroughly Rationalized Female: A New Woman in Weimar Germany'.

(141)　Raffael Scheck, *Mothers of the Nation: Right-Wing Women in German Politics, 1918–1923*（近刊、二〇〇四年）〔二〇〇四年に刊行〕forthcoming, 2004); Höhnig, *Der Bund*; Ute Planert（ed.), *Nation, Politik und Geschlecht: Frauenbewegungen und Nationalismus in der Moderne*（Frankfurt am Main, 2000).

(142)　個々の証言については、Merkl, *Political Violence*, 二三〇～二八九頁を参照。また、Peter D. Stachura, *The German Youth Movement, 1900–1945: An Interpretative and Documentary History*（London, 1981）は、Laqueur, *Young Germany*, Howard Becker, *German Youth: Bond or Free?*（New York）や Mosse, *The Crisis*, 一七一～一八九頁などの初期の研究で、青年運動が有していた初源的ファシストとしての側面が強調されていたことへの反論を提示している。より最近の研究としては、Wolfgang R. Krabbe（ed.), *Politische Jugend in der Weimarer Republik*（Bochum, 1993), 二二三～二四三頁所収の Jürgen Reulecke, '"Hat die Jugendbewegung den Nationalsozialismus vorbereitet?" Zum Umgang mit einer falschen Frage' をみよ。

(143)　Klemperer, *Leben sammeln*, 第二巻、五六頁（一九二五年五月十四日）。

(144)　Merkl, *Political Violence*, 二九〇～三一〇頁、とくに三〇三～三〇四頁所収の AT 一四四、一七三番; さらに、Margret Kraul, *Das deutsche Gymnasium 1780–1980*（Frankfurt am Main, 1984), 一二七～一五六頁は有益な概説になっている。Folkert Meyer, *Schule der Untertanen: Lehrer und Politik in Preussen 1848–1900*（Hamburg, 1976）は、学校が政治的影響をおよぼしたことを強く否定する見解を取った。一方、Mosse, *The Crisis*, 一四九～一七〇頁は、国家主義者の影響を強調している。マイヤーの見解に適切な修正を加えたものとして、Marjorie Lamberti, 'Elementary School Teachers and the Struggle against Social Democracy in Wilhelmine Germany', *History of Education Quarterly*, 第一二号（一九

九二年)、七四〜九七頁。また、同著者による *State, Society and the Elementary School in Imperial Germany*（New York, 1989）を参照せよ。

(145) Konrad H. Jarausch, *Deutsche Studenten 1800–1970*（Frankfurt am Main, 1984), とくに一一七〜一二二頁 ; Michael S. Steinberg, *Sabers and Brown Shirts: The German Students' Path to National Socialism, 1918–1935*（Chicago, 1977); Geoffrey J. Giles, *Students and the National Socialism in Germany*（Princeton, 1985）は、ハンブルク大学に関する研究である。AStA（*Allgemeiner Studenten-Ausschuss*）を文字通り訳せば、「全学生委員会」となる。これら団体の機能は、英語圏世界の「学生自治会」のそれに相当する。

(146) Michael H. Kater, *Studentenschaft und Rechstradikalismus in Deutschland 1918–1933: Eine sozialgeschichtliche Studie zur Bildungskrise in der Weimarer Republik*（Hamburg, 1975）; 同著者による 'The Work Student: A Socio-Economic Phenomenon of Early Weimar Germany', *Journal of Contemporary History*, 第一〇号（一九七五年), 七一〜九四頁 ; Wildt, *Generation des unbedingten*, 七二〜八〇頁。

(147) 同、八一〜一四二頁。

(148) Ulrich Herbert, *Best: Biographische Studien über Radikalismus, Weltanschauung und Vernunft 1903–1989*（Bonn, 1996), 四二〜六八頁。

(149) Merkl, *Political Violence*, 二三六頁、AT 一四四番（強調は原文のまま)。

(150) Maria Tatar, *Lustmord: Sexual Murder in Weimar Germany*（Princeton, 1995）（ただし、この著作は、多くの点で説得力に欠ける。*German History*, 第一四号（一九九六年)、四一四〜四一五頁の、著者〔エヴァンズ〕による書評を参照されたい). より伝統的な見解によるものとして、Birgit Kreutzahler, *Das Bild des Verbrechers in Romanen der Weimarer Republik: Eine Untersuchung vor dem Hintergrund anderer Gesellschaftlicher Verbrecherbilder und gesellschaflicher Grundzüge der Weimarer Republik*（Frankfurt am Main, 1987); Kracauer, *From Caligari*; Evans, *Rituals*, 五三一〜五三六頁。

(151) Patrick Wagner, *Volksgemeinschaft ohne Verbrecher: Konzeptionen und Praxis der Kriminalpolizei in der Zeit der Weimarer Republik und des Nationalsozialismus*（Hamburg, 1996), 二六〜七六、一五三〜一七九頁。

(152) Evans, *Rituals*, 四八七〜六一〇頁。

(153) Fieberg（ed.), *Im Namen*, 一〇〜二二頁。

(154) Johannes Leeb, *Deutsche Richterzeitung*, 一九二一年 , 一三〇一段。Fieberg（ed.), *Im Namen*, 二四〜二七頁の引用による。

(155) Ralf Dreier and Wolfgang Sellert（eds.), *Recht und Justiz im 'Dritten Reich'*（Frankfurt am Main, 1989), 九〜三三頁所収の Hans Hattenhauer, 'Wandlungen

des Richterleitbildes im 19. und 20. Jahrhundert'; Henning Grunwald, 'Political Lawyers in Weimar Republic'（ケンブリッジ大学学位論文、二〇〇二年）。

（156） Fieberg（ed.）*Im Namen*, 二四～二七頁。

（157） Emil J. Gumbel, *Vier Jahre politischer Mord*（Berlin, 1924）, 七三～七五頁。Fieberg（ed.）, *Im Namen*, 二九～三五頁に抜粋され、図表化されている。

（158） ヴァイマールの裁判官をより好意的にみようとしているが、十二分の説得力を持つには至っていない、最近の試みとして、Irmela Nahel, *Fememorde und Fememordprozesse in der Weimarer Republik*（Cologne, 1991）と Marcus Böttger, *Der Hochverrat in der höchstrichterlichen Rechtsprechung der Weimarer Republik: Ein Fall politischer Instrumentalisierung von Strafgesetzen?*（Frankfurt am Main, 1998）がある。

（159） Hannover and Hannover-Drück, *Politische Justiz*, 一八二～一九一頁；Kurt R. Grossmann, *Ossietzky: Ein deutscher Patriot*（Munich, 1963）, 一九五～二一九頁；Elke Suhr, *Carl von Ossietzky: Ein Biographie*（Cologne, 1998）, 一六二～一六八頁。

（160） Hermann Schüler, *Auf der Flucht erschossen: Felix Fechenbach 1894–1933. Eine Biographie*（Cologne, 1981）, 一七一～一九二頁。

（161） Ilse Staff, *Justiz im Dritten Reich: Eine Dokumentation*（2nd edn., Frankfurt am Main, 1978［1964］）, 二二～二四頁。

（162） Gotthard Jasper, *Der Schutz der Republik*（Tübingen, 1963）.

（163） Evans, *Ritual*, 五〇三～五〇六頁。

（164） Ingo Müller, *Hitler's Justice: The Courts of the Third Reich*（London, 1991［1987］）, 一〇～二四頁。

（165） Hannover and Hanover-Drück, *Politische Justiz*, 七七頁。

（166） Ralph Angermund, *Deutsch Richterschaft 1918–1945: Krisenerfahrung, Illusion, Politische Rechtsprechung*（Frankfurt am Main, 1990）, 三三～三四頁。

（167） Wehler, *Deutsche Gesellschaftsgeschichte*, 第三巻、九〇七～九一五、一〇八六～一〇九〇頁；Thomas Nipperdey, *Deutsche Geschichte 1866–1918*, I: *Arbeitswelt und Bürgergeist*（Munich, 1990）, 三三五～三七三頁；より特化した研究として、Volker Hentschel, *Geschichte der deutschen Sozialpolitik*（*1880–1980*）（Frankfurt am Main, 1983）; Gerhard A. Ritter, *Sozialversicherung in Deutschland und England: Entstehung und Grundzuge im Vergleich*（Munich,1983）; Karl Erich Born による先駆的研究 *Staat und Sozialpolitik seit Bismarcks Sturz 1890–1914: Ein Beitrag zur Geschichte der innenpolitischen Entwicklung des deutschen Reiches 1880–1914*（Wiesbaden, 1957）がある。

（168） David F. Crew, *Germans on Welfare: From Weimar to Hitler*（New York, 1968）, 一六～三一頁。

(169) ヴァイマール憲法第一一九〜第二〇条、第一五一〜第一六五条（Huber, *Deutsche Verfassungsgeschichte*, V〜VII 頁）。

(170) Ludwig Preller, *Sozialpolitik in der Weimarer Republik*（Düsseldorf, 1978 [1949]）は、今日でもなお必須の古典的手引き書である．より最近のものとしては、Detlev J. Peukert による重要な研究、*Grenzen der Sozialdisziplinierung: Aufstieg und Krise der deutschen Jugendfürsorge 1878 bis 1932*（Cologne, 1986）; Young-Sun Hong, *Welfare, Modernity, and the Weimar State, 1919–1933*（Princeton, 1998）ならびに Crew, *Germans on Welfare* がある。

(171) Otto Riebicke, *Was brachte der Weltkrieg? Tatsachen und Zahlen aus dem deutschen Ringen 1914–18*（Berlin, 1936）, 九七〜一一二頁。

(172) Whalen, *Bitter Wounds*, 一五六、一六八頁。

(173) Caplan, *Government*, 五一、六〇頁 ; Bessel, "Why did the Weimar Republic Collapse?", 一二〇〜一三四頁、ここで典拠にしているのは一二三〜一二五頁。

(174) 現在のドイツにおける個人情報保護法により、私人のフルネームを使うのは禁止されている。

(175) この件の経緯すべての詳細は、Crew, *Germans on Welfare*, 一〇七〜一一五頁をみよ。

(176) 同、とくに二〇四〜二〇八頁。

(177) そのような考えの伝搬については、以下を参照。Richard F. Wetzell, *Inventing the Criminal: A History of German Criminology 1880–1945*（Chapel Hill, NC, 2000）, とくに一〇七〜一〇八頁 ; Wachsmann, *Hitler's Prisons*, part I; Regina Schulte, *Sperrbezirke: Tugendhaftigkeit und Prostitution in der bürgerlichen Welt*（Frankfurt am Main, 1979）, 一七四〜二〇四頁 ; Schmuhl, *Rassenhygiene*, 三一、九四頁 ; Evans, *Rituals*, 五二六〜五三六頁。

(178) Wagner, *Volksgemeinschaft*, 九七〜一〇一頁。

(179) Evans, *Rituals*, 五二六〜五二七頁の引用による。

(180) Michael Farin（ed.）*Polizeireport München 1799–1999*（Munich, 1999）, 二五〇〜二八七頁所収の Nikolaus Wachsmann *et al.*, '"Die Soziale Prognose wird damit sehr trübe…": Theodor Viernstein und die Kriminalbiologische Sammelstelle in Bayern'.

(181) Karl Binding and Alfred Hoche, *Die Freigabe der Vernichtung lebensunwerten Lebens: Ihr Mass und ihre Form*（Leipzig, 1920）; Michael Burleigh, *Death and Deliverance: 'Euthanasia', in Germany 1900–1945*（Cambridge, 1994）, 一一〜四二頁 ; Hong, *Welfare*, 二九〜二七六頁。

(182) Victor Klemperer, *Curriculum Vitae: Erinnerungen 1881–1918*（2 vols., Berlin,

1996［1989］).

(183) Klemperer, *Leben sammeln*, 第一巻、八頁（一九一八年十一月二十三日の条）および九頁（一九一八年十一月二十四日の条）。

(184) 同、九七（一九一九年四月十二日の条）、一〇九〜一一〇頁（一九一九年五月六日の条）。

(185) Victor Klemperer, *I Shall Bear Witness: The Diaries of Victor Klemperer 1933–1941*（London, 1998）〔ヴィクトール・クレンペラー『私は証言する―ナチ時代の日記［1933 -- 1945 年］』、小川 - フンケ里美／宮崎登訳、大月書店、一九九九年〕、ix〜xxi 頁所収の、マーチン・チャーマーズ〔Martin Chalmers〕による、有益な伝記素描を参照せよ。

(186) Klemperer, *Leben sammeln*, 第一巻、六〇〇頁（一九二二年六月二十九日の条）。

(187) 同書、第二巻、三七七頁（一九二七年九月十日）。

(188) 同、五七一頁（一九二九年九月三日の条）。

(189) 同、三一二頁（一九二九年十二月二十六日の条）。

(190) 同、第一巻、一八七頁（一九一九年九月二十七日の条）。

(191) 同、第一巻、二四五頁（一九二〇年三月十四日の条）。

(192) 同、二四八頁（一九二〇年三月十四日の条）。

(193) 同、四三三〜四三四頁（一九二一年四月二十日の条）。

(194) 同、第二巻、四九頁（一九二五年四月二十七日の条）。

(195) 同、七五八頁（一九三二年八月七日）。

(196) Martin Liepach, *Das Wahlverhalten der jüdischen Bevölkerung: Zur politischen Orientierung der Juden in der Weimarer Republik*（Tübingen, 1996）, とくに二一一〜三一〇頁；より全般的には、Wolfgang Benz（ed.）, *Jüdisches Leben in der Weimarer Republik*（Tübingen, 1996）, 二七一〜二八〇頁；Donald L. Niewyk, *The Jew in Weimar Germany*（Baton Rouge, La., 1980）, 一一〜四三頁。

(197) Hans Otto Horch（ed.）, *Judentum, Antisemitismus und europäische Kultur*（Tübingen, 1988）, 二五五〜二六六頁所収の Klaus Schwabe, 'Die deutsche Politik und die Juden im Ersten Weltkrieg'; Egmont Zechlin, *Die deutsche Politik und die Juden im Ersten Weltkrieg*（Göttingen, 1996）, とくに五二七〜五四一頁；Werner E. Mosse（ed.）, *Deutsches Judentum in Krieg und Revolution 1916–1923*（Tübingen, 1971）, 二七〜六五頁所収の Saul Friedländer, 'Die politischen Veränderungen der Kriegszeit und ihre Auswirkungen auf die Judenfrage'. さらに、より全般的なことを扱ったものとして、Jochmann, *Gesellschaftskrise*, 九九〜一七〇頁（'Die Ausbreitung des Antisemitismus in Deutschland 1914–1923'）, また一七一〜一九四頁（'Der

Antisemitismus und seine Bedeutung für den Untergang der Weimarer Republik'）を参照されたい。

（198） Stark, *Entrepreneurs*, 一四一、二〇八～二〇九頁。

（199） Jack Wertheimer, *Unwelcome Strangers: East European Jews in Imperial Germany*（New York, 1987），図表 IV; Wolfgang J. Mommsen, *Bürgerstolz und Weltmachtstreben: Deutschland unter Wilhelm II. 1890 bis 1918*（Berlin, 1995），四三四～四四〇頁；Steven Aschheim, *Brothers and Strangers: The East European Jew in German and German Jewish Consciousness 1800–1923*（Madison, 1982）.

（200） 一九二三年十一月六日付の『フォス新聞』〔*Vossische Zeitung*〕は、Peukert, *The Weimar Republic*, 一六〇頁に（校訂のうえ）要約されている。また、Werner Bergmann *et al.*（eds.），*Exclusionary Violence: Antisemitic Riots in Modern Germany*（Ann Arbor, 2002），一二三～一四〇頁所収の David Clay Large, '"Out with the Ostjuden": The Scheunenviertel Riots in Berlin, November 1923' ならびに Dirk Walter, *Antisemitische Kriminalität und Gewalt: Judenfeindschaft in der Weimarer Republik*（Bonn, 1999），とくに一五一～一五四をみよ。

（201） Arnold Paucker（ed.），*Die Juden im nationalsozialistischen Deutschland 1933–1944*（Tübingen, 1986），三～一五頁所収の Peter Pulzer, 'Der Anfang vom Ende'; Trude Maurer, *Ostjuden in Deutschland*, 1918–1933（Hamburg, 1986）.

（202） Kauders, *German Politics*, 一八二～一九一頁；プロテスタンティズムについては、Kurt Nowak and Gérald Raulet（eds.）*Protestantsimus und Antisemitismus in der Weimarer Republik*（Frankfurt am Main, 1994）を参照のこと。より全般的には、Bernd Martin and Ernst Schulin（eds.），*Die Juden als Minderheit in der Geschichte*（Munich, 1918），二七一～二八九頁所収の Heinrich August Winkler, 'Die deutsche Gesellschaft der Weimarer Republik und der Antisemitismus' ならびに Jochmann, *Gesellschaftskrise*, 九九～一七〇頁をみよ。地域研究としては Stefanie Schüler-Springorum, *Die jüdische Minderheit in Königsberg, Preussen 1871–1945*（Göttingen, 1996）を参照されたい。

第3章◆ナチズムの勃興

（1） Peter Jelavich, *Munich and Theatrical Modernism: Politics, Playwriting, and Performance 1890–1914*（Cambridge, Mass., 1985）には、当時のミュンヘンにおける演劇事情が適切に述べられている。

（2） 同時代の史料を広範かつ先入主なしで読み込んだことをもとに、アイスナーを劇的に描いたものとして、Richard M. Wart, *The Kings Depart: The German*

Revolution and the Treaty of Versailles 1918–19（London, 1973［1968］）, 三一二〜三三〇、三五四〜三八一頁をみよ。さらに、Peter Kritzer, *Die bayerische Sozialdemokratie und die bayerische Politik in den Jahren 1918–1923*（Munich, 1969）も参照されたい。最近の伝記としては、Bernhard Grau, *Kurt Eisner 1867–1919: Eine Biographie*（Munich, 2001）がある。

（3） Allan Mitchell, *Revolution in Bavaria 1918/1919: The Eisner Regime and the Soviet Republic*（Princeton, 1965）, 一七一〜一七二頁 ; Freya Eisner, *Kurt Eisner: Die Politik der libertären Sozialismus*（Frankfurt am Main, 1979）, 一七五〜一八〇頁。

（4） これらとそれに続く事件については、Mitchell, *Revolution*. さらに、Winkler, *Von der Revolution*, 一八四〜一九〇頁ならびに Heinrich Hillmayr, *Roter und weisser Terror in Bayern nach 1918: Erscheinungsformen und Folgen der Gewaltätigkeiten im Verlauf der revolutionären Ereignisse nach dem Ende des Ersten Weltkrieges*（Munich, 1974）.

（5） Watt, *Kings Depart*, 三一二〜三三〇、三五四〜三八一頁 ; David Clay Large, *Where Ghosts Walked: Munich's Road to the Third Reich*（New York, 1997）, 七六〜九二頁は、もう一つの多彩な叙述となっている。Friedrich Hitzer, *Anton Graf Arco: Das Attentat auf Kurt Eisner und die Schüsse in Landtag*（Munich, 1988）は、著者が映画脚本を書いた際の研究にもとづき、この暗殺者の身の上を物語った。ホフマンについては、Diethard Hennig, *Johannes Hoffmann: Sozialdemokrat und Bayerischer Ministerpräsident: Biographie*（Munich, 1990）をみよ。

（6） Watt, *The Kings Depart*, 三六四頁の引用による。Hans Bayer, *Von der Novemberrevolution zur Räterepublik in München*（Berlin, 1957）（史料でよく裏付けられた東ドイツの研究）、とくに七七〜七八頁。

（7） Watt, *The Kings Depart*, 三六六〜三六八頁。

（8） Large, *Where Ghosts Walked*, 七〇頁。

（9） Carsten, *Revolution*, 二一八〜二二三頁 ; Hannover and Hannover-Drück, *Politische Justiz*, 五三〜七五頁。

（10） Anthony Nicholls and Erich Matthias（eds.）*German Democracy and the Triumph of Hitler*, 一二九〜一五九頁所収の Anthony Nicholls, 'Hitler and the Bavarian Background to National Socialism' を参照せよ。

（11） 一九一八年から一九年のヒトラーの活動に関する詳細な記述は Kershaw, *Hitler*, 第一巻、一一六〜一二一頁と Anton Joachimsthaler, *Hitlers Weg begann in München 1913–1923*（Munich, 2000［1989］）, 一七七〜三一九頁をみよ。

（12） ヒトラーの若いころについて、伝説から事実へ、また、推測から解釈への転換を注意深く進めたものとして、Kershaw, *Hitler*: 第一巻、三〜一三頁を

参照。

(13) Carl E. Schorske, *Fin-de-Siècle Vienna*〔カール・E・ショースキー『世紀末ウィーン 政治と文化』、安井琢磨訳，岩波書店，一九八三年〕、二四〜一一五頁所収、同著者の 'The Ringstrasse, its Critics, and the Birth of Urban Modernism'.

(14) August Kubizek, *Adolf Hitler: Mein Jugendfreund*（Graz, 1953）〔二種類の邦訳が存在する。アウグスト・クビツェク『アドルフ・ヒトラー——我が青春の友』、船戸 満之・宗宮好和・桜井より子・宍戸 節太郎共訳、MK 出版社、二〇〇四年。アウグスト・クビツェク『アドルフ・ヒトラーの青春——親友クビツェクの回想と証言』、橘正樹訳、三交社、二〇〇五年〕は、その詳細について、多くを提供している。ただし、Franz Jetzinger, *Hitler's Youth*（London, 1958［1956］), 一六七〜一七四頁の批判もみよ。

(15) 一九一九年より前のヒトラーに関する、信頼できる証拠が不足しているため、大戦前のウィーンで、ユダヤ人、とりわけガリツィア〔現在のウクライナ南西部からポーランド最南部にあたる地域〕からの移民である「東方ユダヤ人」と出会った結果、極端な政治的反ユダヤ主義者になったとするヒトラーの主張について、激しい論争が行われることとなった。ヒトラーその人の見解は誇張されていると思われるが、彼はまったく反ユダヤ主義者でなかったと論じる最近の試みも、同じく説得力に欠けている。Kershaw の *Hitler*, 第一巻、とくに四九〜六九頁と Joachimsthaler, *Hitler Weg*, 四五〜四九頁をみよ。

(16) Adolf Hitler, *Mein Kampf*（trans. Ralph Mannheim, introd. D. C. Watt, London, 1969［1925/6］)〔アドルフ・ヒトラー『わが闘争』、平野一郎・将積茂訳、上下巻、角川文庫、一九七三年。ドイツ語版よりの邦訳〕、三九〜四一頁。

(17) 同、七一、八八、九五頁。

(18) Kershaw, *Hitler*, 第一巻、八一〜八七頁 ; Joachimsthaler, *Hitler Weg*, 七七〜九七頁。ヒトラー自身の記述は *Main Kampf*, 一一六〜一一七頁。シュヴァービングのボヘミアン的生活について、独特の描き方をしたものとして、Large, *Where Ghosts Walked*, 三〜四二頁をみよ。

(19) Hitler, *Main Kampf*, 一四八〜一四九頁。

(20) Kershaw, *Hitler*, 第一巻、八七〜一〇一頁。

(21) Hitler, *Main Kampf*, 一一〜一六九頁。

(22) Geyer, *Verkehrte Welt*, 二七八〜三一八頁。

(23) Eberhard Jäckel and Axel Kuhn（eds.), *Hitler: Sämtliche Aufzeichnungen 1905–1924*（Stuttgart, 1980), 八八〜九〇頁所収の、一九一九年九月十六日付アドルフ・ゲムリヒ宛ヒトラー書簡。Ernst Deuerlein, 'Hitlers Eintritt in die Politik und

die Reichswehr', *VfZ*, 第七巻（一九五九年）、二〇三～二二二頁。

（24） Albrecht Tyrell（ed.）, *Führer befiehl…: Selbstzeugnisse aus der 'Kampfzeit' der NSDAP*（Düsseldorf, 1969）, 二〇～二二頁に再録された'Anton Drexlers Politisches Erwachen'（1919）.

（25） Tyrell,（ed.）, *Führer befiehl*, 二二頁 ; Kershaw, *Hitler*, 第一巻、一二六～一二八、一三一～一三九頁 ; Ernst Deuerlein（ed.）, *Der Aufstieg der NSDAP in Augenzeugenberichten*（Munich, 1974）, 五六～六一頁。Joachimsthaler, *Hitler Weg*, 一九八～三一九頁は、ヒトラーの生涯におけるこの一時期をめぐる伝説から事実を峻別し、のちに生じた議論の正否を判定している。Albrecht Tyrell, *Vom 'Trommler' zum 'Führer': Der Wandel von Hitlers Selbstverständnis zwischen 1919 und 1924 und die Entwicklung der NSDAP*（Munich, 1975）は、ヒトラーの初期の政治的経歴に関する詳細な記述になっている。また、Werner Maser, *Die Frühgeschichte der NSDAP: Hitlers Weg bis 1924*（Frankfurt am Main, 1965）〔ヴェルナー・マーザー『ヒトラー』村瀬興雄／栗原優訳、紀伊國屋書店、一九六九年〕も参照されたい。トゥーレ協会については、Reginald H. Phelps, '"Before Hitler Came": Thule Society and Germanen Orden', *Journal of Modern History*, 第三五巻（一九六三年）、二四五～二六一頁をみよ。

（26） Uwe Lohalm, *Völkischer Radikalismus: Die Geschichte des Deutschvölkischen Schutz- und Trutzbundes, 1919–1923*（Hamburg, 1970）.

（27） Tyrell, *Vom Trommler*, 72–89; Georg Franz-Willing, *Ursprung der Hitlerbewegung 1919–1922*（Preussisch Oldendorf, 1974［1962］）, 三八～一〇九頁。

（28） Broszat, *Der Staat Hitlers*, 四三～四五頁。

（29） Hitler, *Mein Kampf*, 六二〇～二一頁（英訳を修正して引用）。

（30） Reginald H. Phelps, 'Hitler als Parteiredner im Jahre 1920', *VfZ* 第一一巻（一九六三年）、二七四～三三〇頁 ; 同様に, Jäckel and Kuhn（eds.）, *Hitler*, 一一五、一三二、一六六、一九八、二五二、四五五、六五六頁。

（31）「愚者の社会主義」（もともとは「阿呆の社会主義」）なる表現は、しばしば、大戦前の社会民主党指導者アウクスト・ベーベルに由来するものだとされている。が、おそらくは、オーストリアの民主主義者フェルディナント・クローナヴェターから出たものであろう（Pulzer, *The Rise*, 二六九頁と註釈）。この言葉は、一八九〇年代末まで、ドイツの社会民主主義者のあいだで一般に用いられていた。Francis L. Carsten, *August Bebel und die Organisation der Massen*（Berlin, 1991）, 一六五頁をみよ。

（32） Franz-Willing, *Ursprung*, 一二〇～一二七頁 ; Broszat, *Der Staat Hitlers*, 三九頁。

（33） Ernst Nolte, *Three Faces of Fascism: Action Française, Italian Fascism, National*

Socialism（New York, 1969［1963］）, 同著者により、のちに、別の、より議論を呼ぶようなかたちで出された *Der europäische Bürgerkrieg 1917–1945: Nationalsozialismus und Bolschewismus*（Frankfurt am Main,1987）は、反ボリシェヴィズムの優位という主張に賛成する議論を展開している。

（34） Hitler, *Mein Kampf*, 二八九頁。

（35） すべて、Longerich, *Der ungeschriebene Befehl*, 三二～三四頁の引用による。

（36） Bruno Thoss, *Der Ludendorff-Kreis: 1919–1923. München als Zentrum der mitteleuropäische Gegenrevolution zwischen Revolution und Hitler-Putsch*（Munich, 1978）が、非常に詳しく記述している。

（37） Wolf Rüdiger Hess（ed.）, *Rudolf Hess: Briefe 1908–1933*（Munich, 1987）, 二五一頁（一九二十年三月二十四日付両親宛ヘス書簡）。

（38） ヘスの抜け目ない性格をスケッチしたものとして、Joachim C. Fest, *The Face of the Third Reich*（London, 1979［1970］）, 二八三～三一四頁。Smith, *The Ideological Origins*, 二二三～二四〇頁 ; Lange, 'Der Terminus "Lebensraum"', 四二六～四三七頁 ; Hans Grimm, *Volk ohne Raum*（Munich, 1926）〔ハンス・グリム『土地なき民』、星野愼一訳、全三巻、鱒書房、一九四〇年〕; Ronald Smelser and Rainer Zitelmann（eds.）*The Nazi Elite*（London, 1993［1989］）, 七四～八四頁所収の Dietrich Orlow, 'Rudolf Hess: Deputy Führer'. Hans-Adolf Jacobsen, *Karl Haushofer: Leben und Werk*（2 vols., Boppard, 1979）は、ハウスホーファーの論文多数を再録している。Frank Ebeling, *Geopolitik: Karl Haushofer und seine Raumwissenschaft 1919–1945*（Berlin, 1994）は、彼の思想に関する研究である。

（39） Margarete Plewnia, *Auf dem Weg zu Hitler: Der völkischen Publizist Dietrich Eckart*（Bremen, 1970）; Tyrell, *Vom Trommler*, 一九〇～一九四頁 ; Alfred Rosenberg（ed.）, *Dietrich Eckart. Ein Vermächtnis*（4th edn., Munich, 1937［1928］）には、エッカートによる詩歌数編が選ばれ、収録されている。

（40） Alfred Rosenberg, *Selected Writings*（ed. Robert Pois, London, 1970）; Fest, *The Face*, 二四七～二五八頁 ; Walter Laqueur, *Russia and Germany: A Century of Conflict*（London, 1965）, 五五～六一、一一六～一一七、一四八～一五三頁 ; Adolf Hitler, *Hitler's Table Talk 1941–1944: His Private Conversations*（London, 1973［1953］）〔アドルフ・ヒトラー『ヒトラーのテーブルトーク 1941–1944』、吉田八岑訳、上下巻、三交社、一九九四年〕、四二二～四二六頁 ; Norman Cohn, *Warrant for Genocide: The Myth of the Jewish World-Conspiracy and the Protocols of the Elders of Zion*（London, 1967）, とくに一八七～二三七頁 ; Ronald Smelser and Rainer Zitelmann（eds.）*The Nazi Elite* , 一八三～一九三頁所収の Reinhard Bollmus, 'Alfred Rosenberg: National Socialism's "Chief of Ideologue"'; Robert Cecil,

The Myth of the Master Race: Alfred Rosenberg and Nazi Ideology（London, 1972）. また、より一般的なものとして、Thomas Klepsch, *Nationalsozialistische Ideologie: Eine Beschreibung ihrer Struktur vor 1933*（Münster, 1990）および Barbara Miller Lane and Leila J. Rupp（eds.）*Nazi Ideology before 1933: A Documentation*（Manchester, 1978）所収の、さまざまなナチ・イデオローグの著作の優れた要約集成をみよ。

（41） Fest, *The Face*, 三三〇頁に典拠の頁数を示さずに引用されている Hans Frank, *Im Angesicht des Galgens: Deutung Hitlers und seiner Zeit auf Grund eigner Erlebnisse und Erkenntnisse*（2nd edn., Neuhaus, 1955［1953］）, また Kershaw, *Hitler*, 第一巻、一四八頁に引用された同書、三八〜四二頁をみよ ; Smelser and Zitelmann（eds.）*The Nazi Elite*, 一〇八〜一一二頁所収の Christoph Klessmann, 'Hans Frank: Party Jurist and Governor-General in Poland'.

（42） Deuerlein（ed.）, *Aufstieg*, 一〇八〜一一二頁の引用による。

（43） Dietrich Orlow, *The History of the Nazi Party*, I: *1919–1933*（Newton Abbot, 1971［1969］）, 一一〜三七頁。

（44） Kershaw, *Hitler*, 第一巻、一六〇〜一六五頁 ; Deuerlein（ed.）*Der Aufstieg*, 一三五〜一四一頁。

（45） Kershaw, *Hitler*, 第一巻、一七五〜一八〇頁 ; Deuerlein（ed.）*Der Aufstieg*, 一四二〜一六一頁。

（46） Deuerlein（ed.）*Der Aufstieg*, 一四五〜一四六頁。

（47） Franz-Willing, *Ursprung*, 一二七頁。

（48） Hannover and Hannover-Drück, *Politische Justiz*, 一〇五〜一四四頁。

（49） Kershaw, *Hitler*, 第一巻、一七〇〜一七三頁 ; Peter Longerich, *Die braunen Bataillone: Geschichte der SA*（Munich, 1989）, 九〜三二頁。

（50） Ronald Smelser and Rainer Zitelmann（eds.）*The Nazi Elite*, 一七三〜一八二頁所収の Conan Fischer, 'Ernst Julius Röhm: Chief of Staff of the SA and indispensable Outsider'.

（51） Ernst Röhm, *Die Geschichte eines Hochverräters*（Munich, 1928）, 九 , 三六五〜三六六頁 ; Fest, *The Face*, 二〇六、五一八〜五一九頁（註九）。

（52） Röhm, *Die Geschichte*, 三六三頁。

（53） この時期にナチ運動の暴力性が高まったことについては Deuerlein（ed.）*Der Aufstieg*, 一四二〜一八三頁、レームとヒトラーのぎくしゃくした関係の詳細は Fischer, 'Ernst Julius Röhm' を、それぞれ参照されたい。

（54） Kershaw, *Hitler*, 第一巻、一八〇〜一八五頁。

（55） Adrian Lyttelton, *The Seizure of Power: Fascism in Italy 1919–1929*（London,

1973）は、古典的な研究の地位を保ったままである。Denis Mack Smith, *Mussolini*（London, 1981）は、批判的なムッソリーニ伝。Richard J. Bosworth, *Mussolini*（London, 2002）は、最近の優れた伝記である。ナチ党旗の起源については、Franz-Willing, *Ursprung*, 一二六〜一二七頁。〔イタリア・ファシストのナチとの〕接触と影響について、は Klaus-Peter Hoepke, *Die deutsche Rechte und der italienische Faschismus: Ein Beitrag zum Selbstverständnis und zur Politik von Gruppen und Verbänden der Deutschen Rechten*（Düsseldorf, 1968）, とくに一八六〜一九四、二九二〜二九五頁。

（56） 本論争を展開した多数の文献のなかでも、Stanley G. Payne, *A History of Fascism 1914–1945*（London, 1995）は、最良の概観となっている。もっとも有益で簡便な研究としては、Kevin Passmore, *Fascism: A Very Short Introduction*（Oxford, 2002）がある。Roger Griffin, *International Fascism—Theories, Causes and New Consensus*（London, 1998）は、理論書として影響をおよぼした。Kershaw, *The Nazi Dictatorship*, 二六〜四六頁は、常のごとく、冷静かつ公平に研究史を記述している。

（57） Merkl, *Political Violence*, 一九六〜一九七頁所収の AT 五六七、一九九番。

（58） 同書、AT 二〇六、三七九番；シュラーゲター事件を珍しい角度からみたものとして，Kaes *et al.*,（eds.）, *Weimar Republic Sourcebook*, 三一二〜三一四頁所収の Karl Radek, ‘Leo Schlageter: The Wanderer in the Void’ をみよ（オリジナルは ‘Leo Schlageter: Der Wanderer ins Nichts’ , *Die Rote Fahne*, 第一四四号、一九三二年六月二十六日付 に掲載）。Fischer, *The Ruhr Crisis*, 八四〜一八一頁は、「受動的抵抗」の大衆的基盤を強調しつつ、その詳細を述べている。シュラーゲターの義勇軍時代のことについては、Waite, *Vanguard*, 二三五〜二三八頁。また、破壊工作運動は、裏でドイツ軍が組織したものだった。Gerd Krüger, ‘“Ein Fanal des Widerstandes im Ruhrgebiet”: Das “Unternehmen Wesel” in der Osternacht des Jahres 1923. Hintergründe eines angeblichen “Husarenstreiches”’, *Mitteilungsblatt des Instituts für soziale Bewegungen*, 第四号（二〇〇〇年）、九五〜一四〇頁。

（59） Sander L. Gilman, *On Blackness without Blacks: Essay on the Image of the Black in Germany*（Boston, 1982）.

（60） Merkl, *Political Violence*, 一九三頁所収の AT 一八三番。

（61） Gisela Lebeltzer, ‘Der “Schwarze Schmach”: Vorurteile - Propaganda - Mythos’, *Geschichte und Gesellschaft*, 第二巻（一九八五年）、三七〜五八頁；Keith Nelson, ‘“The Black Horror on the Rhine”: Race as a Factor in Post-World War I Diplomacy’, *Journal of Modern History*, 第四二巻（一九七〇年）、六〇六〜六二七頁；Sally

Marks, 'Black Watch on the Rhine: A Study in Propaganda, Prejudice and Prurience', *European Studies Review*, 第一三巻（一九八三年）、二九七〜三三四頁。彼らが最終的にどんな運命をたどったかについては、Reiner Pommerin, *'Sterilisierung der Rhinelandbastarde': Das Schicksal einer farbigen deutschen Minderheit 1918–1937*（Düsseldorf, 1979）.

（62） Angelika Ebbinghaus and Karl Heinz Roth（eds.）, *Grenzgänge: Deutsche Geschichte des 20. Jahrhunderts im Spiegel von Publizistik, Rechtsprechung und historische Forschung*（Lüneburg, 1999）, 二三八〜二六四頁所収の Richard J. Evans, 'Hans Von Hentig and the Politics of German Criminology'.

（63） Kershaw, *Hitler*, 第一巻、一八五〜一九一頁；Georg Franz-Willing, *Krisenjahr der Hitlerbewegung 1923*（Preussisch Oldendorf, 1975）; Helmuth Auerbach, 'Hitlers politische Lehrjahre und die Münchner Gesellschaft 1919–1923', *VfZ* 第二五巻（一九七七年）、一〜四五頁；Franz-Willing, *Ursprung*, 二六六〜二九九頁；Ernst Hanfstaengl, *Zwischen Weissem und Braunem Haus: Memoiren eines politischen Aussenseiters*（Munich, 1970）.

（64） ヒトラーの見解は、Hitler, *Hitler's Table Talk*, 一五四〜一四六頁にみられる。優れた記述として、Nicholls and Matthias（eds.）, *German Democracy*, 一六一〜七四頁所収の Robin Lenman, 'Julius Streicher and the Origins of the NSDAP in Nuremberg, 1918–1923'（Streicher の詩歌をめぐる評価の典拠である）を参照のこと。ニュルンベルクにおける突撃隊の研究として、Eric G. Reiche, *The Development of the SA in Nürnberg, 1922–34*（Cambridge, 1968）をみよ。

（65） Nicholls and Matthias（eds.）, *German Democracy*, 一一一頁所収の Anthony Nicholls, 'Hitler and the Bavarian Background to National Socialism'.

（66） Franz-Willing, *Krisenjahr*, 二九五〜三一八頁；ルーデンドルフの活動については、同著者による *Putsch und Verbotszeit der Hitlerbewegung November 1923–Februar 1925*（Preussisch Oldendorf, 1977）, 九〜六五頁を参照。

（67） Fest, *The Face*, 一一三〜一二九頁；Richard Overy, *Goering: The 'Iron Man'*（London, 1984）; Smelser and Zitelmann（eds.）, *The Nazi Elite*, 六二〜七三頁所収の Alfred Kube, 'Hermann Goering: Second Man in the Third Reich' は、ゲーリングを「遅れて来た帝国主義」保守派という範疇に分類している。さらに、同著者の *Pour le mérite und Hakenkreuz: Herman Goering im Dritten Reich*（2nd edn., Munich, 1987［1986］）, 四〜二一頁；Stephan Martens, *Hermann Goering: 'Erster Paladin des Führers' und 'Zweiter Mann im Reich'*（Paderborn, 1985）, 一五〜一九頁；Werner Maser, *Hermann Goering: Hitlers janusköpfiger Paladin: Die politische Biographie*（Berlin, 2000）, 一三〜五五頁。

（68）　Franz-Willing, *Krisenjahr* は、一九二三年のナチ党の発展を詳述している。Harold J. Gordon, *Hitler and the Beer Hall Putsch*（Princeton, 1972）は、政治的背景を徹底的に描いた。とくに二五～一八四頁（Part I: 'Contender in the Struggle for Power'）をみよ。文書記録としては、Ernst Deuerlein（ed.）, *Der Hitler-Putsch: Bayerische Dokumente zum 8./9. November 1923*（Stuttgart, 1962）, 一五三～三〇八頁。より簡潔なものは、Deuerlein（ed.）, *Der Aufstieg*, 一八四～二〇二頁。

（69）　Deuerlein（ed.）, *Der Aufstieg*, 一九二～一九六頁に引用された、カール・アレクサンダー・フォン・ミュラー〔Karl Alexander von Müller〕のヒトラー裁判における証人陳述。

（70）　これらの事件については多数の文献があるが、Kershaw, *Hitler*, 第一巻、二〇五～二一二頁 ; Gordon, *Hitler and the Beer Hall Putsch*, 二七〇～四〇九頁 ; Franz-Willing, *Putsch und Verbotszeit*, 六六～一四一頁 ; Deuerlein（ed.）, *Der Hitler-Putsch*, とくに三〇八～四一七、四八七～五一五頁をみよ。Noakes and Pridham（ed.）*Nazism*, 第一巻、二六～三四頁には、いくつかの文書が選ばれ、英訳されている。ゲーリングについては、Maser, *Hermann Göring*, 五八～七八頁を参照されたい。

（71）　Bernd Steger, 'Der Hitler-Prozess und Bayerns Verhältnis zum Reich 1923/24', *VfZ* 第二三巻（一九七七年）、四四一～四六六頁。

（72）　Deuerlein（ed.）, *Der Aufstieg*, 二〇三～二三〇頁 ; Lothar Gruchmann and Reinhard Weber（eds.）, *Der Hitler-Prozess 1924: Wortlaut der Hauptverhandlung vor dem Volksgericht München I*（2 vols., Munich, 1997, 1999）は、公判記録と判決書をすべて収録している。Otto Gritschneider, *Bewährungsfrist für den Terroristen Adolf H.: Der Hitler-Putsch und die Bayerische Justiz*（Munich, 1990）ならびに、同著者による *Der Hitler-Prozess und sein Richter Georg Neithardt: Skandalurteil von 1924 ebnet Hitler den Weg*（Munich, 2001）もみよ。

（73）　Tyrell, *Führer befiehl*, 六七頁の引用 ; Noakes and Pridham（eds.）, *Nazism*, 第一巻、三四～三五頁には、その英訳が収められている（若干の修正あり）。裁判におけるヒトラーの弁論を完全に収録したものとして、Jäckel and Kuhn（eds.）, *Hitler*, 一〇六一～一二一六頁、また Deuerlein（ed.）, *Aufstieg*, 二〇三～二二八頁を参照されたい。

（74）　Kershaw, *Hitler*, 第一巻、二四〇～二五三頁は、『わが闘争』の生成と構成について述べている。

（75）　Hitler, *Mein Kampf*, 三〇七頁。

（76）　同、五九七～五九九頁。ヒトラーの「世界観」に対する解釈の中心部分

は、Eberhard Jäckel, *Hitler's Weltanschauung: A Blueprint for Power*（Middletown, Conn., 1972［1969］）〔エバーハルト・イェッケル『ヒトラーの世界観　支配の構想』滝田毅訳、南窓社、一九九一年。ドイツ語原書 Eberhard Jäckel, *Hitlers Weltanschauung. Entwurf einer Herrschaft*（Tübingen 1969）からの邦訳〕で確立された。

（77） Adolf Hitler, *Hitler's Secret Book*（New York, 1961）〔二種類の邦訳が存在する。アドルフ・ヒトラー『続・わが闘争』、平野一郎訳、角川文庫、二〇〇四年。同『ヒトラー第二の書——自身が刊行を禁じた「続・わが闘争」』、立木勝訳、成甲書房、二〇〇四年。いずれも、ドイツ語原書 Gerhard L. Weinberg（Hrsg.）, *Hitlers Zweites Buch. Ein Dokument aus dem Jahr 1928*, Stuttgart 1961 よりの翻訳〕; Martin Broszat, 'Betrachtungen zu "Hitlers Zweitem Buch"', *VfZ* 第二九巻（一九八一年）、四一七〜四二九頁。

（78） Werner Maser, *Hitlers Mein Kampf: Geschichte, Auszüge, Kommentare*（Munich, 1966）は『わが闘争』の詳細、執筆過程、それがたどった運命を記述している。Hermann Hammer, 'Die deutschen Ausgaben von Hitlers "Mein Kampf"', *VfZ* 第四巻（一九五六年）、一六一〜一七八頁は、その出版の歴史をカバーしている。なお、ヒトラーは権力を渇望する機会主義者であり、一貫した目的など持たないとする見解は、アラン・ブロックの古典的伝記、*Hitler: A Study in Tyranny*（London, 1953）〔アラン・バロック『アドルフ・ヒトラー』、大西尹明訳、全二巻、みすず書房、一九五八〜一九六〇年〕の中心にあった。ヒトラー思想の一貫性という主張を最初に打ち出したものとして、Hitler, *Hitler's Table Talk*, vii〜xxxv 頁所収の Hugh Trevor-Roper, 'The Mind of Adolf Hitler'。ヒトラーの気まぐれな外交政策と、その底流にある目標については、Geoffrey Stoakes, *Hitler and the Quest for the World Dominion*（Leamington Spa, 1987）で分析されている。

（79） Longerich, *Der ungeschriebene Befehl*, 三七〜三九頁。

（80） Kershaw, *Hitler*, 第一巻、二一八〜二一九、二二三〜二二四、二五〇〜五三頁 ; Broszat, *Der Staat Hitlers*, 一三〜一六頁。

（81） Kershaw, *Hitler*, 第一巻、二二四〜二三四頁。裁判と指導者〔ヒトラー〕投獄後のナチ党についての詳細な記述として、Franz-Willing, *Putsch und Verbotszeit*, 一六一〜二八五頁を参照されたい。

（82） Donald Cameron Watt, 'Die bayerischen Bemühungen um Ausweisung Hitlers 1924', *VfZ* 第六巻（一九五八年）、二七〇〜二八〇頁。さらに全般にわたっては、David Jablonsky, *The Nazi Party in Dissolution: Hitler and the Verbotszeit 1923–1925*（London, 1989）ならびに Deuerlein（ed.）, *Der Aufstieg*, 二三一〜二五四頁

をみよ。
(83) Deuerlein (ed.), *Der Aufstieg*, 二四五頁。
(84) Fest, *The Face*, 二一五頁 ; Longerich, *Die braunen Battaillone*, 五一〜五二頁。
(85) Kershaw, *Hitler*, 第一巻、二五七〜二七〇頁。
(86) Smelser and Zitelmann (eds.) *The Nazi Elite*, 二二四〜二三四頁所収の Udo Kissenkoetter, 'Gregor Strasser: Nazi Party Organizer or Weimar Politician?'.
(87) グレゴール・シュトラッサーによるオスヴァルト・シュペングラー宛一九二五年七月八日付書簡、Spengler, *Spengler Letters 1913–1936* (ed. Arthur Helps, London, 1966), 一八四頁。
(88) Orlow, *The History of the Nazi Party*, 第一巻、六六〜六七頁。より全般的なものとしては、Udo Kissenkoetter, *Gregor Strasser and the Rise of Nazism* (London, 1983); Klepsch, *Nationalsozialistische Ideologie*, 一四三〜一五〇頁を参照されたい。
(89) Smelser and Zitelmann (eds.) *The Nazi Elite*, 四八〜六一頁所収の Elke Fröhlich, 'Joseph Goebbels: The Propagandist'; Ralf Georg Reuth, *Goebbels: Eine Biographie* (Munich, 1995), 一一〜七五頁 ; Michel Kai, *Vom Poeten zum Demagogen: Die schriftstellerischen Versuche Joseph Goebbels'* (Cologne, 1999). Joachim C. Fest, 'Joseph Goebbels: Eine Porträtskizze', *VfZ* 第四三巻 (一九六五年)、五六五〜五八〇頁は、その日記に照らして、ゲッベルスの性格を心中にまで分け入って見直している。ゲッベルス日記そのものについては, Elke Fröhlich, 'Joseph Goebbels und sein Tagebuch: Zu den handschriftlichen Aufzeinungen von 1924 bis 1941', *VfZ* 第三五巻 (一九八七年)、四八九〜五二二頁をみられたい。Bernd Sösemann の批判、'Die Tagesaufzeichnungen des Joseph Goebbels und ihre unzulänglichen Veröffentlichungen', *Publizistik*, 第三七巻 (一九九二年)、二一三〜二四四頁は説得力に欠ける。フレーリヒの翻刻は、完全な学術版ではなく、単に歴史家がゲッベルス日記を利用できるようにすることを意図していたのである。
(90) Hugh Trevor-Roper, *The Last Days of Hitler* (London, 1947), 〔H・R・トレヴァ＝ローパー『ヒトラー最期の日』、橋本福夫訳、筑摩書房、一九七五年〕、六七頁 (同じ趣旨で、シュペーアを引用している); Fröhlich, 'Joseph Goebbels', 四八頁。
(91) Elke Fröhlich (ed.), *Die Tagebücher von Joseph Goebbels: Sämtliche Fragmente*, 第一部 : *Aufzeichnungen 1924–1941*, 第一巻 : 一九二四年六月二十七日〜一九三〇年十二月三十一日 (Munich, 1987), 四八頁 (一九二四年七月二十三日の条)。
(92) Fröhlich (ed.), *Die Tagebücher*, 第一巻第一分冊、一三四〜一三五頁 (一九二五年十月十四日の条)。

(93)　同、一〇四～一四一頁（一九二五年十一月六日の条）; より一般的には、Reuth, *Goebbels*, 七六～一四七頁をみよ。

(94)　Fröhlich（ed.）, *Die Tagebücher*, 第一巻第一分冊、一六一～一六二頁（一九二六年二月十五日の条）。

(95)　Kershaw, *Hitler*, 第一巻、二七〇～二七七頁 ; Reuth, *Goebbels*, 七六～一〇七頁 ; Helmut Heiber（ed.）, *The Early Goebbels Diaries: The Journals of Josef Goebbels from 1925–1926*（London, 1962）, 六六～六七頁。

(96)　Fröhlich（ed.）, *Die Tagebücher*, 第一巻第一分冊、一七一～一七三頁（一九二六年四月十三日）および一七四～一七五頁（一九二六年四月十九日）。

(97)　Kershaw, *Hitler*, 第一巻、二七七～二七九頁 ; Deuerlein（ed.）, *Der Aufstieg*, 二五五～三〇二頁。管区を表す「ガウ」〔*Gau*〕は、中世初期のドイツにおける諸部族の区分を連想させることを意図しての命名である。

(98)　Kershaw, *Hitler*, 第一巻、二七八～二七九頁 ; Orlow, *The History of the Nazi Party*, 第一巻、六九～七五頁。

(99)　Noakes and Pridham（ed.）*Nazism*, 第一巻、三六～五六頁 ; さらに、Erwin Barth, *Joseph Goebbels und die Formierung des Führer-Mythos 1917 bis 1934*（Erlangen, 1999）.

(100)　ベルリンにおけるゲッベルスの活動については、Reuth, *Goebbels*, 一〇八～二六八頁をみよ。

(101)　同、一一四頁の引用による。

(102)　カリフォルニア州スタンフォード大学フーヴァー研究所、ナチ党中央文書館マイクロフィルム第六巻第一四一番文書 : 一九二五年十月二十七日付グスタフ・ザイフェルト宛アマン書簡。

(103)　Noakes and Pridham（eds.）*Nazism*, 第一巻、五八頁。

(104)　Gerhard Schulz, *Zwischen Demokratie und Diktatur: Verfassungspolitik und Reichsreform in der Weimarer Republik*（3 vols., Berlin, 1963–92）, 第二巻 : *Deutschland am Vorabend der Grossen Krise*（Berlin, 1987）, 一四九～三〇七頁 ; Gerald D. Feldman *et al.*（eds.）, *The German Inflation: A Preliminary Balance*（Berlin, 1982）, 二五五～二八八頁所収の Robert G. Moeller, 'Winners as Losers in the German Inflation: Peasant Protest over the Controlled Economy'.

(105)　Shelly Baranowski, *The Sanctity of Rural Life: Nobility, Protestantism and Nazism in Weimar Prussia*（New York, 1995）, 一二〇～一二三頁。

(106)　John E. Farquharson, *The Plough and the Swastika: The NSDAP and Agriculture in Germany, 1928–1945*（London, 1976）, 三～一二、二五～三三頁 ; Dieter Hertz-Eichenrode, *Politik und Landwirtschaft in Ostpreussen 1919–1930: Untersuchung eines*

Strukturproblems in der Weimarer Republik（Opladen, 1969）, 八八～八九、三二九～三三七頁。

（107） Dieter Gessner, *Agrardepression und Präsidialregierungen in Deutschland 1930–1933: Probleme des Agrarkapitalismus am Ende der Weimarer Republik*（Düsseldorf, 1977）, 一九一～一九四頁；同著者による *Agrarverbände in der Weimarer Republik: Wirtschaftliche und soziale Voraussetzungen agrarkonservativer Politik vor 1933*（Düsseldorf, 1976）, 二三四～二六三頁。

（108） Rudolf Rietzler, *'Kampf in der Nordmark': Das Aufkommen des Nationalsozialismus in Schleswig-Holstein（1919–1928）*（Neumünster, 1982）; Frank Bajohr（ed.）, *Norddeutschland im Nationalsozialismus*（Hamburg, 1993）; ジェレミー・ノークスによる古典的地域研究として *The Nazi Party in Lower Saxony 1921–1933*（Oxford, 1971）, とくに一〇四～一〇七頁。

（109） Noakes and Pridham（ed.）*Nazism*, 第一巻、一五、六一頁。

（110） 同、一五、六一頁における、Gottfried Feder, *Das Programm der NSDAP und seine weltanschaulichen Grundgedanken*（Munich, 1934）, 一五～一八頁からの引用による。

（111） Rudolf Heberle, *Landbevölkerung und Nationalsozialismus: Eine soziologische Untersuchung der politischen Willensbildung in Schleswig-Holstein 1918 bis 1932*（Stuttgart, 1963）, 一六〇～一七一頁；さらに、同著者が初期に出した選挙社会学の古典的著作, *From Democracy to Nazism: A Regional Case Study on Political Parties in Germany*（New York, 1970［1945］）〔ルドルフ・ヘベルレ『民主主義からナチズムへ――ナチズムの地域研究』、中道寿一訳、新装版、お茶の水書房、一九八九年〕を参照せよ。あらゆるタイプの農民を単一の圧力集団に統合する動因については、Jens Flemming, *Landwirtschaftliche Interessen und Demokratie: Ländliche Gesellschaft, Agrarverbände und Staat 1890–1925*（Bonn,1978）, 三二三～三二七頁をみられたい。

（112） Claus-Christian W. Szejnmann, *Nazism in Central Germany: The Brownshirts in 'Red' Saxony*（New York, 1999）, 五〇～五一頁；Falter *et al.*, *Wahlen*, 九八頁。

（113） Geoffrey Pridham, *Hitler's Rise to Power: The Nazi Movement in Bavaria 1923–1933*（London, 1973）〔ジョフレー・プリダム『ヒトラー権力への道――ナチズムとバイエルン一 1923–1933 年』、垂水節子／豊永泰子訳、時事通信社、一九七五年〕、八四～八六頁。

（114） Orlow, *The History of the Nazi Party*, 第一巻、一七三～一七五頁（ナチの選挙戦略の一貫性をやや誇張している）。Winkler, *Weimar*, 三四四～三五六頁。

（115） Tyrell, *Vom Trommler*, 一六三～一七三頁の引用による。163–73; 同著者編

の *Führer befiehl*, 一二九〜一三〇、一六三〜一六四頁 ; Kershaw, *Hitler*, 第一巻、二九四頁。

(116) Orlow, *The History of the Nazi Party*, 第一巻、一六七〜一七一頁。

(117) 同、一七一〜一七三頁。

(118) Claudia Koonz, *Mothers in the Fatherland: Women, the Family, and Nazi Politics* (London, 1987)〔クローディア・クーンズ『父の国の母たち——女を軸にナチズムを読む』、姫岡とし子訳、上下巻、時事通信社、一九九〇年〕、七二〜八〇頁。

(119) Jill Stephenson, *The Nazi Organisation of Women* (London, 1981), 二三〜七四頁。

(120) Peter D. Stachura, *Nazi Youth in the Weimar Republic* (Santa Barbara, Calif., 1975); Laqueur, *Young Germany* , 一九三頁 ; Arno Klönne, *Jugend im Dritten Reich: Dokumente und Analysen* (Cologne, 1982); Hans-Christian Brandenburg, *Die Geschichte der HJ. Wege und Irrwege einer Generation* (Cologne, 1968); Stachura, *The German Youth Movement.*

(121) Daniel Horn, 'The National Socialists *Schülerbund* and the Hitler Youth, 1929–1933', *Central European History*, 第一一巻（一九七八年）、三五五〜三七五頁 ; Martin Klaus, *Mädchen in der Hitler Hitlerjugend: Die Erziehung zur 'deutschen Frau'* (Cologne, 1980).

(122) Baldur von Schirach, *Die Feier der neuen Front* (Munich, 1929). Smelser and Zitelmann (eds.) *The Nazi Elite*, 二〇二〜二一一頁所収の Michael Wortmann, 'Baldur von Schirach: Hitler Youth Leader, *Gauleiter* in Vienna', をみよ。

(123) Arthur D. Brenner, *Emil J. Gumbel: Weimar German Pacifist and Professor* (Boston, 2001) を参照されたい。Steven P. Remy, *The Heidelberg Myth: The Nazification and Denazification of German University* (Cambridge, Mass., 2002), 一一頁に引用された *Deutsche Republik*, 一九三二年七月二日号。

(124) Peter D. Stachura (ed.), *The Shaping of the Nazi State* (London, 1978), 一六〇〜一八五頁所収の Geoffrey J. Giles, 'The Rise of the National Socialist Students' Association and the Failure of Political Education in the Third Reich'; Wortmann, 'Baldur von Schirach', 二〇四〜二〇五頁 ; Kater, *Studentenschaft und Rechtsradikalismus*; Anselm Faust, *Der Nationalsozialistische Deutsche Studentenbund: Studenten und Nationalsozialismus in der Weimarer Republik* (Düsseldorf, 1973); Giles, *Students*; Steinberg, *Sabers and Brown Shirts*; Michael Grüttner, *Studenten im Dritten Reich* (Paderborn, 1995), 一九〜四二、六〇頁。

(125) Hans-Gerhard Schumann, *Nationalsozialismus und Gewerkschaftsbewegung: Die*

Vernichtung der deutschen Gewerkschaften und der Aufbau der 'Deutschen Arbeitsfront'（Hanover, 1958）.

（126）　Merkl, *Political Violence*, 一二〇、二〇八、二一七、二二〇、二三九、二四四、三〇六、三七二〜三七三、四二七、五一五〜五一六頁。

（127）　Hamel, *Völkischer Verband.*

（128）　Merkl, *Political Violence*, 五一六頁所収の AT 二七一番。

（129）　Orlow, *The History of the Nazi Party*, 第一巻、一六七〜一七一頁。

（130）　Merkl, *Political Violence* は、序文でこれらの記述の信頼性を評価し、量的分析を試みている。Abel, *Why Hitler* も、序文の四〜九頁でその「略歴」の信頼性を評価している。一九三六年から三七年にかけて、ナチたちによって書かれた一九三三年より前の時期の自伝的小論に関する同様の分析については、Detlev Peukert and Jürgen Reulecke（eds.）, *Die Reihen fast geschlossen: Beiträge zur Geschichte des Alltags unterm Nationalsozialismus*（Wuppertal, 1981）, 二一〜四四頁所収の Christoph Schmidt, 'Zu den Motiven "alter Kampfer" in der NSDAP' を参照せよ。

（131）　Merkl, *Political Violence*, 四四六〜四四七頁。

（132）　同、五五一頁所収の AT 一四〇番。

（133）　同、四五三、四五七、五〇五〜五〇九頁；この時期のナチ・プロパガンダの役割については、Richard Bessel, 'The Rise of the NSDAP and the Myth of Nazi Propaganda', *Weiner Library Bulletin*, 第三三巻（一九八〇年）、Peter D. Stachura（ed.）, *The Nazi Machtergreifung, 1933*（London, 1983）, 一六二〜一八一頁所収の Ian Kershaw, 'Ideology, Propaganda, and the Rise of the Nazi Party、また、とくに Gerhard Paul, *Aufstand der Bilder: Die NS-Propaganda vor 1933*（Bonn, 1990）をみられたい。

（134）　Merkl, *Political Violence*, 三一三〜三六三、三八三〜三八四頁。

（135）　Rudolf Höss, *Commandant of Auschwitz*（London, 1959［1951］）〔ルドルフ・ヘス『アウシュヴィッツ収容所』、片岡啓治訳、講談社学術文庫、一九九九年。ドイツ語原書、Rudolf HöB, Kommandant in Auschwitz. Autobiographische Aufzeichnungen, Stuttgart, 1958 よりの邦訳〕、四二〜六一頁。

（136）　同、六一〜六三頁。

（137）　Smelser and Zitelmann（eds.）*The Nazi Elite*, 七〜一七頁所収の Jochen von Lang, 'Martin Bormann: Hitler's Secretary'; Fest, *The Face*, 一九一〜二〇六頁。

（138）　Waite, *Vanguard* が、この表現を確定した。Merkl, *Political Violence* が、その考えをしりぞけたのは、あまりにも安易であろう。

（139）　Merkl, *Political Violence*, 三七五頁所収の AT 四九三番。

(140)　同、四四〇頁所収の AT 三八二番。

(141)　同、四四四〜四四五頁所収の AT 四三四、四六四番。

(142)　同、五四四〜五四五頁所収の AT 三一番。

(143)　同、四二〇頁所収の AT 五二〇番。

(144)　同、四〇〇頁所収の AT 四一五番。

(145)　同、六五四頁所収の AT 五九番。

(146)　同、四一六頁所収の AT 五四八番。

(147)　同、四八六〜四八七頁所収の AT 八、三一、三二番。

(148)　同、六〇二頁所収の AT 二二番。

(149)　Merkl, *Political Violence*, 六一七頁。

(150)　Giles, 'The Rise', 一六三頁。

(151)　Merkl, *Political Violence*, 六九九頁。

(152)　Max Domarus (ed.), *Hitler: Speeches and Proclamations 1932–1945: The Chronicle of a Dictatorship*（4 vols., London, 1990– [1962–3]), 第一巻、一一四頁（デュッセルドルフ工業クラブでの演説）。

(153)　Turner, *German Big Business*, 一一四〜一二四頁。共産主義者については Weber, *Die Wandlung*, 第一巻、二九四〜三一八頁をみよ。

(154)　Merkl, *Political Violence*, 五三九頁所収の AT 三八番。

(155)　同、五四〇頁所収の AT 四一六、三二六番。

, AT 416, 326.

(156)　同、五七一頁所収の AT 四番。

(157)　Melita Maschmann, *Account Rendered: A Dossier on my Former Self*（London, 1964), 一七四〜一七五頁。

(158)　Thomas Kraus, *Hamburg wird braun: Der Aufstieg der NSDAP 1921–1933*（Hamburg, 1987), 一〇二〜一〇七頁は、Michael Kater, *The Nazi Party: A Social Profile of Members and Leaders, 1919–1945*（Oxford, 1983), 三二〜三八頁に対する、説得力にみちた批判となっている。一九三五年の党勢調査には、個々のメンバーの入党日が記録されているため、ある特定の時点における党の構成を計算することが可能である。

(159)　Szejnmann, *Nazism*, 二一一〜二一九頁所収の Detlev Mühlberger, 'A Social Profile of the Saxon NSDAP Membership before 1933'; より全般的には、Broszat, *Der Staat Hitlers*, 四九〜五三頁 ; Detlev Mühlberger, *Hitler's Followers: Studies in the Sociology of the Nazi Movement*（London, 1991); Peter Manstein, *Die Mitglieder und Wähler der NSDAP 1919–1933: Untersuchungen zu ihrer schichtmässigen Zusammensetzung*（Frankfurt am Main, 1990 [1987]）を参照されたい。

（160） Smelser and Zitelmann（eds.）*The Nazi Elite*, 九八〜一一二頁所収、Josef Ackermann, ‘Heinrich Himmler: Reichsführer’. ヒムラーの父親については、Alfred Andersch, *Der Vater eines Mörders: Eine Schulgeschichte*（Zurich, 1980）をみよ。Bradley F. Smith, *Heinrich Himmler 1900–1926: A Nazi in the Making*（Stanford, Calif., 1971）は、ヒムラーの前半生に関する基本的研究である。

（161） Ackermann, ‘Heinrich Himmler’, 一〇三頁の引用による。さらにJosef Ackermann, *Himmler als Ideologe*（Göttingen, 1970）も参照せよ。

（162） Heinz Höhne, *The Order of the Death's Head: The Story of Hitler's SS*（Stanford, Calif., 1971［1969］）〔ハインツ・ヘーネ『髑髏の結社　SSの歴史』、森亮一訳、フジ出版社、一九八一年。ドイツ語原書、Heinz Höhne, *Der Orden unter dem Totenkopf - Die Geschichte der SS*, Gütersloh, 1967 よりの邦訳〕、二六〜三九頁。

（163） Fest, *The Face*, 一七一〜一九〇頁。ただし、ヒムラーについて書いた他の多くの著述家同様、フェストも極端に対象を下にみた見解を取っている。ヒムラーがいかなる存在であったとしても、フェストの主張とは裏腹に、優柔不断でもなければ、プチブルでもなく、凡庸でもなかった。ほとんどが後知恵によって彩られたヒムラー描写の一例としては、Höhne, *The Order*, 二六〜二八頁をみよ。

（164） 同、四〇〜四六頁；ダレェについては、さらにSmelser and Zitelmann（eds.）*The Nazi Elite* , 一八〜二七頁所収のGustavo Corni, ‘Richard Walther Darré: The Blood and Soil Ideologue’ ならびに Horst Gies, *R. Walther Darré und nationalsozialistische Bauernpolitik 1930 bis 1933*（Frankfurt am Main, 1966）を参照されたい。

（165） Höhne, *The Order*, 四六〜六九頁；Helmut Krausnick *et al.*, *Anatomy of the SS State*（London, 1968）, 一二七〜二〇三頁所収のHans Buchheim, ‘The SS — Instrument of Domination’. ここでは、一四〇〜一四三頁に依っている。